中央高校基本科研业务费专项资金资助项目"教育公平目标下智慧技术融合的权利挑战与法治保障"（2242024S30040）阶段性成果

江苏省社会科学基金项目"'准聘—长聘'背景下高等学校教师聘用合同的法律问题研究"（22FXD009）阶段性成果

从外延式治理
走向内涵式治理

经合组织高等教育
政策发展研究
（1948-2018）

李安琪　著

海峡出版发行集团|福建教育出版社
THE STRAITS PUBLISHING & DISTRIBUTING GROUP

图书在版编目（CIP）数据

从外延式治理走向内涵式治理：经合组织高等教育政策发展研究：1948－2018/李安琪著． －福州：福建教育出版社，2024.5
　　ISBN 978-7-5334-9936-5

　　Ⅰ.①从… Ⅱ.①李… Ⅲ.①高等教育－教育政策－研究－中国－1948－2018 Ⅳ.①G649.20

中国国家版本馆 CIP 数据核字（2024）第 066101 号

Cong Waiyan Shi Zhili Zouxiang Neihan Shi Zhili

从外延式治理走向内涵式治理

经合组织高等教育政策发展研究（1948—2018）

李安琪　著

出版发行　**福建教育出版社**
　　　　　（福州市梦山路 27 号　邮编：350025　网址：www.fep.com.cn
　　　　　编辑部电话：0591-83726971
　　　　　发行部电话：0591-83721876　87115073　010-62024258）
出 版 人　江金辉
印　　刷　福建东南彩色印刷有限公司
　　　　　（福州市金山工业区　邮编：350002）
开　　本　710 毫米×1000 毫米　1/16
印　　张　27
字　　数　481 千字
插　　页　1
版　　次　2024 年 5 月第 1 版　　2024 年 5 月第 1 次印刷
书　　号　ISBN 978-7-5334-9936-5
定　　价　79.00 元

如发现本书印装质量问题，请向本社出版科（电话：0591-83726019）调换。

目　录

绪　论

在很长一段时间里，OECD 都在从事着平淡却很有价值的高等教育任务，包括提供政策对话论坛、商议和分析不断出现的新问题、提供相关的政策建议等。不过，就高等教育工作的体系化研究来看，该组织仍然是一个"被遗忘的全球治理机构"。尽管许多学者认为 OECD 在这一领域的治理具有关键重要性，但很少有人继续对其作用和影响进行系统和持续的分析。OECD 虽然也在时事研究和学术写作中被广泛提及，但仍然是最难以捉摸和研究不足的国际组织之一。[①] 专门针对 OECD 高等教育治理工作开展的研究较少。但现代社会需要更多的教育以及更高素质的人员来促进发展，高等教育作为联结学生与就业的桥梁，无论从经济目的还是文化目的来看，都是培养可持续发展的人的主要关卡。而高等教育政策工作则制约着高等教育的发展方向，因为只有有效的政策建议才能够更好地促进高等教育的内涵式发展。

一、选题背景

（一）OECD 教育工作的"专题分析"形式与"项目式"运行机制颇具特色

OECD 开展教育工作已有半个多世纪的历史，起初它的教育工作只是挂靠在科学技术与人力资源办公室（OSTP）下进行，每年发布一份对成员国教育制度审查的"国家报告"。自 1972 年专门掌管教育工作的教育委员会（EDC）成立以来，其逐渐采用"专题分析"的形式，不再注重分析民族国家的教育制度，而形成了一个专家解决问题提出对策建议的专题研究模式。幼儿保教、义务教育、义务后教育、中等后教育、高等教育、职业教育、成人教育、教育技术、学校管理、终

---

① Matthieu Leimgruber, Matthias Schmelzer. Introduction: Writing Histories of the OECD [A]. Matthieu Leimgruber, Matthias Schmelzer. The OECD and the International Political Economy Since 1948 [M]. Cham: Palgrave Macmillan, 2017: 16.

身学习都成为了它的研究专题。并且每一专题，OECD 都采用"项目管理"的方式，通过开展针对性的项目，以政策改进为路径，为各国教育发展提供帮助。

（二）OECD 依靠多样化的教育政策研究工具扩大了其全球影响力

众所周知，风靡全球的"国际学生评估项目"（PISA）已经在各国备受推崇，许多国家以 OECD 每三年开展一次的 PISA 项目结果为依据，对国内中学生学习方面的各项事宜进行改革，虽然对该项目也有批判的声音，但并不影响其形塑全球教育治理体系的进程。如今，TALIS、IALS、PIAAC 等项目都在如火如荼地开展。在高等教育领域，OECD 也开展了学业成果评估项目（AHELO），该项目在 2013 年已通过测评，已于 2016 年正式投入实施。OECD 进行的这些国际性的教育成就测评已成为其教育政策研究必不可少的"工具"，且在全球范围内具有相当大的影响力。

（三）OECD 高等教育政策工作作为跨国交流的先驱实施成效显著

相较于其他国家组织，欧盟（EU）、世界银行（World Bank）、联合国开发署（UNDP），OECD 对高等教育政策相关问题的研究较早也较为丰富，对其成员国乃至全世界高等教育发展的影响也相当大。另外，与 OECD 其他方面的教育工作相比，原 OSTP 副主任帕帕佐普洛斯（Geoge S. Papadopoulos）说过，"高等教育工作是组织成立以来一直持续关注的核心问题"。与其初等教育工作相比，高等教育工作目标较为多元，与幼儿教育、职业教育、成人教育等工作相比，高等教育工作历时最久。尤其对于西欧各原始成员国来说，OECD 高等教育工作在为它们打造具有全球竞争性的知识经济体中作出了很大的贡献。

二、研究意义

（一）现实意义

1. 有助于理解 OECD 各阶段高等教育政策产生的现实背景、生成机制以及国别影响

OECD 高等教育政策的发展在不同时期呈现了不同的发展态势，由于当时的国际背景和社会现实需要，不得不促使 OECD 高等教育工作作出相应的改变。如 20 世纪 50 年代，为了经济增长和国家防卫，急需培养科技和工程人才，帮助成员国发展高等科技教育是那一时期的主要任务。但之后的两次石油危机、知识经济的兴起、全球化时代的到来都促使 OECD 高等教育工作作出变革。对这些内容进

行探讨，有利于把握其高等教育政策在不同时期对成员国以及对话合作国产生的实际影响。

2. 有助于揭示欧美强势国家或团体的联动效应是否会对国际组织的政策导向产生影响

OECD 号称"富国俱乐部"，其成员国出产的商品和服务占全球总量的 2/3。其成立之初的目的，就是美国为了帮助西欧各国重振战后经济，到目前为止其 37 个成员国中绝大部分是世界公认的发达国家。但随着 OECD 职能范围的不断扩大，与非成员国以及许多发展中国家都建立了合作伙伴关系。在这种情况下，其高等教育政策是否会受到大西洋两岸强势国家或团体的影响，带有文化殖民色彩，值得探讨。

3. 为我国高等教育"内涵式发展"提供经验借鉴

我国正在积极地进行高等教育治理现代化方面的改革，"内涵式发展"便是其规定性要义。通过对 OECD 高等教育治理内涵及其演变的解读，尤其是对其所呈现出的"内涵式治理"蕴义的全面解读，可以对比出我国与国际社会在"内涵式"发展高等教育具体内容方面的区别，以及所秉持的价值观的差异，从而促使我国在与 OECD 高等教育项目进行合作的过程中，能够快速地辨别出哪些方面的内容能够帮助加速我国高等教育的特色发展，而哪些不能。

（二）理论意义

1. 有助于厘清 OECD 高等教育政策发展的历史脉络以及揭示其中的某些固有规律

满足个体需求与促进社会经济发展是推动 OECD 高等教育政策发展的内在动力，但早期阶段该项工作一直无法达到两种状态的平衡。因此，我们不禁要问：从初创到成熟，OECD 高等教育政策经历了哪些变革？专家小组、审查小组、政府官员、专业团体、教育机构分别承担了什么样角色，采取了哪些发展措施？推动各时期高等教育政策发展的主导因素是什么？OECD 高等教育政策发展是否存在客观性规律？等等。系统而深入地考察，有助于探究这些问题的解决路径。

2. 有助于丰富国际高等教育政策研究的相关理论

虽然有少部分学者对 OECD 高等教育政策的发展历史进行了梳理，但在时间上较为分散，未能对其历史细节和发展背景进行深度的剖析，也缺乏研究视角和方法的运用。本研究以教育政策为视角，以时间阶段为序，对影响 OECD 高等教育政策发展的各阶段内外因素进行了具体分析，以便更清楚地认识 OECD 高等教育政策发展的演变过程，理解该主题的背景、措施、存在的问题和发展趋势，以及各要素之间的深层次关系。有助于进一步深化我国对 OECD 教育工作的研究层次，丰富我国对国际高等教育政策研究的相关理论和内容。

3. 有助于丰富 OECD "高等教育智库" 的内容

OECD 教育工作成果可以为各国教育发展和变革提供借鉴和参考，从一定程度上充当着 "国际型智库" 的角色。2019 年 9 月 20 日，长江教育研究院、方略研究院联合在北京举办的 "2019 第六届和苑和平节" 上发布的《2019 年全球教育智库影响力评价 PAP 研究报告》显示，OECD 教育与技能局在全球教育智库中位列11 名。本研究可以通过丰富 OECD "高等教育智库"，从而丰富 OECD 整个 "教育智库" 的内容。

三、文献综述

为全面了解 OECD 高等教育政策的发展情况与研究现状，有必要将其置于 OECD 的整体教育概况中去考察，从而正确地把握目前该领域的研究程度，以及 OECD 对高等教育工作的关切程度。因此，本研究在进行资料搜集时，有意识地拓宽范围，在查找与 "经合组织/OECD 高等教育（OECD Higher Education）工作" 相关的研究资料时，同时以 "经合组织/OECD 教育（OECD Education）" "经合组织/OECD 教育政策（OECD Education Policy）" 为关键词进行了中文与外文文献的搜索。

通过对以上关键词进行搜索，发现国内相关研究文献百余篇（主要搜集渠道为：中国知网、本校图书馆馆藏图书、高校数字图书馆中文检索、中国国家数字图书馆），其中有关 "经合组织/OECD 高等教育" 的文献 46 篇（包括图书、学位论文、会议论文、期刊论文等）；国外相关研究文献 600 余篇（主要搜集渠道为：高校数字图书馆外文检索、ERIC 教育资源信息中心、SAGE Premier、Proquest 学位论文库、Socolar 外文开源期刊数据库、Google、Springer 出版社、Tylor&Francis 期刊数据库、EBSCO/Newspaper Source、OECD Library、欧盟电子资源档案馆），其中有关 "OECD Higher Education" 的文献 434 篇（包括图书、学位论文、会议论文、期刊论文等）。对这些文献进行整理、归纳、分析和概括，有助于明晰国内外学者在该组织教育工作方面，尤其在 "高等教育" 工作以及 "高等教育政策" 制定和实施等方面关注的异同。

(一) 国外研究现状

本研究通过电子网络查阅平台发现国外关于 OECD 教育工作的研究甚多，研究成果涉及了"Education Policy""Secondary School Students""Higher Education""Quality of Education""Colleges & Universities""Universities & Colleges""Continuing Education"等方方面面（以上关键词是按照数字图书馆外文检索出来的相关发文数量由高到低排序）。基于实际需要，本研究从中着重甄选出基于"教育政策"视角的研究成果（考虑到与本研究的主题相契合），以及与高等教育相关的所有文献资料。通过梳理，其中主要涉及 OECD 教育工作整体情况研究、OECD 教育政策/高等教育政策研究、OECD 高等教育各项工作研究（政策报告研究、国别影响研究、实施项目研究等）、OECD 自身对其高等教育工作的研究等方面，具体归纳总结如下。

1. 关于 OECD 教育工作整体情况的研究

OECD 自 1961 年成立以来一直将"教育"作为其重要的工作领域。随着 20 世纪 90 年代知识经济社会以及全球化时代的到来，OECD 原 CSTP 副主任帕帕佐普洛斯（Geoge S. Papadopoulos）认为有必要对过去几十年 OECD 的教育工作作出总结性回顾，为其今后的发展摸清方向。他于 1994 年撰写了《1960—1990 的教育：OECD 的视角》（*Education 1960—1990：The OECD Perspective*）一书，较为全面、系统地总结了过去 30 年 OECD 各级各类教育的发展历程，基于历史的视角呈现了 OECD 整体教育工作的变迁。他在书中强调，"多年来没有任何领域得到与高等教育类似的持续的、系统的关注"。[1] 2011 年，帕帕佐普洛斯基于其 20 年前的这本专著，再次发表文章《OECD 教育方法回顾：1960—1990》（*The OECD Approach to Education in Retrospect：1960—1990*），以说明 OECD 教育工作方法的主要特点，强调项目管理与政策制定的重要意义。[2] 摩根（Clara Morgan）等人（2016）在《对 OECD 国际教育调查的回顾：治理、人力资本讨论以及政策辩论》（*A Review of the OECD's International Education Surveys：Governance，Human Capital Discourses，and Policy Debates*）一文中同样对 OECD 过去 50 年教育工作做了简要回顾。他们分析了 OECD 60 年代至今开展教

---

① Geoge S. Papadopoulos. Education 1960—1990：The OECD Perspective [M]. Paris：OECD，1994：100.

② Geoge S. Papadopoulos. The OECD Approach to Education in Retrospect：1960—1990 [J]. European Journal of Education，2011 (46/1)：85—86.

育工作的不同政治经济动机，从人力资本理论的主宰从而导致对政治、经济现实问题的忽视，再到新自由主义理论强调的以市场竞争为导向的教育变革，忽视了尤其是高等教育在建设社会凝聚力和社会公平方面应发挥的作用。强调只有以对当前政治经济的批判性理解和以社会福祉为中心建设一个可持续和公平的未来的愿景为依据时，真正的教育变革才会产生。[1] 而塞勒（Sam Sellar）等人（2012）则在《OECD 和全球教育治理》（*The OECD and Global Governance in Education*）一文中在论述 OECD 的历史、演变与发展的基础上，用文献综述的方式梳理出 OECD 几十年来教育工作的职能和作用，为读者理解该组织全球教育治理的模式提供了一个参考框架。[2]

林加德（Bob Lingard）等人（2016）在《全球教育政策手册》（*The Handbook of Global Education Policy*）一书第十九章《OECD 教育工作中机构和全球意义的不断变化》（*The Changing Organizational and Global Significance of the OECD's Education Work*）中探讨了在全球化进程中，OECD 教育工作不断变化的关注点以及该组织在全球治理中的重要作用，强调以数据为基础发挥全球教育治理功能的意义。[3] 扬（Michael Young）等人（2014）在《知识与未来的学校：课程及社会公正》（*Knowledge and the Future School：Curriculum and Social Justice*）一书中引用了 OECD 教育与技能司司长施莱克尔（Andreas Schleicher）的观点，"过去是以传递智慧为主，未来将以生产智慧为主……过去教学以课程为中心，未来我们要以学生为中心"，辩证地分析了 OECD 近年来主流教育工作——"以学生为中心"的标准化测试（如 PISA、PIAAC、AHELO 等）可能会产生的负面影响。[4] 而沃森（Cate Watson）（2019）在《从问责制到数字数据：教育治理的兴起和热度》（*From Accountability to Digital Data：The Rise and Rise of Educational Governance*）一文中则以作为 OECD 成员国之一的"英国"为主要研究对象，回顾了英国从 20 世纪 70 年代开始的教育治理工作，从问责制的出现到

---

[1] Clara Morgan, Louis Volante. A Review of the OECD's International Education Surveys：Governance, Human Capital Discourses, and Policy Debates [J]. Policy Futures in Education, 2016：1—18.

[2] Sam Sellar, Bob Lingard. The OECD and Global Governance in Education [J]. Journal of Education Policy, 2012 (28/5)：710—725.

[3] Bob Lingard, Karen Mundy, Andy Green. et al. The Handbook of Global Education Policy [M]. Oxford：Wiley-Blackwell, 2016：357—373.

[4] Young M, Lambert D, Roberts C. et al. Knowledge and the Future School：Curriculum and Social Justice [M]. London：Bloomsbury, 2014：191.

今天对数字、数据的关注，以此窥见 OECD 近 50 年来的教育研究对各成员国教育工作变革的贡献。① 除了对 OECD 教育工作"指标化"趋向的研究，还有一些学者尝试从教育公平、课程管理、技能发展等角度探寻 OECD 教育工作的着力点。如阿勒尔何（Jorunn Møller）（2017）在《在实际工作之外的领导教育》（*Leading Education Beyond What Works*）一文中强调不平等问题是教育工作中最紧迫的问题之一，提出了应从教育领导的角度思考如何能够以现有的最佳知识以及相互协调的权利结构，来应对学校改革过程中遭遇的不平等挑战；② 而高山庆田（Keita Takayama）（2013）在《"关键能力"与教育不公平的新挑战》（*"Key Competencies" and the New Challenges of Educational Inequality*）一文中则从"知识共享互通，学习机会多元"的角度对 OECD 所提倡的"权力下放"的工作方式进行了批判性分析，认为只有拥有一个强有力的国家当局，才能在更大程度上协调全社会范围内的学习机会以促进关键能力（KCs）的培养。③ 库尔特泽巴（Franciszek Kutrzeba）（2018）在《在未来社会中的智能技能与教育》（*Smart Skills and Education in a Future Economy*）一文中探析了在如今"智能化"的时代，作为自然人的人类，如何能够超越智能机器继续主宰未来社会的发展。强调教育工作的重点要放在高等教育层面，以培养具有批判性思维、独创性和复杂的认知——社会技能的人们以冲破智能机器带给人们的禁锢。④ 托波洛夫坎（Tomislav Topolovčan）（2019）在《冷战时期课程和教育改革的遗产》（*The Heritage of the Cold War in Contemporary Curricula and Educational Reforms*）一文中运用历史回顾和理论批判的方法，分析了冷战对 20 世纪下半叶 OECD 国家教育工作的影响，强调了课程与教学改革在教育工作中的重要地位，并且阐释了在当时特定的历史背景下，减少社会人文主义教学内容、增加自然科学和数学教学的重要作用。⑤

① Cate Watson. From Accountability to Digital Data: The Rise and Rise of Educational Governance [J]. Reviewof Education, 2019（7/2）：390—427.

② Jorunn Møller. Leading Education Beyond What Works [J]. European Educational Research Journal，2017（16/4）：375—385.

③ Keita Takayama. "Key competencies" and the New Challenges of Educational Inequality [J]. Journal of Curriculum Studies，2013（45/1）：67—80.

④ Franciszek Kutrzeba. Smart Skills and Education in a Future Economy [J]. e-mentor，2018（2/74）：37—43.

⑤ Tomislav Topolovčan，Snježana Dubovicki. The Heritage of the Cold War in Contemporary Curricula and Educational Reforms [J]. CEPS Journal，2019（9/2）：11—32.

关于 OECD 教育工作整体情况的研究主要集中在简要的历史回顾、工作方法与职能及作用的介绍与分析、工作重点的探析等方面。尤其是帕帕佐普洛斯的著作后来成为许多学者研究 OECD 教育工作历程的范本和素材。

2. 关于 OECD 教育政策的研究

OECD 教育工作的最终成果是以政策报告的形式发布出来的，以供各成员国和伙伴国借鉴与交流。政策报告可以认为是其教育工作的显性表现方式，对其进行研究和分析能够更加直观、具体地了解教育工作的本质。以 "OECD Education Policy" 为直接搜索词，将搜索到的文章进行分类、归纳和分析，发现标题直接呈现 "教育" "政策" 等为关键词的文章主要侧重于研究 PISA 项目对教育政策制定的影响、媒体素养对教育政策制定的影响、教育政策的趋同性问题、全球治理背景下的教育政策问题等四个方面的内容，具体如下。

（1）PISA 项目对教育政策制定的影响

PISA 项目（国际学生评估项目）作为测评 15 岁学生技能掌握的主要工具，其重要性及合理性被广泛讨论。霍特奎斯特（Elisabeth Hultqvist）等人（2018）在《跨国治理时代教育改革的批判分析》（*Critical Analyses of Educational Reforms in an Era of Transnational Governance*）一书中通过反复分析 OECD 开展 PISA 项目对各国教育政策制定所产生的催化作用，进而呈现了全球教育政策话语逐步向 "测评文化" 趋同的图景。[①] 摩根（Clara Morgan）（2007）在其博士毕业论文《OECD 国际学生评估项目：打开一个知识网络》（*PISA：Unraveling A Knowledge Network*）中从福柯权利集团概念入手，分析了 PISA 的技术能力与权利结构之间的关系，帮助读者理解 PISA 的运作规律，揭示出教育政策制定中的 "指标作用" 与 "团体协商作用"。[②] 迪伊（Erik S. Dey）（2003）在其博士论文《与学生成绩相关的教育资源的审查》（*An Examination of Educational Resources On Student Performance*）中以 2012 年 PISA 调查结果中的数学和科学成绩为依托，利用相关性分析确定了教育资源对学生成绩和发展的决定性作用。[③] 鲍威尔（Troy Alan Powell）（2007）在其博士论文《家庭、学校以及国家环境：

① Elisabeth Hultqvist, Sverker Lindblad, Thomas S. Popkewitz. Critical Analyses of Educational Reforms in an Era of Transnational Governance [M]. Berlin：Springer，2018：1—263.

② Clara Morgan. PISA：Unraveling A Knowledge Network [D]. Ottawa：Carleton University，2007：280—287.

③ Erik S. Dey. An Examination of Educational Resources On Student Performance [D]. Henniker：New England College，2003：5.

工业化国家在教育上的机构影响以及不平等》（*Families，Schools，and National Contexts：The Effects of Institutions and Inequality on Educational Achievement Across Industrialized Countries*）中通过分析，发现最终对学生学业影响最大的，是教育制度所决定的"教育系统的分层"现象。[①]

当然，也有一些国外学者用辩证、批判性的态度来看待 PISA 项目的发展。如贝格曼（Eric W. Bergmann）（2014）在其博士论文《标准化测试的频率与学业成绩之间的关系的审查》（*An Examination of The Relationship：Between the Frequency of Standardized Testing and Academic Achievement*）中通过研究结果表明，大规模标准化考试的发生频率与学业成绩没有显著关系。[②] 有关 PISA 项目与教育政策制定的相关研究颇为丰富，主要集中在通过分析 PISA 数据，确定教育政策制定过程中的优先事项、对 PISA 项目的批判、PISA 项目的国别影响力、实施 PISA 项目的意义等方面。

（2）媒体素养对教育政策制定的影响

德祖尼（Por Michael Dezuanni）（2016）在其《媒体素养国家教育政策：澳大利亚课程中的媒体艺术》（*National Educational Policy for Media Literacy Education：Media Arts in the Australian Curriculum*）一文中以 2013 年 OECD 发布的政策报告《正在形成的教育趋势 2013》（*Trends Shaping Education 2013*）为背景文本，探讨了后工业社会中儿童和年轻人媒体素养教育的重要意义，并借鉴美国、英国、西班牙等国的经验，分析了澳大利亚应该如何制定媒体扫盲教育相关的政策。[③] 靖川庆子（Yasukawa Keiko）（2019）在《国家媒体在成人识字和算术政策中的作用：澳大利亚个案研究》（*The Role of National Media in Adult Literacy and Numeracy Policy：a Case Study from Australia*）一文中运用行为者网络理论（actor network theory，简称 ANT），以 2013 年 OECD 发布的成人技能调查（Survey of Adult Skills，简称 SAS）报告为依据，考察了澳大利亚的国家媒体作为政策制定和实施背景下的行为者之一，是如何响应国家 SAS 政策建议

---

① Troy Alan Powell. Families，Schools，and National Contexts：The Effects of Institutions and Inequality on Educational Achievement Across Industrialized Countries ［D］. Durham：Duke University，2007：4－5.

② Eric W. Bergmann. An Examination of The Relationship：Between the Frequency of Standardized Testing and Academic Achievement ［D］. Eugene：University of Oregon，2014：4.

③ Por Michael Dezuanni. National Educational Policy for Media Literacy Education：Media Arts in the Australian Curriculum ［J］. Journal of Media Literacy，2016（63/2）：28－33.

的，由此提出媒体作为"政治行为者"的重要意义。[①] 靖川庆子等人（2016）还在《国家媒体对经合组织成人技能调查反应的比较分析：从全球到地方的政策制定》（*A Comparative Analysis of National Media Responses to the OECD Survey of Adult Skills：Policy Making from the Global to the Local*）一文中追踪了 OECD 的 PIAAC 议程在英国、法国、日本等国，是如何通过国家媒体以及其他政策行为者落实到国家政策中去的，同时强调了对媒体等政策行为者进行监督的重要性。[②]

（3）教育政策的趋同性问题

雅各比（Anja P Jakobi）等人（2012）在《教育政策趋同？经合组织国家中政策变化性与稳定性的定量分析》（*Convergence in Education Policy？A Quantitative Analysis of Policy Change and Stability in OECD Countries*）一文中调查了自 1990 年以来，OECD 的几项教育政策在成员国的推进情况。通过定量分析得出的一些指标数据，发现在一些国家中这些政策有很强的趋同性，同时仍有少数国家，如斯堪的纳维亚国家在重要的教育政策的制定上始终保持着独立性。[③] 阿卜·杜勒贾利勒（Akkari Abdeljalil）等人（2015）在《国际组织的教育政策：具体的差异和趋同》（*The Education Policies of International Organizations：Specific Differences and Convergences*）一文中分析了一些重要的国际组织，如 UNESCO、UNICEF、World Bank、OECD 的教育愿景逐渐走向趋同，在教育政策的制定过程中共同关心以下问题：质量、问责制、私有化、公平性、学习成果的衡量等。[④] 大卫（Rutkowski David J）（2007）在《缓缓地趋同：政府间组织如何推动新自由主义教育政策》（*Converging Us Softly：How Intergovernmental Organizations Promote Neoliberal Educational Policy*）一文中肯定了政府间组织 OECD、World Bank、UNESCO、ILO 等在国家一级教育政策制定中的合理方式以及它们所发挥的积极作用，并希望这些组织能够通过一系

---

① Yasukawa Keiko. The Role of National Media in Adult Literacy and Numeracy Policy：a Case Study from Australia [J]. Canadian Journal of Science Matematics And Technology Education，2019（19/1）：35—47.

② Yasukawa Keiko，Mary Hamilton，Evans Jeff. A Comparative Analysis of National Media Responses to the OECD Survey of Adult Skills：Policy Making from the Global to the Local [J]. Compare：A Journal of Comparative and International Education，2016（47/2）：271—285.

③ Anja P Jakobi. Convergence in Education Policy？A Quantitative Analysis of Policy Change and Stability in OECD countries [J]. Journal of International Relations and Development，2012（15/1）：31—64.

④ Akkari Abdeljalil，Lauwerier Thibaut. The Education Policies of International Organizations：Specific Differences and Convergences [J]. Prospects，2015（45/1）：141—157.

列政策建议促使特定的、一致的意识形态——新自由主义和新公共管理主义渗透到成员国中去，并使之永久化。①

（4）全球治理背景下的教育政策问题

亨利（Miriam Henry）等人（2001）在他们的著作《OECD，全球化与教育政策》（*The OECD，Globalisation and Education Policy*）中围绕全球化背景，阐释了作为"国际教育治理中介"的 OECD 在教育政策方面应作出的转变，其中专门论述了 OECD 对高等教育的重新界定，以及其在高等教育工作中角色的转变。② 瓦格纳（Daniel A. Wagner）等人（2014）在《在金字塔底部学习：发展中国家的制约因素、可比性和政策》（*Learning at the Bottom of the Pyramid：Constraints，Comparability and Policy in Developing Countries*）一文中探讨了金字塔底部的人口——即贫困和边缘人口的受教育质量和学习质量，从"国际发展援助"这一角度分析了 OECD 等国际组织应如何关注全球范围内，尤其是发展中国家这些人口的学习需求，以便充分解决社会和经济不平等问题。③ 雅各比（Anja P Jakobi）（2012）在《国际组织与政策传播：终身学习的全球规范》（*International Organisations and Policy Diffusion：The Global Norm of Lifelong Learning*）一文中从"政策传播"的角度分析了 OECD 等国际组织在治理全球终身教育问题时是如何开展终身学习活动的，以此表达了进行全球性的政策传播的重要意义。④ 希尔特（Hilt，Line Torbjornsen）（2016）在《"他们不知道学生意味着什么"：在"全球"和"当地"关系中的包容和排斥》（*"They don't know what it means to be a student"：Inclusion and Exclusion in the Nexus Between "Global" and "Local"*）一文中从"全球与国家"的角度出发，利用尼可拉斯·卢曼（Niklas Luhmann）的全球教育系统理论，论述了 OECD 等国际组织所表达的 21 世纪的技能期望与挪威当地学校所展示的期望的异同。⑤

---

① Rutkowski David J. Converging Us Softly：How Intergovernmental Organizations Promote Neoliberal Educational Policy [J]. Critical Studies in Education，2007（48/2）：229—247.

② Miriam Henry，Bob Lingard，Fazal Rizvi. et al. The OECD，Globalisation and Education Policy [M]. Paris：International Association of Unversities，2001：1—212.

③ Daniel A. Wagner，Nathan M. Castillo. Learning at the Bottom of the Pyramid：Constraints，Comparability and Policy in Developing Countries [J]. Prospects，2014（44/4）：627—638.

④ Anja P Jakobi. International Organisations and Policy Diffusion：The Global Norm of Lifelong Learning [J]. Journal of International Relations and Development，2012（15/1）：31—64.

⑤ Hilt，Line Torbjornsen. "They Don't Know what It Means to be a Student"：Inclusion and Exclusion in the Nexus Between "Global" and "Local" [J]. Policy Futures in Education，2016（14/6）：666—686.

3. 关于 OECD 高等教育不同主题内容的研究

虽然在"OECD Education Policy"的范围内搜索到的以"高等教育"为直接关键词的研究很少，但进行"OECD Higher Education"搜索后发现对 OECD 高等教育相关问题的研究却很多，通过转变搜索关键词以及多样化的搜索渠道，发现关于 OECD 高等教育的研究多见于 OECD 高等教育政策的国别影响研究、OECD 高等教育政策报告的研究、OECD 高等教育项目的研究、不同国际组织高等教育工作的比较研究等四个方面，具体归纳如下。

（1）关于 OECD 高等教育政策的国别影响研究

OECD 国家高等教育政策的制定在一定程度上依赖于 OECD 关于高等教育政策的相关建议、理念等内容，这些内容对它的成员国家的高等教育发展产生了重要的影响。卡洛（Johanna Kallo）（2009）在《OECD 教育政策：聚焦于高等教育主题的一个比较与历史研究》（*OECD Educational Policy：A Comparative and Historical Study Focusing on the Thematic Reviews of Tertiary Education*）一书中重点对 2006 年 OECD 发布的针对芬兰高等教育改革的报告——《高等教育主题评论》进行了分析，从该报告中汲取了相关政策建议，以期明确芬兰今后高等教育改革的重心。[①] 齐齐（Zolezzi Cid）等人（2009）在《智利高等教育体制对公立大学的挑战》（*Challenges for State Universities in Chilean Higher Education System*）一文中利用 OECD 提出的公立教育的定义，"由公共当局控制和管理，并且无论其所需要的经费是多是少，当局都应当负起承担的责任"，审查了智利公立大学的筹资机制是否与 OECD 所描述的一致，以及该国公共与私人的投资管理机制是如何运行和监管的。[②] 拉迪斯拉夫（Cerych Ladislav）（2002）在《捷克共和国高等教育改革：在"外国顾问"身份角色下的个人陈述》（*Higher Education Reform in the Czech Republic：A Personal Testimony Regarding the Impact of Foreign Advisers*）一文中以捷克斯洛伐克共和国教育、青年和体育部（Ministry of Education，Youth，and Sports）的身份，回忆了其参加的 1992 年 OECD 对自己祖国的高等教育进行审查的经历，并且讲述了其在参加完审查后，为捷克斯洛

---

① Johanna Kallo. OECD Educational Policy：A Comparative and Historical Study Focusing on the Thematic Reviews of Tertiary Education [M]. Finnish Educational Research Association，2009：721－722.

② Zolezzi Cid，Juan Manuel. Challenges for State Universities in Chilean Higher Education System [J]. Ingeniare：Revista Chilena de Ingeniera，2009（17/2）：136－137.

伐克共和国制定的 1995—1996 关于如何完善其教育制度的相关政策性建议。[①] 舒林娜（Shuinshina，Sh M）等人（2018）在《经合组织国家"学校—大学"系统自然科学教育连续性分析》（*An Analytical Review of the Continuity of Natural Scientific Education in the "School-University" System in OECD Countries*）一文中在探讨了 OECD 教育司在对"教育和科学"问题的管理结构进行思考的基础上，分析了 OECD 国家确保自然科学教育连续性的经验，重新考虑了哈萨克斯坦共和国的未来教师的培训、课程内容的更新等工作。[②] 另外，约翰（Walshe John）（2014）、兹尼彼得（OdrakiIewicz Piotr）（2013）、托马斯克（Tomusk V）（2000）、肖尔斯（Maani，Sholeh A）（1996）、马歇尔（Dobbins Michael）（2011）、恰努亚努阿纳（Ciucanu Ioana）（2013）等人针对爱尔兰、波兰、新西兰、罗马尼亚以及中欧、东欧等国，从高等教育学费问题、管理问题、质量问题、资助问题等方面进行了探讨和分析。[③]

　　除了 OECD 对各国高等教育工作的一般性影响之外，各成员国的高等教育发展的相关经验和一些做法同样也给予了 OECD 开展高等教育活动，以及制定相关政策建议的经验。如罗穆洛（Pinheiro Rómulo）等人（2016）在《经合组织的高等教育和经济发展：其他国家和区域的政策经验》（*Higher Education and Economic Development in the OECD：Policy Lessons for Other Countries and Regions*）一文中就通过对芬兰和韩国两个高等教育体制较为成功的国家进行了案例研究，论述了高等教育与经济社会契约之间的相互关系、高等教育的内生性特

①　Cerych Ladislav. Higher Education Reform in the Czech Republic：A Personal Testimony Regarding the Impact of Foreign Advisers [J]. Higher Education in Europe，2002（27/2）：111—121.

②　Shuinshina Sh M，Burunbetova K. K. An Analytical Review of the Continuity of Natural Scientific Education in the "School-University" System in OECD Countries [J]. Bulletin of the National Academy of Sciences of the Republic of the Kazakhstan，2018（5）：116—123.

③　Walshe John. Irish to defy OECD on fees [J]. Times Higher Education Supplement，2004（16/58）：12. OdrakiIewicz Piotr. Management of Complexities and Innovation Prognosis in Higher Education-Challenges，Changes，and a New Paradigmatic Shift Facing Polish Management Education in a Globalized Education Era [J]. Global Management Journal，2013（5/2）：69—81. Tomusk V. When East Meets West：Decontextualizing the Quality of East European Higher Education [J]. Quality in Higher Education，2000（6/3）：175—185. Maani，Sholeh A. Private and Social Rates of Return to Secondary and Higher Education in New Zealand：Evidence from the 1991 Census [J]. Australian Economic Review，1996（29/113）：82. Dobbins Michael. Explaining Different Pathways in Higher Education Policy in Romania and the Czech Republic [J]. Comparative Education，2011（47/2）：223—245. Ciucanu Ioana. Higher Education Financing Politics In Cee Countries. The Case of Romania，Hungary And Slovakia [J]. Annals of the University of Oradea. International Relations and European Studies，2013：111—132.

征、高等教育与创新的关系、高等教育与劳动力市场的联系、高等教育所能创造的社会福祉等几个方面的内容，给 OECD 开展高等教育相关工作带来了经济层面、社会层面和文化层面的启示。[①] 永泽秋林（Yonezawa Akiyoshi）（2003）在《打造"世界一流大学"：日本的实验》（Making "World-class Universities"：Japan's Experiment）一文中，从研究人员和国家政府的角度，对日本打造"世界一流大学"的经验进行了分析，由于这一问题被 OECD 视为是大多数成员国接下来均要面临的，是一个较为前沿性的问题，因此对其进行分析将有助于帮助 OECD 在这一问题的处理上获得重要的灵感。[②] 金利贞（Lizhen Jin）等人（2018）在 2018 届"现代社会文化、教育和经济发展国际会议"（ICCESE）上提交的论文《OECD 主要成员国家学生的人均教育支出分析》（Analysis on Education Spending Per Student in OECD Main Countries）中强调了大多数 OECD 国家将大量的经费投入到初等、中等以及高等教育，而忽视了中等后非高等教育的投入，表明了如何合理、最优地配置教育经费，是 OECD 值得关注的一个重要问题。[③]

（2）关于 OECD 高等教育政策报告的研究

关于 OECD 高等教育政策报告的研究，除了对 OECD 高等教育政策的整体分析，还包括关于其发布的相关报告的介绍和翻译，以及对某个报告的介绍、评论。嘉莉（Hunter Carrie）（2013）在《经合组织国家高等教育审查中不断转移的主题》（Shifting Themes in OECD Country Reviews of Higher Education）一文中审查了 OECD 成员国在 20 世纪 90 年代中期以及 21 世纪早期的高等教育系统的改革，以寻求 OECD 高等教育政策话语发生变化的根据。[④] 反思了其教育政策话语所依赖的经济环境和政治环境是如何对高等教育目标产生影响的。泰纳（Saarinen Taina）（2008）在《经合组织和欧盟高等教育政策文件中的说服预设》（Persuasive Presuppositions in OECD and EU Higher Education Policy

---

① Pinheiro Rómulo，Pillay Pundy. Higher Education and Economic Development in the OECD：Policy Lessons for Other Countries and Regions ［J］. Journal of Higher Education Policy and Management，2016 (38/2)：150−166.

② Yonezawa Akiyoshi. Making "World-class Universities"：Japan's Experiment ［J］. Higher Education Management and Policy，2003 (15/2)：9−23.

③ Lizhen Jin，Rui Chen. Analysis on Education Spending Per Student in OECD Main Countries of the 2nd International Conference on Culture，Education and Economic Development of Modern Society ［C］. France：Atlantis Press，2018：1336.

④ Hunter Carrie. Shifting Themes in OECD Country Reviews of Higher Education ［J］. Higher Education，2013 (6/6)：707−723.

Documents）一文中从经合组织和欧盟的高等教育政策文件的"说服力"出发，强调了只有能够合理地预设高等教育过程中的问题等，才能制定清晰的政策文本的框架。①

也有学者翻译了该组织的相关政策报告，如特伦布莱（Karine Tremblay）等人（2010）在《国际化：国家环境下的战略塑造》（*Internationalisation*：*Shaping Strategies in the National Context*）一文中对组织发布的《知识型社会中的高等教育》（*Tertiary Education for Knowledge Society*）政策报告的第十章内容——"高等教育的国际化"进行了翻译。着重论述了高等教育国际化的概念和形式，以及趋势和发展过程。讨论了与之相关的主要问题和政治挑战，并介绍了各国在国际化背景下的政治举措。② 塔季雅娜（Tatyana Meshkova）（2009）在《高等教育的四种未来情景》（*Four Future Scenarios for Higher Education*）一文中翻译了OECD教育研究与创新中心（CERI）编写的题为《高等教育的未来的四个设想》（*Four Future Scenarios for Higher Education*）的政策报告，提供了OECD专家从长远角度看待高等教育发展的不同途径的设想。③ 萨尔米（Jamil Salmi）等人（2010）在《高等教育财政稳定的设想》（*Scenarios for Financial Stability of Tertiary Education*）一文中翻译了OECD的政策报告——《高等教育至2030——第二卷：全球化》（*Higher Education to 2030. Volume 2*：*Globalisation*）的第十章"高等教育财政稳定情景"。探讨了全球高等教育如何能够以财政可持续的方式稳定发展，概述了当今国际社会上不同国家的高等教育筹资的主要备选方案，重点是不同的分配模式，并就未来可能出现的高等教育筹资情况提出建议。④

另外，一些学者针对OECD发布的单独报告进行了探讨。如关于"高等教育质量保障"方面的，梅科扬（Alisa Melikyan）（2008）在《OECD国家高等教育质量保证》（*Tertiary Education Quality Assurance in OECD Countries*）一文中

---

① Saarinen Taina. Persuasive Presuppositions in OECD and EU Higher Education Policy Documents [J]. Discourse Studies，2008，(10/3)：341－359.

② Karine Tremblay, Olga Perfilieva. Internationalisation：Shaping Strategies in the National Context [J]. International Organisations Research Journal，2010 (5/3)：110－169.

③ Tatyana Meshkova. Four Future Scenarios for Higher Education [J]. International Organisations Research Journal，2009 (4/1)：121－128.

④ Jamil Salmi, Arina Shadrikova, Yana Vazyakova, Tatyana Meshkova. Scenarios for Financial Stability of Tertiary Education [J]. International Organisations Research Journal，2010，(5/1)：79－95.

对 2008 年 9 月 OECD 发表的为期四年的"高等教育专题审查"（Thematic review of tertiary education）项目的结果——《知识型社会中的高等教育》进行了分析。作者称其为"国际第三级教育百科全书"，因为它涵盖了高等教育政策的所有基本方向，总结了不仅具有不同社会经济发展水平的国家的经验，而且还总结了制定不同的教育政策的方法。[①] 文森·兰克林（Stephan Vincent-Lancrin）等人（2013）在《跨境高等教育质量规定指导方针：我们准备走向何处?》（*Guidelines for Quality Provision in Cross-Border Higher Education：Where do We Strand?*）一文中就联合国和经合组织共同制定的该项指南方针进行了扼要介绍，并分析和概括了参与国对这一准则的执行和遵守情况。[②]

（3）关于 OECD 高等教育项目的研究

OECD 的高等教育工作一部分是在高等教育机构管理项目（IMHE）的主持下进行的。IMHE 组织开展了 6 项重要的高等教育项目，这引起了许多学者的研究兴趣。其中对于高等教育学习成果评估（AHELO）项目的研究当数最多。德博拉·努什（Deborah Nusche）在其《高等教育学习成果评价：若干实践的比较研究》（*Assessment of Learning Outcomes in Higher Education：A Comparative Review of Selected Practices*）一文中强调现有的高等教育评级和排名往往忽略了有关学生学习结果的信息。[③] 作者列举了来自澳大利亚、巴西、墨西哥、英国和美国的经验，以期说明 OECD 开展 AHELO 项目的积极意义。克雷尔（Morgan Clara）（2014）在《OECD 全球教育治理的合法性：审查 PISA 和 AHELO 测试生产》（*The Legitimation of OECD's Global Educational Governance：Examining PISA and AHELO Test Production*）一文中通过对 OECD 开展的两项不同教育层级学生学业成果评估项目的比较分析，展示了其如何促使教育权力合法化，以及为全球教育治理合法化打下坚实的基础。[④]

除此之外，也有学者对 OECD 开展的高等教育领域的国际化相关项目、优质

---

① Alisa Melikyan. Tertiary Education Quality Assurance in OECD Countries [J]. International Organisations Research Journal，2008（3/8）：71—84.

② Stephan Vincent-Lancrin，Sebastian Pfotenhauer，Olga Perfilieva. Guidelines for Quality Provision in Cross-Border Higher Education. Where do We Strand? [J]. International Organisations Research Journal，2013（8/1）：199—263.

③ Deborah Nusche. Assessment of Learning Outcomes in Higher Education：A Comparative Review of Selected Practices [J]. OECD Education Working Papers，2008，15：1.

④ Morgan Clara，Shahjahan Riyad A. The Legitimation of OECD's Global Educational Governance：Examining PISA and AHELO Test Production [J]. Comparative Education，2014（50/2）：194—205.

教学类相关项目、学生学业成果评估相关项目、研究发展与创新类相关项目感兴趣并进行了研究。安东尼（Stella Antony）（2006）在《跨境高等教育质量保证》（*Quality Assurance of Cross-border Higher Education*）一文中介绍了在"高等教育国际化与贸易"项目的推动下，各国跨境高等教育的发展现状。同时分析了经合组织与联合国教科文组织联合制定的《跨境高等教育质量保障指南》的运作机制和实施标准等问题。① 埃伦（Hazelkorn Ellen）（2004）在《不断增长的研究：对后期开发人员和新来者的挑战》（*Growing Research：Challenges for Latedevelopers and Newcomers*）一文中分析了过去的高等教育机构，其大部分经费主要用于投资教学与培训事宜，而较少投资于研究与创新工作，但在知识经济社会，这些经费如何才能够促进这些领域的更加公平分配，以及更为有效的使用，这一问题对高等教育机构和政府都提出了挑战。② 阿什拉夫（Eid Ashraf）（2012）在《高等教育 R&D 与生产力增长：对高收入 OECD 国家的实证研究》（*Higher Education R&D and Productivity Growth：An Empirical Study on High-income OECD Countries*）一文中探讨了高等教育 R&D 的宏观研究状况，及其对经济增长和生产力发展可能产生的影响。③

（4）关于不同国际组织高等教育工作的比较研究

马登（Meggan Madden）（2007）在其博士论文《塑造大学质量保障的价值观是什么?》（*What are the Values Shaping University Quality Assurance?*）中对世界银行、联合国教科文组织以及经合组织等教育治理机构关于大学质量认证的措施，展开了一定程度上的异同点的对比，希望能够获得最佳实践经验。④ 塔蒂亚娜·瓦莱里耶夫纳（Tatiana Valerievna）（2008）在其博士论文《俄罗斯高等教育研究：基于 OECD、IMF 和 World Bank 的政策视角》（*Russian Higher Education：Changing Policy Perspective and the Role of the World Bank，the OECD，and the IMF*）中通过分析俄罗斯 1992—2005 年的高等教育改革进程，

① Stella Antony. Quality Assurance of Cross-border Higher Education [J]. Quality in Higher Education，2006 (12/3)：257—276.

② Hazelkorn Ellen. Growing Research：Challenges for Latedevelopers and Newcomers [J]. Higher Education Management and Policy，2004 (15/1)：119—140.

③ Eid Ashraf. Higher Education R&D and Productivity Growth：An Empirical Study on High-income OECD Countries [J]. Education Economics，2012 (20/1)：53.

④ Meggan Madden. What are the Values Shaping University Quality Assurance? [D]. Toronto：University of Toronto，2007：165.

呈现了世界银行、经合组织以及国际货币基金组织对该国高等教育体制改革所起的作用。① 沙迦汉（Riyad A. Shahjahan）等人（2015）在《揭示国际组织在高等教育研究中的形象与意义》（*Uncovering the Images and Meanings of International Organizations in Higher Education Research*）一文中探讨了世界银行、经合组织和教科文组织等在高等教育研究中的不同表现形式，从三个组织发布的高等教育文献中入手，主要从收敛力、影响机制、动态网络三个方面入手进行调查分析，试图找出用于理解高等教育国际组织的分析框架，以便在高等教育文献中开辟 IOS 的新概念。②

（二）国内研究现状

从已获取的材料看，国内目前亦尚无针对 OECD 高等教育政策发展史进行的专题研究。与国外研究现状一样，本研究对国内涉及 OECD 高等教育工作及相关问题的研究成果进行了分类整理。

1. 关于 OECD 教育工作整体情况的研究

张民选（2010）在其著作《国际组织与教育发展》中对 OECD 的教育职能、教育理念、教育部门的运作机制及特点进行了重点的介绍和分析，并指出高等教育一直以来都是 OECD 教育工作的重心，近些年其关注的工作在跨境教育以及学生学习成果评价方面。③ 陈伟（2006）在其译本《OECD 国家的监管政策：从干预主义到监管治理》一书中介绍了国际经济组织的"监管职能"，随着监管干预范围和规模的明显扩张，如何在更加复杂和多样化的社会以及经济发展过程中，促使各竞争性利益集团和谐相处。④ 李力（2012）在其博士论文《OECD"软法"的 NCP 实施模式及其对亚洲建立独立经合组织的启示》中针对 OECD 非强制性的工作方式——对概念的认知规范与强化，以及通过社会舆论关于最佳实践的追捧和富有想象力的倡议等——作出了分析。⑤ 李大伟（2011）在其博士论文《经济合作与发展组织的对外援助研究》中对 OECD 以往十年的《年度报告》以及《年度发

---

① Tatiana Valerievna. Russian Higher Education：Changing Policy Perspective and the Role of the World Bank, the OECD, and the IMF [D]. Edmonton：University of Alberta，2008：4—7.

② Riyad A. Shahjahan, Meggan Madden. Uncovering the Images and Meanings of International Organizations in Higher Education Research [J]. Higher Education，2015（69/5）：705.

③ 张民选. 国际组织与教育发展 [M]. 上海：上海教育出版社，2010：1—340.

④ 经济合作与发展组织. OECD 国家的监管政策：从干预主义到监管治理 [M]. 陈伟，译. 北京：法律出版社，2006：1—279.

⑤ 李力. OECD"软法"的 NCP 实施模式及其对亚洲建立独立经合组织的启示 [D]. 苏州：苏州大学，2012：1—153.

展报告》中有关如何援助各国发展的内容、方法等进行了梳理,揭示出该组织的工作特色。[①]

2. 关于 OECD 教育政策的研究

国内关于 OECD 教育政策的研究除进行整体性分析之外,基本上具有明确的层级区分,即将教育政策融合进各级各类的教育中去研究,具体归纳如下。

有关教育政策的整体性研究。黄忠敬等(2016)在其著作《教育政策研究的多维视角》的第一章第二节《OECD:公平而卓越》中对该组织自成立以来,教育政策研究领域的优先议题——公平与质量相关的政策研究与制定进行了历史性的回顾,以不同历史阶段的不同主题(社会驱动、经济驱动、数据驱动)为背景,明确了教育政策发展的方向。[②] 武凯(2018)在其硕士论文《经合组织教育政策价值取向》一文中通过对各个阶段该组织教育政策制定的出发点进行概括,在此基础上重点描述了它们的发展历程,试图构建出该组织政策发展的全部景观,最终将重点落实到了学生评估项目的介绍等方面。[③] 马健生等(2019)在《全球教育治理渗透:OECD 教育政策的目的——基于 PISA 测试文献的批判性分析》一文中通过对 OECD 具有品牌标识性的数字治理项目——PISA 的外部研究进行综述,从而得出 OECD 的一切工作皆充斥着市场化和竞争性等具有新自由主义理念的蕴涵,强调要正视其弊端。[④] 周加仙(2010)在其《教育神经科学:架起脑科学与教育政策和实践的桥梁——经济合作与发展组织 Bruno della Chiesa 访谈》一文中通过对 OECD 教育研究与创新中心的高级分析师 Bruno della Chiesa 的访谈,帮助读者理解 OECD 启动的以"学习科学与脑科学研究"为主题的大型研究项目的实施过程、方法等,以此凸显出神经科学与教育科学的交叉理解对提高人才竞争力的重要意义所在。[⑤] 孔令帅(2011)在其《透视国际组织教育政策背后的运作逻辑——以世界银行和经合组织为例》一文中探讨了 OECD 与 World Bank 两大国际组织教育政策的运作逻辑——权利分布与新自由主义,强调各国政府应该正确

[①] 李大伟. 经济合作与发展组织的对外援助研究 [D]. 北京:外交学院,2011:1—260.

[②] 黄忠敬,等. 教育政策研究的多维视角 [M]. 北京:教育科学出版社,2016:1—249.

[③] 武凯. 经合组织教育政策价值取向分析 [D]. 上海:上海师范大学,2018:1—63.

[④] 马健生,蔡娟. 全球教育治理渗透:OECD 教育政策的目的——基于 PISA 测试文献的批判性分析 [J],2019(2):3—12.

[⑤] 周加仙. 教育神经科学:架起脑科学与教育政策和实践的桥梁——经济合作与发展组织 Bruno della Chiesa 访谈 [J]. 全球教育展望,2010(4):3—7.

认识国际组织参与教育治理的利和弊，争取做到全面性认识。① 除此之外，国内关于 OECD 教育政策的分析大多集中在翻译 OECD 发布的有关教育政策的报告方面，如对 1998 年至 2006 年《教育政策分析》系列报告的翻译本，对 2010 年至 2013 年《教育概览》的翻译本。

有关婴幼儿教育政策的研究。国内关于 OECD 幼儿教育政策的著作研究目前只有一本翻译本，由北京师范大学出版的《儿童早教、保育操作手册》，该份报告由经合组织 2013 年发布，由我国 2015 年翻译出版，主要内容是列出了提高儿童保教质量的五大政策杠杆，并对这些政策杠杆进行说明。② 沙莉等（2014）在《OECD 学前教育质量政策杠杆：背景、特点、八国实践经验及启示》一文中聚焦英国、挪威、瑞典、葡萄牙、芬兰、斯洛伐克、韩国、日本 8 个国家近年来在利用 OECD 提出的质量政策杠杆，开展相关行动来促使各自国内儿童早期教育质量提升方面取得的宝贵经验作了介绍。③ 翟弦亮（2014）在其硕士论文《OECD 国家保教一体化政策研究——基于提高早期教育与保育质量项目》中聚焦于 OECD 在 2010 年实施的"提高保教质量"项目，依据相关调查结果，对其成员国"保育和教育一体化"的政策进行了特征分析，并结合我国实际提出了参考意见。④ 李敏谊等（2018）在《北欧国家幼儿教育和保育政策话语的新变迁》一文中运用经合组织和联合国教科文组织联合修订的 ISCED2011 作为政策话语变迁的主要背景，探讨了在新自由主义、管理主义、国际性测评背景下幼儿教育和保育政策话语的转变。⑤ 张静（2018）在《经合组织"强势开端 V：幼小衔接"政策述评》一文中分析和总结了提高幼儿保教质量的相关政策内容，如提高幼师专业素质、优化教学方式、开发相关课程、保障专业培训等，试图通过对这些内容的总结给予我国一些启示。⑥

---

① 孔令帅. 透视国际组织教育政策背后的运作逻辑——以世界银行和经合组织为例 [J]. 比较教育研究，2011（10）：50—55.

② 经济合作与发展组织. 儿童早教、保育操作手册 [M]. 陈学锋，等，译. 北京：北京师范大学出版社. 2015：1—317.

③ 沙莉，霍力岩. OECD 学前教育质量政策杠杆：背景、特点、八国实践经验及启示 [J]. 现代教育管理，2014（12）：112—118.

④ 翟弦亮. OECD 国家保教一体化政策研究——基于提高早期教育与保育质量项目 [D]. 北京：首都师范大学，2014：1—78.

⑤ 李敏谊，郭宴欢，陈肖琪. 北欧国家幼儿教育和保育政策话语的新变迁 [J]. 比较教育研究，2018（5）：89—97.

⑥ 张静. 经合组织"强势开端 V：幼小衔接"政策述评 [J]. 基础教育，2018（24）：66—69.

有关基础教育政策的研究。罗晓静（2010）在其硕士论文《OECD 教育公平政策探析——兼论对中国教育的影响》中就基础教育领域内的"公平"问题及政策建议进行了不同历史阶段的分析，同时重点研究了 OECD 针对 15 岁中学生开展的 PISA 评估项目。① 同国外研究一样，国内针对 PISA 项目的单独研究也较为丰富，不过与国外注重 PISA 与教育政策关系的研究不同的是，国内学者（主要见于学位论文中）更加关注该项目对中学课程内容、教学方式、评价方式的影响。吴延妮在其硕士论文《OECD 成员国普通高中教育财政投入及启示》中揭示了高中阶段的教育对进入大学的重要作用，并探讨了在经合组织教育财政政策的建议下，各成员国教育财政经费的决定机制、来源、分配等情况。② 李桂荣等（2016）在《试析经济合作与发展组织基础教育发展监测机制》一文中介绍了 OECD 教育发展监测框架，如 INES 联合监测、LSO 数据驱动平台、CIPP 指标体系和 GPS 可视化系统等的功能和特点。③ 丁瑞常等（2018）在《经合组织参与下的墨西哥基础教育师资建设改革研究》一文中介绍了从职前培养到工作前的选拔、正式聘任、参与专业性发展培训、定级考核与晋升、解聘等各个环节，OECD 对该国这一层级的师资队伍改革所给出的几方面建议，并且还通过软说服的方式鼓励其借鉴他国经验。④

有关职业教育政策的研究。吴全全（2009）在《"为工作而学习"——OECD 国际职教研讨会述评》一文中就经合组织召开的两次相关性研讨会——"VET 专家组会议"和"跨学科研讨会"——进行了述评，就体制改革的进程、体制改革的知识运用、体制改革的动因以及障碍等方面的问题进行了分析。⑤ 卢洁莹（2013）在《经合组织职业教育政策理论之转向》一文中强调了近十年来 OECD 职业教育政策理论开始出现重大转向，"个人发展"理论开始取代"经济发展"理论。⑥ 马娟等（2018）在《OECD 国家高职教育经费来源的典型模式：特征与成

①　罗晓静. OECD 教育公平政策探析——兼论对中国教育的影响 [D]. 上海：华东师范大学，2010：1—72.

②　吴延妮. OECD 成员国普通高中教育财政投入及启示 [D]. 南京：南京师范大学，2015：1—66.

③　李桂荣，尤莉. 试析经济合作与发展组织基础教育发展监测机制 [J]. 比较教育研究，2016（5）：50—55.

④　丁瑞常，胡畎昀. 经合组织参与下的墨西哥基础教育师资建设改革研究 [J]. 比较教育研究，2018（1）：45—55.

⑤　吴全全. "为工作而学习"——OECD 国际职教研讨会述评 [J]. 中国职业技术教育，2009（13）：55—57.

⑥　卢洁莹. 经合组织职业教育政策理论之转向 [J]. 职业技术教育，2013（34/16）：88—94.

因》一文中分析了 OECD 的成员国的高职教育经费来源结构以及投入机制。[①]

国内也有关于 OECD 教师政策、成人教育政策等方面的研究，但研究成果很少，仅存在于曾晓东等（2008）、周钧（2010）、张大鑫（2014）、杜广平（2015）、王凯（2017）、安琪（2018）、季金杰（2018）等人的研究中。[②]

有关高等教育政策的研究。国内有关 OECD 高等教育政策的文本研究相对而言较为丰富，在数量上与 PISA 项目的研究成果不相上下。范文曜等（2010）在其著作《高等教育发展的治理政策——OECD 与中国》一书中从高等教育治理方式的变革和高等教育机构为区域服务等方面，分析了 OECD 及美国、爱尔兰、瑞士、墨西哥等国家的最新政策动向。[③] 郝瑜等（2014）在其著作《区域高等教育发展战略与政策保障——基于建设"高教强国"的视角》一书中根据 OECD 发布的《知识型社会的高等教育》政策报告，探讨了国外区域高等教育发展的政策保障办法，以给我国西部高等教育发展提供经验。[④] 龙玫（2017）在其博士论文《经合组织高等教育政策研究》一文用"比较研究法"对经合组织高等教育政策的运行机制、符号权利、影响等进行了研究，并未从历史角度对高等教育政策的变迁、演变作阶段性的详细分析，只是在第一章节中对 OECD 教育工作进行了整体性的回顾。[⑤] 尹玉玲（2011）在其《OECD 视野下的高等教育国际化政策分析——基于跨境高等教育的视角》一文中对跨境高等教育所呈现出的四种政策导向，即互相理解、技术移民、创收以及能力建设进行了分析。[⑥]

---

① 高娟，马陆亭. OECD 国家高职教育经费来源的典型模式：特征与成因 [J]. 比较教育研究，2018（10）：106—113.

② 曾晓东，崔世泉. OECD 对发达国家教师继续教育政策的分析：框架和主要结论 [J]. 比较教育研究，2008（3）：41—46. 周钧. OECD 关于发达国家的教师政策分析 [J]. 外国教育研究，2010（9）：93—97. 张大鑫. 经济合作与发展组织《有效教师的吸引、发展与留任项目》（ADRETP）实施研究 [D]. 重庆：西南大学，2014：1—113. 杜广平. 国际成人能力评估调查（PIAAC）的发展及影响研究 [J]. 成人教育，2015（4）：90—94. 王凯. "国际成人能力评估项目"（PIAAC）研究 [D]. 福州：福建师范大学，2017：1—61. 安琪. 论 OECD 成人技能评估的演变——从 IALS 到 ALL 再到 PIAAC [J]. 成人教育，2018（1）：6—10. 季金杰. 如何评价成年人的学习积极性——基于 PIAAC2013 数据的量表修订与评估 [J]. 上海教育评估研究，2018（1）：50—56.

③ 范文曜，马陆亭. 高等教育发展的治理政策——OECD 与中国 [M]. 北京：教育科学出版社，2010：1—278.

④ 郝瑜，孙二军. 区域高等教育发展战略与政策保障——基于建设"高教强国"的视角 [M]. 北京：社会科学文献出版社，2014：1—332.

⑤ 龙玫. 经合组织高等教育政策研究 [D]. 上海：华东师范大学，2017：1—230.

⑥ 尹玉玲. OECD 视野下的高等教育国际化政策分析——基于跨境高等教育的视角 [J]. 中国高教研究，2011（11）：29—32.

3. 关于 OECD 高等教育不同主题内容的研究

除了 OECD 高等教育政策的研究之外，为了更加全面地了解该组织高等教育
工作的内容，本研究尽量搜集了国内学者关于"OECD 高等教育"的研究，发现
主要集中在以下两个方面：OECD 高等教育经费问题、OECD 高等教育项目问题。

有关 OECD 高等教育经费问题的研究。李素敏等（2009）在《OECD 国家高
等教育公共投资：机制和方法》一文中明确了成员国家教育经费的两种筹资机制：
公共与私人投资。对于投资主体而言，主要有四种操作方式，分别为计划性投资、
定向性投资、绩效性投资、需求驱动型投资。[①] 刘红宇等（2012）在《OECD 国家
高等教育投入的典型模式》一文中介绍了以美国、韩国、法国、丹麦为代表的四
种典型的财政投入模式，即"三高"模式、"社会主导"模式、"政府投入为主的
中央集权制"模式、"国家买单"模式。[②] 作者认为根据成本分担学说，既要对高
等教育进行公共投入，也不能忽视私人团体的重要性。许长青（2017）在
《OECD 国家高等教育规模扩张及财政资助政策新进展》一文中分析了自 20 世纪
80 年代以来，受需求与供给的双重驱动，OECD 国家的高等教育持续扩张。而扩
张具体表现为参与度、招生模式、毕业率等方面的变化。为了保障高等教育的公
平性，应保证投资主体的多样化，公共投资以及私人性投资相结合，学生分担成
本的做法十分有必要。[③]

有关 OECD 高等教育项目问题的研究。国内学者对于"高等教育学习成果评
估""高等教育国际化与贸易""区域与城市发展中的高等教育"三个项目的关注
较多。王卓（2017）在硕士论文《"双一流"背景下 AHELO 项目在我国高等教育
中的应用前景研究》中，就目前我国高等教育质量评估机制应该如何转移重心，
以便更好地适应"双一流"建设的宗旨，提出参与 OECD 的学习成果评估项目可
作为发展路径之一。[④] 张悦（2019）在其硕士论文《经合组织高等教育学习成果测
评（AHELO）项目研究》中详细解读了 AHELO 的运行背景、机制、资金来源、

---

① 李素敏，高源. OECD 国家高等教育公共投资：机制和方法 [J]. 天津师范大学学报（社会科学
版），2009（6）：65—68.

② 刘红宇，马陆亭. OECD 国家高等教育投入的典型模式 [J]. 高等教育研究，2012（5）：102—
110.

③ 许长青. OECD 国家高等教育规模扩张及财政资助政策新进展 [J]. 教育学术月刊，2017（7）：
3—13.

④ 王卓. "双一流"背景下 AHELO 项目在我国高等教育中的应用前景研究 [D]. 西安：陕西师范大
学，2017：1—87.

影响等问题。① 由陈剑琦编译的《UNESCO/OECD：加快"跨境高等教育质量保证"进程》分析了两个组织自此项指导规则发布以来，是如何在全球范围内实施一致性的跨境教育标准的。② 肖海等（2007）在《经合组织发展跨境高等教育的策略及对我国的对策》一文中，从经合组织和我国学生的跨境高等教育的现状分析入手，强调了在高等教育国际化进程中，跨境教育的重要意义。③ 陈烨（2015）在《高等教育领域国际学生流动分析——基于经合组织〈教育概览〉的数据分析》一文中分析了影响学生参与跨境教育与交流项目几个方面的重要原因，如费用开支、国力强盛与否、文化融合等。④ 周巧玲（2008）在《构筑高等教育与区域发展的合作体系——"OECD/IMHE 支持高等教育机构对区域发展的贡献"项目评述》一文中，对机构管理项目所开展的教育与区域发展类项目进行了宗旨内容、成效经验、政策建议等方面的全面回顾。⑤

总体而言，国内外关于 OECD 高等教育政策相关研究的成果颇丰。从时间段上来看，21 世纪以来的研究占据了绝大多数，可见，更多的学者对进入全球化时代以及知识经济社会之后的全球教育治理问题有很大的研究兴趣。从研究内容上看，国内外学者对 OECD 高等教育工作的研究热情也较为高涨，主要集中在对 OECD 所开展的各类高等教育项目的研究上，尤其是目前广受关注的学习成果评估项目。另外，对 OECD 所发布的高等教育政策报告进行介绍、分析的研究也较多。从研究方法上，采用 OECD 数据开展研究的较多，不少学者会基于特定年份的《教育概览》对相关教育问题进行探究。也有学者倾向于通过文献综述的写作方式，归纳不同学者的立场和观点，以呈现高等教育某一主题的研究现状与趋势。纵观国内外研究现状，对 OECD 高等教育政策的研究成果大多集中于 OECD 所发布政策报告的国别影响、文本介绍与分析、项目介绍、内涵与影响分析，但却忽视了其体系形成的历史脉络和规律特征，导致 OECD 高等教育政策历史方面的研究尚不充分。因此，本研究从历史的角度出发，以 OECD 高等教育政策的发展过

---

① 张悦. 经合组织高等教育学习成果测评（AHELO）项目研究 [D]. 长春：东北师范大学，2019：1—61.

② 联合国教科文组织. UNESCO/OECD：加快"跨境高等教育质量保证"进程 [J]. 陈剑琦，编译. 比较教育研究，2004（7）：91.

③ 肖海，刘芳. 经合组织发展跨境高等教育的策略及对我国的对策 [J]. 中国高教研究，2007（11）：36.

④ 陈烨. 高等教育领域国际学生流动分析——基于经合组织《教育概览》的数据分析 [J]. 世界教育信息，2015（12）：64—67.

⑤ 周巧玲. 构筑高等教育与区域发展的合作体系——"OECD/IMHE 支持高等教育机构对区域发展的贡献"项目评述 [J]. 全球教育展望，2008（6）：50—54.

程为经，以不同时期高等教育政策发展的背景、动因、实践、政策文本为纬，对自 20 世纪 50 年代前后至今的 OECD 高等教育政策的变迁历程进行剖析，挖掘其各个发展阶段的特征，进而揭示治理规律和特色，以对我国该层级教育的发展起到借鉴作用。

四、相关概念阐释

对概念含义的理解与界定将直接体现研究者所选择的视角、关注的重心、内容的结构组成等问题，更能展现研究者的自我价值判断，赋予文章自我特色。本章将从以下几个概念入手进行界定，以期达到上述效果。

（一）政策

在人们的日常生活中，对政策的理解宽泛而多样，他们既会将国家或者地方层面的法律规范纳入理解范畴，亦会将特定组织或团体的内部制度或者条例纳入自我的政策认知。因此，站在不同的侧面和维度，政策的含义和所服务的对象就会大相径庭，各路词（辞）典以及政策研究学者自然也从不同的角度对政策含义作出了不同的回答。《社会科学大词典》认为，政策是国家在特定阶段为了达到一定的发展目标，实现宏观的愿景，从而通过调查取证、考察走访、深入实地调查的方式，设计出来的一套具有重要指导性意义的制度，各相关政府部门在这套制度的范围内开展活动。具体根据相关的指令、规定和条令性文件开展相关的事宜，政策对于国家执行相关行为具有宏观把握的作用。[①]《现代汉语词典》也认为"政策"具有上述《社会科学大词典》所表达的意涵。[②]《辞海（下）》与前两者对政策的解释大同小异，它还强调政策具有鲜明的阶级性。[③] 这种静态文本性质的解释在词（辞）典中较为常见，它们习惯于将其解释为书面意义上的规章、制度、条例（令）等。有学者也持相同的观点，如谢明认为政策是具有权威性的主体在特定的国家背景之下，为了实现具体的目标而开展的行动及制定的文本。[④] 美国公共行政学创始人约翰·威尔逊（John Todd Wilson）认为公共政策是由那些具有立

---

① 彭克宏. 社会科学大词典［M］. 北京：中国国际广播出版社，1989：415.
② 中国社会科学院语言研究所词典编辑室编. 现代汉语词典［M］. 北京：商务印书馆，1995：1477.
③ 辞海编辑委员会. 辞海（下）［M］. 上海：上海辞书出版社，1979：3755.
④ 谢明. 政策透视——政策分析的理论与实践［M］. 北京：中国人民大学出版社，2004：25.

法权的政治家所拟定并赋予其合法性的规定。① 英国社会科学家莫里斯·柯根（Maurice Kogan）认为政策是对法定意图的表述。②

但是，仍有相当一部分的学者认为政策绝非仅仅是静态纸面上的文字，还包括在这些文字指导下的行为活动、实践过程，甚至包括这些政策文本出台前的制定过程。在国内的学者中，陈振明教授认为，公共政策是相关政策主体或者团体，为了满足本土政治、经济和文化的发展需求而开展的政治行动，以及从而拟定的政治性行为准则。③《牛津高阶英汉双解词典》这样概括"政策"的含义，"被某个政党、企业等同意或选择的行动计划；影响一个人行为的原则或措施"。④ 美国社会科学界泰斗哈罗德·拉斯韦尔（Harold Lasswell）将公共政策定义为政府决策，强调政策目标与制定政策的手段之间的交流过程。⑤ 美国经济学家詹姆斯·安德森（James E. Anderson）等人同样认为，政策的性质应是一种持续的行为，包含着各类前期活动，并由主要行为者负责实施。⑥ 美国教育政策界权威人士弗朗西斯·福勒（Frances C. Fowler）这样理解公共政策，认为其既包括政府的外在、内隐行为模式，也包括其公开表达的意图。⑦ 桑德拉·泰勒（Sandra Taylor）等人认为政策这一概念本身的内涵其实远超出文本话语的体系，它更包括一种活动话语的性质，既包括文本产生前的讨论交流过程，亦包括文本颁布后的实施过程，加之在政策行为发生过程中循环往复地修正和再制定。⑧ 布莱恩·霍格伍德（Brian W. Hogwood）和路易斯·葛恩（Lweis A. Gunn）认为政策有 9 种性质：（1）活动标签；（2）目的表达；（3）任务状态；（4）具体建议；（5）政府决定；（6）正

① 武启元. 公共政策［M］. 香港：商务印书馆，1989：4.

② Maurice Kogan. Educational Policy-Making：A Study of Interest Groups and Parliament［M］. London：Allen and Unwin，1975：55.

③ 李成智编著. 公共政策［M］. 北京：团结出版社：2002：3.

④ Oxford Advanced Learner's English-Chinses Dictionary（7th Edition）［M］. Oxford：Oxford University Press，2009：1531.

⑤ Harold Lasswell. From Wikipedia，the Free Encyclopedia［EB/OL］.（2020－3－6）［2020－3－6］. https：//en. wikipedia. org/wiki/Harold _ Lasswell.

⑥ James E. Anderson，David W. Brady，Charles Bullock. Public Policy and Politics in America［M］. California：Brooks Cole Publishing Company，1984：3.

⑦ Frances C. Fowler. Policy Studies for Educational Leaders：An Introduction（2nd Edition）［M］. New York：Perason，2008：8.

⑧ Taylor，S.，Rizvi，F.，Henry，M. et al. Education Policy and the Politics of Change［M］. London and New York：Routledge，1997：28.

式授权；（7）相关模式；（8）具体项目；（9）结果与成果。①

综合上述各种专业词（辞）典以及国内外学者的观点，笔者倾向于从广义层面来界定政策的含义。笔者认为政策是各利益相关方斗争的产物，是相关理念从一个历史背景转变到下一个历史背景所发生的运动，是一个复杂持续且具有规律性的生成、转变过程，是动态的；它是政党、团体等实施外在行为后的理论（制度、规定、条例等）呈现方式，是静态的。政策并非只是文本上死板的文字，在这文字背后的行为如前期的生成过程、后期的依令操作等皆与政策文本是一脉相承、相互依照的。因此在本文中，把政策视为一种文本和一种连续性的行为。

（二）OECD 教育政策

与前文所界定的"政策"概念相一致，从广义上来说，"教育政策"的内涵理应包含动、静两种属性。国内外研究学者和一些国际性组织虽然对教育政策的定义不尽相同，但对于动静属性的理解方面存在着共识。孙锦涛教授对于教育政策给出以下界定：教育政策在本质上来说，是一种动态发展过程，是具体的政治实体为了能够在特定的时期内，保证教育能够与社会经济环境相适应，从而为其作出贡献而制定的具有连续性行动意志的指令。② 王举教授则将教育政策的特质总结为"活动"二字，他在总结教育政策的特质时，从对象、决策权等方面作出强调：教育政策方面的相关活动以个体的内生性发展为对象，其决策权也具有一定程度的分散性。它的根基其实存在于整个社会发展进程以及个体的生命世界中。③ 还有一些学者和组织将教育政策看作是指导教育行为发生和政策文本生成的方式、方法。如吴遵民教授认为，教育政策是一种十分必要的方式，这一方式可以从整体上对国家的教育进行管理和指导。④ 德裔美国政治理论家卡尔·约阿希姆·弗里德里希（Carl J. Friedrich）也认为，教育政策是一项重要的活动，这一活动由政府团体参与计划和实施。⑤

在已有史料中，并未发现 OECD 关于"教育政策"的明确界定，但从其关系网络中，总能找到零星话语，足够使我们了解该组织在"教育政策"内涵层面的态度。如帕帕佐普洛斯（Geoge S. Papadopoulos）在《1960—1990 的教育：

① Brain W. Hogwood, Lewis A. Gunn. Policy Analysis for the Real World [M]. London：Oxford University Press, 1984：19.

② 孙锦涛. 教育政策学 [M]. 北京：中国人民大学出版社, 2010：17—28.

③ 王举. 教育政策的价值基础：基于政治哲学的追寻 [M]. 北京：科学出版社, 2016：16—23.

④ 吴遵民. 基础教育决策论 [M]. 上海：华东师范大学出版社, 2006：301.

⑤ 崔爱林. 二战后澳大利亚高等教育政策研究 [D]. 保定：河北大学, 2011：7.

OECD 的视角》（*Education 1960—1990：The OECD Perspective*）一书中这样说道："这本书的主要目的是记录和解释 OECD 在教育方面的国际合作中，其独特的国际性事业是如何产生的。它试图通过 OECD 教育活动的历史概览，对 OECD 在这 30 年教育方面所做的事情进行描述。重点将放在这些活动如何与教育政策和政策思想的演变产生联系，及其实际影响和后果的变化之间的关系，以及它们如何努力在 OECD 国家前所未有的教育扩张时期对更广泛的政策趋势和发展作出反应并作出贡献，与同样重大的社会和经济变革问题相协调。"① 此论述至少反映出教育政策的产生与前期相关教育活动紧密相关，同时也对后期教育效果产生直接影响，更加受到不同历史时期的社会、经济状况的相互制约。另外，在 OECD 官方网站中，其下设栏目"教育"的"实施教育政策"专题这样介绍该组织教育政策工作的性质："我们的战略性建议支持的范围包括审查政策文件（诸如白皮书、行动计划）、开展战略性会议等相关活动、协助有助于具体政策执行工具的开发"。② 正是基于这样的性质，国内外若干研究中在涉及 OECD 教育政策时，多将其视为国际组织文本（正式声明、研究报告等）和实践（各类教育援助活动、会议等）的总和。③

因此，OECD 教育政策的概念可以这样界定：是 OECD 各利益相关方提供经研究的教育政策类背景报告，OECD 再通过开展各类会议、项目、活动，对这些报告进行分析、概括、总结，制定符合大多数国家国情的具有普适意义的政策建议。其中伴随着不同历史时期起主导作用的社会经济文化理念的转变，从而发生的相应的教育工作运作方式、内容等的转变，这是一个复杂持续且具有历史性、规律性和必然性的生成、转变过程，是动态的；同时也是 OECD 实施外在行为后的理论呈现（报告、会议记录、声明等），是静态的。简言之，OECD 教育政策既

---

① George S. Papadapouls. Education 1960—1990：The OECD Perspective ［R］. Paris：OECD, 1994：9.

② OECD Home. Education. Implementing Education Policies ［EB/OL］. （2020−3−10）［2019−1−1］. http：//www. oecd. org/education/implementing-policies/.

③ 孔令帅. 透视国际组织教育政策背后的运作逻辑——以世界银行和经合组织为例 ［J］. 比较教育研究, 2011（10）：50−54；沈蕾娜, 滕珺, 乔鹤. 国际教育发展最新趋势研究——2011—2012 年度国际组织教育政策文本解读 ［J］. 比较教育研究, 2013（10）：7−12；林育汝. OECD 推动高等教育国际化之政策研究 ［D］. 台湾省南投县：暨南大学, 2013；Johanna Kallo. OECD Education Policy：A Comparative and Historical Study Focusing on the Thematic Reviews of Tertiary Education ［M］. Helsinki：Finnish Educational Research Association, 2009：3；Miriam Henry, Bob Lingard, Fazal Rizvi, etc. The OECD Globalisation and Education Policy ［M］. Paris：International Association of University, 2001：3.

涵盖了其官方发布的各种与教育相关的工作文件如工作报告、会议记录等文本性资料，也包括 OECD 开展的与教育有关的各种项目和活动。

（三）OECD 高等教育

OECD 在 OEEC 时期更强调职业的短期培训，而对于高等教育来说，尤其是全日制的高等教育问题，虽有涉及但十分零星。正式开始关注高等教育问题，当属 OSTP 时期，为了科技人才的培养而加强了对其输出机构的关注。在经历过荷兰海牙会议、经济学家和教育工作者第一次非正式会议、华盛顿会议、教育经济学研究小组第一届会议——高等教育的经济学问题（Economics of Higher Education）等会议后，通过各届不同类型会议关于高等教育问题的前期考察、经验介绍、汇报总结，1967 年 OECD 正式发布分析报告《1950 年至 1967 年的高等教育》（Development of Higher Edcuation：1950—1967），明确界定了高等教育的内涵。

OECD 将高等教育作了两种类型的区分，在它看来，这两种类型的教育皆属于高等教育，它们分别是大学型高等教育（university-type higher education）和非大学型高等教育（non-university type higher education）。总的来说，可作如下理解：大学型高等教育是指学生在包括大学在内的机构学习，如果其学业水平促使其得到与大学所授予的同等水平的学位，一般来说是指第一学位，也是我们通常所说的学士学位，那么这类学习可被归类为大学型教育，如德国的理工类高等学校、英国继续教育①高级课程。而非大学型高等教育主要以职业为导向，学生的学业帮助他们所得到的文凭级别被认为是低于大学第一级学位（如执照、副学士学位等）。在大多数国家，这两种类型的教育是在不同的机构提供的：一方面是大学和同等类型的机构，另一方面是其他中等后教育机构②。

具体而言，这两类高等教育分别具有如下特点。

---

① 该继续教育也可称之为延续教育，是英国教育体系中较有特色的教育类型。它是中学高级班或大学预备班，为中学至大学的过渡期。一般来说，接受延续教育的学生介于 8—9 年级（16—18 岁）之间。它拥有两种体系：学业型和职业型。学业型教育是以培养研究型人才为主，职业型教育以就业为导向，培养各类技术型人才。

② 中等后教育是指高中后进行的所有教育。虽然经常被认为是高等职业教育，但 OECD 还是参照国际教育分类标准对其进行了更为准确的界定和划分：高等教育（第三级教育）包括 5A 教育（ISCED 5A）、5B 教育（ISCED 5B）和高级研究资格（ISCED 6）。5B 教育即高等职业教育，就是下文所述的短周期高等教育，也可称之为中等后高等教育。从高等教育的分类视角出发，中等后教育可分为中等后高等教育与中等后非高等教育（ISCED 4）两种类型。后者是介于高中教育与高等教育之间的教育，不在本文的研究范围之内。因此，本文所提及的"中等后教育"仅指代"中等后高等教育"的意涵。

大学型高等教育（university-type higher education）

1. 需要中学毕业证书（一般而言，是经过了十二年的学校教育）的中等后教育；

2. 需要至少三四年学习的教育；

3. 可获得第一级学位（执照、学士学位等），并通过此可获得高级学位的教育。

这类教育一般包括：

——大学。它们的结构在不同的国家有很大的差异，但一般都是从几个历史模式演变而来的；

——同等水平的机构，在大多数情况下，提供更专业的教育，如德国理工类高等学校；西班牙高等专门技术学院①；法国的"大学校"②。

非大学型高等教育（non-university type higher education）

1. 不一定需要中学毕业证书的中等后教育；

2. 受教育时间相对较短，需要一年至最多四年（特别情况下）的学习；

3. 获得的教育促使其获得低于大学第一级学位水平的文凭；

4. 具有高等教育的属性，即有别于学前教育、初等教育、中等教育和非高等属性的中等后教育。

与大学型教育相反，在每个国家，在类似的机构中涵盖相对同质的学习课程，非大学型教育在不同国家的异质性及其不同程度的发展，有时很难区分它与中学教育的后期阶段的差异。在 OECD 欧洲成员国中，这类教育包括下列培训课程（以短期课程培训为主要特点）：

---

① 1970 年 8 月，西班牙《教育总法案》通过，记录了 1970 年之前西班牙高等教育的总体结构，以及日后发展的方向。《教育总法案》中提到的大学教育包括程度较低的专科学院，例如观光专科和社工专科，以及研究所，例如工业管理研究所以及私立的企业管理研究所等。其他尚有独立的较小的专门学院和高等专门技术学院等。高等技术学院享有较高的社会地位。萨利亚的化学学院和天主教工艺和工业学院都算是高等技术学院。高等技术学院读完两个阶段的学生，可获得工程师或建筑师的头衔，相当硕士学位。

② 法国的"大学校"是法国国家教育体制所特有的高等教育机构，通常独立于大学教育构架之外。

> ——高级技师课程：工业方面、商业方面、农业方面；
> ——社会和医疗辅助人员课程：社会福利工作者、护士等；
> ——不属于中等教育的小学教师培训课程，以及某些类别的中学教师的培训，例如体育教育等；
> ——艺术培训类课程。

直至 1998 年，OECD 发布了《重新定义高等教育》（*Redefining Tertiary Education*）报告，首次将"Higher"变更为"Tertiary"，在大多数情况下虽仍然将"Tertiary"翻译为"高等"，但"Tertiary"还有一层含义，即"第三级"。我国一些学者，如谢维和教授等将其翻译成"第三级教育"，因为在他们看来，OECD 之所以转变说法，说明该组织对于高等教育的认识，如范围、对象、结构等皆已发生转变；若仍将其称之为"高等教育"，既无法与 1998 年之前的界定作出区分，且不能够清楚地呈现出 OECD 在 1998 年之后高等教育工作职能的扩大。因此，必须来解释"Tertiary"作为"第三级"含义时具体代表了什么。从结构性质上来看，选择"Tertiary"而非"Higher"的原因，是由于"Higher"常常被大多数人片面地理解为大学（university）教育，但是现在大学生的参与以及发展越来越多地出现在所谓的"大学的替代机构"中。[①] 从时间范围来看，"第三级教育"指的是中等教育接下来的一个时段或时期，其并非像以往侧重于大学部门的高等教育那样具有高基础性，并且 1998 年以后的这种"第三级教育"与中等教育会越来越紧密地联系在一起。从组织结构看，"第三级教育"囊括了中等后教育的所有高等阶段的教育形式，包括高等职业机构以及大学型教育机构。从培养模式来看，"第三级教育"承认不论学习时间长短的部分时间制和全日制的模式。OECD 推出"第三级教育"概念，是要让各国认识到中等后教育普遍参与的趋势，认识到发展适应学生潜力、满足社会多样性、尊重不同需要差异性的新的教育模式的必要性，要求它们进行更加根本性的思考。[②]

---

① Claudius Gellert, John Pratt, Dorothea Furth. Alternatives to Universities [R]. Paris：OECD, 1991：3.

② 经济合作与发展组织. 重新定义第三级教育 [M]. 谢维和，等，编译. 北京：高等教育出版社, 2002：3—4.

综合以上两个不同年段出现的高等教育内涵，笔者将 OECD 高等教育的概念作如下总结：总的来说，高等教育一般可概括为两种类型，大学型高等教育和非大学型高等教育，前者拥有高度专业化、经常性的自决权，后者以中等后教育的短期培训为主，许多国家称之为短期高等教育，该种高等教育形态所对应的高等教育机构统称为"短期高等教育机构"。尤其在 1996 年 OECD 提出全民终身学习理念后，为了帮助更多的年轻人持续性学习，高等教育中的非大学部分的结构势必要有所扩大，加强与中等教育的联系，包容受教育对象的多样化，发展新的中等后教育模式，努力实现更加广泛的第三级教育的目标。简言之，高等教育是既包括大学、同质的教育机构、高级专业技术学院等正规教育，又包括中等教育后技术性质的，且具有高等教育属性的各方面正规的教育和培训。

（四）OECD 高等教育政策

本研究所指的 OECD 高等教育政策，缘起于这样一个疑惑：20 世纪 60 年代开始，随着精英教育向大众教育，甚至是普及教育的转化和发展，曾经拥有高度专业化、经营性的自决权，以及完全以自身的结构、任务和传统为取向的大学部门——大学、高层次的职业机构、学院能否继续保持精英型专门化和学术性的训练传统？尤其是新世纪的到来，是否应该通过扩展中等后短期高等教育的新模式来帮助普遍意义上的年轻人重构自身实现终身学习连续体的一部分？时代的发展告诉我们只有两者兼容，尽力形成连贯一致的高等教育体制才能皆大欢喜。丢弃任何一种教育模式皆不可取，只有进行综合性的改革和革新，包括合并机构、取消双轨制、引进新的资助体系、建立新型机构、采取新的国家指导性管理、实施新的学位计划、建立教育与工业新的合作伙伴关系等，才能实现高等教育的大发展。因此，20 世纪 50 年代开始的 OECD 高等教育政策，涵盖了上述提到的发展内容的流变，包括议题产生、项目生成、实地调查、召开会议、依令操作等各项工作过程，以及在这过程中形成的文本类政策报告、会议记录汇编等文字性材料。

（五）外延式治理与内涵式治理

"治理"一词现已被广大研究者运用在学术作品中，《现代汉语词典》第 5 版这样界定"治理"的概念，即具有统治与管理、处理与整修的双重含义。① 其实，"governance"一词源于希腊语，原意为控制、引导与操纵。世界银行在使用这一

---

① 中国社会科学院语言研究所词典编辑室编. 现代汉语词典（第 5 版）［Z］. 北京：商务印书馆，2005：1758.

概念时将其定义为"一套合法权威的规则而对公共事务进行公正而透明的管理"。[①]
在大多数情况下，人们会将治理的意涵，狭义或片面地理解为那些具有强制性的
指令，或者具有统治性权威的手段。其实不然。从治理行为的主体层面来看，它
不仅仅可以是政府团体，也可以是一些个体或者机构团体，后者发挥的并非是强
制性权威，也可能是道义性权威，这些道义性机构可通过建立合作伙伴的方式，
发挥说服力和规范概念认知的方式来对国际公共事务进行治理。[②] 在教育层面，教
育或者说高等教育还未真正全球化，不过全球性质的教育治理，或者说高等教育
治理已经有所显现。冉源懋教授在其博士论文《从隐性生存走向软性治理——欧
盟教育政策历史变迁及发展趋势研究》中这样理解"教育治理"的内涵：在全球
化背景下，以国际组织或区域间组织为主体，参与特定区域范围内的教育事务，
对其进行管理和指导。教育治理是国际组织作为超国家联合体和行为体，在国际
社会层面、成员国之间进行协调和帮助发展各成员国教育事务的政策行为。[③] 而与
欧盟一样作为国际组织的 OECD，其教育治理工作同样通过政策行为呈现出来。
于成员国而言，是对它们发布的各项政策及实施效果进行调查，可称之为政策调
查；于 OECD 而言，是通过开展一系列研讨会议和项目开发，获取建议性结论，
形成报告发布，可称之为政策实践和政策文本。

　　在笔者看来，OECD 在高等教育治理方面存在两种形式，这两种形式之间存
在递进和深化的关系。"外延式治理"强调的是数量增长、空间拓展、规模扩大，
主要是为了适应外部的需求而表现出的外形上的拓展，这种治理方式最明显的关
注点是高等学校的数量、招生人数、校均规模等；而"内涵式治理"强调的是结
构优化、质量提升、效益增高、公平稳定等可持续性增长因素，更多的关注点聚
焦于内在需求。本研究试图通过高等教育政策发展进程的具体呈现，挖掘出
OECD 高等教育治理工作从"外延式"走向"内涵式"的主要表现和具体原因。

（六）政策导向

　　《汉语词典》中将"导向"一词分别作了名词和动词两种解释，名词解释为

---

① ［法］皮埃尔·卡蓝默. 破碎的民主——试论治理的革命 [M]. 高凌瀚，译. 北京：生活·读书·
新知三联书店，2005：6.

② 俞可平. 治理与善治 [M]. 北京：社会科学文献出版社，2000：7.

③ 冉源懋. 从隐性生存走向软性治理——欧盟教育政策历史变迁及发展趋势研究 [D]. 重庆：西南
大学，2013：28.

"所指引的方向"，动词解释为"使事情向某个方向发展"。^① 本文中的"导向"内涵更倾向于名词性质，即所指引的方向。从教育政策学的角度来看，教育政策的导向功能是指"教育政策对教育教学活动和人们的行为具有引导作用。其通常从两个方面表现出来：一是为教育事业的发展提出明确的目标。二是推出一整套旨在促进教育事业发展的重大措施"。^② 结合教育政策学的解释，OECD 高等教育政策导向即可理解为指引 OECD 高等教育政策如何发展的方向，该方向指导着政策性质的演变，即引导着政策活动的开展、政策项目的运行、政策文本的拟定，且可用于政策实施的效果评估。所有有关 OECD 高等教育政策的工作皆围绕该导向进行。同时政策导向也会受到特定环境的制约，会随着社会、经济、文化等因素的发展而发生转变，内含着不可逆性和规律性、指导性和操作性、历史性和复杂性。

五、研究思路和方法

问题意识："高等教育国际化"趋势愈演愈烈，国际治理责任不断加大，从而导致各国"政策趋同性"现象愈发明显。政策趋同现象导致的消极影响难以根治，原因在于国际组织的教育政策建议无法做到完全本土化。那么，在努力平衡利弊的过程中，OECD 是如何转变治理思路的，过程是怎样的，在这一过程中又是如何保有自身治理特色的，"软法"治理模式又是如何发挥高效力的？值得思考的根本性问题是，我国高等教育内涵式发展应该建基于什么样的"治理观"？

（一）研究思路

本研究的一个基本假设是：教育全球化语境下，国际组织的教育治理作用凸显，OECD 成立至今在高等教育领域已经形成了较为成熟的治理体系。OECD 教育治理的形式本质上就是构建政策网络。在政策过程和外部环境的相互作用下，通过对政策结果进行评价和修正，新的政策过程又将展开。因此，"政策研究工作"是 OECD 进行高等教育治理的一个核心手段，会直接影响到成员国（包括合作伙伴国）高等教育变革的方向和实践的效益。从教育政策学的研究视角出发，

① 汉语词典. 导向［EB/OL］.（2020－1－1）［2020－1－1］. https：//cidian.911cha.com/MTUwMDQ=.html.
② 教育政策法规［EB/OL］.（2020－7－13）［2018－7－1］. https：//wk.baidu.com/view/c56c1a4f852458fb770b56bf.

政策和政策过程不仅是经济发展水平、利益集团博弈、政治制度、文化特征等要素的自变量，同时也极大地影响着教育的行为。① 因此，OECD 作为成员国政策过程的一个重要环节，在高等教育领域"政策效力"的发挥对其成员国（包括合作伙伴国）自身的政策实践意义重大。那么，政策效力的具体表现有哪些，它们是怎么发挥作用的？例如，是如何贯穿 OECD 高等教育政策活动的整体流程的？有哪些影响因素？生成了哪些成果？这些成果具有哪些特征？体现出了怎样的运作机制？影响教育实践的具体路径？如何分析看待各个不同历史时期 OECD 高等教育的政策状况？OECD 作为以"推动经济发展"为己任的国际组织，在不可避免地看重高等教育的经济功能的同时，如何在"经济需求"和"社会需求"之间保持平衡？OECD 在其高等教育政策发展进程中，在各个历史阶段是否会不可避免地具有某种治理倾向性？等等。本研究认为，从 OECD 高等教育政策研究工作及其成效的作用机理入手，对其历史发展轨迹和政策研究特征进行追踪和把握，以及分析论证，必将有助于挖掘出 OECD 在高等教育治理方面一直保有合理性、相对独立性、较高非强制性效力以及长期影响的深层次原因，从而为当今国际社会上出现的"政策趋同"现象找到合理的解释。具体来讲，本研究拟解决的关键问题可以表述为以下八个方面。

1. 回顾国际组织的发展史，可以发现进入 19 世纪中期以后就已经出现了"国际行政联盟"（也称"国际行政组织"）这样一类较为稳定的国际组织形式。② 可以这样说，在较长的一段时间内，国际组织与主权国家和平共处，各自存在，那么为何时至今日，国际组织对主权国家提出了挑战，甚至构成了威胁？又为何时至今日，国际组织对主权国家的教育发展发挥着越来越明显的作用？

2. 挖掘 OECD 高等教育政策发展所依赖的相关理论；

3. 确定可支撑阶段划分的实际依据；

4. 正确分析各阶段促使政策生成的主要实践活动以及过程；

5. 各时期所发布的关键政策文本的分析以及分析方法的选择；

6. 通过因素分析方法使高等教育政策的演变过程明晰化、具体化；

7. 把握各阶段政策工作的历史特征；

8. OECD 在其高等教育工作中到底扮演着一个怎样的角色？它以政策改进为

---

① 吴遵民. 教育政策入门［M］. 上海：上海教育出版社，2010：10.
② 李一文，马凤书. 当代国际组织与国际关系［M］. 天津：天津人民出版社，2002：11.

主要工作路径，实施的却是不具备强制执行力的"软法"，那又何以被各国所接纳？

在对这些问题的探究中，贯穿着从政策效力发挥角度进行的思考：OECD 高等教育政策效力的具体表现？分别有哪些行为（实践、文本、运行等）影响并推动了它的效力的发挥？这些行为是如何演变和发展以保持其政策效力的持久性、符号性、品牌性？随着研究的逐步展开，各种要素逐渐明确，最终确定了如图 1 所示的研究框架。

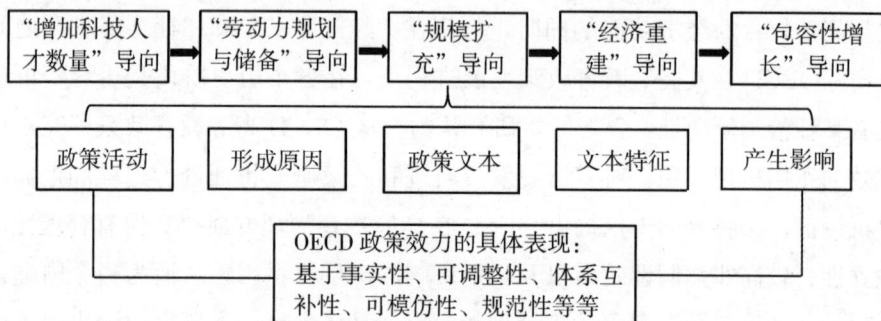

图 1 论文研究框架

（二）研究方法

在介绍研究方法之前，有必要对本文的研究对象作一个整体性的说明。从教育政策学的研究视角切入，正如吴遵民教授所言，就目前的状况来看，教育政策学的研究主要侧重于两个领域：一是侧重于机制研究、原理研究；二是研究影响政策形成或制定的各种因素、策略和方法，这种研究把政策或政策过程本身作为研究和理解的对象，把政策和政策过程看作是经济发展水平等要素的自变量，把教育政策看作是社会、经济和文化等背景因素的携带者以及它们与具体教育实践之间的中介。后一领域的研究，目的是更多、更好地理解教育实践或者教育现象。本书的研究范式采取了第二种，旨在通过对 OECD 不同阶段高等教育政策形成过程的把握，理解其高等教育治理工作具有历史性和时代性的缘由。

在此基础之上，本研究主要运用文献研究法、历史研究法、因素分析法、比较研究法、文本分析法对文献资料进行解读，为考察每一阶段 OECD 高等教育政策发展的背景、影响因素和教育实践之间的联系，在此基础上，还综合运用史料鉴别等多种研究技巧开展具体研究。

1. 文献研究法

本研究通过中国知网、本校图书馆藏书、高校数字图书馆外文检索、中国国家数字图书馆、ERIC、Proquest 论文库、Socolar、Springer 出版社、Tylor&Francis 数据库、EBSCO/Newspaper Source、OECD Library、欧盟电子资源档案馆等检索渠道，搜集、整理和分析了国内外大量有关 OECD 高等教育政策发展的文献资料，为深入了解该组织高等教育政策发展状况打下了坚实的基础。

2. 历史研究法

本研究在搜集、整理和分析国内外已有文献资料基础上，对 OECD 高等教育政策发展与变革历程进行了阶段性划分，以历史的视角分析了 OECD 高等教育政策历经的各个阶段的发展特征。

3. 因素分析法

梳理 OECD 高等教育政策发展与变革历程并不是研究的最终目的，研究的重点在于联系客观事实发生的内生性背景因素，从而更准确和深层次地把握实践的本质，并揭示某些固有规律。本研究在分析影响 OECD 各阶段高等教育政策形成的主要因素时采用了该研究方法。

4. 比较研究法

在不同的历史背景下，事物的发展既有一定的独特性，又存在明显的关联性。本研究通过比较分析法，不仅对不同时期和背景下的政策观点和实践进行了纵向对比分析，还通过对几大典型的超国家教育治理机构进行横向对比，以期对 OECD 高等教育政策的发展历程与变革特征形成比较全面的认识，从而获得该组织高等教育治理的专属特性。

5. 文本分析法

文本分析法是指从文本内容的表层含义深入到其深层蕴义，发现并掌握那些不能为浅层次阅读所理解的深层性意义。通过词频统计进行话语分析，从频次的归纳、比较和分析中得出文本整体的内容特征和语气特征。

第一章
发展科技生产力：以"增加科技人才数量"为导向的高等教育政策发展（1948—1960）

欧洲经济合作组织（Organisation for European Economic Cooperation，简称OEEC）成立于 1948 年，负责实施由美国资助的马歇尔计划（The Marshall Plan），以帮助重建二战后经济实力遭受严重削弱的欧洲国家，主要是西欧国家。通过使各个政府认识到其经济间的相互依存关系，它为西欧国家的新合作时代的到来铺平了道路。作为战后旨在帮助西欧经济复苏的重要平台，OEEC 迅速发展成为其成员国之间多方面合作的有效工具。在 OEEC 形成的最初几年里，发展实施这一深远的合作计划的机制是必不可少的。根据最初要求，各国提供关于其经济状况的详细报告，以及所有成员国对这些国家经济报告的联合审查，一系列相互协商与合作的文书和程序逐渐丰富与细化，开始涵盖各种其他更具体的领域。《欧洲经济合作公约》（*Convention for European Economic Cooperation*）第 8 条规定："缔约方将最充分和最有效地利用其现有人力"，这项工作也在西欧经济基本实现复苏之后，开始得到关注。到了 20 世纪 50 年代中期，OEEC 的注意力转移到了结构性问题上。在这些问题中，提高生产力及其背后的因素和方法成为了主要关注的问题，OEEC 作出了相当大的努力以改进各级和所有活动部门的培训，尤其是技术和职业培训。然而，苏联人造卫星的成功发射让大西洋两岸的国家迅速认识到科学技术发展对国家繁荣的重要意义，尤其是科学家和工程师这类高技术型人才在充满竞争性的经济和国防环境中的重要性。于是，在美国的二次援助之下，OEEC 启动了科技人力开发相关项目，试图帮助成员国增加接受过培训的科学家和工程师的数量以及保证其被最大限度地使用。

阶段划分依据：OEEC 成立之初便强调要充分地利用现有人力，注重成员国之间劳动力的自由交换与合作。同时还发起了相关宣传活动，其间已开始间接地提到劳动力方面的高等教育与培训问题。因此，可以认为从 1948 年 OEEC 成立之日起，其便开始有比重地关注高等教育的发展，只不过当时处于游走边缘的状态，直到组织将技术和职业培训的重点限定在"科技人才"层面，突出了国家发展对高技术型人才的需求，其高等教育领域的工作才正式从隐性生存走向显性发展，根据相关工作组的建议，明确提出了审查成员国的大学教育和培训以及科学和工程人员的招聘和使用情况。但当 OEEC 改组成 OECD 之后，伴随着组织自主意识的觉醒，其意识到原先的高等教育工作受"美式和平"观念的影响较大，而忽视了更大范围内教育资源分配的必要性。局限在高等科技教育不是长久之计，于是伴随着 OECD 的成立，组织将高等教育领域的发展目光聚焦到了更大范围的"教育增长"层面。因此，第一阶段的时间跨度可划分为 1948—1960。

第一节 "科技人才测绘"
工作机制的产生和早期职能分化

1951 年，持续了整整四个财政年度的马歇尔计划如期终止。此项欧洲复兴计划帮助欧洲各国经济迅速复苏，战后最开始几年的饥饿和贫穷已不复存在。而 OEEC 这个最初为了主导和监督援助款项分配而设立的组织也随着马歇尔计划的结束而失去了具体的工作目标。作为马歇尔计划在军事领域延伸和发展的北大西洋公约组织（North Atlantic Treaty Organization，简称 NATO）届时的成立，正好给了大西洋主义者（Atlanticists）[①] 呼吁北美发达国家、西欧国家在经济和军事等方面"团结"与"合作"的契机。因此，将经济援助和军事援助相结合，以促进大西洋两岸联盟重新武装的声音此起彼伏。于是，一场关于 NATO 代替 OEEC 作为经济援助首选组织的辩论不可避免地开始了。最终，经过 1951 年 9 月在加拿大渥太华举行的 NATO 会议研究讨论，在商讨了 NATO 与其每个成员国经济发展关联性等相关问题的基础上，考虑到 OEEC 成立的初衷——"一个协调国家经

---

① 大西洋主义者强调北美和西欧各国在经济、军事等方面的团结与合作，并认为这是维持资本主义制度以及对抗社会主义国家的有效途径。借 NATO 成立、OEEC 目标淡化之际，奉大西洋主义观念的人们正好借此契机希望将北美、西欧国家的经济、军事、政治等合作一体化，并由 NATO 全权管理。

济政策的永久性组织"等相关问题，会议决定 OEEC 将独自处理欧洲经济问题。①
这样的决定从一定程度上体现出 OEEC 在辅助欧洲各国经济发展方面的不可替代
性，当然也反映出 OEEC 必须尽快扩大职能和活动范围，增强主观能动性，以尽
快适应和掌握马歇尔计划之外的经济发展环境和方向。

一、成立欧洲生产力总署（EPA）：传播扩大生产力的相关概念

正如前文所言，马歇尔计划帮助西欧经济从战后的不确定、不稳定走向了
1950 年后的快速增长时期，至该项经济复兴计划终止时，基本已经实现了 OEEC
成员国间的贸易自由化、建立货币支付联盟、降低资源分配风险、降低密集型投
资风险等目标，但仍有一些困难尚待解决。正如时任 OEEC 秘书长罗伯特·马约
林（Robert Marjolin）所说："贸易自由化、国际收支平衡、货币兑换或扩大生产
等问题都在有条不紊地解决过程中，唯一仍然存在的根本困难是生产力问题。"②
其实，自 1948 年 OEEC 成立以来，组织就不断提请成员国注意生产力发展状况与
美国之间的差距，1948—1952 年期间，OEEC 就已发起了各种生产力倡议活动，
其中最大型的当属"国际宣传活动（international propaganda operation）"。第二
次世界大战后西方政府和统治集团对社会责任的观念发生了改变，充分就业和更
高的生活水平成为大西洋两岸政治家、改革者所提倡的目标。③ 为了使这一目标更
广泛地为民众所知，OEEC 的特派团在成员国均设立了宣传部门，目的就是关注
关键"目标群体"，如家庭主妇、儿童等，用最佳的宣传方式说服年轻的他们充分
就业，提高国家生产力水平。宣传者们通过数千部纪录片、数千个移动电影节目、
数百个广播节目、数百万份小册子等教育形式来进行充分就业重要性和必要性的
宣传。可见，生产力问题在当时为带动教育领域的快速发展提供了可能性。

（一）EPA 的发展历程追溯

出于对生产力发展和欧洲经济统一的责任感和使命感，1949 年 OEEC 成立了
生产力委员会（Committee for Productivity），这个组织随后被划分为两个子部

---

① Organisation for European Economic Co-operation ［EB/OL］. （2020－4－3）［2020－4－3］.
https：//www. oecd. org/general/organisation for european economic co-operation. htm.

② Bent Boel. The European Productivity Agency，1953—1961 ［A］. Richard T. Griffiths.
OECD Historical Series—Explorations in OEEC History ［R］. Paris：OECD，1997：113.

③ David W. Ellwood. The Marshall Plan and The Politics of Growth ［A］. Richard T. Griffiths.
OECD Historical Series—Explorations in OEEC History ［R］. Paris：OECD，1997：99.

分，科学和技术事务委员会（Committee for Scientific and Technical Matters）和技术援助小组（Technical Assistance Group）。1952 年，由于希望欧洲国家有能力在未来通过自助、相互援助以及非制度化的合作措施来逐步实现自我维持，美国提出了建立统一的欧洲生产力机构的建议。在此倡议下，通过合并现有的两个集团委员会，OEEC 成立了生产力和应用研究委员会（Productivity and Applied Research Committee，简称 PRA）。[1] 该委员会的主要任务是研究如何改进生产和分配方法。在美国赠款 1 亿美元的协助下［由密歇根州参议员布莱尔·穆迪（Blair Moody）倡议］，根据 OEEC 理事会（Council）的建议，大多数成员国设立了国家生产力中心，这些中心相互合作，由此产生了欧洲生产力总署（European Productivity Agency，以下简称 EPA），该署在宣传生产力扩大相关概念、帮助成员国提升技能管理能力等方面发挥了主导作用。

EPA 自成立之日起，经历了四个阶段的职能变迁。

第一阶段：美国主导时期（American phase）。1951 年，美国国会通过了新"友好国"援助法案，即《共同安全法》（*Mutual Security Act*），旨在实施"共同安全计划"，以取代马歇尔计划，并依该法成立了共同安全署（Mutual Security Agency，简称 MSA），主要承担向"友好国"提供经济、军事、技术等方面的援助工作。届时 EPA 的成立恰恰能够帮助欧洲成员国从美国的此项技术支持中获益，提高自身技术实力，增强生产力水平。不过从当时 MSA 以集中管理和控制的态度提供给 EPA 各项技术支持的境况来看，美国其实考虑更多的是自身的技术安全问题，它只是借 OEEC 的 EPA 平台搭建一个能够翻译和传播苏联技术文献的欧洲中心。[2]

第二阶段："欧洲化"时期（Europeanization）。从 1956 年开始，也就是从欧洲成员国在 EPA 活动融资中的份额开始增长的那一刻起，EPA 项目实施的特点逐渐由受美国牵制转向"欧洲化"本质。OEEC 内部的合作通过国际研究项目、研讨会、定期会议以及建立联合机构和试点实验逐渐扩大和丰富了起来，它特别建立了几个企业管理培训中心，将其与 OEEC 国家现有的大约 150 个中心之间建立了普遍的联系，还多次在研讨会上探讨关于设立国际性管理培训机构的可行性，

---

[1] Foreign Operations Administration. Assistance to Productivity Programs in Eleven Countries of Western Europe and EPA [Z]. Washington: Office of European Operations，1954.

[2] Bent Boel. The European Productivity Agency 1953—1961 [A]. Richard T. Griffiths. OECD Historical Series—Explorations in OEEC History [R]. Paris: OECD, 1997: 116.

在其提倡下，国际人类工效学会（International Ergonomics Association，简称 IEA）、地中海农业和食品研究生教育中心（Mediterranean Centre for Post-Graduate Education in Agriculture and Food）、欧洲质量控制协会（European Association for Quality Control）和欧洲工作研究协会（European Work Study Association）相继设立。① 这些做法增强了 OEEC 推进欧洲一体化的力量，也保证了其一定的自主权和工作成效。② 可见，至 1956 年劳动力的管理，包括教育/培训已成为 OEEC 和 EPA 重点关注的方面。

第三阶段：定点帮扶期。其实，在 EPA 开展生产力管理和培训活动时，较为贫穷的 OEEC 成员国（poorer OEEC countries）突出的一个特点便是普遍失业，发达地区在考虑如何扩充人力以满足经济快速增长的需求时，这些地区需要改善的却是如何促进一般经济发展的问题，而非提高生产力的问题。因此，EPA 于 1956—1957 年间，组织制定了区域发展方案，其中一个关键活动就是在意大利、希腊和土耳其建立试验和示范区（trial and demonstration zones），促进了地区经济生活的许多方面的发展。这些实验中最成功的莫过于在意大利撒丁岛（Sardinia）创建的试验区，在那里 EPA 帮助创建了纺织、制篮等行业，引进了更多的农业生产方法，发展了成人教育，改善了学童的卫生和营养状况等。③ 1956 年前后，OEEC 借助 EPA 相关活动促进了其教育领域工作的萌芽，包括地中海农业和食品研究生教育中心（Mediterranean Centre for Post-Graduate Education in Agriculture and Food）的成立、撒丁岛成人教育的发展等。

第四阶段：由农业转向科学技术研究。1957—1958 年间，西欧经济复兴完成之际，西欧快速的经济向好趋势不希望被美苏间的竞争而破坏，于是罗伯特·马约林（Robert Marjolin）1958 年在作关于 EPA1957—1958 年度预算方案的报告时强调："使经济向好持续下去的决定性因素便是鼓励各国增强科学和技术进步的能力。"④ 这一工作由 1952 年成立的 PRA 负责运行，主要任务为处理欧洲成员国提

① Bent Boel. The European Productivity Agency 1953—1961 ［A］. Richard T. Griffiths. OECD Historical Series—Explorations in OEEC History ［R］. Paris：OECD，1997：117.

② Foreign Operations Administration. Productivity Moody Amendment，Basic Documents（sec115K）［Z］. Washington：Office of the General Counsel，1953.

③ Bent Boel. The European Productivity Agency，1953—1961 ［A］. Richard T. Griffiths. OECD Historical Series—Explorations in OEEC History ［R］. Paris：OECD，1997：117.

④ The Secretary-General. Revised programme and Part I budget of EPA for 1957—58 ［R］. Denmark：Udenrigsministeriets Arkiver（Archives of the Foreign Office），1958.

高生产力和科学技术研究所带来的社会和经济后果，具体工作包括监督 EPA 主任罗杰·格雷戈里（Roger Gr′egoire）以及副主任亚历克斯·金（Alex King）的工作、制定科学技术研究的规则和方法、审查超过 100 万英镑经费的项目等。

EPA 项目的"欧洲化"和"定点帮扶"虽然促进了 OEEC 内部的自我维持和独立，但这也意味着它逐渐被调整为仅以适应个别州的情况而存在的定点帮扶机构，主要致力于帮助一些欠发达地区恢复一般性经济发展，如农业方面，这种倾向性伴随着的却是生产力概念的淡化，尤其对于后期的科学技术进步所需的生产力概念而言。但不能否定的是，"EPA 在传播生产力扩大相关概念，帮助各国提升技能管理能力等方面发挥了主导作用。根据现代经济以及生产力发展的要求调整培训机构等措施可被视为社会进步的基本条件。EPA 作出了相当大的努力以改进各级和所有活动部门的培训，特别是技术和职业培训方面"。[①] 1960 年，随着美国、英国、法国等对 EPA 的保留相继持消极态度，该机构的主任们也赞同其解散，于是专门负责 EPA 运行工作的 OEEC 第 26 号工作组（Working Party No. 26）宣布其工作终止，其之后的工作分别被移交给三个委员会，其中与人力和社会问题有关的活动移交给了人力与社会事务委员会（Manpower and Social Affairs Committee）。EPA 虽未能承担起劳动力方面的，尤其是科技人员的教育培训工作，但它带给了该组织日后如何架构其教育工作的灵感以及指明了制定教育政策指南或建议的方向。

（二）EPA 边缘性教育工作的相关性阐释

EPA 虽然未直接涉足高等教育领域的事务，但这一工作加强了组织对劳动力开发、教育和培训的重视程度，进一步巩固了组织将人力资源看作是经济增长和结构变革的重要因素的观念，为组织日后制定高等教育政策建议提供了先导性知识。

1. 孕育了 OEEC 早期教育政策的生产力价值观

1948 年《公约》第 8 条明确规定，"成员国要联合起来，最大限度地集中利用各自的能力和潜力，增加生产；发展工业和农业设备并使其现代化；扩大商业，逐步减少彼此之间的贸易壁垒；促进充分就业；恢复或维持本国经济的稳定和对

---

① Roger Gr'egoire. Vocational Education [J]. Paris：OECD Observer，1967：5.

本国货币的普遍信心"；① "缔约方应最充分和最有效地利用其现有人力"。② 尽管由于 OEEC 在执行马歇尔计划期间较为轻视人力发展，但 EPA 时期对这一领域的恢复和重建已充分说明 OEEC 在制定和实施政策建议的一个基本价值观念就是"生产力"，更具体地说即"人力"（manpower）。需要特别说明的是，EPA 时期的"教育"专门指的是涉及农业、食品业和工业生产及相关领域的从业者的教育及教学，如短期培训、成人教育等，并非通常意义上的大学教育和教学，这一时期还未开启正规的教育工作和教育政策的制定。不过，从总体来看，EPA 针对有关生产力培训的管理工作间接地通过定点扶持项目的补充涉足到了教育领域的职业教育与培训、成人教育，甚至是研究生教育领域，这理应被看作是 OEEC 高等教育政策的孕育期，它为 OEEC 之后制定具体的高等教育政策建议孕育了生产力价值观，这种生产力价值观实际上成为了民族国家和 OEEC 后来教育政策工作开启的认同基础，并在后续的各阶段政策中皆有不同的体现。

2. 明确了"人力开发和改进培训"为经济发展的重要手段

从马歇尔计划实施到 EPA 各年度方案的出台，OEEC 各类政策的显著特征就是在终极价值目标上由战后初期寻求经济复兴嬗变为促进经济发展。而习惯了"事事审查"的 OEEC 自然保留了其一贯的行事风格，在马歇尔计划结束后，便对其成员国进行了经济状况方面的审查，OEEC 委员会（Council）于 1956 年发布了审查报告《成员国的经济状况》（*Economic Situation in Member Countries*），明确表述了 OEEC 的使命在于促进经济发展、建立共同市场。为了实现这一目标，该报告提出了核心保障措施，"维持高水平就业、确立经济和金融稳定的一般条件、建立自由的国际贸易政策"。③ 在这些措施中，"维持高水平就业"这一观念的由来

① Convention for European Economic Cooperation (Paris，16 April 1948) [EB/OL]. (2020-4-23) [2017-6-1]. http：//www. cvce. eu/obj/convention _ for _ european _ economic _ cooperation _ paris _ 16 _ april _ 1948—en—769de8b7—fe5a—452c—b418—09b068bd748d. html.

② Convention for European Economic Cooperation (Paris，16 April 1948) [EB/OL]. (2020-4-23) [2017-6-1]. http：//www. cvce. eu/obj/convention _ for _ european _ economic _ cooperation _ paris _ 16 _ april _ 1948—en—769de8b7—fe5a—452c—b418—09b068bd748d. html.

③ OEEC. Better Policies for Better Lives. OEEC-259. Economic Situation in Member Countries [R]. Paris：OEEC，1956：221.

得益于约翰·梅纳德·凯恩斯（John Maynard Keynes）经济理论①的传播和运用。凯恩斯主义让欧洲各国认识到"充分就业"的重要性，此后各国为实现"充分就业"的目标纷纷开始重视人力资源的开发，毕竟"人力开发不仅能够提高人的能力，还将提高他们在就业方面的效率以及生产力"。② 格雷戈里（Roger Gr'egoire）于1967年在《职业教育》（Vocational Education）一文中对 EPA 期间成员国的人力培训模式给予了总结："英国和西德的培训结构和方法基于学徒制的系统，比利时和瑞典则倾向于基于学校的系统，法国和荷兰则倾向于二者的结合。"③ 渐渐地，此种维护社会公平，防止重大战争重演的"欧洲共同意识"——充分就业、人力开发、改进培训——成为了战后较长一段时间内欧洲各国教育政策目标的出发点和制定依据。尽管20世纪60年代之前并未出现真正意义上的欧洲层面的教育政策，但作为其前结构，那些国家层面的做法确实与后续的 OEEC 教育政策有着密切的联系。

　　3. 坚定了欧洲成员国调整老化和不良教育制度的决心

　　20世纪50年代中后期开始，纵深化经济发展趋势和日益广泛的国家繁荣愈发依赖科学技术的进步与更新。EPA 虽然在1957年后职能转移到科学技术的研究上，但"空山不见人"的研究路径让那些发达的西欧国家愈发担心科技发展的潜力挖掘问题。欧洲成员国之所以迫切地希望增强其本身的科技能力，主要原因是1957年苏联"伴侣号"（Sputnik）人造卫星的发射成功给各成员国带来了不小的冲击，加之一直予以它们款项扶持的美国也同时拥有高度发达的以科技为基础的工业，导致了西欧福利国家（welfare state）④产生了科学政策一体化的强烈愿望，毕竟"单个国家难以追赶上美国和苏联的庞大的科学技术资源水平，只有在欧洲成员国范围内宣传和共享科技资源和成果，最终才能促成科学技术更加系统性、

---

　　① 凯恩斯的经济理论认为商品总需求量的减少是造成经济衰退的主要原因。凯恩斯指出维持整体的经济活动的数据平衡的措施可以从宏观上来平衡需求和供给。扩大生产就必须扩大生产力，而只有在充分就业的条件下经济发展所需的生产力才能有所保证。"充分就业"的概念最早出现于凯恩斯的代表作《就业、利息和货币通论》（The General Theory of Employment，Interest and Money），按照凯恩斯的定义，"充分就业"就是在某一工资水平的基础之上，愿意接受这一工资水平的人皆能找到工作。分别详见凯恩斯主义 [EB/OL]. （2020－8－20）[2018－3－27]. https：//baike. baidu. com/item/%E5%87%AF%E6%81%A9%E6%96%AF%E4%B8%BB%E4%B9%89/477914? fr=aladdin.

　　② Garth Mangum，David Snedeker. Manpower Planning for Local Labor Markets [M]. Salt Lake City，Utah：Olympus Publishing，1974：16－17.

　　③ Roger Gr'egoire. Vocational Education [R]. Paris：OECD，1967：15－43.

　　④ 西方福利国家主要指第二次世界大战以后的西方发达资本主义国家，尤其是西欧国家所建立起来的一种可实现全国范围内广泛的社会保障的国家体制。

组织性的合作实践以及形成一致性的国家科技政策概念"。① 不过，对于欧洲成员国而言，尤其是那些已跨过一般经济发展期，处于经济跃进期的西欧发达资本主义国家，尽管他们有着优秀的文化传统，但其科学和技术的发展自战后一直停滞不前，其中重要的一个矛盾点也是导致 EPA 难以执行科技人力发展项目的原因，即民族国家与超国家联合体，有关开放教育权限之间的冲突，"在民族国家认同、文化认同和身份认同的敏感领域方面，教育权限始终是国家不愿开放的空间"。② 帕帕佐普洛斯（Geoge S. Papadopoulos）在分析 OECD 成立 30 周年进程中的教育问题时也指出，"这主要归咎于其老化的体制和调整不良的教育制度"。③ 正如前文所言，这些国家无法凭借一己之力发展科技人才团队，证明了只有 OEEC 这样的超国家联合体才能帮助他们进步，加之美国在其中起到的精神催化和物质援助的作用，使这些国家日后坚定了依靠 OEEC 调整老化和不良教育制度的决心。尽管在欧洲一体化建设过程中，这些民族国家教育权限的让渡问题始终未得到完全解决，但至少 OEEC 能够承担政策补充和协调的职能。

二、成立人力委员会（MC）：初步实施职业培训和科技人力调查工作

人力委员会（MC）成立于 1948 年，由成员国和联系国劳工部长代表组成。国际劳工办公室（ILO）、欧洲煤钢共同体（ESCS）、欧洲经济委员会（ECE）和欧洲移民问题政府间委员会（ICEM）会定期派观察员出席 MC 的各项会议。其工作主要涉及影响成员国经济发展的各方面因素，包括就业状况、劳资关系、服务行业、技术进步、外籍工人、女性劳动者等。委员会对促进成员国现有人力最充分有效地利用负有责任。至 1952 年，OEEC 在人力领域开展的活动已从"为更好地利用劳动力创造条件"转向了"促进充分就业"，从倾向于"理论研究"转向了"实践操作"，因此 MC 明确提出"考虑到我们之前所追求的理论研究现在急需迈

---

① George S. Papadapouls. Education 1960—1990：The OECD Perspective ［R］. Paris：OECD，1994：23.

② 冉源懋. 从隐性生存走向软性治理——欧盟教育政策历史变迁及发展趋势研究 ［D］. 重庆：西南大学，2013：47.

③ George S. Papadapouls. Education 1960—1990：The OECD Perspective ［R］. Paris：OECD，1994：23.

出新的一步，解决当前十分紧迫的难民和人口膨胀问题的实践方法显得更为重要"。① 为此制定了两条主要方针：1. 寻求帮助成员国最大限度地利用本国领土上现有人力的方式和方法；2. 寻求方法和手段，尽可能消除工人从一个国家自由流动到另一个国家的障碍。② 究其原因，一方面是 1952 年 OEEC 树立了在马歇尔计划实施过程中就一直存在的"生产力崇拜"的工作精神，另一方面是战后西欧成员国由于劳动力的缺乏相继与其他国家签署了（双边）协议，却由于一体化移民政策和社会融合政策的缺乏导致了大量移民的滞留和存在，这些棘手的用工、移民政策问题亟须解决。从 MC 工作的各项备忘录中能够看出，其早期工作的重点放在了年轻难民和失业者的就业培训，以及由于招募外国劳工引起的工作移民相关政策和管理问题上。

（一）职业培训工作的初步实施

首先，阅读技术文献。国际劳工组织发表了两份西欧国家较为感兴趣的两个产业——钢铁工业和化学工业方面的劳工培训情况，还出版了关于法国钢铁工业职业培训的专著，以及关于英国、法国、荷兰、瑞士、美国和加拿大学徒组织的专著。其次，实施技术援助。对希腊的援助：1952 年，一个技术援助特派团调查了希腊劳动部下设的学徒工作部门的组织架构、学徒基本法和技术标准的制定、职业培训问题。最后起草了一项关于职业培训的政策指南，主要内容包括培训教员，建立一所"试点"学校和改进教育设备。对意大利的援助：一个特派团在意大利建立了两个教员培训中心。对南斯拉夫③的援助：南斯拉夫的援助计划于 1952 年启动，决定为在各欧洲成员国的南斯拉夫有技术背景的女性提供 4—6 个月的培训课程。最后，关注职业培训中行政工作的开展。1953 年初，OEEC 同 ILO 一道联合举行了第三届欧洲管理和监督人员培训会议（The 3rd European Conference on the Training of Managerial and Supervising Staff）。④ 综上，能够看出 MC 主要通过建立机构间职业培训合作工作组、提供培训政策配套服务等方式来开展职业培训工作。其中，在提供培训课程援助方面，主要以提供短期课程

① OEEC. OEEC-261. General Report ［R］. Paris：OEEC，1956：31.

② Manpower and Social Affairs Committee ［EB/OL］. （2020－6－14）［2020－6－14］. https：// archives. eui. eu/en/fonds/173567？item＝OEEC. MO.

③ 南斯拉夫社会主义联邦共和国自 1950 年起在 OEEC 拥有观察员地位。从 1961 年到 1992 年解散，该国一直是该组织的准成员。

④ OEEC Concil. Action Taken by Other International Organisations in Relation to Manpower Questions—Especially Migration ［Z］. Paris：OEEC，1953：4－6.

为主。

（二）科技人力调查工作的初步实施

自 1952 年以来，OEEC 与 NATO 为了维持经济安全方面的合作，一直密切关注双方的工作进展。随着科技革命掀起的浪潮越来越大，NATO 越来越坚信，开发和利用尖端的科学技术是维持技术优势的基础，这对于维护联盟的共同价值观，以及保持伙伴国国防和安全优势是至关重要的。[①] 为此，NATO 理事会从 1955 年起先后两次召开了相关会议讨论科技人力短缺的问题。而每一次会议的召开及其讨论的内容，OEEC 均会被其常驻代表理事及时告知，OEEC 理事会紧接着就会召集一批 NATO 的高级官员，就涉及科技人力领域的问题再次进行讨论。当然，这样的讨论会更多地体现出 OEEC 的工作风格，不同于 NATO 出于"防卫联盟"的意图，OEEC 将更多地考虑经济发展的问题。正是由于上述原因，MC 特别关注优质科学家和工程师的供求情况，毕竟它坚信经济和更广泛的国家繁荣日益依赖科学和技术潜力的挖掘，因此其于 1955 年和 1956 年分别开展了两次调查，调查结果分别发表于 1957 年《西欧、加拿大和美国的科学技术人力问题》（*The Problem of Scientific and Technical Manpower in Western Europe, Canada and the United States*），以及 1960 年《生产科学家和工程师》（*Producing Scientists and Engineers*）的两份报告中。这两份报告促使成员国家对高等教育系统中高技术型人才潜力的挖掘所面临的问题得到认识。但是这两份具有摸排性质的报告虽有可参考性，不过仍然有所欠缺，尤其是在分析方法和数据获得方面，因此组织认为它们还未能准确地描绘科技人才的现实状况。因此，从这一调查中得出的主要结论就是需要更加准确地测绘和界定出更为清晰的科技人力供求状况。科学技术人才办公室（OSTP）成立伊始，这一挑战就被提了出来并被慎重地加以探讨（详见下一节）。

这一时期，英国常驻 OEEC 代表理事休·埃利斯·里斯（Hugh Ellis-Rees）的一封信给了新上任的秘书长雷内·色根特（René Sergent）关于科技人力方面工作如何开展的灵感（见图 1-1）。二战后经济不断复苏的英国愈发认识到保持强有力的科技实力的重要性，同时"为了促进经济的发展，必须寻求一条把科学技术

---

① NATO Science and Technology Organization [EB/OL]. (2020—6—23) [2018—5—22]. https：//www. nato. int/cps/en/natohq/topics _ 88745. htm.

与工业结合起来的有效途径"，① 里斯认为这种途径对于其他成员国同样可行。于是，他在给色根特的信中强调，"发展科技人力是促进西方保持适当的安全和准备状态的能力的最重要的主题之一……我们很幸运能与 NATO 维持着如此良好的关系，应该在所有经济问题上保持领先……我认为，纯粹从经济角度来看，我们应该表现出强烈兴趣的工作即培养具备科学知识的人力"。② 而据其解释，这种培养既不能像"19 世纪中叶以前科学家的科学知识都是自学出来"③ 的那样，亦不能像那种作坊式教育，而是要能够为各个部门提供更多的训练有素人才的主流教育，否则无法解决战后的问题。里斯还在信中稍感失望地称，"初期调查的准备工作花了很长的时间，同时成员国填写调查问卷的时间太长，导致了调查本身的局限性。"④ 英国代表的建议和担忧引起了 OEEC 的注意。在回信中，色根特声明，在高技术人才培养方面将会采取更多的行动。逐渐地，在这样的背景下，如何培养大量适应经济发展的高素质技术技能人才成为了 OEEC 重要的工作。

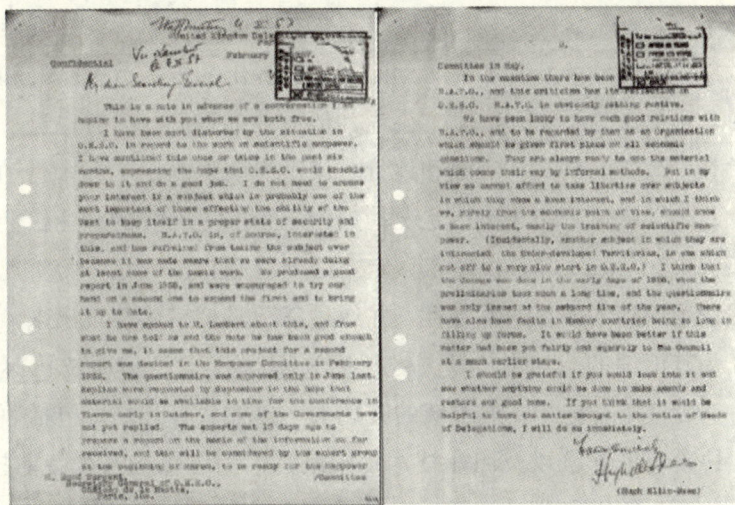

图 1-1　休·埃利斯·里斯写给雷内·色根特的信件内容

图片来源：OEEC. OEEC-261. General Report ［R］. Paris：OEEC，1956：97.

---

① 徐继宁. 高等教育的遗传和环境——兼论英国传统大学职能之转换 ［J］. 山东师范大学学报（人文社会科学版），2007（2）：132.

② OEEC. OEEC-261. General Report ［R］. Paris：OEEC，1956：97.

③ J. D. Bernal. The Social Function of Science ［M］. London：George Routledge&Sons Ltd.，1944：120.

④ OEEC. OEEC-261. General Report ［R］. Paris：OEEC，1956：98.

（三）MC 初探性教育工作的相关性阐释

MC 涉足高等教育事务的程度相较于 EPA 而言更进了一步，它开始直接负责对高素质科学家和工程师的供求情况的调查，调查过程中反复强调培养高技术型人才的重要性。对该部门带有初探性质的教育工作，笔者作了如下阐释：从其他国际组织的教育工作中获得了灵感，OEEC 正式开启了带有普通教育性质的职业培训工作，揭露了欧洲成员国高等科技教育落后的事实。

1. 从其他国际组织的教育工作中获得了灵感

从成立之日起，OEEC 的一项重要工作就是加强与其他国际组织间的联系和合作。这项工作主要体现在两个方面：一是形成了以"多向互动"为基本模式的联络机制，二是明确和达成了"重建经济"的合作共识与基础。以下是笔者概括的 MC 在与三个不同的国际组织的联络中获得的教育工作方面的启发。首先，试图与 ILO 保持协调一致的行动。自《费城宣言》（*Declaration of Philadelphia*）生效以来，根据这一决议的授权，ILO 以追求社会正义为目标，主要负责制定国际劳动公约以规范劳动关系及相关劳动问题，它提出的国际劳工基准和开展的相关人权项目，不仅成为了个别国家工会或其他运动的基础，同时也进一步推动和促进了相关教育政策的制定、实施和评价。该组织明确提出了五个行动目标：强化劳工权利；改善劳工工作与生活状况；为劳工争取更充分的就业机会；提供资讯与教育培训机会；妇女和移民劳工认定。需要特别指出的是，为实现以上具体目标，该组织意识到了教育的重要性，并通过三项具体措施体现出来，将"受教育程度"作为其汇编的劳动力市场关键指标（KILM）之一，设立国际培训中心（ITCILO）为专注于合作和发展领域的管理人士提供教育计划，包括硕士学位的获得计划、协助普通学校以及职业技术学校或其他培训机构开设劳动技术课程，甚至提供岗位实习的机会等。①

其次，试图从国际自由工会联合会（ICFTU）看待世界经济问题的态度中获得工作灵感。该组织一直致力于促进全世界劳动者利益和增强劳工尊严，并明确提出了四项主要工作任务：努力实现充分就业；改善各国劳工工作条件，并建立和扩大社会保险，提高各国人民生活水平；消除种族、性别、国籍或宗教歧视；

---

① International Labor Organization［EB/OL］.（2020－6－26）［2020－2－28］. https：//zh. wikipedia. org/wiki/国际劳工组织.

促进各国人民经济、社会和文化进步。① 它尤其关注经济欠发达国家（economically underdeveloped countries）的教育问题，在为他们提供更好的教育设施这一层面，多次强调这些国家在许多领域缺乏教育和培训设施，以及提供生产力对它经济扩张的重要意义。② 并且还强调，像工会联盟这样的对世界范围内生产力发展拥有发言权的国际型组织，应该尽可能地防止劳工剥削和技术型失业（technological unemployment）的现象。③ ICFTU 对经济不发达地区的关注推动了 OEEC 援助型工作的开展，尤其在教育和职业培训这一方面。

2. OEEC 正式开启了带有普通教育性质的职业培训工作

实际上，OEEC 在最初的各类工作中，并未就教育问题进行过专门的指导和规定，尤其是在 MC 成立之前，这一方面的工作与其核心任务——农渔业、交通运输、钢铁、货币等——相比更是微乎其微。当 MC 成立之后，关于劳工流动和移民、就业和生活等社会问题才逐渐成为 OEEC 的研究对象，尤其是劳工的充分就业问题成为了 MC 工作的重心。研究就业问题势必与职业培训等产生途径相挂钩，从当时的政策语境和会议纪要来看，与教育相关的一些规定和要求，劳工的职业发展相关并且具有充分的培训性质，有人认为，"无论处于何种结构的教育体系，尤其是在职业教育领域，开拓带有普遍性质的教育模式是十分必要的，同样地在普通教育领域，开发带有实践性和操作性的教育模式亦十分重要"。④ 不过，OEEC 最初对待职业培训的态度与 EEC 相似，只是将实行那些具有教育性质的职业培训措施，如建立"试点"学校、制定培训课程、改进教育设备等看作是促进劳工流动和充分就业的有效手段，关于系统化、整体化的教育体系更新或改革在那一阶段并未涉猎。但是，MC 关于职业培训的工作，至少能够说明，在那个由二战引发的成员国经济大萧条时期，高专业素质劳工的国际流动是帮助重建经济的主要措施之一，而职业培训在一定程度上重塑了民众，尤其是青年难民对政府治理机构的信心。

---

① 国际自由工会联合 [EB/OL]. （2020－6－26）［2018－12－12］. https：//baike. baidu. com/item/国际自由工会联合会.

② OEEC. OEEC-512. Relations between OEEC and other International Organisations 1951—1961 [R]. Paris：OEEC, 1961：127.

③ OEEC. International Confederation of Free Trade Unions. Free Trade Union Views on World Economic Problems [Z]. Paris：OEEC, 1959：1—23.

④ McLean, M. The European Union and the Curriculum [J]. Oxford Studies in Comparative Edcuation, 1995 (5/2)：29—46.

3. 揭露了欧洲成员国高等科技教育落后的事实

到了 20 世纪 50 年代中期，随着 OEEC 的最初目标——经济复苏的基本实现，以英国为代表的传统工业化强国逐渐将注意力转移到了结构性问题上，在所有结构性问题之中，提高生产力及其背后的方法成为了它们主要关注的问题。① 里斯（Hugh Ellis-Rees）写给色根特（René Sergent）的信件内容就能很好地证明这一点。那时，由于 OEEC 内还没有一个具体的结构或机制来将其作为一个单独的问题来处理，由 EPA 和 MC 共同完成了各成员国科技人力的职业培训和使用情况调查，从调查得出的数据中不仅能够直观地看出大学型高等教育学校里主修科学技术相关专业学生的相关情况（见表 1-1）不甚理想，主修科学相关专业的学生偏少，能够顺利获得相应文凭的更少，揭露了这些国家科技教育实力的落后，"诚然，欧洲具有科技实力较为成熟的传统和优势，尤其在基础研究方面，但这还远远不够，因为其在研究开发方面进展较为缓慢"。② 另外，我们还能够获悉此时 OEEC 的工作已经延伸到了普通教育领域。笔者认为，此次关于高等教育方面的统计调查报告也是 OEEC 教育政策内涵由虚到实的重要历史转折点。

表 1-1　1954 年—1955 年部分欧洲成员国科学相关专业学生文凭获得情况

	科学学科（农业、纯科学和应用科学）文凭获得情况	（应用科学，如工程学）占所有科学学科文凭获得的百分比	非科学学科（法律、文学等）文凭获得情况	大学文凭（包括同等学力）整体获得情况	科学学科文凭获得占整体文凭获得情况的百分比
西德	6005	54%	12149	17851	34%
奥地利	1642	28%	1022	1507	32%
比利时	854	44%	3615	4469	19%
丹麦	514	63%	1141	1655	31%
法国	6681	62%	12552	19233	29%
意大利	5483	43%	—	1952	26%
卢森堡	33	76%	35	68	48%

① George S. Papadapouls. Education 1960—1990：The OECD Perspective［R］. Paris：OECD，1994：22.

② OEEC. A Programme for European Co-operation in Science and Technology［R］. Paris：OEEC，1959：2.

续表

	科学学科（农业、纯科学和应用科学）文凭获得情况	（应用科学，如工程学）占所有科学学科文凭获得的百分比	非科学学科（法律、文学等）文凭获得情况	大学文凭（包括同等学力）整体获得情况	科学学科文凭获得占整体文凭获得情况的百分比
挪威	424	59％	550	974	42％
荷兰	1141	52％	2138	3279	35％
葡萄牙	4554	50％	603	1057	42％
英国	8332	32％	10464	18796	44％
瑞典	963	45％	—	—	—
瑞士	756	58％	—	—	—
加拿大	2677	56％	8843	11520	23％
美国	53480	42％	233921	287401	19％

资料来源：根据 OEEC. OEEC-261. General Report ［R］. Paris：OEEC, 1956：113. 译制而成。

以上调查工作及其产生的两份政策报告在巩固其职业培训职能之外，还将这一职能延伸至高等教育领域，希望能够实现经济长期增长和教育之间的深度联合。随着苏联航天技术水平的迅速崛起，以及美国向欧洲成员国大力宣传培养科技人才的重要性以实现"科技人才联盟"的目的，西欧各国更加肯定了科技人才的短缺将会带来的灾难性后果。特别是苏联在解决合格科学家和工程师短缺问题方面取得的进展，使得一个本质问题被组织认识到，即高等教育系统的长期影响至关重要。于是，OEEC 决定为科学和技术人力工作的开展设立一个专门部门，汇集本组织在这一领域内开展各类工作。至此，MC 职业培训工作与科技人才相关工作逐渐分离，MC 关于后者的工作使命也顺利完成。

三、成立科学技术人才办公室（OSTP）：鼓励高等科技教育的发展

虽然 MC 提供的两份具有摸排性质的报告有可参考性，不过仍然有所欠缺，尤其是在分析方法和数据获得方面，无法明晰政策改进的切入点。苏联卫星成功发射成为了导火索，迫使各成员国加快了发展科技实力和科技人才的进程，具体

的改进方向也在与 OEEC 的合作中越发清晰，主要体现在日后的 OSTP 工作中。

1958 年，在 OEEC 成立 10 周年之际，其创设了科学和技术人才办公室（OSTP），隶属于科学和技术人才委员会（CSTP），"此委员会成为了科学和教育发展的一个关键连接点，同时使得科学和教育方面的问题在迄今为止秉持浓重经济意义的 OEEC 以及之后的 OECD 的议事日程中，获得了永久性的地位"。[①] 其成立的最初信念来源于苏联人造地球卫星发射成功的强烈冲击。美国将苏联在航天事业中的成功直接地归因于苏联科技人员杰出的专业素质及其背后的教育制度。为了能够有效制衡苏联已经崛起的科技实力，美国深刻地认识到以一己之力遏制苏联的科技实力势单力薄，加之考虑到大西洋对岸西欧成员国也正同时受到科技水平薄弱的困扰，究其原因，据 OEEC 分析，囿囿于其老化和调整不佳的教育制度。因此，欧洲国家也必须尽快扩大其科学研究和技术发展的能力。正是由于双方处境的一致性——经济对科学技术事业的依赖性逐渐增强，单个国家难以独自追赶苏联庞大的科技水平——美国希望联合西欧各成员国，通过帮扶其发展科技实力，从而实现对苏联的共同抗衡（这种横跨大西洋的新合作，也直接促使美国三年后正式成为 OECD 成员国），于是提出了开展"关于科技人力短缺"（In Regard to Shortage of Scientific and Technical Manpower）的商议活动并倡议制定相关活动方案（该项目被 OEEC 简称为 STP）。该提议得到了西欧各国的积极响应，也获得了 OEEC 委员会的认可，双方最终形成了国际科学合作，希望通过比以往更具系统性和更有组织性的方式，以一种更为广泛和更加协调一致的做法，在发达工业化集团内部实现共享科技资源和成果、互通科技人力培训经验的目的。具体的方案正式体现在设立 OSTP 的决定中。这也是 OEEC 将制定科技和教育政策建议作为常规工作议程的开端。

（一）OSTP 的发展历程追溯

早在 EPA 时期，亚历克斯·金（Alex King）作为 EPA 的副主任，就一直不遗余力地宣扬他的"技术统治"观念。他是苏格兰著名的化学家，同时也是一位杰出的技术统治论者（technocrat），挪威经济学家凯尔·艾德（Kjell Eide）这样评价他："虽然他是一位自然科学家，但他在英国的战争工作中发挥了重要的作用，并通过此，他确信应用能力和以目标为导向的研究能够改变现代社会，他与

---

① Regula Bürgi. Engineering the Free World：The Emergence of the OECD as an Actor in Education Policy，1957—1972［A］. Matthieu Leimgruber，Matthias Schmelzer. The OECD and the International Political Economy Since 1948［M］. London：Palgrave Macmillan，2017：287.

那些提倡科学家是未来社会主要政治行为者的人们志同道合。他希望 OEEC 能够帮助促进科学和技术的发展，尤其是帮助增加这些专家的数量。"① 二战期间，金在华盛顿特区的英国中央科学办公室工作，主要负责英国与美国从事战争研究机构之间的联系与交流，这就导致其与美国所谓的"国防知识分子"（defense intellectuals）② 保持着密切的联系，像他的这些美国同事一样，金回到英国也尝试将围绕科学技术的战争规划方法运用到英国公民服务体系中，但英国传统的"精英式"高等教育模式以及"二元制"高等教育结构导致了高等教育中长期存在着"重文轻理"的现象，于是他选择借用 OEEC 的力量，希望通过 OEEC 成立专门的科技事务管理委员会，让更多欧洲国家意识到科技对国家发展的核心作用。但 OEEC 的主要成员国之一法国正值戴高乐（DeGaulle）执掌期间，该政府推行的单边主义和民族主义具有强烈自我保护主义的色彩，由于担心成立这样的管理委员会会触碰到国家的政治事务，于是对于金的这项提议给出了反对的一票，也导致了 OEEC 的犹豫不决，最终，差强人意地任命了一个"科学和技术信息工作组"，金出任工作组的主任。1953 年，该工作组被扩展成为 EPA，金出任副主任，主要负责与 MC 一道，集中于对技术人员的供应情况、特定行业的职业培训情况的调查。

直到苏联航天技术的迅速发展引起了美国和欧洲成员国的高度警惕，美国提出的开展 STP 研究项目才成功地吸引了欧洲成员国的加盟。值得注意的是，美国提供的 50 万元赠款是 STP 能够顺利实施的决定性因素，毕竟它为其启动提供了坚实的财政基础。从一开始，OEEC 便强调该项目主要希望基于两方面活动的实施，"扩增成员国顺利参加教育和培训的高技术型人力的数量，另外还要增强其利用效率"。③ 这两类活动分别包括：（1）审查成员国的基础教育、大学和技术学院教育以及相关培训，科学和工程人员的招聘和使用状况；（2）制定一项行动计划，帮助成员国和准成员国解决这些问题。这两类活动透露出一系列需要解决的潜在问题，其中根本问题是修改高等教育管理体制，以转变"欧洲人偏爱文科而非理

---

① Kjell Eide. 30 Years of Educational Collaboration in the OECD［R］. Paris：UNESCO，1990：8.

② 这些知识分子为了确保他们自身的生存地位，开始将战争规划方法应用于民间社会政策领域（如教育政策），并利用像兰德（RAND）这样的在美国以军事为主的综合性战略机构平台和论坛，以科学目标为导向来商讨和制定相关政策。

③ George S. Papadapouls. Education 1960—1990：The OECD Perspective［R］. Paris：OECD，1994：23.

科"① 的传统，这是需要长期调整的。另外，还需要公众舆论的理解和支持，以帮助消除高等教育和培训的社会和经济障碍等。最重要的是，它需要大大增加财政资源，因此需要政治意愿的加持，使这些教育财政资源在其他政策部门提出的竞争要求之间能够最大限度地获得且成为优先事项。

考虑到这些工作的相关性、整体性以及重要性，正如 OEEC 委员会强调的那样，"如果各国要从技术进步中获益，就必须普遍认识到科学在现代生活中的影响，并保障足够的训练有素的人员充分就业，以支持经济的快速进步"。② 1958 年 5 月，OEEC 委员会通过了建立 OSTP 及其管理委员会 CSTP 的决定，并任命金担任该部门主任，主要负责科技教育与培训工作（见表 1-2），之前多个工作组独立开展的相关工作也全部被囊括进 OSTP 中。客观上讲，这也标志着 OEEC 高等教育与培训工作正式登上历史舞台。

表 1-2　OSTP 负责的主要工作

序号	主要工作
1	根据经济长期增长要求，提供更为准确的精英型科技人才需求数据
2	促使大众加强对科技教育的理解，引导和培养年轻人对科学技术的兴趣
3	通过调整课程、优化教学方法、扩增师资，提供更多科学技术教育与培训的机会
4	在更大范围内提供给公民接受中高等教育的机会，大力促进他们从事科技类职业
5	配齐科学技术类课程所需使用的相关设施
6	为人才在国别间的自由流动提供机会，为成员国间的科技合作提供坚实基础
7	提高利用现有科学技术队伍的效率
8	帮助欠发达国家发展土著科技机构和资源，以帮助其发展经济和建立自立的国民经济
9	自然科学和数学相关科目的课程开发工作，编写关于国别科学和技术人员供求状况的国家报告③

---

① Dana Wilgress. Co-operation in the Field of Scientific and Technical Research [R]. Paris：OEEC，1960：4—5.

② OEEC. Report to the Council of Working Party No. 25 on Scientific And Highly Qualified Technical Manpower [R]. Paris：OEEC，1958：12.

③ Regula Bürgi. Die OECD und die Bildungsplanung der freien Welt. Denkstile und Netzwerke einer internationalen Bildungsexpertise [M]. Opladen：Barbara Budrich，2017：68—73.

资料来源：根据 George S. Papadapouls. *Education* 1960—1990：*The OECD Perspective* [R]. Paris：OECD，1994：23－25. 译制而成。

之后的几年，OSTP 的高等教育工作皆围绕此列表中的核心内容展开，有一些任务，在顺利完成之后就已结束；另一些活动，则出于经济长期增长的需要而得到拓展，这些活动亦有助于巩固组织高等教育工作职能的深化，有一些甚至对高等教育导向的变迁起到指引作用。针对不同发展程度成员国的"教育规划项目"，便是后一类活动中的典范，将在下一章节详细分析。

OSTP 的发展一直延续到 OECD 的工作中，并在转型后的组织内变为了科学事务司（DAS）的附属机构，但其一直以一种大包大揽的姿态管理着组织内大大小小的教育工作，直到 1970 年，直接对其负责的 CSTP 转变为教育委员会（EC），OSTP 的工作才圆满地画上了句点。

（二）OSTP 开创性教育工作的相关性阐释

OSTP 已经完全显现出其致力于科技人力开发的教育职能，旨在帮助各国敏感地认识到其教育和培训系统所面临的问题的严重性，同时旨在提高各国高等教育系统的质量，扩大其能力、质量和数量。这表明 OEEC 开始正视其在高等教育领域可发挥的作用。和前两个部门相比，OSTP 更具有开创性质。笔者对该部门的工作做了如下阐释：凸显了"技术理性"主导下工作职能的扩大，预示着组织内部高等教育工作正式起步，强调了高等教育工作的经济效益。

1. 凸显了"技术理性"主导下工作职能的扩大

自从生产力成为 OEEC 的工作重心以来，其就将生产力的"技术"属性看得尤为重要，从 MC 先后开展的两次科技人才测绘工作就能看出。直到苏联航天技术的突破性发展导致了欧洲成员国对技术增长以及科技人力储备需求的加速提升，直接将 OEEC 有关技术发展的工作推到了一个新的高度，以及增加了一个新的维度，即将培养科技人才和优质工程师这个具有教育性质的工作纳入了职能范畴，而 OSTP 正是 OEEC 科学教育工作的主要平台。这一做法强化了 OEEC 对技术的认可和推崇，从一定程度上来看，这些国际组织的"技术理性"态度是西方资本主义国家持续数年的技术统治文化思潮的重要表现之一。经过 20 世纪 50 年代的发展，OEEC 更是将科学技术政策建议的制定纳入了优先事项，并强调"与科学和经济问题相联系是科学工作的重要问题。越来越多的科学工作的领域对经济发展具有巨大的潜在价值，这迫使各国加速制定科学战略方案。因此，必须正视优先事项问题，将国民经济目前和未来的发展铭记于心。而像 OEEC 这样对经济和科学政策都有兴趣的机构，更加应该仔细研究这个问题。毕竟明智的科学战略在未来 5 年内回报可能非常高"。① 一时间，技术理性成为了这些发达国家的唯一动力，但是，这种单向度的思维和行为模式将会导致"整个生产机构以及它所生产的商品和所构成的服务，凌驾于社会全体成员的发展之上"，② 从而有可能导致个人的主体性精神丧失。另外，值得注意的是，在 60 年代前的早期阶段，OEEC 开展教育与培训工作的初心只局限于狭义上的满足科学技术人力的储备需求。

2. 预示着组织内部高等教育工作正式起步

在帮助欧洲国家科学和技术潜力提高方面，特别是深刻认识到苏联在解决合格科学家和工程师短缺问题方面取得的进展之后，促使一个内在本质问题逐渐被组织认识到，那就是"教育系统的长期影响是至关重要的，如果不对普通教育和大学教育和培训进行重大改革，就无法实现这些目标"。③ OSTP 正是为各成员国提供教育系统改革意见的咨询平台，从其活动方案的主要目标和具体任务能够看出，该部门的活动重心完全地放在了教育调查和教育评价方面，尤其侧重于高等教育层面。从现有史料来看，在 1957 年之前，OEEC 虽然也关注人力的发展问题，但也只是零星半点、旁枝末节地提到过人力发展方式的重要性，并未大动干戈地试图涉猎整个高等教育，特别是大学教育系统的改革问题，国外绝大多数学者也都将 1957 年作为 OEEC 教育工作的始界线，如罗马尼亚学者布吉尔（Regula Bürgi）认为 OEEC 作为教育政策参与者角色的出现是从 1957 年开始；④ 芬兰学者里斯托·林内（Risto Rinne）等人则将 OEEC 教育政策发展的第一阶段解读为"后人造卫星冲击时代"（Post-Sputnik shock period）等。⑤ 因此，OSTP 的设立可预示着 OEEC 内部教育工作的正式起步，尤其是高等教育工作由边缘游走逐渐向中心迈进，主要表现在以下三方面工作的开展。

首先，开启了"高等教育评议"时代。从《西欧、加拿大和美国的科学技术

---

① OEEC. Draft Outline of 1960—1961 Programme for Scientific and Technical Personnel [Z]. Paris：OEEC，1960：20.

② 潘小松. 美国的反正统文化 [J]. 博览群书，2003（2）：36.

③ George S. Papadapouls. Education 1960—1990：The OECD Perspective [R]. Paris：OECD，1994：21.

④ Regula Bürgi. Engineering the Free World：The Emergence of the OECD as an Actor in Education Policy，1957—1972 [A]. Matthieu Leimgruber，Matthias Schmelzer. The OECD and the International Political Economy Since 1948 [M]. London：Palgrave Macmillan，2017：285.

⑤ Risto Rinne，Johanna Kallo，Sanna Hokka. Too Eager to Comply？OECD Education Policies and the Finnish Response [J]. European Educational Research Journal，2004（3/2）：459.

人力问题》报告到《生产科学家和工程师》报告，帮助各国认识到其教育和培训系统所面临问题的严重性。但是，由于当时各国还未受到苏联发达科技的冲击，同时也是出于"文化统治"地位的保护，尤其像德国等具有浓厚民族主义的成员国，对于 OEEC 的国别调查仍保有自我防御的态度，加之 OEEC 的调查本身在数据获取以及分析方法方面都还处于初级阶段，无法准确地了解实际和未来的需要。1957 年之后，各国急需通过科技进步增强综合国力，于是遵循着"扎根实际，深入调查"的评论理念，OEEC 在数据获取和评价方面作出了改进。主要做法是由 OSTP 组建专家团队去考察各国，同相关部门官员和负责专业问题的团体性代表讨论有关的问题。之后专家小组起草报告，在组织总部举行的"质询会"（confrontation meeting）上接受评议，被评议国的高级专家代表回答"检查官"和委员会成员的各种问题。① 评议的最终结果在 1959 年 11 月举行的荷兰海牙"科学和技术人员未来需求预测会议"（Conference on Techniques for Forecasting Future Requirements of Scientific and Technical Personnel）上公布，最终发表为《科学时代的人力需求预测》（*Forecasting Manpower Needs for the Age of Science*）报告。此番评议流程也成为了多年来该组织进行各类高等教育评议活动（甚至是所有的评议活动）的模板，沿用至今。

其次，建立了高等教育比较统计的职能。以上报告对科学和技术人员的现有存量、产出和未来需要进行了有效的数值对比，其中心建议"扩大比较统计"是更好地了解和有效审查影响科学家和工程师供应的教育政策的必要先决条件。② 在今后两年中，OEEC 秘书处为这项任务的开展投入了大量资源，特别是涉及进入高等教育机构的资格以及这些机构的入学和毕业情况，最终得出了以下结果：尽管欧洲成员国在过去的十年中在高等教育方面取得了进展，但与北美（主要是美国、加拿大）同行者相比，他们几乎没什么优势。例如，1959 年，在美国和加拿大有资格接受高等教育的年龄层中，65％的比例相对应的欧洲比例仅为 7％。同年，前者中的 32％接受了高等教育，而后者仅为 5％。高等教育机构的学生总数也存在类似的差异，尤其在拿到第一学位的学生人数中，相关年龄组分别为 16％

---

① George S. Papadapouls. Education 1960—1990：The OECD Perspective ［R］. Paris：OECD，1994：25.

② OEEC. Forecasting Manpower Needs for the Age of Science ［R］. Paris：OEEC，1960：115.

和 2.4%。[①] 将这些数字放置 50 年代整个 OEEC 区域（西欧、北美）科技教育迅速扩大的背景下来看，在科学和技术人员的总数方面存在同样显著的差异，1959年 OEEC 区域的这类毕业生的总数在 4000 万至 4500 万之间，略高于该领域行业需雇用总数的 2%，但是北美和欧洲国家之间的差异依然显著，前者的相应百分比为 3%，后者为 1.5%。这种比较至少在权威性的国际社会一级来说是第一次，充分揭示了北美和欧洲国家之间的高等教育，尤其是科技教育方面的差距，同时也揭示出了政治上更为敏感的"技术差距"问题。这一统计工作唤起了 OEEC 乃至成员国对比较高等教育统计数据的兴趣，因此在那一时期，组织对成员国进行了科技专业大学毕业生数量的统计比较，绘制出了一些相关表格供成员国直观地了解其他国家的真实发展状况（见表 1-1 和表 1-3），这一工作也为双方随后在这一领域开展更系统的统计方面的合作工作奠定了基础。

表 1-3 1956 年 OEEC 成员国拥有科学专业文凭或同等技术水平的人数情况

Paye	Année de référ.	Main-d'oeuvre totale (population active(milliers))	Diplômés ès sciences et ingénieurs			Proportion des diplômés ès sciences et ingéniéurs dans lc main dloouvre totalo		
			Diplômés ès sciences	Ingénieurs	Total	Diplômés ès sciences	Ingénieurs	Total
Allemagne Occ.	1956	25. 389	n. d.	80. 000	n. d.	n. d.	0,31	n. d.
Belgique	1947 / 1956	3. 518 / 3. 555	4. 832 / n. d.	7. 905 / 10. 000	12. 737 / n. d.	0,14 / n. d.	0,22 / 0,28	0,36 / n. d.
Danemark	1956	2. 118a)	n. d.	7. 000	n. d.	n. d.	0,33	n. d.
France	1954	19. 182	n. d.	140. 000	n. d.	n. d.	0,73	n. d.
Italie	1951	19. 577	47. 200	54. 100	101. 300	0,24	0,28	0,52
Luxembourg	1955	141	n. d.	380	n. d.	n. d.	0,27	n. d.

[①] OECD. Resources of Scientific and Technical Personnel in the OECD Area [R]. Paris：OEED，1963：7.

续表

Paye	Année de référ.	Main-d'oeuvre totale (population active(milliers))	Diplômés ès sciences et ingénieurs			Proportion des diplômés ès sciences et ingéniéurs dans lc main dloouvre totalo		
			Diplômés ès sciences	Ingénieurs	Total	Diplômés ès sciences	Ingénieurs	Total
Norvège	1955	1. 473	3. 950	8. 900b)	12. 850	0,26	0,60	0,86
Pays-Bas	1947	3. 866	5. 328c)	16. 444c	11. 772c)	0,14c)	0,17c	0,31c)
Royaume-Uni (Gde Bretagne)	1955	23. 912	60. 000e)	81. 000	141. 000	0,25e)	0,34	0,59
Suède	1950	3. 105	2. 200d)	9. 700	n. d.	n. d.	0,31	n. d.
Suisse	1950	2. 156	n. d.	n. d.	19. 200	n. d.	n. d.	0,89
Canada	{1951 / 1955f	{5. 286 / 5. 676	{12. 288 / 25. 500	{28. 776 / 40. 000	{41. 064 / 65. 500	{0,23 / 0,45	{0,54 / 0,70	{0,77 / 1,15
Etats-Unis	1956	70. 387	250. 000	700. 000	950. 000	0,36	1,00	1,36

资料来源：OEEC. OEEC-261. General Report ［R］. Paris：OEEC，1956：13.

最后，支持准发达成员国①的微观努力。上述的宏观研究经常是与扩大和改善科技教育基础设施的微观努力同时进行的，后者从一开始就被 OEEC 认为是满足长期人力需求以推动经济发展的必要条件。通过与各成员国教育部长的商讨，经过 1960 年"学校科学的政策——拥有先进教育系统的国家"（Policy for School Science—Countries with Advanced Systems）和 1961 年"学校科学的政策——基础教育发展具有特殊问题的国家"（Policy for School Science—Countries with Special Problems of Basic Educational Development）两次单独的政府间研讨会讨论了学校科学政策，OEEC 强调学校科学改革的政策被视为基于两大基本支柱：

---

① 与老牌西欧成员国相比，经济水平欠佳但远超第三世界国家的地中海成员，将其统称为准发达国家。在本文语境中，有时会将其称之为欠发达成员国，或第二梯队成员国。

教师和更广泛的教学和课程，而为学校科学教育的发展制定一项协调一致的政策是十分必要的。在此基础上，对拥有先进教育制度的成员国国家——西欧老牌资本主义国家，和那些拥有"教育发展方面特殊问题"的国家，如地中海成员国，以及意大利南部地区作出区分（要特别注意这些国家或地区的特殊性）也很重要。在这两种情况下，OEEC 首先确定了这类政策的相同核心组成部分：在教育部内设立一个强有力的科学和技术教育理事会，其职责应包括：学校实验室的规划以及教学设备的准备；科学仪器和设备的设计；教具的设计和提供；改进科学和数学课程；提供适当的教学设备和材料；招聘和培训教师。另外，工业界应在协助科学和技术教育方面发挥更积极的作用，以及改进学生的定向培养制度等。另外，组织还向准发达成员国提供了援助方案，其中一个称作"生长点"（Growing Points）计划，即个别国家中心因其卓越之处而得到承认，并可得到 OEEC 联合资助，为其他成员国提供先期培训。另一项是"高级访问研究金计划"（Senior Visiting Fellowships Scheme），旨在促进高等教育机构之间合格专家的流动，以在教学和研究中学习和促进新技术的发展。

3. 强调了高等教育工作的经济效益

帮助成员国发展经济自 OEEC 成立之日起就一直是其不可撼动的绝对核心目标，从最初的恢复战后经济，到 20 世纪 50 年代中期的扶持经济增长，其中心关键词一直围绕着"经济"二字。这种"不变"有其深刻的历史背景。诚然，1957 年 OSTP 的成立及其理事会通过的一系列决议，普通教育性质的高等教育，尤其是大学教育开始被纳入 OEEC 教育政策的框架中，这实际上可被视为 OEEC 工作上的第一次真正调整，但也是为了适应欧洲普遍存在的新的经济环境。OEEC 在该部门成立之后，也十分明确且不止一次地强调，OSTP 方案必须坚定地指向经济目标，即 OSTP 方案应被视为促进经济增长的 OEEC 总体努力的一部分。[①]可以这样来理解，在最初几年，OSTP 的工作虽然以帮助各成员国研究和探讨改革现行教育体制的方法为主，但本质上其教育工作仍然只作为科技发展和经济增长之间相互联结的纽带，就好似是在科技和经济之间架起的一座桥梁，最终的目的是帮助成员国探究发展科技实力的根本方式，以实现其经济实力和综合国力的提升。OEEC 同样强调，虽然 OSTP 方案坚定地指向经济目标，但这并不违背 OEEC 对

---

① OEEC. Draft Outline of 1960—1961 Programme for Scientific and Technical Personnel [Z]. Paris：OEEC，1960：21.

基础科学和教育领域的兴趣，也就是说一个涉及科学对经济影响的方案不能忽视基本的和长期的科学活动。由于对科技人员的需求是长期且相当大的，因此就教育系统而言，需要普遍扩大那些具有普遍性质的教育。

第二节　"增加科技人力"背景下
OEEC 高等教育政策形成原因分析

OEEC 成立初期所服务对象的区域化特征明显，当组织将经济发展和国家繁荣的核心要素局限于科技人力之后，通过与美苏之间高度发达的以科学为基础的工业水平的对比，组织意识到 OEEC 区的欧洲国家必须扩大其科学研究和技术发展的能力。加之受到美国经济、科技、人才观念的深刻影响，组织内部自然将科技人才的培养看作是高等教育学校科学改革运动的优先事项。另外，适龄学生人口的大面积增加也促使 OEEC 加大对高等教育层面的关注度。因此，区域竞争理论的影响、适龄学生人口的扩张、OEEC 的"美国化"本质与美国高等科技教育政策的启发可认为是该阶段高等教育政策工作实施的原因。

一、区域竞争理论的影响

OEEC 阶段的高等教育政策强调区域化的概念，在美国大力帮扶大西洋对岸西欧成员国科技发展的背后，体现出的是其试图整合西欧区域内部科技实力以形成区域合力，一方面为其追赶苏联以巩固冷战形成的独立阵营地位提供支撑力量，另一方面也迎合了当时区域经济一体化的发展态势，这一定程度上反映出了以区域合作应对竞争的理念。而 OEEC 正是这种合作得以开展的主要平台，当然也遵循着这种区域化的发展理念。因此，区域发展理论在此阶段可认为是其高等教育政策发展的理论基础。

区域发展理论形成于二战后的欧洲大陆，战后各国纷纷致力于重建国民经济，关于经济发展的战略模式、动力机制、开发策略等方面的研究日益增多，逐渐地这类研究形成了一定的规模体系，从而兴起了以这些研究为主要特质的区域发展理论，因此该理论往往被理解为起源于西方经济领域，传统意义上也被大多数学者狭义地概括为"区域经济发展理论"。"而这种经济区域化的发展势必会带来教育区域化的建立，由此延伸出了'区域教育发展理论'"。① 但随着该理论涉及的研究领域不断扩大，加之二战后西方经济思潮的不断演变，区域发展理论逐渐形成了众多不同的发展模式，这种情况也影响着教育发展的模式与布局，② 分流出现代化理论与区域教育现代化模式、非均衡发展理论与区域教育资源配置模式、可持续发展理论与区域基础教育发展模式、产业分工理论与区域职业教育发展理论、区域竞争理论与区域高等教育发展模式等五种类型的模式和布局。其中，与高等教育增长相关的，能够贴合高等教育发展实际的莫过于竞争性理论。

此种竞争型理论所关注的即高技术型人才的素质问题。区域竞争力，是在与某一市场进行竞争时，本市场或者说本区域所具有的能够成功扭转时势，吸引、争夺从而控制另一方市场上相关资源的能力，进而对其进行资源配置。③ 它是一个地区或者说区域，其人口素质、文化素质、经济水平、基础设施、环境和卫生状况、国际交流等综合水平的重要体现。尤其在科学技术的发展方面，20世纪50年代末高等教育所引起的人才竞争力被认为是区域竞争力的核心要素，高等教育竞争力的提升从一定程度上来说也是区域的国际竞争力增强的重要表现和主要途径，而科学技术方面竞争力的提升则是 OEEC 成员国在那一时期高等教育的主要任务，这样的发展既是时势造就，也有扎实的理论支撑，由瑞士洛桑国际管理学院（Institute for Management Development，简称 IMD）开发的《世界竞争力年鉴》（亦称《洛桑年鉴》）提出了国际竞争力的四大要素及其评价指标，其中科技竞争力是核心要素，其 32 项主要指标中，有 20 项指标与教育事项有关，特别是与高等教育事项有关（见表 1-4）。

表 1-4　IMD 的国际科技竞争力评价指标一览表④

序号	指标名称
1	全国研究与开发人员
2	科学与工程学士占全部学士学位的比重
3	企业研究与开发人员

① 陈时见，冉源懋，等. 欧盟教育政策的历史变迁与发展趋势［M］. 北京：高等教育出版社，2016：76.
② 高兵. 区域教育发展的基本理论框架研究［J］. 教育探索，2011（10）：12.
③ 陈时见，冉源懋，等. 欧盟教育政策的历史变迁与发展趋势［M］. 北京：高等教育出版社，2016：78.
④ 本文选取的是 2001 年改版前的《洛桑年鉴》中的国际评价指标体系.

序号	指标名称
4	全国研究与开发总经费
5	企业研究与开发总经费
6	授予本国常住者的专利
7	科技论文数量
8	1956 年以来获诺贝尔奖数量
9	1956 年以来人均获诺贝尔奖数量
10	基础研究是否支持长期经济和技术发展
11	研究与开发总经费占 GDP 比重
12	科学技术是否激起年轻人的兴趣
13	研究与开发设施重新定位对未来国家经济发展的影响
14	本国常住者获外国专利
15	学校科学教育是否充分
16	专利产出效率
17	缺乏充足的资金是否制约技术开发
18	国家是否充分实施专利和版权保护
19	有效专利数量
20	企业与大学间的知识转移是否充分
21	法律环境是否支持技术开发与应用
22	人均企业研究与开发经费
23	人均全国研究与开发总经费
24	国内劳动力市场上是否有合格的信息技术人才
25	企业间是否进行普遍的技术合作
26	国内劳动力市场上是否有合格的工程师
27	高技术产业出口额
28	高技术产业出口占制造业出口的比重
29	电信投资占 GDP 的比重

续表

序号	指标名称
30	通信的充分性
31	新信息技术和应用满足企业的需求
32	数据安全性保障

资料来源：根据吴辰. 从《洛桑年鉴》看中国科技的国际竞争力［J］. 科技管理研究，2004（4）：11. 汇编而成。

二、适龄学生人口的扩张

自 20 世纪 50 年代中期以来，所有成员国都经历了高等教育录取人数①的增长，这保证了它们在十年内的入学能力翻一番甚至翻两番。这种扩张对于所有成员国来说都是共同的，尤其在 1958 年至 1960 年之间特别明显，并在 1960 年至 1965 年间进一步加速（见表 1-5）。

表 1-5　1950 年—1965 年成员国常住人口中的高等教育学生人口数统计

国家 / 年份	每1000名居住者中的学生数量			
	1950 年	1955 年	1960 年	1965 年
德国	3.6	4.0	6.1	7.2
澳大利亚	2.9	2.7	5.5	6.7
比利时	3.6	4.3	5.7	8.9
丹麦	4.8	4.9	7.1	10.9
西班牙	3.1	3.2	3.9	6.4
芬兰	4.2	4.7	6.3	10.3
法国	4.2	4.7	6.0	10.3
希腊	2.4	2.6	3.4	6.7
爱尔兰	2.8	3.2	4.5	5.6

---

① 传统上，该组织习惯于为这种扩张提供三种衡量方法：录取人数（enrolment numbers）、录取率（enrolment rates）、入学率（entry rates）。

续表

人数 年份 国家	每 1000 名居住者中的学生数量			
	1950 年	1955 年	1960 年	1965 年
冰岛	4.4	4.8	4.5	5.8
意大利	5.1	4.6	5.8	8.3
卢森堡	2.5	2.3	2.8	4.4
挪威	2.8	2.2	3.5	7.8
荷兰	4.9	5.4	7.4	10.1
葡萄牙	1.4	2.1	2.8	3.9
英国	3.3	4.0	5.4	7.9
瑞典	3.1	3.7	5.3	10.0
瑞士	4.0	3.9	5.1	6.9
土耳其	1.2	1.5	2.4	3.1
南斯拉夫	3.4	4.0	7.6	9.5
加拿大	6.1	6.4	9.8	16.6
美国	15.1	16.2	20.0	28.6
日本	4.8	6.8	7.6	11.1

资料来源：根据 OECD. Development of Higher Edcuation：1950—1967（Analytical Report）[R]. Paris：OECD，1970：66. 译制而成。

20 世纪 50 年代中后期至 60 年代中期，成员国适龄学生人口增长到了一定程度，呈现出普遍性和充足性的特点。组织也认为，"人口变化是学生入学趋势、教职工数量或者高等教育成本的决定性因素之一"。[①] 也就是说，适龄学生人口的扩张，或者说人口发展需求会直接影响到高等教育的各方面改革（见表 1-6）。

---

① Stephan Vincent-Lancrin. What is the Impact of Demography on Higher Education Systems? A Forward-looking Approach for OECD Countries [A]. CERI. Higher Education to 2030，Volume I，Demography [R]. Paris：OECD，2008：28.

表 1-6　1950 年—1965 年成员国高等教育录取率占 20—24 岁年龄组的百分比调查（单位：%）

人数　　录取率　　年份　国家	1950 年	1955 年	1960 年	1965 年
德国	4.6	5.3	7.0	10.1
澳大利亚	—	4.2	8.0	8.9
比利时	5.1	6.2	9.1	15.1
丹麦	7.0	7.6	10.7	13.8
西班牙	2.2	3.5	5.3	8.7
芬兰	5.1	6.5	9.0	13.6
法国	5.7	6.7	9.4	16.8
希腊	—	2.7	3.8	9.9
爱尔兰	4.1	5.0	8.0	10.0
冰岛	5.1	6.3	6.8	7.9
意大利	5.9	5.7	6.9	11.6
卢森堡	2.8	2.9	4.5	6.5
挪威	4.0	3.6	6.0	11.2
荷兰	6.2	7.3	10.6	13.6
葡萄牙	2.1	2.4	3.3	5.3
英国	4.8	6.2	8.4	11.9
瑞典	4.8	6.3	8.6	12.6
瑞士	5.5	5.5	6.7	7.7
土耳其	1.3	1..6	2.9	4.2
南斯拉夫	3.8	3.9	8.6	13.6
加拿大	7.9	8.9	14.4	23.7
美国	20.0	24.9	31.8	40.8
日本	5.2	7.3	8.6	12.0

　　资料来源：根 据 OECD. Development of Higher Edcuation：1950—1967（Analytical Report）[R]. Paris：OECD，1970：68. 译制而成。

那么，造成这种扩张的具体原因有哪些？

首先，是与政治事件相关的原因，即外部迁移。在二战前的一个世纪，许多国家尤其是发展中国家移民向往地的欧洲大陆曾经由于不断的殖民扩张，导致了许多本国人民约 6000 万人离开欧洲地区，移入地区包括加拿大、美国、拉丁美洲、南非、澳大利亚、新西兰和俄国亚洲部分区域等。加之两次世界大战导致的强迫外迁更是让那些欧洲国家成为了"净移民"的大陆。而二战的终止加速了那些"日不落"性质的欧洲国家殖民主义时代的结束，欧洲主要强国在亚、非、拉等洲的殖民地纷纷获得了独立，欧洲宗主国原先由于殖民原因而外迁移民的政府官员及其后裔纷纷回迁或迁至本国。[①] 据不完全统计，在 1940 年至 1975 年间，西欧最终导致了大约 700 万～850 万的主要来自殖民地国家的外部迁移人口，[②] 从而在西欧成员国区域内形成了一个战后移民的顶峰（见图 1-2）。

—— 德国　……西班牙　––·法国　– – 意大利　——波兰　----荷兰　– –希腊　––·比利时　……澳大利亚

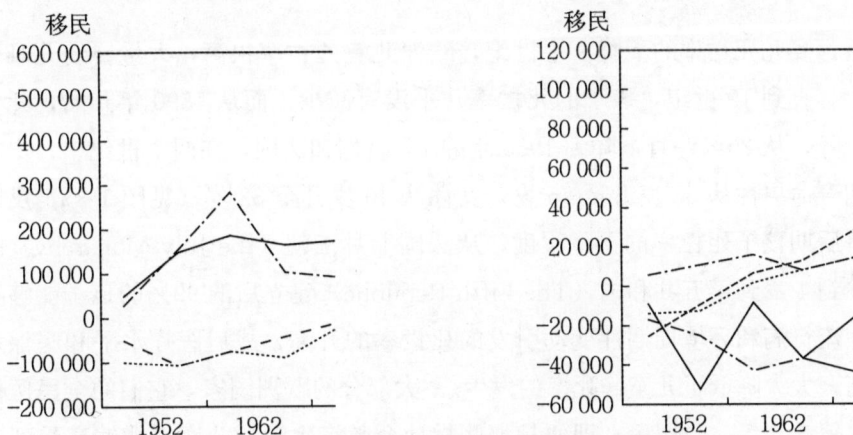

图 1-2　若干成员国 1950 年至 1965 年的移民情况

资料来源：Centre for Education Research and Innovation. Higher Education to 2030, Volume I, Demography［M］. Paris：OECD，2008：9.

其次，是影响十分持久的原因，即人口出生率的增加。几乎所有 OECD 国家都见证了 20 世纪 50 年代初其国内有资格接受高等教育的学生人口的减少，主要

---

① Klaus J. Bade. Europa in Bewegung：Migration vom späten 18. Jahrhundert bis zur Gegenwartt［M］. München：Verlag C. H. Beck，2002：339—340.

② 宋全成. 简析欧洲移民历史进程及移民类型［J］. 天津社会科学，2006（4）：56.

是由于两次世界大战导致的出生率下降。[①] 第二次世界大战之后的婴儿潮（baby-boom）现象扭转了这一趋势，并导致了从 1955 年起进入大学的年龄合格的人数的增加。二战后，在 1946 年到 1964 年的 18 年间，有接近 7800 万的"婴儿潮世代"（baby boomers）出生，有人将其称为"婴儿潮"现象，也有人将其称作"4664"现象，这一现象对西方社会的发展产生了较为深刻的影响。[②] 这种生育高峰产生的具体原因可总结为以下几点：第一，战争使大量青年男子离开家庭而延误了他们的结婚时间，战后许多退伍士兵回到国内，同时战争时期的大量年轻女性又赋闲在家，因而战后组建家庭的现象十分普遍；第二，西欧社会福利制度的逐渐完善客观上为生育子女提供了稳定的保障，这导致战后流行无子女或一个子女的家庭减少，多子女的家庭普遍增多；第三，各国生育政策的推动。如德国通过促进生育法，规定在孩子出生后的三年中给每位母亲发放生育工资。以上原因，均能解释战后的高生育率，这种现象对高等教育适龄学生人数的增加有一定的影响。

最后，婴儿死亡率的下降。中世纪，欧洲儿童死亡率很高，大量婴幼儿难以活到成年。直到 19 世纪，孩子的死亡率几乎没有减少。而从 1890 年开始，死亡率开始下降，从 20％一直下降到 1960 年的 1％。例如法国，在两个世纪中，出生时的预期寿命男性从 38 岁升至 75 岁，女性从 40 岁升至 82 岁（见图 1-3），反映出了战争后期孩子死亡率的下降程度，从法国七月王朝（the July Monarchy）时期的活不到 1 岁到第五共和国（The Fifth Republic）建立后的 99％的孩子能够存活。排除流行病和环境周期性变动引发的死亡率的升高，战后医疗水平和医保水平的提高，大大降低了儿童病死率的发生。"大部分的欧洲国家，它们的全民医保系统能够覆盖到每一位国民，即便是那些靠社会救济生活的儿童也能够享受到适当的医疗服务"。[③] 很明显，婴儿死亡率的下降与人口的扩张存在必然的联系，能从一定程度上解释人口扩张的原因。

---

① OECD. Development of Higher Edcuation：1950—1967（Analytical Report）[R]. Paris：OECD，1970：65.

② 反叛的一代：战后婴儿潮 [EB/OL].（2020－6－13）[2018－1－17]. http：//net. blogchina. com/blog/article/482509867.

③ 医疗体系更好，欧洲人高过美国人 [EB/OL].（2020－6－13）[2007－6－5]. http：//world. people. com. cn/GB/225865/41218/5822296. html.

60岁的预期寿命

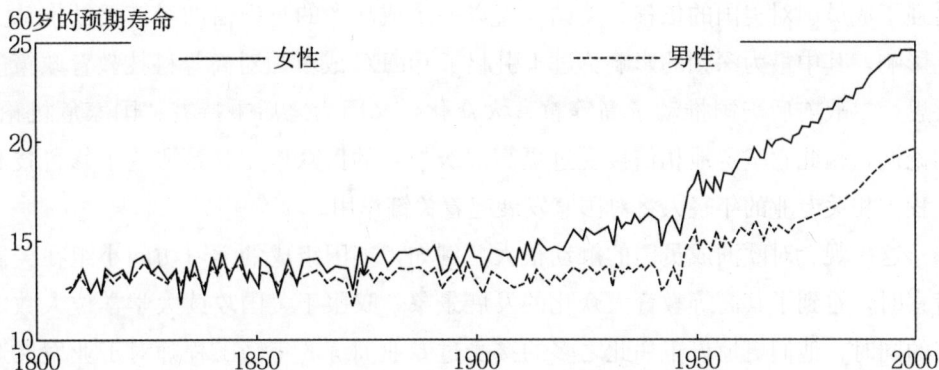

图 1-3　1806 年—2000 年法国儿童出生时的预期寿命

资料来源：Hervé Le Bras. Are Long-term Demographic Forecasts Possible? Turning Points and Trends ［A］. CERI. Higher Education to 2030，Volume I，Demography ［R］. Paris：OECD，2008：9.

三、　OEEC 的"美国化"本质

美国与 OECD 一直保持着千丝万缕的联系，尤其在 OEEC 时期，这种关联性并非仅仅像其与其他成员国那样，是援助与被援助的关系。最开始 OEEC 就是由美国通过推行马歇尔复兴计划而发起成立的，其是美国主导的标志性跨区域合作机制之一，建立该机构的初衷是帮助欧洲区域，尤其是西欧区域恢复经济的造血功能，促进大西洋两岸联盟，帮助美国有效掌握领导地位，以实现对苏联和东德的"双重遏制"。用迈克尔·霍根（Micheal J. Hogan）的话说："马歇尔计划的提出，其目的就是向相关欧洲国家灌输一种美国意识。"[1] OEEC 本质上就是其借用的一个国际交流平台，利用其宣扬自己的价值观。"它的意图其实十分明显，就是在一定程度上迫使欧洲各国接受和遵循它所提出的世界秩序新的规则。"[2] 伴随着马歇尔计划的成功，英、法、意等国的众多精英人物开始接受并认同美国的价值取向，美国的影响渗透了西欧成员国的许多方面，尤其是文化教育方面的渗透，

---

[1]　Micheal J. Hogan. The Marshall Plan：America，Britain and the Reconstruction of Western Europe：1947—1952 ［M］. London：Cambridge University Press，1987：44.

[2]　程灵. 二战以来美国对英国高等教育影响的研究——理念迁移和政策借鉴的宏观考察 ［D］. 福州：福建师范大学，2010：39.

增强了成员国对美国的依赖。美国一直以一个成功者的身份借助经济援助推动文化影响，其中最为深刻的影响莫过于引起了 OEEC 成员国对高等科技教育政策的反思。二战前后美国推动了高等教育大众化，又因为之后秉持着"国家危机论"的论调，因此它坚定地相信接受过更高层级教育的民众，尤其是那些主修科技和工程类相关专业的年轻人将对国家发展起着关键作用。

这一观念对欧洲成员国的触动很大，例如，英国组成的学习访问小组在美国考察时，看到了其高等教育大众化的发展景象，叹服于美国攻读大学学位人数之多的同时，他们更惊讶于如此之多的接受过专业训练的年轻工程师对工业发展造成的影响。反观他们自身，在高等教育数量上的落后在战前就引起了许多有识之士的注意，"早前就有迹象显示，欧洲成员国亟须扩大高等教育人口规模，越来越多的家庭开始秉持'上大学更有可能增加流动'的观念"。[①] 而对于美国来说，欧洲，尤其是西欧，一直是其施行全球战略的重点扶持区域。为了增强自身的后防力量，美国对西欧国家进行了第三次援助，与以往援助的内容不同，此次援助主要侧重于科技人才调查和教育方面，借助 OEEC 这个拨款平台，以项目合作的形式，为各个国家进行超越国别的政策咨询和指导，这与各成员国发展科技人才的需求不谋而合，大多数国家也是积极地接受帮助以及参与项目调查。

OEEC 正好提供给了美国传播自身高等科技教育政策的合理平台，说到底是为美国"打工"，发扬着美国精神，体现着美国意识，直到重组后服务范围的扩大，以及美国由于经济实力下降和西欧摆脱美国控制意识的加强，导致了其对组织影响力的削减，组织的工作才更加独立和自主。但从另一方面来讲，这确实增强了欧洲成员国的科技人才实力，在数量上科技人才为成员国综合国力的提升和经济增长带去了积极的影响。

---

① 程灵. 二战以来美国对英国高等教育影响的研究——理念迁移和政策借鉴的宏观考察 [D]. 福州：福建师范大学，2010：64.

第三节　代表性政策文本内容：揭示成员国
科技潜力开发的差距

　　根据统计，该阶段 OEEC 在其政策实践的基础上，发布的高等教育相关政策文本较少，仅有 15 篇。笔者选取了其中两份具有代表性的文本《生产科学家和工程师》（*Producing Scientists and Engineers*）、《预测科学时代的人力需求》（*Forecasting Manpower Needs for the Age of Science*）进行了分析。

　　代表性文本选取缘由：相较于 MC 时期发布的两份调查性质的报告，代表性报告是在概括前期调查结论的基础之上，通过展现西欧部分成员国与美国等发达工业化国家在科技人才和科研实力方面的状况与差异，并以后者为经验范式，用深刻的描述分析，让成员国明确其在科学和技术潜力方面与发达国家有什么区别？差异的性质是什么？什么样的行动是恰当的？最终指向高等教育在高技术型人力资源开发方面的重要性。简单来说，这两份报告明确了 OEEC 在高等教育领域职能的发挥，是其开始涉足高等教育事务的具体表现。同时，还综合分析了几个发达成员国关于高技术型人才规划的具体办法，促使 20 世纪 60 年代以后组织全盘接受了将"职业预测转化为信号进入到学校系统"的人力规划方法，从而开始了更大人口范围的高等教育规划。因此，这两份报告还具有引导组织下一阶段工作的效用。

一、《生产科学家和工程师》报告

　　该报告较为宏观地分析了西欧主要成员国与美国在科技人才和科研实力方面的状况与差异，并从以下三个方面对两者之间的差距进行了分析：成员国在科学和技术潜力方面有什么区别？差异的性质是怎样的？什么样的行动是适当的，以确保成员的潜力得到增加？最终得出结论，成员国要增强研究发展的实力和潜力，就必须培养大量的高素质科技人才，通过教育这一渠道能够更加快速地达成这一目标。

　　第二次世界大战对美国的科学发展产生了巨大的影响。不仅如此，战争还表明了政府支持科学研究的重要性。一些学者认为，战争减缓了美国生产科学家和工程师的步伐。二战吸收了几乎所有身体健康的美国青年进入武装部队。1945年，万尼瓦尔·布什（Vannevar Bush）针对这种现象评论道："在我们的国家中居住着许许多多年轻的训练有素的科学家和工程师。为了国家的普遍利益，太多这样的人穿上了制服。因此，训练有素的研究人员的愈发短缺，这种现象还将持续多年。"① 因为战争结束后至少需要六年的时间，研究型科学家才能开始大量地从研究生院毕业。隶属布什委员会之一的科学人才发现与发展委员会与美国物理研究所合作，预测到1955年将有15万名学士学位持有者和1.7万名更高级学位持有者的赤字。② 两年后，科学研究董事会认同了这一评估提供的数据，并强调"今天的人力资源趋势相比于战前，还将继续下去，到1955年可能我们会缺少90 000名大学生和5000名博士。净损失估计为40 000名学士和7600名博士"。③ 在董事会看来，如果战争没有迫使学生离开学校，他们可能会毕业于科学学科专业并从事科学职业。④

在美国之后，英国对人员短缺的关注度最高。根据哈里. G. 约翰森（H. G. Johnson）的说法，"人才外流"一词起源于英国，因为政府政策阻止工资过快上涨，导致很多的科学家移居北美。⑤ 英国政府甚至考虑在20世纪60年代末禁止外国招聘广告。从20世纪50年代起，英国科学政策咨询委员会（ACSP）通过其科学人力委员会，持续地收集了关于英国科学家和工程师供应的统计数据。它的工作不仅包括评估当时科学家和工程师的供应，而且还预测对他们的需求（见表1-7）。很明显，从1956年至1968年，英国科技人才的培养呈下降趋势。

---

① V. Bush. Science：The Endless Frontier ［R］. Washington：United States Government Printing Office，1945：42.

② V. Bush. Science：The Endless Frontier ［R］. Washington：United States Government Printing Office，1945：158.

③ President's Scientific Research Board. Science and Public Policy ［M］. New York：Arno Press，1947：16.

④ President's Scientific Research Board. Science and Public Policy ［M］. New York：Arno Press，1947：3.

⑤ H. G. Johnson. The Economics of the Brain Drain：The Canadian Case ［J］. Minerva，1965 (3/3)：299.

表 1-7　科学家和技术人员的预测和实际供应结果：
三年期间百分比变化（单位，%）

	1956—1959		1959—1962		1962—1965		1965—1968	
	F	A	F	A	F	A	F	A
	(1)	(2)	(3)	(4)	(5)	(6)	(7)	(8)
Manufacturing	37	30	29	23	27	14	27	13
Construction	30	9	22	30	26	14	40	35
Industrial Research Associations	25	10	17	15	29	19	28	−3
Atomic Energy Authority	30	71	42	25	3	−5	−3	−7
Other Nationalized Industries	22	18	16	4	17	17	19	17
Central Government	14	8	5	3	10	18	7	−6
Local Authorities	27	4	25	13	28	22	32	22
Education	19	14	20	17	32	17	25	17
Total	27	20	23	17	25	15	24	17

注：F＝forecast，A＝actual。

资料来源：Vesituluta Youdi, Keith Hinchliffe. Forecasting Skilled-Manpower Needs：The Experience of Eleven Countries［R］. Paris：Unesco, Division of Educational Policy and Planning，1981：82.

20 世纪 60 年代是法国在政治、商业和文化等各个方面反对美国人的时期。在此期间，法国也是第一群谴责西欧和美国之间技术差距的欧洲国家。来自科学和技术研究总代表团（DGRST）的主任皮埃尔·科纳德（Pierre Cognard）将当时关于美国统治的辩论扩展到科学和技术领域，并以一种宣言的方式发表在《科学进步》（*Le Progrès Scientifique*）杂志上。他提醒公众注意，如果欧洲大陆在科学和技术领域不迅速采取行动，就有可能在政治和经济上长期依赖美国。在"宣言"中，科纳德指出，"许多人认为欧洲因为比美国发展得慢因而正处于修补阶段，不幸的是，它们是基于某种过时的生产性财富概念，这一概念可以追溯到古典生产要素时代"。[①] 他强调，"工业革命正迈入新阶段，这一阶段将是以系统地利用工业

[①] P. Cognard. Recherche scientifique et indépendance ［J］. Le Progrès scientifique，1964：2.

发展中的科学技术为标志"。① 但是，有一些困难已经或将会出现在所有新的或高科技行业，即所有的扩张都可能会受到科学集中和创新力量的密切制约。20 世纪后半叶的工业将是更加精细化的或科技化的。这些行业将是拥有大量实验室和脑力劳动者的企业，与企业完全共生的科学家，可能是促使产品创新的最重要因素。②

报告指出，正是在这种情况下，其于 20 世纪 60 年代初举行了科学问题部长级会议，研究了成员国在"科学和技术潜力方面的差异"（national differences in science and technical）。③ 根据研究，OECD 发表了该报告一个实验性的国际统计比较报告《美国和西欧之间的研究与发展差距》（R&D Gap between the United States and Western Europe），记录了美国和西欧之间的研究和发展差距。它表明，美国的研究和发展国内支出总额在绝对数和人均数方面都是最高的。美国和其他个别成员国用于研究和发展的资源数额有很大差别。报告强调，后者没有超过美国的研究和发展支出中的十分之一，也没有雇用超过美国合格科学家和技术人员人数的三分之一。④

在科学和技术潜力方面，组织对比了两者高等教育学生的培养方向，报告发现，"美国相对地更加强调纯科学，或者说基础研究，而不是技术能力的开发，而欧洲在技术能力的开发方面的努力超过了美国"。⑤ 美国在大多数基础研究领域都有很强的地位，在人力资本及其维持方面都有很大的支出，尤其认为培养大量的高素质科技人才，如博士学位获得者是十分必要的。相较而言，欧洲国家对于基础研究所需人才的重视程度不够。美国政府对研究和开发的资助也较高，其在这方面投入的公共资金是西欧的四倍半。

OECD 认为，造成差距的原因不是研究和发展本身。科学和技术能力显然是一个先决条件，但它不是取得成功的充分基础。影响科技实力实现的更重要因素当属其潜力因素。⑥高等科技教育是增加潜力的主要途径，在培养创新能力之前，更重要的是培养更多的科技人力。

---

① P. Cognard. Recherche Scientifique et Indépendance [J]. Le Progrès Scientifique，1964：9.

② P. Cognard. Recherche Scientifique et Indépendance [J]. Le Progrès Scientifique，1964：14.

③ OEEC. R&D Gap between the United States and Western Europe [R]. Paris：OECD，1961：19.

④ OEEC. R&D Gap between the United States and Western Europe [R]. Paris：OECD，1961：27.

⑤ OEEC. R&D Gap between the United States and Western Europe [R]. Paris：OECD，1961：31.

⑥ OEEC. R&D Gap between the United States and Western Europe [R]. Paris：OECD，1961：23.

二、《预测科学时代的人力需求》报告

前文已提到，OEEC 进行的第一个重大探索是 1959 年 11 月在海牙举行的"未来科学与技术人才需求预测技术大会"。会议报告出版于 1960 年，命名为《预测科学时代的人力需求》。它本质上是一份关于科学与技术人才现有储备、产出和未来需求的数据效用比较的方法论调查报告，其核心建议是：更好地理解与有效地审视教育政策，尤其是高等教育政策对科学家与工程师供应的影响，拓展可比较的数据是重要前提……OEEC 的任务则是应当尽力获得有关教育结构的信息，以便更清晰地理解科学技术教育与培训政策。[1] 该报告对 20 世纪 50 年代末期西欧主要成员国——法国、德国、英国的人力资源开发与规划进行了介绍，预期通过分析和概括了解发达工业化国家人力开发的经验，从而为组织接下来的高等教育人力规划工作奠定基础。

法国政府在奉行干预主义政策时使用了与人力有关的预测，这影响到几个领域。首先，它包括就业政策本身，通过向主管当局提出准则。另外，还有可能涉及失业福利制度的变化，对效益不好的公司的援助，以及努力改进与就业有关的现象的统计数据。当时，政府认为仅仅通过推断工业改造的趋势就可以预测到培训需求的程度。职业详细预测的真正开始伴随着人力委员会的成立。该委员会通过为高等教育系统制定广泛的指导方针来缓解技术劳动力供应方面的瓶颈。其人力预测的主要方法是通过对生产率和工作周长度的预测，从预期产出中推断出就业供应。按职业和部门分列的就业预测结构是根据 1954 年和 1960 年人口普查数据抽取的 1/20 样本得出的，跨越 105 个职业和 45 个部门。然后推断得出的趋势，并进行了一些修正。从技术角度来看，对于就业水平占总人力不到 1% 的职业，不可能作出推断；另外，对于那些对偏差进行线性外推会产生负数的职业，采用了恒定百分比的外推方法。[2] 在方法上，法国逐步完善了按职业预测就业的方法，使用宏观经济模型，包括工作流动性和指导第一份工作安置的条件以及改进统计工具。但由于预测者在方法和工具的改进方面取得了进展，他们拒绝了比较人力需

①　George S. Papadapouls. Education 1960—1990：The OECD Perspective [R]. Paris：OECD，1994：26—27.

②　Commissariat Général du Plan. Rapport Général de la Commission 'Maind' Oeuvre'du Ve Plan [R]. Paris：Documentation Française，1966：5.

求和可用性作为向培训系统提供指导的手段的想法。① 也就是说，在"将职业预测转化为信号进入到学校系统"的道路上，法国并未将学校系统纳入调整供求的机制，导致了一些机制，尤其是供资机制对高等教育离校生关于未来职业的态度鲜为人知。

在德国，为了以综合战略取代对劳动力市场和教育部门的单独和短期衡量，其制定了预测一般人力供求及其资格结构的方法。德国的人力需求预测不集中于少数机构，而是由许多委员会、协会、商业和大学研究机构共同进行。更具体的预测由较小的学术和商业研究机构以及工会、雇主协会和大公司进行。一般来说，预测模型的意图是：考虑到它们对社会和经济制度的依赖，明确教育机构和劳动力市场部门及其相互关系；追踪所采取的政策措施的劳动力市场和资格后果；展示如何为给定的社会、政治和经济目标服务。② 其方法和环节主要可以概括为以下三个方面：1. 对最终需求和经济增长的预测，并将其细分为 GDP 的部门份额；2. 部门劳动生产率的预测；3. 根据劳动力参与率、性别、年龄、国籍、职业和资格特征对预计的部门劳动力需求进行结构调整。有学者指出，实施劳动力市场和教育规划以及个人职业指导的人力需求方法的一个积极论点是，期望这将避免结构失衡和周期性波动，并根据经济需要确保充分就业。③

不过，到了 20 世纪 60 年代初期，便出现了对这种做法的强烈反对。相反的论点是，该方法忽视了实际生活中工作的可调整性和灵活性，经济目标占主导地位，以及缺乏必要的统计证据来进行这种分类的结构估计。主要的反对意见是，在教育和就业政策中适用这一办法不符合个人自由教育和职业选择的权利，这为另一种方法指明了道路：社会需求方法。这种方法最初集中于规划教育能力，以满足预期的个人教育需求。通过教育需求的不断扩大，它考虑的是毕业生向劳动力市场的过渡情况，从而预测劳动力供应及其能力。

劳动力供给方面（按社会需求方法预测）和劳动力需求方面（按人力需求方法预测）可能由于需求盈余或赤字，供应盈余或赤字而出现不平衡。这种不平衡可解释为与数量上的过度准备和实际就业的不足、劳动力群体的资格和工作的资

---

① OEEC. Forecasting Manpower Needs for the Age of Science [R]. Paris：OEEC，1960：4.

② R. Vesituluta Youdi, Keith Hinchliffe. Forecasting Skilled-Manpower Needs：The Experience of Eleven Countries [R]. Paris：Unesco, Division of Educational Policy and Planning, 1981：57—58.

③ Kühlewind, G., Tessaring, M.. Argumente für und gegen eine Beschäftigungs-Orientierte Bildungspolitik [M]. Göttingen：O. Schwartz, 1975：20.

格需求有所出入有关。劳动力需求方面的变化与增长率和生产率以及劳动力结构有关，供应方面的差异涉及教育系统内的入学率、从教育到就业的过渡以及就业系统内，例如职业流动、就业中断和退休年龄的变化等。[1] 德国的经验，也是OECD针对发达成员国采用社会需求法进行教育规划的原因（见第二章第一节）。

在英国，对科学家和技术人员需求的预测由科学部长任命的科学人力委员会施行。该委员会第一次报告于1956年给出了现有库存的估计，并对未来三年的需求进行了详细的分类以及预测。[2] 这两套估计数都是直接从雇主那里获得的。报告得出结论，英国很可能会严重缺乏科学家和工程师。[3] 此类报告对大学赠款委员会（UGC）的政策也产生了重大影响，该委员会采取了一项政策，与艺术领域相比更快、更多地增加了科学和技术领域的捐赠名额。在该国，人力发展规划被理解为旨在协调不同类型合格劳动力的供求。在这一主题中，占主导地位的两种方法，其一是20世纪60年代前后盛行的人力需求方法，其二是20世纪80年代前后盛行的收益率分析法。第一种方法是指旨在从数量上预测需求并相应调节供应的政策。第二种方法预设了影响未来需求的一些灵活性的要素，评估了满足这些需求的最具成本效益的方式。在那一阶段，在该国主要是通过人力需求法对科学家和技术人员的需求进行了预测。

英国任何官方机构都没有，也从来没有进行过全面的人力预测，但人力委员会与承担这一角色的就业研究所（IER）有着密切的联系。IER拥有自己的职业分类标准。人力委员会对制造业部门进行部分分类。IER更加具体地划分出了18个类别，目的是反映不同职业类别之间的可替代性程度和所需培训的长度。按职业预测就业的技术经历了几个发展阶段。第一阶段就是1956年至1965年期间为预测未来科学家和工程师的需求而进行的一系列大规模的尝试。此项目前后共经历了3次预测，试图从数量上预测需求，主要影响因子即职业分类的程度，但是职业覆盖范围的变化还是未能影响其开展定量预测。可见，英国和法国较为相似，采用预测需求的方法，从职业预测入手，开展人力资源的规划工作。

---

[1]　Klauder, W., Kahlewind, G.. Zur längerfristigen Vorausschätzung des Arbeitskräfteangebots in der Bundesrepublik Deutschland：Technik, Probleme, Möglichkeiten und Grenzen [J]. Beiträge zur Arbeitsmarkt-und Berufsforschung, 1969 (1/2)：365.

[2]　Advisory Council on Scientific Policy. Scientific and Engineering Manpower in Great Britain [R]. London：HMSO, 1956：887—889.

[3]　R. Vesituluta Youdi, Keith Hinchliffe. Forecasting Skilled-Manpower Needs：The Experience of Eleven Countries [R]. Paris：Unesco, Division of Educational Policy and Planning, 1981：77.

　　OEEC 通过该报告充分了解了对高技术型人才的现有库存、产出情况以及需求情况进行数据比较的国别间的各异手段。在该报告发布后的两年中，OEEC 秘书处将大量精力投入到了进一步的任务中。在那时组织认为，当下科技人才培养的关键忧虑是没有一个一致性的关于劳动力分类或者说职业分类的国际通用标准。为了促使高技术资格更具可比性，组织不断地与各个成员国负责高等教育的相关部门就一致性问题进行磋商，将重点放在进入机构的资格、入学、毕业等问题的商定上。这一合作直接开启了各国关于教育指标统计的热潮。同时，这一合作还为组织后来开展范围更广、内容更为复杂的教育统计工作打下了基础。通过对一致性标准的拟定，OEEC 拟成了关于成员国高等科技教育相关绩效内容的图表，主要还是吸纳了美国发展经验，希望成员国在科技人才数量方面的发展比例能够借鉴美国的情况（见表 1-8）。

表 1-8　1960 年美国秋季大学生毕业情况（按部分学科分类）

学科	各学科毕业总人数	不同学制本科生毕业人数		不同学制博士生毕业人数	
		全日制	非全日制	全日制	非全日制
农学	3852	2489	1363	242	174
建筑学/工程学	37221	15124	22097	898	623
生物科学	14775	9564	5211	969	425
数学/统计学	11770	5104	6666	268	178
物理学	25707	15045	10662	1800	666
保健学	5842	4312	1530	138	89
社会科学	37317	20374	16943	922	702
教育学/心理学	105670	20807	84863	1093	1755
地理学	1041	616	425	33	31
文学	6310	3636	2674	223	148

　　资料来源：根据 OECD. Higher Education and the Demand for Scientific Manpower in the United States, OECD Reviews of National Policies for Science and Education ［R］. Paris：OECD，1963：35. 译制而成。

第四节　主要政策特征分析

不同于上一节选取具有代表性的政策文本运用理论话语进行内容分析，本节将在搜集到的该阶段所有政策文本的基础之上，运用数据话语对这些内容进行较为全面的词频统计，以期对该发展阶段发布的所有报告性文本内容有一个更加直观性的了解，并从词频量的角度分析组织在高等教育领域对某些内容的重视程度。但是，不可否认的是在资料搜集、词源处理方面存在着一定的缺陷，在资料搜集方面的主要问题即资料的不完整性。针对这一情况，主要处理方法是将能够获得的摘要、关键词、其他文章中对该报告的相关引用等内容集成起来，汇成文本文档；在词源处理方面的主要问题即容易出现重复统计、无效统计的问题。为了避免这些问题，诸如目录、参考文献、页码、致谢、编者按等无关词源均被排除在外。在技术处理方面，也尽量避免连词、错词的发生。受限于距今 70 年的史料较为模糊，且损坏较为严重，加之复制后乱码现象严重、图片内容无法复制等困难，因此数据处理难度较大，在词频统计方面也会由于一些年代久远的报告无法获得或无法搜集到整篇内容而存在误差。总体来说，文本分析主要涉及的词汇囊括正文文本以及标题、摘要、介绍、表格词汇、说明/脚注、附录等几个方面的内容。

为确定 20 世纪 50 年代以来 OEEC 发布的政策报告重点关注的主题，笔者运用 Wordsmith 词语处理软件对报告内容进行词频统计（wordlist）。统计完成后，根据统计列表，第一步：筛选出所有有效词语；第二步：对所有相关性词语①进行归类、整理；第三步：在已整合的词语中，挑选出能够反映政策报告主题的关键实词②；第四步：根据 Wordsmith 统计得出的频次数据，对整合后的关键实词的频次进行"源词语频次"的叠加，做出报告目录中的高频（频次≥100/1000）关键实词词频统计表。这一阶段 OEEC 发布的有关高等教育方面报告的汇编详见表1-9。

---

① 相关性词语指那些表达含义相同，仅在词性、表达方式、单复数上存在差异的词语，笔者将这些词语进行了整合，以同一个词语出现，如经济（economy/economic）、学生（student/students）等。

② 笔者已在前期工作中，将所有政策报告翻译成中文加以理解，同时阅读了大量关于 OECD 教育工作的研究文献，在对其高等教育工作建立初步理解的基础上，对统计出的所有"关键词"进行了精选。

表 1-9　OEEC 时期高等教育相关政策报告汇编

序号	时间	报　告
1	1955	《西欧高素质科学家和工程师的短缺和过剩》　（*Shortages and Surpluses of Highly Qualified Scientists and Engineers in Western Europe*）
2	1957	《西欧、加拿大和美国的科学技术人力问题》　（*The Problem of Scientific and Technical Manpower in Western Europe，Canada and the United States*）
3	1960	《预测科学时代的人力需求》（*Forecasting Manpower Needs for the Age of Science*）
4	1960	《OEEC 成员国数学教育现状调查》（*Survey of the Present Status of Mathematical Education in the Member Countries of OEEC*）
5	1960	《教授学校物理的现代方法》（*A Modern Approach to School Physics*）
6	1960	《电视教学》（*Teaching Through Television*）
7	1960	《农业方面的高等教育》（*Higher Education in Agriculture*）
8	1961	《生产科学家和工程师》（*Producing Scientists and Engineers*）
9	1961	《教授学校科学的电视网》（*Television for School Science*）
10	1961	《具有先进系统国家的学校科学政策》（*Policy for School Science-Countries with Advanced Systems*）
11	根据 OEEC 各项会议备忘录汇编而成	1956	《关于人力委员会的一般性说明》［*Manpower Committe (General)*］
12		1960	《1959 年至 1960 的实践活动》（*1959—1960 Operational activities*）
13		1960	《关于 OEEC 的一般性说明》（*OEEC General Notes*）
14		1960	《OEEC 的改革》（*Reform of the OEEC*）
15		1961	《1951 年至 1961 年间 OEEC 与其他国际组织间的关系》（*1951—1961 Relations between OEEC and other International Organisations*）

资料来源：根据 George S. Papadapouls. Education 1960—1990：The OECD Perspective

［R］．Paris：OECD，1994；欧盟历史档案馆（隶属于欧洲大学学院）（European University Institute—Historical Archives of The European Union）．详见 https：//archives. eui. eu/en/fonds/173650？item＝OEEC. WR；Google Scholar；ERIC 等途径搜集汇编而成。

　　由于篇幅较少，因此总词汇量也较少。在此基础上，统计出的关键实词的频次以千为单位，因此在所有词汇中选取频次≥100 的词汇，根据由高到低的顺序进行关键实词的归纳（见表 1-10）。从内容特征分析来看，这些政策文本中整体上突出了优先关注"高技能"人才的培养、偏重高等科技教育工作的工具化特性两个方面的特征。

表 1-10　关键实词词频统计表

名次	主题词	词频	名次	主题词	词频	名次	主题词	词频
1	美国	3508	15	人力	1478	29	技术	767
2	科学	3187	16	工业化	1386	30	教学	759
3	联盟	2934	17	大学	1346	31	机构	698
4	经济	2765	18	欧洲	1318	32	供给	692
5	贸易	2274	19	数量	1248	33	资源	673
6	高技能	1932	20	数学	1213	34	课程	550
7	苏联	1749	21	价格	1137	35	市场	537
8	发展	1716	22	需求	1003	36	指标	521
9	培训	1709	23	雇佣	963	37	投资	460
10	政策	1685	24	OEEC	902	38	农业	411
11	项目	1594	25	学院	849	39	人口	326
12	OSTP	1569	26	入学率	828	40	物理	268
13	科技	1583	27	教师	791	41	经验	191
14	工程师	1505	28	毕业生	772	42	在职	127

一、优先关注"高技能"人才的培养

词频列表中，多次出现与科学技术相关的词汇，如"科学"（3187 次）、"高技能"（1932 次）、"科技"（1583 次）、"工程师"（1505 次）、"工业化"（1386 次）、"数学"（1213 次）、"物理"（268 次），这些词汇的频繁出现体现出这一阶段 OEEC 高等教育政策文本的"高技能"倾向。OEEC 委员会曾说过，我们必须看到，那些潜在高技能的人有机会获得国家所需要的培训，主要因素是成员国日益认识到，工业扩张所需的科学和技术人员普遍短缺，阻碍了经济增长。虽然教育最重要的是要关注学生的智力发展和身体素质，但是我们现在的中心是人口劳动力的后天技能。这是一个极其依赖先进技术的时代首先要考虑的。在这个时代，这场革命正在以很快的速度进行。[①] 在短期内，为了能够有力地与苏联进行抗衡，维护和平态势，我们必须要有飞行员和雷达技术人员来填补军事缺口。我们还必须要有生产性工人，他们具有经验和培训背景，以从事目前的制造和运输工作，这是经济稳定增长的需要。为眼前的需要开展招聘工作取决于是否有经验的人来从事更困难的工作。最关键的人力技能需要获得广泛的基本技能知识。我们必须在这方面，即科学和工程技能的培养集中注意力。[②] 它们是持续技术进步的关键，技术进步很可能很好地决定我们的国家生存。委员会建议在学校生涯早期就开始训练，并且要在合格的教师指导和适当的设备支持下，才能产生好的结果。只有这样，科学家、工程师等高技能人才才能比以往任何时候都更能实现先进军事硬件项目和经济生产的目标。苏联经验更是让大西洋两岸的成员国认识到任何一群技术型劳动力都不能被冻结在库存中，必须成为满足国家需求的最高优先事项。因此，在委员会看来，在与这些经济需求相协调的情况下，扩大和转变高等科学教育，促进工业与 OEEC 国家高等教育系统之间的合作，以促进培训经济所需的更多的新型科技人员是当务之急。从"培训"（1709 次）、"OSTP"（1569 次）、"项目"（1594 次）等主题词出现的频率也能够间接地解释这一点。总的来说，为科学和技术人员的培养建立 OEEC 方案是为了战后欧洲经济发展的需要，它当时

① OEEC Council. OEEC-247. Supplementary Report of Working Party NO. 26 of the Council [R]. Paris：OEEC，1960：43.

② OEEC Council. OEEC-247. Supplementary Report of Working Party NO. 26 of the Council [R]. Paris：OEEC，1960：44.

已经从经济复苏转向稳定扩张和增长。它的顺利开展是 OEEC 相信增加对科技人员的跟踪投资，以及建立与这种培训相关的高等科技教育，是促进经济增长的前瞻性政策的基本要素。

二、偏重高等科技教育工作的工具化特性

OECD 到了 20 世纪 80 年代所遵循的价值体系中，高等教育不再单纯地是用来实现经济和社会发展的工具，两者之间的相互成就显得更为重要。尤其到了 21 世纪，高等教育关于推动个人的福祉、经济和社会的进一步发展等多样性目标凸显的同时，其本身也愈发构成了发展目标的一部分。[①] 但在 20 世纪 80 年代之前，尤其在 50 年代末 60 年代初的科技人才短缺时代，OEEC 较为明显地表现出了"教育适应经济"的要求，即工具主义经济话语，当然还有要适应保障国家安全和维护和平的要求。这一点从关键词汇中的"经济""贸易""苏联"等以及它们的排列次序、反复出现的频率能明显地感受到。OEEC 强调，虽然我们不能忽视对基础科学和教育领域的兴趣，但是 OSTP 方案必须坚定地指向经济目标。[②] 其委员会在当时同样认为科技人才培养正如经济学家所认为的那样，它不与生活方式的变化以及与工作和休闲、社会结构、社区和家庭密切相关的主要价值观和期望相挂钩。高等科技教育与经济结构之间的相互作用仅需调整前者以满足国家安全和经济稳定增长的简单过程。20 世纪 80 年代之后，委员会再次想起二十年前的情况时说，当时高等教育沦为了仅仅是经济和劳动力市场政策的工具。[③] 为了与经济状况相适应，OEEC 还建立了试点地区，在这些地区中发展各个方面，如成人教育、职业教育、改进农业和手工业、创建较小的工业企业、销售当地产品等，并以综合性方式对待这些发展内容。这个实验具有原创性，到目前为止，其他国际组织都没有系统地应用这种综合方法。另外，在科技教育层面，OEEC 还建议各国扩大和改善科技教育基础设施、将注意力集中在科学和数学课程教学方面、招聘和培训科学和技术教师、重新编写教材和教科书、重新制定考试内容等。即便到了 OECD 初期，组织希望在更大范围内，弄清经济增长和整个系统内的教育资

---

① OECD. How's life? Measuring Well-being [R]. Paris：OECD Publishing，2015：18—19.

② OEEC Council. OEEC-247. Supplementary Report of Working Party NO. 26 of the Council [Z]. Paris：OEEC，1960：47.

③ OECD. Statement on Education and Structural Change [R]. Paris：OECD，1989：6.

源分配的关系，其本质还是坚信科学教育作为整个高等教育系统任务的一个重要组成部分，希望通过探讨如何投资的问题，来真正地保证科学教育的有效性，从而将科学教育放在促进经济增长的正确位置。当然，随着人口的急剧扩张以及高等教育大众化时代的到来，各类民众对高等教育的爆炸式需求最终还是促使了OECD将目光放至更加长远的目标。

第五节 "科学运动"的强劲惯性与 OEEC 时期高等教育政策的主要影响

从 OEEC 开始涉足以"人"为中心的生产力开发工作开始，直到将工作重心定位在狭义层面的科技人力，其高等教育政策虽然始终以服务经济和国家防务为主要目的，但就政策发展过程而言，还是逐渐丰富和完善了起来。组织的高等教育职能也完成了由隐性生存向显性发展的过渡，同时也促使组织开始将"教育增长"作为高等教育政策发展的重要价值观念。

一、强化了西欧国家经济工作的"教育化"特征

自从 20 世纪 50 年代中期基本实现经济复苏以来，西欧国家便将精力放在提高生产力以维持经济增长的长期趋势方面，对时势的警觉促使其在 50 年代后期将生产力重心放在了科技生产力方面。虽然 OEEC 时期的所有工作都具有浓重的经济色彩，关乎科技人力的工作也是如此，但这并不意味着经济工作与教育工作之间是单向决定的关系。尤其随着 OEEC 两份具有代表性的科技人力调查报告的先后问世，更加让欧洲成员国认识到在高素质科学家和工程师的供求方面其与美苏之间的差距。在欧洲国家科学和技术潜力提高方面，特别是在解决合格的科学家和工程师短缺方面若要取得进展，一个内在本质问题逐渐被 OEEC 认识到，即高等教育系统的长期影响是至关重要的，它强调："如果不对大学教育和相关培训进

行重大改革，就无法解决合格的科学家和工程师短缺的问题。"① 因此，对于西欧成员国来说，科技方面的人力资本话语为它们制定本国经济政策提供了不可或缺的逻辑判断，可以说经济与教育之间双向作用的关系，放置于政策层面仍是如此，具体表现为教育政策的"经济化"和经济政策的"教育化"。

在英国，二战后其生产力和 GDP 水平相较于德国、法国、比利时、丹麦等国相对滞后，殖民体系的逐渐瓦解对于其经济落后的情况来说更是雪上加霜。迫于经济上对美国的依赖，其选择加入马歇尔计划并成为 OEEC 的正式成员国。早在二战尚未结束时，科学技术对于英国生死存亡的重要性就有了清晰的呈现，许多国内的有识之士将英国的逐渐落魄归咎于教育界与产业界的逐渐疏远。② 随着冷战铁幕的拉开，OEEC 内部以及各国政府瞬间将科学技术教育提高到前所未有的高度。在英国，大多数人观念中的学术情结也被逐渐瓦解。为了响应当时 OEEC 区全面开展的科技人力调查项目，时任保守党政府的教育部部长大卫·埃克勒斯（David Eccles）在听取了议会、技术院校协会、科学委员会等各方意见的基础之上颁发了《技术教育白皮书》（*White Paper on Technical Education*），从英国面临的国内形势阐述了科技教育的紧迫性，它强调，"与美国、苏联和其他欧洲国家相比，英国的技术教育体制明显处于落后的地位。从国内情况看，应加大商品出口力度，增加投资范围，同时还要改善公共服务行业，这些均与有效的职业教育体制相挂钩"。③ 对于英国这样的发达工业化国家来说，科技教育的目的最终还是为了长期的经济稳定和持续的国家繁荣，但是利用教育的职能去推动这一发展是不可忽视的方面，这一表述能够很好地体现经济政策乃至经济工作的"教育化"特征。

二、促进了欧洲范围内科技人力资源的互联互通

前文提到，科学研究及其应用的成本不断增加，使单个国家难以与美国和苏联庞大而迅速增长的科学资源相匹配，美国和苏联那样的国家有足够的资金获得

① OEEC. Shortages and Surpluses of Highly Qualified Scientists and Engineers in Western Europe [R]. Paris：OEEC, 1955：7.

② Richard Aldrich. An Introduction to the History of Education [M]. London：Hodder and Stoughton, 1982：18.

③ Ministry of Education. White Paper on Technical Education [R]. London：Ministry of Education, 1956：3.

科学资源，而其他国家没有足够的资金成本。因此，需要在欧洲范围内分享科学资源。出于这一考虑，国际科学合作就显得较为重要，只有合作才能使资源共享更有系统性和更有组织性，也更加容易发展出一致的国家科学政策的概念。基于当时的背景，经济发展中的人的因素开始出现在舞台的中心，尤其是各国对于科技人力的需求十分强烈。OEEC 内部也强调就科学和技术人力资源的相关工作采取更广泛和更协调一致的办法。从组织内部而言，这种一致性体现在设立专门的部门统筹安排和规划有关科技人力的所有事宜，而从外部来看，一致性的呼吁则促进了欧洲范围内科技人力资源的互通共享。

在 OEEC 提倡并实施的以"汇集国际资源"为目的的"生长点"（Growing Points）计划和"高级访问研究金计划"（Senior Visiting Fellowships scheme）（详见第一节）的推动下，成员国为了进一步解决科技人才的培养和发展问题，纷纷出台了劳动力相关政策，以及制定了"国外科技人才流动"的相关准入机制，以确保高科技人才的互联互通和转移交流。1955 年，德国相继与意大利、南斯拉夫和土耳其等国家签署了劳工引进和流动的相关协定，进入这些国家工作的工人根据与聘用企业签订的合同展开工作，期满后可视情况续签，未续签者须在规定时间内离境，这一做法叫作"客籍劳工轮换制度"；[①] 而法国的政策同时具备了英德两国的特点，与葡萄牙、西班牙和意大利等国签署了劳工引进协定，同时又对那些来自北非国家，如阿尔及利亚等地的移民给予了工作安排。于是，为满足经济长期发展而设计的实用主义政策和安置那些来自前殖民地的移民、难民的人道主义政策相结合，构成了西欧成员国劳动者流动和移民政策的特点。各成员国还对进入本国学习、交流、择业的科技人才作出了相关规定，制定了科技人才流动的准入机制，具体归纳如图 1-4。从这些准入机制可看出，各国鼓励科技人才的流入并给予他们充分的择业权利，这为欧洲范围内乃至国际范围内科技人力资源的互联互通和转移交流提供了平台。

---

① Wolfgang Seifert. Admission Policy, Patterns of Migration and Integration: The German and French Case Compared [J]. Journal of Ethnic and Migration Studies, 1997 (23/4): 441—460.

20世纪60年代前后西方发达国家
科技人才流动的准入机制归纳

考任制：西方国家普遍实行公开招考，用人单位自由选择人才；

聘任制：实行期限聘任制，为用人单位和人才提供了"双向选择"余地；

兼职制：鼓励科技人员实行智力流动；

竞选制：苏联认为在科研和教育单位实行竞选制有广泛选用人才、防止任人唯亲和利于改进工作等三点好处；

借调制：法国和日本等国家采用借调方式进行人才流动；

转任制：日本认为，对中小学教师实行"校际转任制"，既利于学校之间交流经验，也可提高教学水平；

辞职制：为保障科技人员的执业权利，国外规定科技人员在不能发挥专长、待遇不公的情况下有权辞职；

优惠制：为促进科技人员向边远地区流动，外国都对他们采取优惠政策，包括工资、住房、购物等方面；

轮换制：在采取优惠政策的同时，实行轮换制促进科技人员为开拓边远地区服务，轮换期限3年至5年不等。

图1-4　20世纪60年代前后西方发达国家科技人才流动的准入机制归纳

三、推动了组织教育职能覆盖层级的下延

早在组织成立初期，便已着手人力情况调查的前期准备工作，希望能够获得科学家、工程师和其他技术人员的供求趋势，同时帮助各国敏感地认识到高等教育和培训系统所面临的问题的严重性。尽管当时的调查由于数据和分析方法的不充分导致其处于初级阶段，但足以说明OEEC对教育领域的关注和介入是从高等教育领域开始。从当时的各项会议备忘录（如移民问题讨论备忘录、国际劳工流动问题讨论备忘录等）记录的内容来看，也多次提到"universities"一词。随着解决科技人才短缺这一优先事项被提出，组织的教育工作全面围绕这一问题展开，尤其在荷兰海牙峰会举行之后，对科学和技术人员的现有存量、产出和未来需要进行了有效的数值对比。其中心建议是"扩大比较统计是更好地了解和有效审查影响科学家和工程师供应的教育政策的必要先决条件……我们还应想办法调查不

同教育结构的性质，为了了解在科技培训方面可达到的人才储备及其相关动员政策"。[1] 这一建议有意识地将原本聚焦于高等教育和培训的工作延伸到更加广泛的教育层级。

1959 年，OEEC 对成员国数学教育现状进行了一项调查，其结果证实中学的数学教学方法与现代数学的全面进步是不相适应的。[2] 这为当年年底在法国罗奥蒙特（Royaumont）举行的"著名数学家和教育家研讨会"（Prestigious Seminar of Eminent Mathematicians and Educators）提供了基础。其目的是界定现代学校数学教育的内容和方法，并就其课程改革提出意见和建议。由此产生了"新数学"（New Mathematics）的原则，被 OEEC 以"学校数学中的新思维"（New Thinking in School Mathematics）为标题进行了广泛宣传，主要强调在教学中引入集、映射、关系、函数和群论等现代概念，作为统一的元素；从向量和代数的观点出发来处理欧几里得空间等。[3] 研讨会就如何编写教材和教科书、重新评估考试、教师再教育和制定国家一级的实验方案等方面提出了具体建议。在接下来的几年里，OEEC 也在美国一些基金公司的帮助下投入了大量的资源，在许多成员国开展了这一实验。这一调查模式为 OEEC 在中学一级的物理、化学和生物课程中开展调查起到了示范作用。在短短几年时间里，OEEC 的这些努力发展成为各国中学一级学校自然科学科目全面改革的名副其实的运动。此后，组织在中等教育方面的职能也被确定了下来。可见，从高等教育职能延伸出来的对其他教育层级的关切，不仅推动了组织教育职能覆盖层级的下延，同时也促使组织向教育工作的合法化迈进了一步。

本章小结

本章探讨了 OEEC 成立之初到 20 世纪 60 年代 OECD 正式成立前，其前身在高等教育政策工作方面的发展状况。展示了作为应对科技人力短缺问题而出现的

---

① OEEC. Forecasting Manpower Needs for the Age of Science [R]. Paris：OEEC，1960：115.

② OEEC. Survey of the Present Status of Mathematical Education in the Member Countries of OEEC [R]. Paris：OEEC，1960：5.

③ OEEC. New Thinking in School Mathematics [R]. Paris：OEEC，1961：27.

高等教育治理体系的早期萌芽状况。指出 OEEC 时期其高等教育领域的工作虽然伴有浓重的"美国意识"，但通过各部门机构的成立以根据生产力发展的要求来调整人力培训的职能意识已经形成，有关人力资源开发与培训的主流观点是以经济增长和维护国家安全为目标的科技取向的人才观。围绕培养"高素质、高技能者"的科学教育改革是这一历史时期主导 OEEC 高等教育政策工作的核心。除人口扩张因素外，这一政策重点在本历史阶段受到区域化竞争概念的影响，以及美国强权之下的"世界和平论"的诱导，更是加强了其指向性。其政策工作表现出来的文本形式也呈现出了以上特点。尤其是，由于受到竞争性经济环境的制约，该项工作表现出了"工具化"特征，即完全受经济发展和国家防务需求所支配，造成了高等教育工作事务的隐性生存和游走边缘。高等教育没有成为专门的事项，对政策效果的判定注重国际科学合作的成效性、科技人员队伍建设的有效性以及在职科技人员的再培训，这直接影响了这一时期 OEEC 高等教育政策工作的局限性。不过，它也带来了一些正面影响：强化了西欧国家经济工作的"教育化"特征；促进了欧洲范围内科技人力资源的互联互通；推动了组织教育职能覆盖层级的下延。

第二章

扩增各类人力资源：以"劳动力规划与储备"
为导向的高等教育政策发展（1961—1967）

OEEC 成功改组为 OECD（Organisation for Economic Cooperation and Development，简称 OECD）之后，开始对 20 世纪 60 年代大规模的教育扩张作出反应。OECD 阶段对经济增长的基本因素有了新的强调，它认为目前成员国对固定投资的累积需求已基本消除，而受过教育的人力在产出增长中的作用将变得更大。CSTP 迅速抓住了经济增长目标带来的高等教育发展的新机遇，并认为为高等教育确立中长期目标，基于职业结构变化的假设预估出来的人力需求与高等体系预期产出间的差异，建立必要的机制来评估和协调中长期的国家人力需求十分必要，并根据相关因素确定估计数。这一理念为 CSTP 随后在成员国内部开展教育规划工作奠定了基础。它倾向于构建一个与高等教育规划有关的人力需求预测机制，希望通过高等教育系统的数量改进，以尽可能最佳地利用熟练的人力。[①] 虽然教育规划至今且将来会作为蓝图一直指导教育活动的开展，在 20 世纪 60 年代教育规划的痕迹和重要性尤其凸显，但因为传统的规划目标和手段需要更新，加之许多国家的人力开发活动刚起步，教育投资的意识刚明确，有许多具体的事项需要顶层设计，才能明确执行方向。因此，本章将"劳动力规划与储备"作为 OECD 高等教育政策工作的核心内容予以分析。

阶段划分依据：最初的 STP 项目集中于应对科技人才短缺的相关问题，是因为受到美国意识的影响，包括 OEEC 在内都深信经济增长将越来越多地取决于科学教育的提供。但是，从一开始同样被组织认可的观念是，提供足够的合格科学家、工程师和技术人员的问题不能独立于整个教育系统的产出加以审查，因为这

---

① Jean-Jacques Paul. Basic Concepts and Methods used in Forecasting Skilled-Manpower Requirements in France ［A］. R. Vesituluta Youdi, Keith Hinchliffe. Forecasting Skilled-Manpower Needs：The Experience of Eleven Countries ［R］. Paris：Unesco, Division of Educational Policy and Planning，1981：52.

些高技术人员只代表了教育结构顶端的那一部分。简单来说，为了实现高等教育的长期可持续发展和确保 OECD 高等教育职能的持久地位，狭义上对高等科技教育的关注已不足以满足这一要求，OECD 接下来的高等教育治理工作必须面向更多的人，在更大范围内，弄清经济增长和教育增长的关系。在 1967 年之前，OECD 致力于在教育投资与经济增长的关系之间提出令人信服的证据，主要做法即帮助不同梯队成员国分别进行教育规划。然而，到了 1967 年，教育规划的弊端开始显现，加之教育的社会民主化需求不断提高以及民众对高等教育需求爆炸式增长时代的到来，导致了具有预测和假设性质的人力规划方法与实际情况有较大出入，此后 OECD 便将政策工作的重点放在了社会再分配层面。这也预示着第二阶段高等教育工作的结束。因此，第二阶段的时间跨度可划分为 1961—1967。

第一节　求证教育投资与经济增长的
关联性和教育规划职能的初步形成

在复杂的工业社会中，随着生产方法的改变以及生产结构的重组，人力结构将发生改变。在农业方面，农业生产力的增长将需要大量增加从事农业生产的高素质农艺师和技术人员，并向农民传播新知识。在工业方面，人力结构必须包括更高比例的合格工程师、技术人员和高技能工人。在服务业方面，教育、卫生、住房、行政、银行、商业和旅游业也将根据新的要求扩充人力。[①] 因此，以往局限于高素质科技人力的科学教育要想真正有效，就必须在更大范围内，弄清经济增长和整个系统内的教育资源分配的关系，才能真正地被放置在促进经济增长的正确位置。正如英国 1956 年发布的《技术教育白皮书》（*White Paper on Technical Education*）强调的那样："应该建立一个技术教育相关的金字塔，国家其实不仅需要高级技术人才，也需要一般的技术员。我们目前面临着对科技人员的紧迫和日益增长的需求，然而绝非仅仅需要那些具有最高资质的科技人员。每位技术专家还依赖一般技术人员与工艺人员使他们的科研变成产品。因此若不辅以适当的

---

①　OECD. The Mediterranean Regional Project：An Experiment in Planning by Six Countries ［R］. Paris：OECD，1965：19.

较低层次的技术人员而只单单增加技术专家的数量，将是一个极大的错误"。① 加之 20 世纪 60 年代开始西欧国家与美国之间的关系从单一化走向多元化，它们尝试从以往的经济依附中脱离出来，对于劳动力的培养也不希望按照美国的安排仅仅是为其积累可与苏联抗衡的"科技人才武器"。

在凯恩斯主义仍然盛行的当下，充分就业仍然是许多欧洲国家劳动力政策的核心目标。因此，欧洲成员国的人力发展需求与组织日益增长的服务意识，使组织作出了"成员国在经济部门中受过教育的人口分布的现有差异要在 1975 年之前缩小"② 的呼吁。然而，在复杂的工业社会中，要花较长的时间才能使一个人达到高度的可用性。正如托尔基尔·克里斯坦森（Thorkil Kristensen）所说："为工业和农业发展培养合格的专家需要很多年的时间，如果要在 1970 年或 1980 年获得更多的高技能人力，我们现在不仅必须建立学校和大学，更为重要的是首先对教育进行长期规划，而且必须为各年级的教师提供培训，以至于他们能够获得培养专家的能力"。③ 至于开展教育规划工作的具体实践过程，主要表现在政策发展过程中，这一过程将在下面的内容中作出具体分析。首先，是对政策实践的分析，主要包括以下三个方面的内容：组织转型与 1961 年华盛顿会议的召开；教育经济学研究小组的成立及其开展的"高等教育经济学"会议；教育规划项目的实施。

一、组织转型与 1961 年华盛顿会议的召开

OECD 于 1961 年正式成立，取代了 OEEC，名称上将"欧洲（European）"替换成"发展（Development）"，不仅反映了非欧洲国家——美国和加拿大成为正式成员，以及未来该组织的工作重点将放在发展性援助方面，也代表了自 1948 年以来一直在合作的基础上管理马歇尔计划，恢复欧洲经济的任务将发生转变。④ 改组后的组织致力于使缔约各方能够实现和保持令人满意的经济活动水平，同时

---

① W. A. C. Stewart. Higher Education in Postwar Britain [M]. Basingstoke：Macmillan，1989：80.

② OECD. Ability and Educational Opportunity [R]. Paris：OECD，1961：45.

③ Eugene P. McLoone. OECD Conference-National Economy and Public Education Move Together [A]. Office of Education. School Life [M]. Los Angeles：University of California，1963：110.

④ Eugene P. McLoone. OECD Conference-National Economy and Public Education Move Together [A]. Office of Education. School Life [M]. Los Angeles：University of California，1963：103.

为世界经济的稳定作出充分贡献。[①]

（一）组织的转型

20世纪50年代后期，西欧各国基本已实现战后经济的恢复，标志着OEEC的既定计划已经完成，其主要任务"已由经济复兴转向稳定的扩张和增长"。[②] 因此，组织依据欧洲经济发展的最新要求开始陆续调整其内部的各项工作和活动。"CSTP的成立可以被认为是OEEC为适应欧洲普遍存在的新的经济环境而作出的第一次工作调整"，[③] 除了此项关于发展人力以振兴科技的行为，组织内部仍有许多活动或项目被保留了下来，急需进行重新的设计和开发。面对这样的情况，组织的工作架构和模式也必须得到有效的重组才能适应新的发展需要。在OEEC续存的后几年中，主要成员国内部的贸易壁垒和相关流通限制在相当大的程度上已得到消除，促使了高度自由的货币兑换的发生，适逢美元短缺问题较为严重，因此组建一个囊括范围更广，更多国家可以参与的国际型经济组织的想法被正式提上了日程。另外，基于"全球所有的经济问题皆具有内在联系，拥有一个平台去解决这些问题是一项十分珍贵的优势"[④] 这一观念，组织希望通过改组去争取能够在国际范围内开展合作计划和行动的机会，其中也包括协同努力去帮助世界范围内欠发达国家的发展，努力实现全世界经济的可持续发展。基于此，OEEC启动了改组工作，这项工作可归纳为五个阶段。

第一阶段，邀请美、加两国加入OEEC。1960年，OEEC理事会会议正式审查了这项提议，并获得了美、加两国秘书长的积极回应，两国皆相信一致的经济发展目标是继续深化合作的主要动力。[⑤]

第二阶段，召开四国峰会，提出新的任务范围。1959年底，美、法、英、德四国首脑在法国巴黎会面，探讨如何推进世界范围内经济的发展，以及在维护国

---

① J. F. Cahan. Better Policies for Better Lives—OEEC-425：Reform of the OEEC. Amendments to the Convention [Z]. Paris：OECD，1960：39.

② Monsieur R. Sergent. Better Policies for Better Lives—OEEC-427：Operational Activities. Work of the Organisation On Scientific and Technical Personnel [Z]. Paris：OECD，1960：3.

③ Monsieur R. Sergent. Better Policies for Better Lives—OEEC-427：Operational Activities. Work of the Organisation On Scientific and Technical Personnel [Z]. Paris：OECD，1960：3.

④ Monsieur R. Sergent. Better Policies for Better Lives—OEEC-425：Reform of the OEEC. The OEEC [Z]. Paris：OECD，1960：23.

⑤ Monsieur R. Sergent. Better Policies for Better Lives—OEEC-425：Reform of the OEEC. Stetement Published in London on 18th May，By the Foreign Ministers of France，The United Kingdom，The United States and Canada [Z]. Paris：OECD，1960：10.

际关系稳定和合理配置资源的基础上共同开发贸易政策，改善人们的生活水平。四国一同发布题为《一个改造的经济组织》（*A Reformed Economic Organisation*）的报告，建议将组织名称改为"经济合作与发展组织"，既强调对经济长期增长的关注，又重视世界范围内民众生活水平的提高。

第三阶段，由特别经济委员会提出改组意向。1960 年 1 月中旬，13 国代表以及欧洲经委会一道组成了特殊经济委员会，号召对组织的结构设置进行重组。

第四阶段，正式开展改组工作。1960 年 5 月，重组会议举行。美、法、英、德成立了政府代表工作组，在此基础上，修正了 OEEC 时期的公约条令，拟定了新的草案。[①] 同年 6 月，成员国部长级会议召开，此次会议在回顾改组工作的相关事宜的基础上，提出了一些重要事项的项目方案。同时还成立了改组筹备委员会，由秘书长候选人索尔基·克里斯滕森（Thorkil Kristensen）负责改组工作，并指导完成公约草案的重新拟定。1960 年 11 月，改组前的筹备工作已基本完成。

第五阶段，成员国签署新公约，新组织 OECD 正式成立。至 1961 年 9 月，收到了 20 个国家中的 17 个国家签署的公约，组织正式以 OECD 的名义开展工作，标志着新组织的诞生，其主要成员国包括近年来陆续加入的国家，具体如下（见表 2-1）。1961 年 12 月，20 国部长首次以 OECD 部长理事会的名义与会（见图 2-1）。[②]

表 2-1　OECD 成员国加入年份总体情况

OEEC 时期	1961 年—1970 年	1971 年—1980 年	1981 年—1996 年	1996 年—2018 年
奥地利　比利时				斯洛伐克（2000）
丹麦　法国				智利（2010）
希腊　冰岛			墨西哥（1994）	爱沙尼亚（2010）
爱尔兰　意大利	加拿大（1961）	澳大利亚（1971）	捷克（1995）	以色列（2010）
卢森堡　荷兰	芬兰（1969）	新西兰（1973）	匈牙利（1996）	斯洛文尼亚（2010）
挪威　葡萄牙	日本（1964）		波兰（1996）	拉脱维亚（2016）
瑞典　瑞士	美国（1961）		韩国（1996）	立陶宛（2018）
土耳其　英国				哥伦比亚（2020）
德国　意大利				

按照本文所划分"时间段"进行整理。所有国家按名称首字母"A—Z"排列。

---

① J. F. Cahan. Better Policies for Better Lives—OEEC-425：Reform of the OEEC. Amendments to the Convention [Z]. Paris：OECD，1960：39.

② OECD. OECD：History，Aims，Structure [R]. Paris：OECD，1971：5—12.

资料来源：OECD中国官方网站. 成员和合作伙伴［EB/OL］. ［2019－1－1］. http：// www. oecd. org/about/members-and-partners/.

First meeting of the OECD Ministerial Council, 17 November 1961.

图 2-1　OECD第一次部长理事会会议

图片来源：OECD. *Annual Report 2002*［R］. Paris：OECD，2002：7.

　　从"欧洲经济合作组织"改组为"经济合作与发展组织"，呈现出该组织治理理念的两大转变：第一，治理的视野延伸到了国际，治理的范围扩展到了全球；第二，从原先只关注区域经济复兴，转向了关注经济合作与发展，挖掘出了自身的推进者和协调者角色，并且新组织深刻地认识到促进经济增长意味着要树立全局观。[①] 从服务范围来看，1961年之后，OECD关于其自身使命的陈述有了明显变化，从经济、科技、就业、金融、贸易，扩展到了在此基础上的健康、环境、教育、移民、福祉等各个领域（见图 2-2）。但是不论其具体使命如何变化，始终不变的是这些使命的实现皆是围绕"政策改进"这一核心手段来进行，其具体运行机制见下一节。

---

① 龙玫. 经合组织高等教育政策研究［D］. 上海：华东师范大学，2017：51.

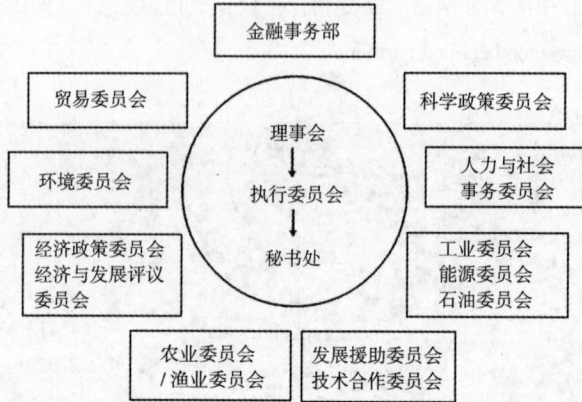

图 2-2　OECD 成立初期组织结构图

资料来源：欧洲大学研究所——欧盟历史档案馆（European University Institute—Historical Archives of The European Union）. 详见 https：//archives. eui. eu/en/fonds/173650? item＝OEEC. WR.

（二）改组后组织的工作方式

根据欧洲大学研究所（EUI）相关研究人员的分析，OECD 在将无约束力的项目活动转变成有效的政策影响，从而达到政策改进目的的过程中，主要扮演了"理念生成者、政策评价者和数据生产者"三个角色，从侧面体现出该组织的运作机制与流程（见图 2-3）。

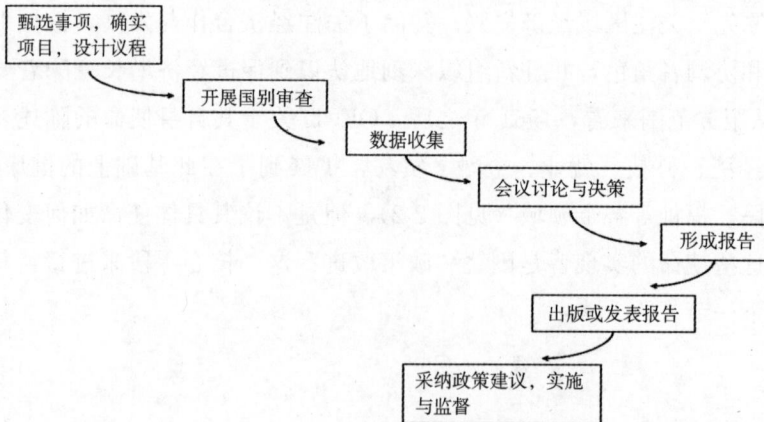

图 2-3　OECD 政策工作运行流程图

资料来源：编自 Kerstin. Martens, Anja P. Jakobi. Mechanisms of OECD Governance：International Incentives for National Policy-Making? ［M］. New York：Oxford University Press，2010：9－12.

　　首先，通过内部政策提案、正式出版物、学术期刊论文等途径，发起对话，根据国别反映，选定考察事项进而开展工作，其内容主要包括树立价值观念、设计项目方案、制定工作原则等方面。其次，充分使用同行审查的方式评价成员国的经济、社会和文化相关政策，主要是经济政策。在这一过程中，秘书处会根据具体事项的国别发展状况来判断成员国是否需要改善其政策工作，之后会根据国别参与意愿，对那些需要帮助的国家，组织专家队伍进行实地考察，之后经过质询会议发布建议性报告。再次，通过参与调查国提供的数据，或与他国以及其他国际组织合作开发建库，抑或独自研发建库的方式，将各成员国所提供的数据导入系统，从而甄选并概括出一致性的指标，在国别之间进行比较排名。在这一过程中，数字是一个显性工具，可较为直观清晰地呈现当下各国特定问题的发展状况。因此，OECD 的数据结果经常性地引起各界讨论，从而造就出一种有关绩效改革和政策改善的竞争性氛围。在这些直观性数据所带来的排名压力之下，统计推论自然成为了吸纳最佳实践经验和政策借鉴与迁移的有效来源。[1] 值得特别注意的是，OECD 无论是在前期甄选事项、设计议程中，还是在进行政策审查时，又或是开展数据统计，其所需要的经费来源皆是出自各成员国所缴纳的会费，它既无贷款，也无拨款。[2] 成员国按其经济规模承担预算（见表 2-2），毕竟经费是支撑项目开展的最重要的和最根本的物质基础。

表 2-2　1960 年组织各成员国（包含准成员国）负担经费开支预算比例及经费缴纳情况

国别	份额（%）	具体缴纳情况（千美元）
奥地利	0.60	22
比利时	1.52	55
加拿大	4.31	166
丹麦	0.63	23
法国	6.96	252

---

[1]　Anja P. Jakobi. Mechanisms of OECD Governance：International Incentives for National Policy-Making？[M]. New York：Oxford University Press，2010：9—12.

[2]　OECD. Budget [EB/OL]. （2021—1—15）[2016—11—21]. http：//www. oecd. org/about/budget.

国别	份额（%）	具体缴纳情况（千美元）
德国	6.51	236
希腊	0.34	12
冰岛	0.04	1.5
爱尔兰	0.20	7
意大利	3.20	116
卢森堡	0.05	2
荷兰	1.23	45
挪威	0.52	19
葡萄牙	0.25	9
西班牙	1.47	53
瑞典	1.39	50
瑞士	1.03	37
土耳其	0.99	36
英国	8.07	292
美国	60.68	2199
总计	100.00	3623

资料来源：根据 J. D. Fay. OECD. OEEC-425：Reform of the OEEC. U. S. and Canadian Membership-Contributions to the OEEC Budget［Z］. Paris：OECD, 1960：227. 译制而成。

（三）华盛顿会议的召开

华盛顿会议的召开（见图 2-4）拥有三个契机（按时间顺序）：第一，OSTP 的发展。OSTP 开展各项活动的核心理念即"经济增长率的快速提升离不开科学技术教育的人力供给"，它工作的最初任务就是协助成员国制定增加教育资源配给以保障预期的经济增长的相关政策指南。如何明确教育投入的扩大与经济持续发展之间的正向联系，是自 OSTP 成立以来，OEEC 内部，尤其是负责经济工作小组成员一直在讨论的热点问题。第二，跨部门间的"隐形联系"。1959 年，OEEC 内部的一个经济学专家工作组发表报告《经济增长的长期计划》（*Long-term Plans for Economic Development*），在该报告的附录中指出："由于劳动力的增长率将在未来十年内趋向于下降，而且由于对固定投资的累积需求已基本消除，受过教育的人力在产出增长中的作用将变得更大。"[1] 依照该种形势的快速发展，将经济与教育之间的这种"隐性"关联明晰化、具体化更加必要，因为只有清晰了教育到底能够在哪些维度、哪些方面，以怎样的结构和力度，用怎样的规划方式促使各级教育发展更加合理化，以满足经济增长的需求，该组织才能在真正意义上着手教育层面的工作。第三，组织的转型。本章起始部分已展开具体分析，此处不再赘述。

图 2-4　1961 年华盛顿会议召开的场景

图片来源：Aalborg University. Department of Learning and Philosophy. The Global History of The OECD in Education［EB/OL］．（2020—1—21）［2020—1—21］. https：//www. learning. aau. dk/forskning/centre-projekter/oecd-learning/.

三个契机共同推进了 1961 年 10 月 16 日至 20 日在美国华盛顿举办的"教育层面的经济增长和投资"（Economic Growth and Investment in Education）政策会议的召开。在为期 3 天的会议里，与会者讨论了 6 项政策问题，具体如下。

——为满足 OECD 国家社会和经济进步需求，未来十年内教育所面临的任务的维度和主要特征是什么？

——为确保未来的发展，目前各国的产品中有多少需规划进教育投入中？

——为了提供社会所需的教育结构，必须作出哪些内部调整以及采取哪些优先事项？

——鉴于教育支出的负担迅速增加，如何才能将教育资金用于社会团体中最

---

[1]　Department of Economic and Social Affairs. World Economic Survey 1958［R］. New York：United Nations，1959：285—293.

具优势的部分？

——除了满足自己的需要外，OECD 国家还应该做些什么来回应欠发达国家的需要，考虑如何帮助它们进行教育扩张？明确它们未来对科学技术教育层面的需求是什么？明确援助教育此项任务的本质是什么？这种境况会给援助国带来什么样的政策问题？

——教育扩张的维度和策略应该是什么？应该采用何种规划机制来实现这种扩张？[①]

这些问题最终被瑞典斯德哥尔摩大学经济学教授英格瓦·斯文尼尔森（Ingvar Svennilson）等人概括并提炼出三个核心问题，反映在他们为本次会议编写的主要报告《1970 年欧洲教育目标——与经济增长有关的政策思考研究》（*Target for Education in Europe—A Study of Policy Considerations Related to Economic Growth*）中，主要包括："一个国家的资源应该有多少用于教育？当资源被分配给教育时，它们应该如何分配给小学、中学和高等教育、普通教育和特殊教育？一旦一个国家制定了教育事件的优先事项，结合教育的外部因素，如人口趋势和所要服务的经济状况，它应该如何规划教育扩张问题？"[②] 此次会议是伴随着 OECD 的成立而随即开展的，这不仅代表了转型后组织的显性工作职能——教育职能的出世，也体现出组织对于教育与经济增长关系有了进一步的认识。

1962 年 10 月，在罗马举行的第三届"经济增长与教育投资"大会上，欧洲各国教育部部长在有关"教育投资"的第 9 条决议中，全力支持华盛顿会议的结果，即：教育支出不仅具有公共服务功能，而且具备投资属性，能够促进国家经济发展；教育和研究支出要与国家收入一并考虑，通过与重要公共事务类似的方式加以资助；设立必要的中长期国家需求评估机制；增加教育设施。之后，华盛顿会议的重大影响落实到了两个方面：对教育经济学的理论基础与实际应用的阐述，以及各国教育规划的制定。

二、教育经济学研究小组的成立

西奥多·威廉·舒尔茨（Theodore William Schultz）在 1960 年向美国经济协

---

① Department of Economic and Social Affairs. World Economic Survey 1958 [R]. New York：United Nations，1959：103—104.

② George S. Papadapouls. Education 1960—1990：The OECD Perspective [R]. Paris：OECD，1994：38.

会（American Economic Association）发表的主席讲话中强调，传统的经济因素已经不能解释国民产值的实际增长，而一个国家的教育水平可能是国民产值实际增长方面的一个重要因素。在本组织内部，这一想法也在 1959 年由一个经济专家工作组编写的关于《长期经济增长前景》（*Prospects of Long-Term Economic Growth*）报告中得到了回应，该工作组的核心研究结论是，"由于劳动力的增长率将在未来十年内趋向于下降，而且由于对固定投资的累积需求已基本消除，受过教育的人力在产出增长中的作用将变得更大"。①

自从教育投资概念的出现和深入推广，组织内的教育事态迅速发展。首要工作是就"教育投资与经济增长"之间的关联性问题寻找到相关事实证据。这一工作在 1960 年 5 月份举办的"卓越经济学家和教育工作者第一次非正式会议"上得以完成。其简要报告《教育投资和经济增长》（*Investment in Education and Economic Growth*）为今后开展的大量工作奠定了基础，同时也直接导致了 1961 年 10 月华盛顿会议的举办。在此项工作中，贡献最大的莫过于组建"教育经济学研究小组"（Study Group in the Economics of Education）。其成立是为了确定哪些类型的经济研究可更好地解决有关教育投资的政策问题，它的组建也标志着教育经济学这门新学科的兴起，而且也体现出它是一个受到政策关切的重点领域。

在该小组主持下，OECD 开展了许多有关教育经济学的理论工作。它由专业经济学家和教育家组成，主席是丹麦国家社会研究所所长亨宁·弗里斯（Henning Friis），他也时任该小组的上级委员会 CSTP 的主席。该小组作为一个智囊团运作，围绕着一系列会议组织其工作。如围绕着教育、人才与经济的关系，为系列会议的开展提供相关调查证据。虽然其只运行了 1962 年至 1965 年共 3 年的时间，但其仍然被西方国家视为后来逐渐成熟的经济学分支——教育经济学——的重要原动力。②

第一届主要会议（1962 年 6 月）处理的是高等教育的经济学问题。正如在华盛顿会议上所记录的那样，高等教育在许多国家是教育系统中迅速发展的，增长最快的且各成员国皆特别感兴趣的主题。会议讨论了如入学要求、教育需求、高等教育的内部效率及其如何筹集资金等问题。③

①　OEEC. Prospects of Long-Term Economic Growth [R]. Paris：OECD, 1959：1.

②　George S. Papadapouls. Education 1960—1990：The OECD Perspective [R]. Paris：OECD, 1994：41.

③　OECD. Economic Aspects of Higher Education [R]. Paris：OECD, 1964.

第二届会议（1963 年 5 月）小组重点讨论了教育对经济增长的贡献的相关研究状况。会议报告于次年发表，题为《剩余因素与经济增长》（*The Residual Factor and Economic Growth*）。在这次会议上，"剩余因素"（residual factor）被提出在经济增长中占据着突出地位，本次会议收到了有关教育经济学以及当时最具权威性的讨论，还包括更详细的研究，如基于宏观经济模型的国家比较等，为进一步的研究开辟了道路。

"教育经济学研究小组"的相关工作，给予了高等教育体系不断扩张的趋势以学理证明，它强调这一趋势受到各种因素的影响。同时，政府遵循扩张的步伐对高等教育进行人力规划是必要的，但就规划方法而言应有所区别：经济发达的欧洲国家可采用"社会需求"的规划方法，那些第二梯队国家则可以采用"人力需求"的规划方法。经济对高等教育增长的需求，公民对高等教育的期望，促发了经济和社会发展的教育层面意义，而教育能够为家庭收入带来的补给，则促发了教育的经济性意义，这就保证了供求之间的无限循环。教育经济学小组的出现，不仅给不同发展水平的成员国提供了劳动力规划和储备的工作灵感，同时也为组织高等教育工作的合法化奠定了基础。

三、两大教育规划项目的具体实施：MRP 与 EIP

20 世纪 60 年代初期，华盛顿会议和教育经济学研究小组会议的召开，不仅让大家开始接受教育是一种投资的观点，更加促使组织进一步考虑要为教育系统内外部效率的持续性增长提供长期发展的可能性。OECD 教育投资和发展司工作人员路易斯·埃梅利（Louis Emmerij）解释道，所谓教育系统的内外部效率，内部效率指教育系统内发生的事，主要涉及辍学、留级、从一个年级上升到另一个年级、从一个层次过渡到另一个层次。简言之，它涉及教育系统的生产力问题；而外部效率主要考察离开教育系统的人口数字的质量是否符合当前和未来社会的预期或要求。[①] 从内涵上看，两者分别代表了教育增长中的两个基本要素，"人力需求"（manpower demand）和"社会需求"（social demand）。因此，如何看待这两类需求的增长问题将决定 OECD 帮助不同成员国发展教育的具体方式。这两个因

---

① Louis Emmerij. Economic Objectives of Education：Reflections on the OECD Experience ［J］. The OECD Observer, 1967：20.

素对各国政府支持教育增长而言，其重要性因国家而异，主要视各国的发展阶段而定，对"社会需求"的满足更适合较发达的工业化成员国的情况，而"人力需求"的满足更适合那些发展相对较慢的欧洲成员国，即地中海边缘地区的国家。这为 OECD 开展教育规划活动提供了契机。自那时以来，许多 OECD 国家要么通过地中海区域项目（The Mediterranean Regional Project，以下简称 MRP），要么通过教育投资和规划方案（The Educational Investment and Planning Programme，以下简称 EIP），对自身与经济和社会发展有关的教育需求进行了分析。

（一）地中海区域规划项目（MRP）

MRP 由 OECD 下设的 CSTP 主持，于 1961 年在地中海区域的六个国家，包括希腊、葡萄牙、意大利、西班牙、南斯拉夫和土耳其在内开展的长期教育规划项目，主要是对六个国家未来十五年内教育需求规模和分布进行评估，该项目是将"人力需求预测"作为教育规划基础的最早尝试之一，其理论基础是 20 世纪 60 年代人力资本理论关于经济增长与教育投资关系的相关论述。人力资本理论认为教育对经济有着举足轻重的作用，"为了实现特殊增长目标，可以确定教育的最佳人数"，[1] 即赞同培训出数量更多的训练有素、高技术的人力储备以满足"经济需要"，20 世纪 60 年代初这种旨在更好地进行人力资源规划的教育援助理论被大部分的国际组织和发展中国家接受。[2] 在 OECD 看来，将教育规划作为教育投资的统筹性手段并开始付诸实践，首先要思考的就是教育规划的目标问题，是根据经济对教育的需求还是个人对教育的需求（所谓的"社会需求"）来规划教育各方面的要素。

从国家发展阶段、发展需求的同质性、区域特点出发，OECD 通过调查发现了地中海地区国家彼时存在的一些共同的问题，使它们有别于其他成员国：经济增长速度与欠发达国家相比还是较快的；人均收入较低；合格的人力严重短缺，特别是科学和技术人力；教育设施严重短缺，入学率和教育支出水平低（意大利北部和其他高度工业化地区除外）。这些国家或多或少地实施了某种形式的经济规划，以适应其农业经济发展，同时强调工业和服务业，而且充分重视教育的发展，

① Herbert S. Parnes. Forecasting Educational Needs for Economic Cooperation and Development ［R］. Paris：OECD，1962：7.

② Harbison，F.，Myers，C. A.. Education，Manpower and Economic Growth：Strategies of Human Resource Development ［M］. New York：McGrow-Hill Book Company，1964：105.

并将其作为经济发展进程中的一个重要因素。^① 巨大的人才"空挡"和经济增长的迫切需求共同定格了 MRP 项目的性质——围绕经济增长的人力资源规划。

该项目启动的契机可追溯到 1960 年葡萄牙参加 OSTP 审查后，急切寻求 OECD 的帮助，以制定其教育发展目标，满足该国为实现其长期经济目标的人力需求。这一做法对与其存在共同发展问题的其他地中海地区的成员国极具吸引力。于是，在这六个国家和 OECD 秘书处进行了 12 个月的双边谈判（bilateral negotiations）之后，到 1962 年初双方缔结了协定，明确和规定了联合支持项目的目的和工作安排。自此，MRP 开始运作。项目实施的第一步便是规定在每个国家首都安排 5—6 名成员组成国家工作队，主要包括一名主任、经济学家、统计员、教育家，保证这些小组都与教育部、经济部和财政部有紧密联系。小组的主要工作是以国家报告的形式提出每一个国家未来 15 年的教育需求，并提出满足需求所需资源的建议，以确保国家经济部门、中央规划机构、教育部门之间尽可能密切地联系。这些安排无疑使各小组能够获得广泛的信息来源，例如国民收入预测、普查数据、人力和教育调查。利用美国对 OSTP 方案的捐款提供的大量资金，OECD 承担了提供专家顾问（见表 2-3）和安排定期会议讨论工作进展情况这一职能，并向考察团队提供实际的咨询意见。

表 2-3　短期或长期参与 MRP 项目咨询工作的主要顾问

序号	姓名	（曾）工作单位与职务	研究领域
1	路易斯·埃默里 （Louis Emmerij）	时任 OECD 主席	基本需求概念与人类发展途径之间的关系；教育在就业中的重要作用
2	弗里德里希·爱丁 （Friedrich Edding）	柏林工业大学教授/ 教育经济学研究小组组长	教育支出的宏观经济背景；现代国家教育支出发展的趋势
3	赫伯特·莱昂内尔·埃尔文 （Herbert Lionel Elvin）	伦敦大学教育学院院长/ UNESCO 教育系主任	工人教育；财务管理
4	弗雷德里克·哈里斯·哈比森 （Frederick H. Harbison）	普林斯顿劳动经济学教授	经济增长中的劳动力及其管理问题

---

① Raymond Lyons. The Mediterranean Regional Project [J]. The American Economist，1964（8/2）：12.

续表

序号	姓名	（曾）工作单位与职务	研究领域
5	塞缪尔·凯利 （Samuel C. Kelley）	OECD 科学事务司/ 俄亥俄州立大学经济学教授	改变地中海国家的适龄学生对工作角色和生活方式的态度，保障从农业到其他部门的大规模人口流动和职业水平之间的广泛垂直移动
6	赫伯特 S. 帕内斯 （Herbert S. Parnes）	俄亥俄州立大学 经济学教授	更公平和更有效的劳动力市场发展；“人力需求预测法”的设计与推广
7	雷蒙德·波格南特 （Raymond Poignant）	UNCSEO 国际教育 规划研究所	教育规划与经济规划、社会发展规划之间的关系
8	斯文·英格瓦·斯文尼森 （Sven Ingvar Svennilson）	瑞典皇家工程 科学院教授	计划经济背景下，企业内部各发展因素间的动态变化与控制
9	乔治·鲁福洛 （Giorgio Ruffolo）	意大利经济规划处 秘书长	致力于西方社会的历史经济学以及经济思想基础的分析

资料来源：Raymond Lyons. The Mediterranean Regional Project ［J］. The American Economist, 1964（8/2）：13.

第二步，人力资源统计阶段。在各国积极开展教育调查以为 OECD 的 MRP 工作提供背景报告的同时，OECD 也在积极响应 1964 年 4 月于伦敦举行的第四次欧洲教育部部长会议上的提议，制定模型手册（model handbook）以明确说明有效的教育投资规划所涉及的各种因素，以便为所代表的国家汇编可比较的统计数据奠定基础。基于这项统计工作三方面的定量性质的考量：其一，来源于数字压力，因此需要设计可靠的技术来预测教育系统各个层次的未来入学人数和模式；其二，教育扩张所带来的日益膨胀的财政影响需要评估，特别是高等教育入学率不断上升的趋势；其三，在所有教育领域中提高资源使用效率也需要定量研究。在 MRP 项目顾问之一帕内斯教授的协助之下，OECD 秘书处编制了一个大规模的可计算模型，该模型将教育部门与经济中的劳动和生产部门联系起来，建立了一系列与"投入/产出"关系相关的人力资源规划的基本步骤（见表 2-4）。[①] 由于其简单明了、逐步决定的思路，让 OECD 深感帕内斯教授说过的"预测人力资源的需求被视为教育规划的出发点"[②] 的合理性。另外，组织还建立了一个详细的教育系统计算模拟模型（Simulation Model of the Education System，简称 SOM）供决策者使用。该模型可审查一些政策选择的效果，包括未来的后果和教育系统内可量化定义的因素可能造成的动态变化。[③] 根据这两个数学模型计算所得出的统计结果和动态变化可能，OECD 提出了各项建议被汇编于《教育投资规划统计需求手册》（*A Handbook of Statistical Needs for Educational Investment Planning*）中，组织希望手册中的各项建议能够逐步提高各国教育决策的效率。

表 2-4　人力资源预测与规划的基本步骤

步骤	内　容
步骤一	按照各行业、各职业、各教育水平、各年龄阶段等列出基年的劳动力状况。这些数据是预测未来人力供需的基础
步骤二	估计目标年的劳动力规模，即劳动力总供给
步骤三	估计目标年各经济部门或行业的就业人数。由于各个部门或行业间差异比较大，所以这一步是非常关键的。在估计未来劳动力职业组成时应考虑职业结构各异的行业部门的发展差异以及各部门职业组成的未来趋势间的差异性
步骤四	把各经济部门或行业的总就业人数在各个不同的职业间进行分配，即各职业的人力分类需求
步骤五	把各职业需求的预测转化为各级各类教育资格需求的预测
步骤六	估计目标年各级各类教育的劳动力供给情况，应该基于以下几点：现有存量；现有教育系统的预期流出量以及由于死亡、离退休等原因的自然减员量
步骤七	根据第五步和第六步，有必要对目标年的需求预测和供给预测进行平衡
步骤八	根据第七步的结果，计算每年各级各类教育的招生人数

资料来源：根据 Herbert S. Parnes. Forecasting Educational Needs for Economic Cooperation and Development ［R］. Paris：OECD，1962：7. 译制而成。

---

① P. Levasseur. A Study of Inter-Relationships between Education, Manpower and the Economy ［J］. Socio Economic Plan Sciences, 1969（2）：269—295.

② Herbert S. Parnes. Forecasting Educational Needs for Economic Cooperation and Development ［R］. Paris：OECD，1962：7.

③ OECD. SOM：A Simulation Model of the Education System ［R］. Paris：OECD，1970：3.

第三步，人力资源专家开发阶段。OECD 在 MRP 项目实施之初，就意识到教育规划过程中除了拥有站位于顶层设计位置的咨询专家提供宏观性政策建议外，更加需要一批年轻的人力资源开发专家来组织各部门的业务活动，以及向其本国或其他国家提供具体的人力资源方面的援助。只有通过扩充专家组储备力量，培养教育规划方面的后起之秀，才能提高项目组内部的业务能力，同时增强规划结果的可信度。然而，人力资源开发专家的极度缺乏（the extreme shortage）在当时已成为 MRP 项目开展的主要障碍，这从侧面也反映出 20 世纪 60 年代之初高等教育的扩张并未带来专家型人才的增长，当然这也与所有国家在当时并未开设这类课程有关。因此，为了有效应对这一棘手问题，OECD 提出，"创造这类人员最有效的方法即在一个团队的带领下进行扎实的学徒型培训"。① 秉持着此种观念，OECD 很快实施了一项人力资源培训计划——学术奖学金方案（the Fellowship Programme），该方案旨在鼓励年轻大学生参与到组织发起的人力资源专家培训的课程中来。培训课程中的"教师团队"由组织邀请的一批青年经济学家、社会学家、统计学家和教育家组成，目的是向年轻的大学生申请者进行学徒制培训。② 该方案规定，"培训课程为期四周，形式包括讲座、研讨会和小组讨论等，内容围绕提供'与经济增长有关的教育规划方面的理论基础和实际方法'，第一阶段培训完成后一并出版相应的课程教材"。③ 第二阶段是进行为期 12 个月的学徒训练，申请者跟随团队进行教育规划具体事宜的实践。1962 年至 1965 年，该方案每年开展一次，据统计至 1965 年共有 500 名申请者，其中 87 名申请者获得了 OECD 承诺的奖学金，并且这些年轻的大学生毕业后均在本国行政当局内获得了重要职位或高级学术职位，继而成长为教育规划专家，其中也有不少人被招入 OECD 秘书处，为 OECD 教育活动的进一步发展提供了支柱性作用。④ 虽然实施该方案的灵感来自于 MRP 项目的开展，但其也属于 MRP 项目实施的一部分，就其影响而言，不仅为 OECD 整个教育规划工作提供了更加扎实的研究团队，也为其成员国丰富人文类高等教育教学内容提供了参考和借鉴。

第四步，总结经验汇编成册阶段。OECD 总结出了这些国家报告中的一些普

① George S. Papadapouls. Education 1960—1990: The OECD Perspective [R]. Paris: OECD, 1994: 54.

② OECD. The Mediterranean Regional Project: An Experiment in Planning by Six Countries [R]. Paris: OECD, 1965: 10—11.

③ OECD. Lectures and Methodological Essays in Educational Planning [R]. Paris: OECD, 1966: 142.

④ OECD. Manpower and Education: Fellows Reports [R]. Paris: OECD, 1964: 25—28.

遍结论，以汇编和出版相关政策建议文件：一方面，在所有国家中（南斯拉夫除外），尤其在葡萄牙、西班牙和希腊，私立教育在中等教育中占主导地位。由于公共教育的不足，就教育民主化而言，低收入群体的儿童发展受到限制。这就需要在教育系统中创造灵活性，以便接受高等教育的机会可以从中学以外的地方获得，包括为那些已经参加工作的人的非全日制学习作出适当的安排。[①] 例如建立新的技术学院，使高等教育摆脱传统的、以学术为导向的大学类型。[②] 另一方面，国家报告认识到，地中海区域国家的教育效率往往很低，主要是由于现有设施不足和教师短缺。就教师方面而言，在中学和更高一级，主要的问题是如何通过适当的工资结构，建立一个能够把全部时间用于教学，如高等教育、教学和研究方面的专业团体。尤其在高等教育一级，在建设和扩大教育结构的同时，还应采取措施，更好地利用现有的，特别是在省会城市的高等教育研究机构。[③] 教育规划者还必须估计执行拟议方案所需的开支，调查可能的资金来源，并促进财政资源的有效使用。

图 2-5　增加教育设施后地中海国家学校学生更加积极参与课堂学习的景象

图片来源：OECD. OECD and Educational Planning and Development［J］. Paris：OECD Observer，1967：21.

---

① Raymond Lyons. The Mediterranean Regional Project［J］. The American Economist，1964（8/2）：18.

② OECD：The Mediterranean Regional Project：An Experiment in Planning by Six Countries［R］. Paris：OECD，1965：17—19.

③ Raymond Lyons. The Mediterranean Regional Project［J］. The American Economist，1964（8/2）：19.

（二）教育投资和规划方案（EIP）

MRP 项目的实施是建立在"预测""假设"的基础之上，有部分学者认为，无人能够毫无误差地预测在经济和职业结构不断变化情境下的人力需求趋势，因此基于人力需求预测法的高等教育规划工作只不过是那些传统规划者的假想而已。[①] 帕内斯也指出："经济的增长并非社会发展的唯一目标……正如没有人会认为教育的唯一功能在于促进经济的增长一样。"[②] 也就是说，个人的发展不能仅仅局限于经济的维度，受限于职业的考虑，任何的教育规划也都要考虑非职业层面的文化因素，即教育的发展必须与整个社会的进步联系在一起，教育职能的发挥也必须保证充分实现个人的一切潜能。在 1961 年的 OECD 库格尔夫会议上（这一次会议突出了整个教育的社会目标问题，明确了教育作为社会主要文化工具的更广泛作用），一批知名的社会学家通过详细的分析，解释了人类潜能发展的主要障碍，特别是在教育方面的如社会阶级、性别、学校组织管理和文化不平等等问题，教育的社会维度因此受到了 OECD 等国际组织的关注，正如世界银行（World Bank）在其创立之初所说的那样："我们这些年发现经济增长和社会进步是不可分割和相互关联的，并且，诸如希望、热情、技能、知识、好奇心、远见和智慧的重要性并不亚于钢铁、水泥、沙子和机器。"[③] 也是在此次会议后，西方教育社会学[④]的发展也有了质的转变。

在帕内斯为 MRP 项目开发人力需求预测法的同时，他基于事物双面性的考虑，提出了另一种需求估算法，即社会需求规划法，该方法认为"可限定的标准是不存在的，提前预测的方式也无法真正判定教育的需求量"。[⑤] 社会需求法的特点在于将规划与整个社会的实际发展需求联系在一起，包括政治目标、个人潜能

---

① 毛建青. 教育规划中的人力需求法述评 [J]. 外国教育研究，2007 (6)：50.

② Herbert S. Parnes. Forecasting Educational Needs for Economic Cooperation and Development [R]. Paris：OECD，1962：74.

③ World Bank. Annual Report [R]. Washington D. C.：World Bank，1986：11.

④ 教育社会学作为一门相对独立的学科，其形成于 19 世纪末期的欧美地区。法国的孔德、涂尔干，英国的斯宾塞，德国的韦伯，美国的华德、杜威等人被视为该学科形成期的早期代表人物。苏则罗于 1907 年在哥伦比亚大学师范学院率先开设"教育社会学"课程；20 世纪 50 年代，主要由于社会学家广泛参与对教育领域的研究，教育社会学得以新生。因而在西方以 50 年代为界，有"传统教育社会学"与"新兴教育社会学"之分。这种分别的最大区别在于：前者的发展以教育学为导向，后者则以社会学为导向。20 世纪 50 年代以后，教育社会学在世界范围内得到了迅速发展。因为该学科的出现，研究者更多地参与制定和评价本国的教育政策与规划，国际组织也日益重视国际教育与社会政策方面的比较研究。详见：https://wiki. mbalib. com/wiki/%E6%95%99%E8%82%B2%E7%A4%BE%E4%BC%9A%E5%AD%A6.

⑤ 毛建青. 教育规划中的人力需求法述评 [J]. 外国教育研究，2007 (6)：50.

开发目标等。对于 OECD 的发达成员国来说，这些国家的教育系统相较于地中海国家仍处于需求研判阶段，它们已处在全面扩展阶段，因此制定教育目标不能紧紧围绕着对未来人力需求的评估，更应该从实际情况入手，调查各国的教育政策执行情况，才能充分考虑影响教育体系绩效的因素以及认识到教育决策本身的后果，进而有依有据地制定更加全面的教育规划。于是，在此方法的支持下，OECD 在发达成员国实施了教育投资和规划方案（the Programme for Educational Investment and Planning，以下简称 EIP），EIP 的工作建立在这些高度工业化国家的社会、经济、政治和行政管理等因素复杂联系的基础上，旨在通过审查各参与国的教育政策执行情况，在成员国之间提供一个相互协助的平台，为各国规划教育发展方向提供政策咨询。

该项目的有效启动以爱尔兰根据其要求，成立专门的跨专业团队，于 1965 年编写出的一份国家报告《爱尔兰：教育投资》（Ireland：Investment in Education）为标志。根据其报告，OECD 审查小组对该国的教育制度和传统资源使用方面可能发生的变化及其产生的影响进行了审查，并发布审查报告建议爱尔兰教育系统需进行大规模扩展，并就一些具体方面进行了分析。很快，爱尔兰的例子在其他国家也得到了效仿，瑞典、奥地利、美国、法国、德国相继编写了国家报告。通过审查报告，可以发现在高等教育方面以下问题是所有国家所共有的（见表 2-5）。

表 2-5　EIP 项目参与国教育政策审查中在高等教育方面的共同关注问题

序号	共同关注问题
1	高等教育的参与率问题
2	为所有有能力的年轻人获得高等教育机会提供途径
3	发展高等教育和研究
4	由于职业冗余和职业变化，越来越多的在职人员需要重新接受培训；由于新知识的迅速增长，他们也需要更新知识
5	需要以人力为基础提供更多的教育和培训，不仅是对教育部门的人，而且对那些已经是劳动力中的人
6	社会和地域不平等程度较高，而较低社会群体的学生参加义务后教育的比率很低，进而导致进入高等教育的层级较为单一
7	男女接受高等教育机会的不均等问题

资料来源：Raymond Lyons. The Mediterranean Regional Project [J]. The American Economist，1964（8/2）：13.

在明确了具体的问题之后，该项目组建了规划小组，其之后的操作进程共经历六个阶段，通过这六个阶段各参与国便能了解某一国家的教育情况[①]，具体如下：1. 项目参与国与OECD的秘书处关于研究需要首先达成一致性意见，之后签订协议。2. 各参与国编写国家教育政策发展现状的背景报告和发展规划。这项工作一般由各国的教育部实施。3. 审查小组访问各参与国，为期一周。访问期间，一般对以下问题进行考察：该国所需的熟练劳动力、未来十至十五年的教育目标、对未来入学人数的评估、对教育设施需求的评估、对所需的教育资源（教师、建筑物、设备）和必要教育支出的评价。4. 举办为期两天的"质询会"[②]。审查员确定在会议期间讨论的具体问题清单，通常包括以下七个方面：教育规划机制、人力规划和目标、社会参与程度、小学教育、小学后教育、高等教育、成人教育等。5. OECD编写最后的审查报告。总述参与国的教育政策发展情况、整理质询会的记录、提出该国实施教育规划的阻力等。6. 分发报告，供各成员国交流。[③]

第二节 "初代教育规划"背景下
OECD高等教育政策形成原因分析

20世纪60年代，OECD成员国已经完全由经济复苏走向了经济增长阶段。伴随着人力资本概念在组织内的传播和推广，教育投资理论逐渐被组织所接纳。

---

① Kallo, J. OECD education policy-A Comparative and Historical Study Focusing on the Thematic Reviews of Tertiary Education [M]. Jyvaskyla：Jyvaskyla University Press，2009：3.

② 1958年，OECD为评价各国科学教育与技术培训的整体状况及其遭遇的特殊问题，同时为解决这些问题采取各种措施，源于经济政策领域的国别审查项目，逐渐开始在教育领域扎根。由OSTP选定和派遣独立的专家小组至每个国家，与这些国家的政府官员，以及对该项审查工作感兴趣的团体代表讨论相关问题。在访谈的基础上，专家小组会起草问题报告，之后这些国家将在特定的讨论会上接受审查。受审查国的高级专家代表会回答由"检查官"提出的各种问题。这一审查模式被OECD称作"质询会"。这一工作为国别教育政策审查提供了更加坚实的基础。

③ Imelda Elliott. The role of the OECD peer review process in Irish education policy in the 1960s [EB/OL]. （2021-1-15）[2015-2-9]. http：//www. revuemiroirs. fr/links/2/article6. pdf.

加之组织内部对凯恩斯主义关于充分就业理念的原始推崇，促使 OECD 希望在更大的人口范围内，弄清经济增长和教育资源分配的关系。从教育投资的角度来看，OECD 的高等教育工作已来到"教育增长"阶段，需要合理的规划才能使得这一增长有一个明确的发展方向。但不同经济发展水平的国家所需的规划方式不尽相同，"现代化理论"的盛行促使组织有效回应成员国不平衡的高等教育基础。另外，OECD 成立之后组织自主治理意识的觉醒，促使其希望保持处理教育事务的持久合法地位。

一、以"人力资本投资"为核心的新古典主义经济理论的影响

20 世纪 60 年代左右起，新古典主义经济学理论在一群拥护者的推动下兴起。其一改传统经济学理论的特点，在经历了张伯伦革命、凯恩斯革命、预期革命三次变革之后，转型成了新型的经济学理论，包括微观与宏观经济学的双重理念与双重理论框架，这一理论被学界称之为新古典主义经济学（Neoclassical Economics）理论。这一理论在回顾传统发展经济学过往百年间取得的成果以及发展特征的基础之上，强调了自身区别于传统经济学的特点，如它更加注重前提条件的多样化、证伪主义的普遍化、具体分析工具的数理化以及专业领域的非经济化、交叉学科的边缘化、使用案例的经典化。[①] 此理论的核心即：强调人力资本投资的重要性、强调经济发展的私有性、注重外向发展等。主要代表人物当属美国著名经济学家舒尔茨，他领导研究了二战后德国和日本为何以惊人的速度恢复过来。与之形成鲜明对比的是，战后很长一段时间内英国仍在配给食物。因此他指出，知识和技能是资本的一种形式，对人力资本的投资导致经济产出和工人收入的增长。战后经济恢复的速度归因于健康和受过良好教育的人口。教育可以提高人们的生产力，而良好的医疗保健可以使教育投资始终如一地被提供。[②] 他主张人类要投资于他们的健康，注重内部迁移和在职培训。他专注于鼓励个人改善他们的教育水平，以提高他们的生产力水平。在他的研究期间，舒尔茨深入研究细节，

---

① 新古典主义经济学 [EB/OL].（2020—9—16）[2020—9—16]. https：//www. sogou. com/ link? url = DOb0bgH2eKjRiy6S-EyBciCDFRTZxEJgV6r3 _ 8KXkVb26FDhCNBXEMyyUtg79KV3V79zkMt-DiWHOIXWNdnsqcMg7h99V8mYdLHYLkl0pAB2YaUetBJ7TKblpXa0H32OAQaUCF _ kFw-BhKiw5i4OqARdqRdaam42.

② Theodore W. Schultz publishes Investment in Human Capital [EB/OL].（2020—9—16）[2002—5—26]. http：//schugurensky. faculty. asu. edu/moments/1961schultz. html.

走进欧洲贫穷农业大国，与小镇上的农民和政治领导人进行了交谈。在交谈的过程中，他注意到，美国以粮食或金钱的形式提供的援助不仅无济于事，而且实际上对这些国家有害，因为这些国家的农民和农业生产者无法与美国的自由价格竞争。因此他们无法维持自己的生活，也无法将他们从庄稼中赚来的钱重新投入经济。他的理论是，如果美国改为使用其资源来帮助教育这些农村生产者，并向他们提供技术和创新，从长远来看，这些国家将更加能够稳定就业和自我维持。舒尔茨曾饱含深情地说过，"世界上大多数人都是穷人。如果我们知道穷人的经济状况，我们将了解很多真正重要的经济学"。① 这既体现了他对于改变欠发达国家经济状况的关心，也体现出了他所秉持的经济学信念。

二、组织自主意识的完全觉醒与对高等教育工作的更深入认识

20 世纪 50 年代末，OECD 敏锐地察觉到大西洋两岸国家经济关系的转变，并深刻地认识到原先的宗旨已不能全面地覆盖成员国发展的需求，尤其在西欧国家的经济发展步伐与美国不一致，甚至呈现出相反趋势的形势下，如何能够有效回应双方的发展需求并保持组织的生命力与活力，成为了组织亟待思考并解决的关键问题。欧共体的快速发展给予了组织一定的启示。OECD 担心像西德那些本就对组织介入它们认为与组织目标无关的文化领域而感到犹豫不决的民族国家会有随时退出的风险，于是在借鉴欧共体发展经验的基础上，不断扩大自身的服务目标，扩充自身的服务职能，同时思考以怎样的"软治理"形式在不涉及成员国敏感领域的情况下为成员国的经济发展提供建议。众所周知，欧共体属于"高政治"集团组织。但是，二战后欧洲各国对于国家主权问题十分敏感，政治联合本身存在一定的难度，欧洲政治一体化经历了从挫折到缓慢发展的过程，于是主要设计者选择了从经济基础入手，逐渐向政治领域渗透。而欧共体建设之父、法国著名政治家让·莫内（Jean Monnet）早在讨论二战后的经济问题时就指出，教育与文化合作应引起政策制定者的思考，《建立欧洲经济共同体条约》（*Treaty establishing the European Economic Community*）第 128 条规定，"任何形式的教育……只要其为了特定行业、职业或就业资质作准备，即便这些培训计划中包括

---

① Justin Yifu Lin. Cambridge University Marshall Lecture—Development and Transition: Idea, Strategy, and Viability [Z]. England: Cambridge University, 2007: 3.

了普通教育的元素，它仍然属于职业培训的范畴"。① 从这里就可以看出，欧盟与OECD 关于教育工作的差异，欧盟更看重职业与培训的重要性，甚至将普通教育也视为职业生成的一种手段，而 OECD 不仅关注教育各阶段的发展差异，同时在大学型和非大学型高等教育之间也作出了明确的区分，以及在不同经济发展状况的成员国家间明确了不同的教育规划方法，以达到不同的教育目的。不过，就就业问题来说，两个组织的经济方面的宗旨在那时还是相对一致的。

1961 年创建的 OECD 取代了 OEEC，它更加强调，帮助成员国实现经济的可持续性增长与充分就业，保障人民的生活水准提升，保持世界金融的稳定，从而为全球范围内经济的发展作出贡献。在华盛顿会议上，OECD 部长级理事会确定了其成员国 1960 年至 1970 年十年国民生产总值增长 50％的目标。此外，任务期限的延长给组织带来了新的合作领域，特别是成员国对第三世界国家②的政策协调。在亚历克斯·金（Alex King）和罗恩·盖斯（Ron Gass）的领导下，CSTP 迅速抓住了经济增长目标带来的教育的新机遇。华盛顿会议是 OECD 教育故事中的一个里程碑，它为 OECD 及其成员国本身就教育的未来发展制定了议程，内容包括教育的增长、结构、规划工具和方法。

综上，在 OECD 诞生之初，它只是一个羽翼稚嫩的经费援助机构。在早期的教育政策报告中，它强调了美国作为主要经费来源且发展经济附属国的意图，并以此作为自身涉足高等教育的基础。然而，在 1961 年及以后 OECD 的教育政策报告中，虽仍有强调美国及其他发达成员国的教育主张，但组织也积极地在拓展自身的教育观念，促进更广泛的、更多边的教育合作，这从一定程度上表明 OECD 已不再"仰望"发达工业化成员国，而是在借鉴他们经验的基础之上试图开拓自身在教育领域的地位，积极地以一个独立的国际型发展与合作机构的身份涉足教育领域。

三、西方"现代化理论"的盛行促使组织扩大援助对象的范围

20 世纪 50 年代至 80 年代，对于许多战争期间被殖民的国家来说，是恢复为

---

① 胡伯特·埃特尔，喻恺. 欧盟的教育与培训政策：五十年发展综述［J］. 教育学报，2009（1）：113-120.

② 第三世界是亚洲、非洲、拉丁美洲以及其他地区中的发展中国家，它们构成第三世界国家。第三世界国家历史上长期遭受帝国主义和殖民主义的侵略、压迫和剥削，经济上大多比较落后。

主权国家的关键过渡期，可以用西方的现代化理论来解释具体的做法，"低收入国家可以通过一套惯例的政策鼓励经济'起飞'，从而改善人民的生活水平"。[1] 那时越来越多的国际组织，如联合国教科文组织、世界银行等逐渐认识到国际援助的重要意义，尤其是世界银行，其自成立以来都积极地以一个国际发展援助机构的身份涉足发展中国家的教育领域，甚至一度成为了国际教育援助中的领头者。该组织十分关注这些经济欠发达国家在现代化进程中的起步和持续发展。美国经济学家沃尔特·罗斯托（Walt W. Rostow）在介绍国家所经历的投资、消费和经济增长的五个关键阶段时，也指出在现代化的进程中最重要的阶段就是"起飞"阶段，[2] 这一概念被称为"罗斯托起飞模型"，该模型与他提出的一些概念构成了西方现代化理论的一部分。为了能够实现"起飞"，在舒尔茨的人力资本理论中，体现得更为明显的观念是，"教育是打开现代化大门的关键"。[3] 因此，20 世纪 60 年代左右，许多国际组织都认同教育援助是帮助低收入国家经济"起飞"的一种重要手段。虽然不像世界银行那样，受援国的对象大部分是亚非拉及其他地区在内的第三世界国家，但 OECD 自改组以来其更广泛的地理覆盖范围、更全面的服务职能、更多样化的合作领域，皆要求其关注不同经济发展水平国家间的政策协调，加之其当时奉行的新古典主义经济理论的相关观点，尤其以人力资本理论为代表，给予了组织较大的影响，它希望能够通过培养人力资本这一重要的生产要素，去帮助所有成员国顺利打开现代化的大门，尤其是帮扶处于落后经济地位的国家或地区，促使其尽快地步入现代化的行程中去。OECD 的这一"扶贫"理念很快地在成员国中得到了回应，以葡萄牙为首的地中海六国在与组织进行了为期一年的帮扶协议谈判后，正式开启了援助计划，即上文介绍的 MRP 项目。

① Robertson, S., Dale, R.. Changing Geographies of Power in Education: The Policies of Rescaling and its Contradictions [A]. Kassen, D., Mufti, E., Robinson, J.. Education Studies: Issues and Critical Perspective [M]. Buckinghamhire: Open University Press, 2006: 11.

② Walt W. Rostow, The Stage of Economic Growth: A Non-communist Manifesto [M]. Cambridge: Cambridge University Press, 1960: 4—16.

③ Harbison, F. H., Myer, C. A.. Education, Manpower and Economic Growth [M]. New York: McGraw-Hill, 1964: 229.

第三节　代表性政策文本内容：在人力需求预测
与学校系统之间建立联系

　　根据统计，该阶段 OECD 在其政策实践的基础之上，发布的高等教育相关政策文本相较第一阶段来说，明显丰富了起来。笔者选取了其中三类具有代表性的文本《经济增长与教育投资政策会议》（*Policy Conference on Economic Growth and Investment in Education*）、"地中海区域项目"系列报告、《1950 年—1967 年高等教育发展：分析报告》（*Development of Higher Education 1950—1967：Analytical Report*）进行了分析。

　　代表性文本选取缘由：经济增长作为组织转型后的首要目标，是教育增长的关键因素，也是高等教育在宣传自身职能方面的主要引导力量，还是在定位高等教育政策思想的主流内容过程中最被关注的领域。人力投资理论促使组织意识到不扩大人才库就无法满足经济增长所必需的人力需求，这一意识逐渐发展为组织对教育投资与经济增长之间关系的讨论，并对此展开了为期十年的大量的工作。在华盛顿会议上关于诸多教育问题的讨论，得到了经济学家和教育家专门为会议编写的一系列分析报告的概括，这些报告当时分别出版，并在随后的总括出版物《经济增长与教育投资政策会议》（*Policy Conference on Economic Growth and Investment in Education*）中合并在了一起。因此，该报告具有重要意义。而在这一阶段发表最多的当属 MRP 相关报告，正如上文所言，在 OECD 业务活动的编年史上，没有任何项目得到比 MRP 更广泛的财政、知识和政治资助，也没有一个项目比 MRP 得到更持久的严格审查。鉴于相关报告所述内容较为分散，笔者统一概括了这些报告中的关键方面。《1950 年—1967 年高等教育发展：分析报告》（*Development of Higher Education 1950—1967：Analytical Report*）则从教育增长的主要"系数"——人数的增加这一方面，对前期规划的效果作了分析。

一、《经济增长与教育投资政策会议》报告

　　20 世纪 60 年代，实现社会和经济进步的条件发生了根本性的变化。一方面，

科学和技术正在创造力量，以积累新的数量级的国家财富；另一方面，将这种财富用于社会和经济进步的政治思想和社会政策也正处于发酵状态。这些变化反映在经济思维的新趋势中——越深入了解影响经济和社会进步的力量，就越会承认教育投资是未来经济增长不可或缺的先决条件。"让更多民众接受更多、更好的教育，不仅本身令人向往，而且也是经济增长最重要的因素之一"。① 本报告在力图解释教育与经济复杂关系的基础上，突出了对以下三个教育规划层面的解释，即教育规划的重点对象、教育规划的具体方法、教育规划的方法论博弈。

（一）明确了教育规划的重点对象

自华盛顿会议开始至 1965 年会议报告完成之时，"教育已不再仅仅被视为一种'消费'商品，在教育方面的支出已被视为有助于经济增长的投资"。② OECD 已认识到教育投资的必要性，以及教育投资对教育总体需求走向的决定性作用。因此，首先要做的就是明确教育投资的主要对象，即投资的重点应放在哪一年龄段或哪一教育层级，国际组织和各成员国才能有针对性地、合理地、有所侧重地开展资源分配等相关工作。另外，报告也强调，"不同教育系统内学生数量的发展可能反映出教育的组织、结构和质量特点的变化模式有很大的差异"。③ 基于此考虑，会议对 OECD 地区未来十年的学生、教师等方面的增长作了估计：其中，15—19 岁年龄组的学生预计将增加 450 万人次，较十年前增长约 94%，20—24 岁年龄组的学生预计增加 80 万人次，较十年前增长约 83%，而与学生年龄组相对应的教师分别预计增加 28 万人次和 5 万人次，增长百分比分别为 110% 和 81%。此人数数量和增长率远远高于 5—14 岁年龄组，后者分别为 800 万（18%）和 40 万（28%）。④ 可见，未来十年 OECD 的教育扩张工作将集中于中等教育和高等教育。其实，此预测结果有着深刻的前期发展依据。20 世纪 50 年代至 60 年代中期，就高等教育而言，欧洲各成员国的"招生爆炸（explosion of enrolments）"现象就已众所周知（见表 2-6）。在这种"数字压力（pressure of numbers）"的驱使下，伴随着科技进步以及城市化进程的加快，从国际角度分析高等教育未来十年的增长模式，自然可以促进国际社会更好地掌握高等教育发展的方向和重心。

---

① 龙玫. 经合组织高等教育政策研究 [D]. 上海：华东师范大学，2017：51.

② Áine Hyland. The Investment in Education Report 1965—Recollections and Reminiscences [J]. Irish Educational Studies，2014：4.

③ Eugene P. McLoone. OECD Conference—National Economy and Public Education Move Together [A]. Office of Education. School Life [M]. Los Angeles：University of California，1963：105.

④ 资料来源：根据会议报告统计而得。

表 2-6　20 世纪 50 年代初至 60 年代中期 OECD 成员国高等教育招生情况一览表

（单位：万）

国家	大学型高等教育				非大学型高等教育			
	1950—1951	1955—1956	1960—1961	1965—1966	1950—1951	1955—1956	1960—1961	1965—1966
德国	11.0554	12.9092	20.5459	25.28	5.9516	7.2535	13.1375	17.0474
奥地利	2.03	1.9124	3.8533	4.8768	—	—	—	—
比利时	2.0178	2.4462	3.0692	4.88	1.3905	1.3905	2.1307	3.5191
丹麦	1.4499	1.3407	1.8752	3.4502	0.6179	0.8469	1.3661	1.7485
西班牙	5.4605	6.2057	7.38	12.7295	3.3	3.3	4.0582	7.1945
芬兰	1.3376	1.5782	2.3833	4.0436	0.3235	0.4021	0.4122	0.7226
法国	13.1338	14.7611	19.4782	37.1863	6.7452	6.7452	9.2004	15.2015
希腊	1.5777	1.8028	2.5821	5.4610	0.2859	0.2859	0.2481	0.339
爱尔兰	0.7328	0.8118	1.1089	1.4185	0.11	0.11	0.1803	0.195
冰岛	0.0631	0.0762	0.079	0.1117	—	—	—	—
意大利	22.8295	20.7989	26.2625	39.9259	0.4171	0.3441	0.7582	0.9191
卢森堡	0.075	0.0691	0.0937	0.1222	—	—	0.004	0.0255
挪威	0.6997	0.5663	0.9448	1.9365	0.184	0.184	0.315	0.9534
荷兰	2.9736	2.9642	4.0727	6.4409	1.8188	2.455	3.5666	4.5857
葡萄牙	1.2317	1.45	1.9771	2.7782	0.3406	0.375	0.5023	0.8399
英国	10.2025	11.3146	14.3578	20.7281	9	9	14.264	22.3851
瑞典	1.6549	2.2298	3.5505	7.0591	0.4931	0.4931	0.4476	0.7032
瑞士	1.6501	1.5952	2.1281	3.2871	0.3171	0.3171	0.5818	0.7998
土耳其	2.2565	3.212	4.8081	6.3677	0.5	0.5	1.8609	3.4866
南斯拉夫	5.4482	6.2045	10.8912	11.6273	0.534	0.7605	3.1662	6.865
加拿大	7.8	8.28	14.51	27.99	1.72	1.72	3.07	4.7
美国	207.902	236.9647	315.639	472.5027	21.7572	30.8976	45.3617	84.5244
日本	22.2044	50.3705	60.1464	89.5465	1.3839	7.6025	8.1528	14.5458

"—"代表未收集到有效数据。"国家"的排序参照资料来源。

资料来源：根据 OECD. Development of Higher Edcuation：1950—1967（Analytical Report）[R]. Paris：OECD, 1970：24. 译制而成。

表中的数据透露出，1950 年至 1965 年这 15 年中，两种类型的高等教育机构总体而言在接收学生人数方面皆呈现较大幅度的上升趋势。这种扩张无论从纵向还是横向来看，皆具有普遍性。但是这种增长并不均匀，在各国之间也有相当大的差异性。尤其在大学型高等教育方面，与其总体增长率140％相比，如意大利增长率在 75％，而瑞典则达到了 327％。在 1950 年之后的头三四年，奥地利、丹麦、荷兰、瑞士等国由于 1930 年至 1935 年的低出生率、战后异常高的大学入学人数恢复了正常等原因甚至出现过短暂的人数下降现象。然而，在非大学型高等教育层面，虽然总体人数相较于前者少很多，但是在 15 年间这一人数呈现绝对性的增长，并且伴随着持续增长的趋势。报告指出，中等后教育（除了大学型教育）是完整的教育系统中十分重要的一环，如成人教育和再培训有助于职业灵活性的发展，可以帮助避免技术人员短缺造成的瓶颈，对于那些在青年时没有充分发展自己能力的人来说也是有价值的，这些教育可被看作是更加自由的社会中公民教育的辅助手段。

（二）加强了"教育作为一种投资"的观念

在 20 世纪 50 年代末，随着人力资本理论的提出，教育作为一种可以提高未来生产能力的价值得到承认。具体来说，人力资本投资促进经济增长的概念可以追溯到亚当·斯密（Adam Smith）和早期古典经济学家，如舒尔茨和丹尼森时代，他们强调投资于人类技能的重要性，并赞成教育通过提高劳动力技能和生产能力，可直接促进个人收入和国民收入的增长的观念。在这份报告中，OECD 用教育能够给个人和社会带来的直接和间接的利益，强调了教育作为一种投资行为的重要意义，私人和社会回报率都是评估教育投资的重要工具。私人回报率不仅是决定个人教育需求的因素之一，而且对如何资助教育和如何分配教育成本和利益的问题也有很大的影响。较为直接地来看，受过教育的劳动者比受教育程度较低的劳动者更易获得更高的收入，而且终身收入也更高（见图 2-6），这是因为受过教育的劳动者所拥有的更高生产力能够促使他们在整个工作生活中对国民收入作出额外贡献。虽然受过教育的人力的较高终身收入可用于衡量教育的直接效益，但条件是人们必须接受这样一个前提或假设，即劳动者的相对收入反映了其生产力，额外收入是受过教育的劳动者生产的较高产出的"替代衡量标准"。[1]

---

[1]　George Psacharopoulos，Maureen Woodhall. Education for Development：An Analysis of Investment Choices ［M］. New York：Oxford University Press，1985：38.

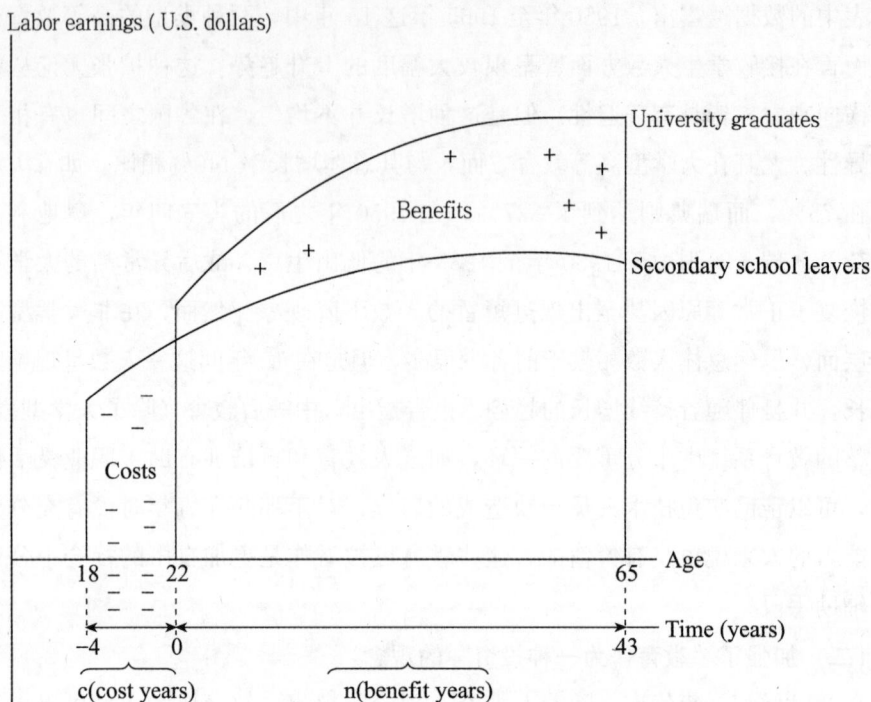

图 2-6　大学一级的教育回报率估计

资料来源：Psacharopoulos，George. Returns to Education：An Updated International Comparison ［J］. Comparative Education，1981（17/3）：321—41.

　　由图 2-6 可见，平均收入往往在职业中期或后期上升到峰值，然后稳定或下降，直至退休。这些年龄—收入概况的典型特征是：1. 收入与教育程度相关。在每个年龄，受过高等教育的劳动者比受教育程度较低的劳动者挣得更多。2. 收入随年龄上升至一个峰值，然后趋平或下降至退休。受教育程度较高的劳动者的情况比受教育程度较低的人更加明显。3. 受教育程度越高，收入达到顶峰的年龄越晚。但从社会收益的层面来看，劳动力所体现的知识和技能与其生产力密切相关，教育培养的人力资本与其说是为了满足经济发展需求，不如说是为了满足技术需求或生产力需求。因为要实现特定的产出水平或经济目标，就需要一定水平的熟练人力。[①] 技术积累和进步是一国经济发展的首要条件，"科学技术是第一生产力"的号角无论在哪里都会被持续奏响。而且从人力资本理论的角度来看，最初将教

---

① Parnes，Herbert.. Forecasting Educational Needs for Economic and Social Developmen ［R］. Paris：OECD，1962：7.

育作为投资来理解也是看重其可以提高一国未来生产能力这一价值。

（三）两种"教育规划指导方法"的博弈

教育除了是一种投资之外，还必须被视为一种理想的消费资产。教育对未来消费模式的影响，以及教育投资的社会和私人回报将很高。教育发展与一个国家的经济水平之间并非存在着不可改变的关系。在一定的收入水平上，对教育价值的信念对收入水平本身存在一定的影响。[①] 报告在对 OECD 地区未来十年的学生、教师、建筑物和支出方面的增长作出估计的基础上，强调未来教育的扩张将集中在中等和高等教育两级，因为它们涉及人口、社会需求和经济因素的复杂组合，因此需要进行有效的教育规划，为大学和学校确立中长期发展目标。因此，教育规划将会是组织日后讨论和工作的中心。而教育投资作为教育规划工作得以开展的核心条件和方向指南，其指导方法至关重要，到底是以投资"人"为主，还是以投资"物"为主，将直接影响教育规划的方法和步骤。人力需求法是指旨在从数量上预测需求并相应调节供应的政策。收益率法预设了未来需求模式的一些灵活性，评估了满足这些需求的最具成本效益的方式。

一国未来的人力结构可以预测，并将预测用作规划教育规模的基础，这一想法在各国学者的相关研究中一直存在，因为它似乎为决策者提供了关于如何规划教育投资的明确指导。尤其当帕纳斯（Parnes）提出"有可能确定实现特定增长目标的最佳教育数量"的概念后，对许多欠发达国家的教育和经济规划产生了巨大的影响。根据联合国教科文组织 1968 年的一项调查，在制定教育规划的 73 个国家中，有 60 个国家试图根据对未来人力需求的预测完成这项工作。[②] 人力规划的基本信念是，熟练的人力是现代经济最关键的投入之一。因此，为了促进经济增长（并避免人力严重短缺或过剩），规划者设法确定未来对熟练人力的要求，并设计教育系统，以培养具有必要技能和技术或专业知识的劳动力。人力预测教育投资法的倡导者认为，由于培养高技能或训练有素的人力需要多年，而且由于人力短缺构成严重的瓶颈将阻碍发展计划，因此需要对人力需求进行长期预测，以确保教育系统产生正确的技能组合。而批评人士认为，劳动力市场是足够灵活的，固定人力需求的想法毫无意义，预测技术是不可靠的。他们认为，需要的是对人

---

① Ingvar Svennilson, Friedrich Edding, Lionel Elvin. Targets for Education in Europe in 1970—A Study of Policy Considerations Related to Economic Growth [R]. Paris: OECD, 1970: 18.

② UNESCO. Educational Planning: A Survey of Problems and Prospects [R]. Paris: UNESCO, 1968: 1—195.

力趋势的分析，包括现有的人力利用模式和替代经济目标的影响。这一争议的热度从 20 世纪 60 年代末左右不断增加，其中大部分还是集中在教育投资应该以人力预测为指导还是以成本效益分析为指导。之后的 15 年至 20 年，专家学者们一直呼吁将这两种方法结合起来，但它们被视为是相互竞争和博弈的关系，这一博弈可以简要地总结如下：主张采用人力需求方法的人不认为"相对价格"可以是未来投资决策的可靠指南，因为这一方法容易忽视比较替代技能组合或不同技能发展方式的成本和有效性（例如，正规教育和职业培训的替代组合）。而主张采用收益率方法的人不信任对人力的纯粹定量预测，而是提倡使用回报率的方法使用相对工资和薪金来作为提供需求和供应的信号，毕竟对人力问题的分析往往会局限于人力预测的机械尝试，同时也容易忽视系统地审查毕业生的实际安置和工资或薪金情况。①

两种规划方法之间的博弈持续数年，之间也各自经历了具体指导内容的更迭，但在不同的时期，二者就像跷跷板一样，分别成为了当时的主流教育投资方法。帕纳斯认为，"人力需求的概念与其说是经济需求，不如说是技术需求。要实现特定的产出水平或经济目标，就需要一定水平的熟练人力，这一想法基本取决于两个假设：一个行业、部门或整个经济中不同职业类别的熟练人力投入与其产出水平之间的固定关系，以及工人的教育资格与其生产力之间的固定关系"。② 20 世纪60 年代左右，由于人力资本理论和人力需求法的兴起，加之人力投资法更多地集中于高等教育讨论的层面，以及适合给国家作出统一的教育规划提供机会，因此人力法成为了 OECD 等国际组织进行教育规划的主要指导方法。

二、"地中海区域项目"系列报告

作为 OECD 成立之初在教育工作方面最为关注的项目，"地中海区域项目"产生了许多主题报告，如《地中海区域项目第一阶段的技术评估》（*Technical Evaluation of the First Stage of the Mediterranean Regional Project*）、《教育的

---

① Dougherty, C. R. S. Manpower Planning from Three Points of View: Country, Technical Assistance Agency and Lending Agency [A]. Hollister, Robinson. A Perspective on the Role of Manpower Analysis and Planning in Developing Countries [A]. George Psacharopoulos. World Bank Staff Working Paper no. 624: Manpower Issues in Educational Investments [R]. Washington, D. C: World Bank, 1983: 27—57.

② Parnes, Herbert. . Forecasting Educational Needs for Economic and Social Developmen [R]. Paris: OECD, 1962: 7.

计量经济学模型：一些应用》（*Econometric Models of Education：Some Applications*）、《拉丁美洲和地中海区域项目国家的人力资源规划问题》（*Problems of Human Resources Planning in Latin America and in the Mediterranean Regional Project Countries*）、《阿拉伯国家和地中海区域项目国家的教育和人力规划问题》（*Problems of Educational and Manpower Planning in the Arab Countries and Mediterranean Regional Project Countries*）、《地中海区域项目：六国规划实验》（*The Mediterranean Regional Project：An Experiment in Planning by Six Countries*）等，这些报告不仅反映了那时 OECD 对于合格人力预测活动的关注和回应，同时也折射出其高等教育工作的方向。因此，对这些报告进行综合分析不仅具有代表性，也能从整体上了解低收入群体成员国的人力现状和发展态势。

（一）进一步解析了人力需求预测法

教育规划工作的本质即评估人力预测的结果，而评估人力预测的结果最重要的便是清楚了解预测是如何作出的。虽然许多国家开发了各类人力预测方法，但其主导模型便是 OECD 提倡的，由帕纳斯团队设计的“人力需求”模型，OECD 也将其称之为“MRP 法”。原因在于该模型的计量步骤最为细致。该人力预测法主要由三个步骤组成：1. 按教育水平评估所需劳动力人数。2. 预测教育供应。3. 平衡供求。运用到了以下计量符号：P＝人口（population）；L＝劳动力（labour force）；X＝输出（output）；i＝经济部门（economic sector）；j＝职业（occupation）；k＝教育层级或类型（educational level or type）。根据此方法，首先在计划的目标年度，按教育水平评估所需劳动力人数有五个主要步骤：（1）在基准年和目标年之间估计未来人力产出（X）的教育层级和经济增长率。（2）在基准年和目标年之间评估经济的结构转型或按经济部门划分的国民生产总值分布（X_i/X）。（3）在基准年和目标年之间评估按经济部门划分的目标年劳动力生产率（L_i/X_i）及其变化。（4）评估目标年经济部门劳动力职业结构（L_{ij}/L_i）。（5）评估目标年经济部门内特定职业的劳动力的教育结构（L_{ijk}/L_{ij}）。综上，受过教育的劳动力的“需求函数”（*demand function*）如下：

$$L_{ijk}=f\left\{X，\frac{X_i}{X}，\frac{L_i}{X_i}，\frac{L_{ij}}{L_i}，\frac{L_{ijk}}{L_{ij}}\right\}$$

由于前三个步骤是一般经济规划的一部分，MRP 法更为关注与职业和教育预测相关的最后两个步骤。在报告《地中海区域项目第一阶段的技术评估》中也强调如果不正确预测增长率、经济结构转型、劳动生产率、职业结构等因素，将对人力预测的准确性产生不利影响。[①] 因此，组织提供了一些"预测职业结构"（$\vec{L}_j$）的方法以及预测教育结构的方法，具体如下。

1. 国际模式（International models）。以一种更为先进的发展眼光观察一个国家职业结构的发展水平，并假设这是该国所期望的职业结构。即用发达国家的职业发展水平作为参照系，如波多黎各自治邦（Puerto Rico）地区参照美国的系数，意大利参照法国的系数。[②]

2. 模范公司比较（Model-firm comparisons）模式。观察最具现代化或高效的公司职业结构，并规定这是人力预测中期望采用的职业结构。在社会主义国家，"模范公司"是使用最新技术的那一类公司。

3. 人员配置规范（Staffing norms）模式。经过专家的咨询或规划者的观察，指定一定期望比率的职业类型，如工程师—技术人员，医生—护士等。这种模式在社会主义国家得到了广泛的应用。

4. 时间序列推演（Time-series extrapolation）模式。根据过去的趋势，预测职业结构是时间的一个简单函数（这种方法在法国的人力与教育规划中得到了广泛的应用）。此函数方程如下：

$$\frac{L_{ij}}{L_i} = f(t)$$

5. 部门劳动生产率功用（Sectoral labour-productivity functions）模式。假设经济部门内的职业结构与经济环境中的整体劳动生产率或该部门的劳动生产率有关。此模式的函数计算公式如下：

$$\frac{L_{ij}}{L_i} = f\left(\frac{X}{L}\right) \quad \text{or} \quad f\left(\frac{X_i}{L_i}\right)$$

6. 预测教育结构的方法。有两种不同的方法进行教育结构方面的预测：根据职业需求预测教育结构；在教育方面直接进行预测。[③] 第一种方法是 MRP 法的表现以及大多数实际应用中会采用的方法。职业到教育（根据职业需求预测教育结

① OECD. Technical Evaluation of the First Stage of the Mediterranean Regional Project [R]. Paris：OECD, 1967：26.

② OECD. Occupational and Educational Structures of the Labour Force and Levels of Economic Development (The Orange Book) [R]. Paris：OECD, 1970：47.

③ Tinbergen, J., Bos, H.C.. A Planning Model for the Educational Requirements of Economic Development [R]. Paris：OECD, 1965：32.

构）的基准是 j 乘 k 矩阵，即 L_{jk}，有时还要考虑经济部门的因素，即 L_{ijk}。或者，根据理想化教育结构规定相关职业的教育内容（法国规划者遵循的方法）。在这种方法中，教育结构是劳动生产率的直接函数，或来自更一般的生产函数，其中劳动力使用系数（b）将受过教育的劳动力产出联系起来（如以下公式）：

$$\frac{L_k}{L}=f\left(\frac{X}{L}\right) \quad \text{or} \quad L_k=bY$$

其次，在教育供给预测部分，组织强调首先要承认受教育劳动力的自发供应是社会需求的结果。在"供给侧"（supply side）主题下，这种自发供应指的是非计划地创造受过教育的劳动力。从这个意义上说，供应预测涉及三个基本步骤：1. 根据学校年龄组的划分而进行的人口预测。这些预测是根据一定标准的人口模型进行的，或者仅仅是根据简单的时间推断。2. 按教育层次对毕业生人数进行评估。即将不同教育层次之间的过渡概率放置人口环境中加以类比，在学生离开教育系统之前一直跟踪这些概率。[1] 3. 计算出劳动力数量。通过特定的劳动力参与率乘以上一步产生的毕业生得出。最后，平衡供求间的关系。从需求方评估 L_{ijk} 与从供给方评估 L_{ijk} 是完全不同的，OECD 认为通过使用其他参数，而不是最初假设的参数，规划者可以调和未来供求之间的巨大差异。如果不能调和，则需要采取政策行动，以确定人力缺口（或盈余）不太可能自发供应弥补，并规范特定学校的产出以在目标年到达之际将供应等同于需求。因此，OECD 在对 MRP 项目进行技术评估时，提请各参与调查国在开展人力和教育规划时注意以下事项。

1. 教育系统对人力需求的影响是重大的。也就是说，即使为教育系统产出的增长提供必要的财政资助，以跟上劳动力的增长速度，但是劳动力职业分布的变化与每一职业相关的教育变化皆会引起教育系统产出的重大变化。

2. 生产力变化的不确定性会引起很大的问题。对职业结构变化来源的分析表明，生产力评估对于确定整体职业结构起着重要作用。生产力变化评估中的小错误可能会导致职业分布变化评估失效。

3. 职业输入系数在一定的时间点内是十分易变的，也就是说存在着大量的替代可能性。因此，各种类型的劳动力需求量，其实可以根据供应的变化进行实际调整。

4. 供应效应允许在用于评估人力需求的程序中有一定的偏差。这表明有可能

---

[1] Stone，R.. A Model of the Educational System [J]. Minerva，1965 (3/2)：172—186.

在人力投入的替代模式中进行一系列的选择，这也符合给定的一套经济产出目标。

5. 在人力需求评估中使用的职业分类方法是一个悬而未决的问题。按经济部门划分的国民收入对职业分布的估计没有很大的贡献。

6. 教育和职业之间的关系非常棘手。这一阶段是人力需求评估过程中最为薄弱的环节。

7. 劳动生产率水平不是外生的基准。有可能存在熟练劳动力的提供影响生产力水平的情况。

8. 教育战略的制定应考虑到不确定性，特别是在技术变革方面。因此，劳动力灵活性的目标应在教育结构和内容的规划中得到更多地强调。人力评估应以反映潜在不确定性的方式提出，应避免对人力需求的单一估计。[①]

（二）拉美国家与阿拉伯国家的高等教育人力规划经验

二战后期，拉丁美洲国家和阿拉伯国家的高等教育水平稳步提高，对人力资源开发的关注和投入程度也大大加深，尤其在人力资本理论广泛引起学术界关注的特殊时期，越来越多不同发展水平的国家都考虑要在数量和种类上培养能够满足社会进步和经济发展需要的训练有素的人力资源。OECD在实施MRP项目过程中，注意到了拉美国家和阿拉伯国家在人力资源规划方面的各类做法，于是在与相关国家达成合作协议的基础之上，对它们的教育和人力规划整体图景进行了调查和分析，并发布了《拉丁美洲和地中海区域项目国家的人力资源规划问题》《阿拉伯国家和地中海区域项目国家的教育和人力规划问题》等相关政策报告。

从拉美国家来看，拉丁美洲是第一个完全被欧洲殖民的地方，因此欧洲的文化、技术和政治制度也在早期大量地被移植到这里。这让拉美国家在很早就清楚地认识到经济发展的重要性。在当时，为了尽快进入工业化时代，巴西、墨西哥、阿根廷等国向世界银行及美洲开发银行借贷大笔款项用作国家开发计划，建高速公路、水坝、机械化农业及发电厂等。这些经济改革改变了传统的农业生产方式，国内的工业发展减少了对进口资源的依赖，服务业的发展提供人民更多的就业机会。机械化的大规模农业生产使传统的农业生产失去竞争，很多传统的农民只好到城里谋生，城里却没有那么大的市场去吸收这些劳动力，农民只好靠自己的力量在城市发展非正式经济。总而言之，这样的发展策略成功让大多数拉美国家从

---

① R. G. Hollister. The Economics of Manpower Forecasting [J]. International Labour Review，1964（4）：371—373.

原本只出口一两样初级产品的经济过渡到多元化经济与都市化国家。① 这些国家的经济水平也在那个年代迅速地发展起来。就当时来说，拉美国家所采取的这种"制造业战略""绿色革命"确实给当地的经济恢复和增长带来了盛极一时的效果。

拉丁美洲的都市化不同于其他发展中国家，这里的都市化指的是人民大部分都住在城市。从上文窥见，并不是每一个迁移到城市的人都找得到工作，因此非正式经济就在这样的环境下发展起来了。虽然人口增长率呈下降趋势，但是年轻人口的比例很高，因此这里也承受着很重的教育及就业压力。② 为了能够更好地满足人力发展的需求，缓解就业压力，促使高等教育毕业生顺利地得到工作，拉丁美洲国家鼓励私营企业发展，这些私营企业对各国的经济增长，以及社会民主的发展作出了重要贡献。它的大量出现为人力资源开发提供了机会，高等教育作为人力资源培养的主要渠道，承担了培养企业所需的各类人才的职能。若能对接受高等教育的对象进行合理的规划，就能更有针对性地满足经济发展的需要。

在这一时期，世界银行对拉美地区人力资源规划以及确定教育优先发展事项方面作出了实质性的帮助。当时的世界银行行长乔治·伍兹（George D. Woods）在 1962 年第一份教育政策备忘录上明确指出："银行准备考虑投资一部分优先的教育贷款项目，目的是在数量上和种类上培养满足经济发展所需要的训练有素的人力资源。"③ 自此，该组织以新古典主义观点基础上的面向市场的"人力资本理论"为前提的"人力资源规划"教育援助理念正式启用。在该理念推动下，组织的最初几笔教育贷款皆分拨给了亚非拉各发展中国家的高等教育实验性项目，希望通过这些资金帮助学校提供更为职业化和技术性的培训来直接增加学校对储备专业人才的重视，同时通过提供物质资本，如教育建筑、教育设备和教育技术等来满足更多的人力储备需求，另外该资金还用于为确定高等教育的最佳培养数量搭建计算模型。在 OECD 看来，考虑到拉美国家与其原始欧洲宗主国之间的关系，前者在世界银行援助下高等教育人力资源规划的发展经验与进展节奏能够给予地中海六国一定的启示。

作为较早实现独立的阿拉伯国家，第二次世界大战结束之后，直到 20 世纪 80

---

① 拉丁美洲［EB/OL］.（2020－10－21）　［2011－11－4］. https：//www.doc88.com/p－77043443421.html.

② 拉丁美洲［EB/OL］.（2020－10－21）　［2011－11－4］. https：//www.doc88.com/p－77043443421.html.

③ George D. Woods. World Bank Policy on Education：A Personal Account ［J］. International Journal of Education Development，2006（26/3）：329－338.

年代，是它们高等教育的发展与调整期。这些国家那时进入了民族解放运动的新一轮高潮，殖民体系也逐渐瓦解，作为民族国家的体系也得到进一步确立，这时它们均将推动经济、社会和文化建设，以加快现代化进程这一发展任务放置核心位置，考虑到高等教育对经济发展的重要推动作用，以及学生人口的大幅增加，加速高等教育发展逐渐成为了他们的基本国策。不过对于他们来说，"实现现代化的进程是一个向西方发达工业化国家学习、模仿的过程。他们的现代化发展内容需要政府合理的引导，本质上来说需要由政治变革促进经济变革。基于此环境，许多国家的高等教育治理体系逐渐由政府主管，即国家全面负责高等教育的管理工作"。① 如作为主要出资人、直接负责教师的选拔和培训、直接调整专业设置等工作。为了最大程度地促进经济发展和国家繁荣，这些国家还努力缩短培养周期、打破性别壁垒、改进教学方式、更新课程内容以加大培养力度，如独立后妇女入学比例增长迅速，促使在阿拉伯世界女性受教育的长期弱势地位得到了一定的改善；促使高等教育形式的日趋多样化和多层次化，如学院、大学、研究生教育等多层次教育蓬勃发展，阿拉伯的私立教育也在战后人口爆炸引起的学生生源数量激增的大背景下发展迅速。② 综上，现代化改革是这些阿拉伯国家经济社会发展的一条主线，其内隐的主线即人的现代化改革，提升人力资源质量、促进人的现代化则是这些国家进行高等教育规划的主要方向，因为只有通过系统的学校教育，人们才能掌握在社会上生存的技能，适应现代社会的发展。

OECD 通过分析两个地区，尤其是拉美地区发展中国家的高等教育人力资源规划工作，在 1967 年发表了蓝皮书《拉丁美洲国家人力资源规划的问题》，从整体上总结了它们的发展经验：1. 长期的职业预测不是对未来人力结构的无条件预测，而是要以实现生产目标为前提，来预测人力结构应该是什么。2. 教育支出和经济最优化问题。教育规划者应明确，为实现经济和社会发展目标所必需的教育开支数额，以及如何实施最佳分配。3. 没有任何公式可以机械地用来计算对人力资源的预测，在计算程序的每个阶段，都有必要在备选假设中作出选择。4. 无论职业类别多么细小，都要将其转换为所需的教育水平和类型。③

① 郑立. 中东国家高等教育演进历程及发展模式研究 [D]. 西安：西北大学，2018：55.

② 浅析阿拉伯教育发展：现状与问题 [EB/OL]. （2020－10－16）［2015－10－31］. https://zhuanlan. zhihu. com/p/20307878.

③ OECD. Problems of Human Resources Planning in Latin America（the Blue Book）［R］. Paris：OECD，1967：29.

（三）由参与国背景报告分析得出的政策结论

如果要满足经济增长的需要，就必须更充分地挖掘地中海国家的知识潜力。这将涉及财政措施和教育措施，以增加城市和人口稀少的地区低收入群体的教育机会。同时女孩的教育机会也应得到改善。在意大利、西班牙和南斯拉夫，义务教育年限延长至 8 年，在葡萄牙、土耳其和希腊分别为 4 年、5 年和 6 年。总体来看，实际上学生上学的年数一般较少，特别在一些国家地区，从 10 岁起就有辍学现象。这也是导致劳动力市场人力资源不平衡的原因之一。由于公共教育设施的不足，在中等教育一级这种辍学情况更加明显。在葡萄牙、西班牙和希腊，私立教育在中等教育中占主导地位，在所有地中海国家（南斯拉夫除外），由于公共教育不足，一般情况下，来自低收入群体的学生更加容易受到入学限制。就教育民主化而言，尤其是处于 14 岁至 17 岁龄组的学生，许多潜在聪颖的学生就会被排除在外。因此，虽然与北欧相比，地中海国家高等教育的入学率并不低，但学生群体的社会组成很窄。[①] 另外，与北欧相比，在专业层次结构中通过中级技术等级的情况也有明显差距。这是由于高等教育所划分出的具有特权性质的职业等级，以及政府和家庭对迅速和充分扩大由生产需要决定的教育类型的态度。因此，在地中海国家需要在高等教育系统中创造灵活性，以便学生能够从中学以外的学校获得高等教育机会，包括为已经开始工作的人提供非全日制学习机会作出适当安排。

地中海国家教育的"效率"往往很低，主要是因为现有设施不足和教师短缺。如果在小学一级需要有一支全职的专业教学队伍，那么在中学和更高层次，主要的问题是如何通过适当的工资结构建立一个专业团体，该专业团体可以将所有时间用于教学，或者在教学和研究方面。很明显，没有适当的薪酬以及适当的学术基础设施，教授每周只花几个小时来教学，那么学生学习失败的现象将会继续。另外，合格的教师也没有得到充分利用。教育迅速扩张的最大障碍之一似乎是按级别过度严格地分离教学力量，从而使这些教学力量难以在系统内晋升。

这些国家背景报告还表明，需要进行广泛的建筑设计，以弥补由于折旧、人口增加和所有类型教育的扩大参与而产生的设施不足现象。各种设备，包括实验室、图书馆等，都需要大大改进。在高等教育一级，建设和扩大教育机构应同时

---

① Raymond Lyons. The Mediterranean Regional Project [J]. The American Economist, 1964（8/2）：17—18.

进行，在较为发达的地区，尤其是省会城市要更好地利用现有的教育机构。这些报告皆认为，作为教育扩张的必然结果应审查教育内容。在西班牙的报告中，认为应该"提升课程的连续性和一致性。学生在进入一个新班级开始学习新课程时，应该保证他们在以往所学过的课程中有迹可循。同时，不能让学生因为要吸收百科全书式的一般知识而消散掉他们的兴趣爱好。他们应该有一个自己的概念框架，以建立他们自己的知识存量"。①因此，课程内容和方法的改革必须联系起来。

三、《1950 年—1967 年高等教育发展：分析报告》

随着科技进步和城市化进程的加快，高等教育的迅速发展可能是战后二十多年来社会发展中最明显、最深远的方面之一。虽然这一现象是众所周知的，但直至 20 世纪 60 年代后期还没有组织针对这一现象进行过全面的分析。OECD 的初步努力正是针对这一任务进行的。其研究结果《1950 年—1967 年高等教育发展：分析报告》为当时讨论这一领域的未来政策提供了不可或缺的经验性和预测性内容。这项研究及其所附的分析几乎完全涵盖了过去近 20 年 OECD 成员国高等教育发展的各个方面，相当于是过往的回顾与总结，在本研究中只提及较重要的研究结果。

（一）学生群体组成的总体变化

在十至十五年的时间里，所有 OECD 国家的高等教育系统都必须将其招生能力提高一倍或三倍，才能应对人数的增长。尽管所有学科的招生人数都将从这一扩张中受益，但增长最大的当属法律、医学、社会科学和人文学科等专业领域。就社会经济背景而言，中产阶级和上层阶级入学人数的增长速度要快得多，这意味着若按绝对数字计算，不同社会阶层的参与率之间的差距不但没有缩小，反而增加了。1965 年至 1966 年，妇女入学的机会仍然只有男子的一半，为未来的发展留下了较大的增长潜力。据估计，到 1973 年时，女性入学率将稳步大幅增长。这说明高等教育的扩张导致了学生群体组成的实质性变化。

1. 关于社会经济背景，扩张当然影响到所有社会阶层，但对上层阶级来说，影响是更加迅速的。由于这些班级的学生已经占据高等教育入学人数的绝大多数，事实上，不同社会阶层参与率的差距会在绝对值上有所增加。

---

① OECD. The Mediterranean Regional Project. Country Reports：Spain [R]. Paris：OECD，1965：52.

2. 妇女接受高等教育的人数大幅度稳步增加。她们的入学机会在 15 年内增加了一倍，平均占入学总人数的 15%。然而，整体看来，她们接受高等教育的机会仍然只有 1965 年—1966 年间的一半。所有 OECD 国家都是这样的情况，1965 年—1966 年妇女的参与率介于 16%～45% 之间。

3. 最后，高等教育入学率的总体增长伴随着以下方面的相对下降：

（1）几乎所有 OECD 国家的外国学生人数的下降；

（2）非全日制学习人数的下降。

高等教育的增长是所有国家共有的社会和经济状况以及每个国家特有的变量共同作用的结果。然而，却很难建立任何显著的相关性。这一增长似乎既没有受到高等教育组织方式（集中化或自治程度）的影响，也没有受到对学生的援助程度的影响。同样，入学人数的增长似乎与入学制度关联性不大（尽管在增长率高的国家，大多数大学入学要求相当宽松）。

（二）两种类型高等教育机构的入学率比较

自 20 世纪 50 年代中期以来，所有 OECD 成员国都经历了高等教育入学人数的增长，这迫使他们在十年内入学能力翻了一番或翻两番。这种扩张对所有成员国来说都是共同的，尤其在 1958 年至 1960 年之间特别明显，并从 1960 年至 1965 年进一步加速。虽然扩张是普遍的，但他们的规模在不同国家之间有很大的差异。总的来说，大学型高等教育在 15 年内的入学人数平均增长率为 140%，但在一些国家如加拿大、希腊、日本和瑞典，增长率超过 300%。在非大学型高等教育机构中，入学率的差异甚至更大。在一些欧洲大陆国家，符合高等教育资格的学生最终进入大学型高等教育机构的占多数，尤其在德国、意大利和南斯拉夫，达到了 92%～96%。这一比例在其他国家较小，在美国只有 49%。在一些国家，非大学型高等教育机构的吸收能力，以及将其转化为大学的可能性已经得到了讨论，[①] 甚至已有所执行，如英国的先进技术学院（Colleges of Advanced Technology）。

如果对新入学人数的演变进行分析，大学型教育的爆炸性扩张就更加明显。最引人注目的因素就是在 1954 年至 1957 年之间这种扩张的速度，年平均增长率从 1950 年至 1955 年的 2% 上升到 1955 年至 1960 年的 9.4%。在四分之三的成员国中，新进入者的人流量在 1954 年至 1955 年之前相对稳定，在接下来的五年中增加了 50% 以上，1960 年后达到了最高比例。1960 年至 1965 年期间，在 17 个国

---

① Robbins Committee. Higher Education ［R］. London：HMSO，1963：4—10.

家中，15 个国家增加了一倍多，其中 4 个国家甚至增加了两倍。

在大多数国家，新入学人数的增长速度远远快于在籍人数，奥地利、德国和南斯拉夫是例外，从 1960 年到 1965 年，这一速度降低了。部分原因是新入学学生对在籍人数的影响有所延迟，也是由于辍学人数的影响。然而，在美国，新入学率和注册率的增长率在此期间保持相对稳定，并且与大多数其他国家相比，它们仍然相对较低。因为，可推断出 1950 年在美国注册率已经很高，也可以推断出，在超过了一定发展水平的时候，体系内部会通过调整供求，促使人数达到规范性流动。

非大学型的高等教育机构主要以职业发展为导向（professionally-oriented）。在美国、加拿大的部分地区以及南斯拉夫，这种教育形式包括提供允许进入大学学习的前两年的培训。像美国的初级学院（Junior Colleges），大约三分之一的学生通过转学性质的课程从那里毕业后进入大学的三年级进行学习，获得学士学位。出于分类的目的，初级学院被认为是非大学类型的机构。

直到 1970 年，在大多数欧洲国家仍不允许其大学的不同结构间可以进行转换，即非大学型教育转换成大学型，或大学型转换成非大学型。一个较为典型的例子是在南斯拉夫。1957 年至 1963 年期间，南斯拉夫进行了改革，将两年制的大专课程纳入大学体系，并使相应的学院提供相当于大学头两年教育的培训。[①] 逐渐地，这种措施使这些机构偏离了它们的主要目标，直接将学院变为了学生进入大学学习的通道，因此在 1964 年之后该国采取了措施，在这些学院和大学之间重新建立了一个相当明确的分离制度。将这种类型的教育或培训转换成大学型高等教育，也有一些国家，如英国希望延长其小学教师培训的时间，则将其培训的特点转换成了大学型教育。

其在籍人数的演变情况如下。1950 年约为 60 万人，1965 年接近 240 万人。在此期间，年平均增长率有规律地上升。很明显在籍人数的增加是普遍的，但各国的增长率差异很大。在一些国家，如挪威、土耳其和南斯拉夫，这种增长尤其迅速。在其他国家，1955 年至 1965 年的增长在 100%～200% 之间。关于在籍人数可以得出以下发展趋势：1. 一些国家在籍人数持续快速增长，年增长率约为 10%。例如，在美国，年增长率在这一时期从 8% 上升到 13%。在法国，年增长

---

① 一些专科学校的课程设置是不同于本科一、二年级的，它的毕业生必须要通过相较于本科一、二年级所缺科目的考试，才可注册入其三年级，这称之为缺科补考制。专科和本科的互相衔接，构成了高等教育体系的两个阶梯，使专科生取得专业技能后，视个人情况与社会需要，具有自行就业的机会。

率从 1960 年之前的 6.4％上升到 10.6％。虽然增长速度很快，但比利时的增长率较平缓，英国的增长率也不变，每年 9.5％。2. 在一些国家的发展进程较为波动。这些国家的在籍人数只在相当短的时间内迅速增加，丹麦、德国和瑞士就是如此，1955 年至 1960 年期间，在籍人数迅速增加。日本和瑞典的在籍人数在 1962 年后才开始稳定增长。而南斯拉夫有其独特的状况，[①] 1955 年至 1960 年期间，在籍人数增加了近五倍。

在两种类型的高等教育中，这种扩张大致是平行的，尽管已经有近三分之一的成员国非大学型机构正吸引着更多的新入学者（通常招收的是那些进入大学受到限制的学生）。然而，这一趋势尚未足够明显，至少到 1966 年至 1967 年，能够导致高等教育总体结构发生变化的任何可预见性现象都不明显。在五分之四的国家中，这两种高等教育机构之间的录取数之比并没有明显变化。在整个成员国中，在本报告所述期间，大学（或同等机构）入学人数平均占总人数的 80％，因此其仍然是人数扩张的主要基点。究其原因，这不仅与它的数量多少、规模大小有关，还与当时的社会文化环境、经济发展状况以及人们普遍希望成为国家公务员这一就业观念相关。但到了 20 世纪 70 年代，尤其在创新运动和平权运动兴起之后，导致毕业生的就业观念和就业需求得到改变。因此，这给短期高等教育带来了更大的发展契机，进而丰富了高等教育机构类型，扩大了高等教育规模，改变了高等教育的办学格局。本文将在下一章节针对这一主要内容展开分析。

（三）高等教育人数扩张的独立性

人口发展和需求的变化在很大程度上解释了学生入学率的迅速增长。OECD 还调查了成员国高等教育人数扩张与下列因素的相关性。

没有证据证明在籍人数的增加与入学条件之间的关系。如果只考虑大学型高等教育，可以看出，在大多数增长率最高的国家中，大学要么没有一个非常严格的选拔程序，如比利时、丹麦、法国、土耳其，要么只在一个专门的研究领域或学科方面有严格的选拔程序，如挪威、瑞典。但也需要注意，像意大利和瑞士等国家，大学有一个完全开放的入学制度，而他们的在籍人数到 1966 年只经历了适度的增长。此外，在入学条件没有真正改变的情况下，在 OECD 研究期间还是出现了大的波动。因此，虽然似乎招生的自由性质有时会促进或加速高等教育人数

---

① 南斯拉夫作为社会主义国家中最早实行开放政策的国家，其高等教育完全摆脱了苏联模式，但是也不完全与西方雷同，是带有浓重自治特色的开放式高等教育体制。

的扩张，但它并不是这种扩张的必要条件，也不是充分条件。相反，入学限制显然没有对总入学人数的增加或增长率的增加造成障碍。如果说增长率与入学条件之间存在任何相关性，那么也是轻微的，甚至是微不足道的，至少对于总在籍人数来说是如此。

为了建立高等教育中学生人数的增加与国家或政府在这一领域实行的改革之间的关系，首先需要审查每个国家的情况。事实上，除了日本和南斯拉夫之外，所有的改革措施都是在人数急剧增加之后采取的，如创新措施（例如建立新的高等教育机构等），这些创新举措大多数在 1967 年之后发生，大部分是为了适应而不是为了刺激人数的大幅增长。相反，一些限制性措施，如一些高等教育机构，例如在盎格鲁-撒克逊国家（Anglo-Saxon States）要求的各种高消费也没有对学生入学产生任何限制作用。

扩张的速度与经济背景之间的关系更难界定。虽然科技进步、对高素质人员的需要和经济结构似乎都对高等教育体系造成了压力，但解释这些过程的机制和相互关系却要困难得多。据统计分析，1955 年和 1965 年高等教育在籍率与人均国民生产总值之间的关系显示出正相关（1955 年为 0.6775，1965 年为 0.6527）。这并不意味着这种关系是因果关系，不过被教育所分配的国民生产总值倒是能够作为中间变量，也就是说能够说明支出的增加将有助于教育的发展。不过，1965 年，人均收入很高但在籍率相对较低的国家，如德国、瑞士，以及尽管人均收入较低但教育水平较高的国家，如日本、南斯拉夫，偏差仍然很大。

综上，这项研究最引人注目的发现是高等教育扩张的独立性。它既不受高等教育的组织和控制方式的影响，也不受对学生的资助程度或学费的影响。入学率的增长似乎与入学制度和其他类似的政策措施无关。经济变量的影响似乎也很小或较为间接，因此高等教育的扩张绝不取决于经济或技术发展水平或国民生产总值增长率的波动的影响。入学率的增长与高等教育支出的增长率之间同样缺乏相关性，所有国家的这类支出都很大，这仅仅表明入学率的增加伴随着单位费用的普遍增加。但可以肯定的是，人口因素在高等教育总体扩张中起到了一定的作用。据 OECD 分析，这一扩张的另一主要原因在于中学毕业生人数的增加。具体分析详见第三章第二节。

第四节　主要政策特征分析

这一阶段 OECD 发布的有关高等教育方面报告的汇编详见表 2-7。由于篇幅较多，总词汇量也较多，在此基础上，统计出的关键实词的频次以万为单位，在所有词汇中选取频次≥1000 的根据由高到低的顺序进行归纳（见表 2-8）。从内容特征分析来看，这些政策文本中整体上突出了以下两个方面的特征：肯定了"国家干预"的必要性、形成了初步的高等教育治理框架。

表 2-7　"初代教育规划"时期 OECD 高等教育政策报告汇编

序号	时间	报告
1	1960	《教育投资于经济增长》（*Investment in Education and Economic Growth*）
2	1961	《学校科学政策——拥有先进系统的国家》（*Policy for School Science—Countries with Advanced Systems*）
3	1961	《科学和数学教师的供应、招聘和培训》（*Supply，Recruitment and Training of Science and Mathematics Teachers*）
4	1961	《能力和教育机会》（*Ability and Educational Opportunity*）
5	1961	《学生的国际流动》（*International Flow of Students*）
6	1962	《预测经济社会发展的教育需求》（*Forecasting Educational Needs for Economic and Social Development*）
7	1963	《规划经济和社会发展教育》（*Planning Education for Economic and Social Development*）
8	1963	《经合组织地区科技人员资源》（*Resources of Scientific and Technical Personnel in the OECD Area*）
9	1964	《高等教育的经济层面》（*Economic Aspects of Higher Education*）
10	1964	《人力和教育：研究员的回应》（*Manpower and Education：Fellow Reports*）
11	1965	《经济增长与教育投资政策会议》（*Policy Conference on Economic Growth and Investment in Education*）

序号	时间		报告
12	1965		《教育规划中的人力预测：MRP／EIP 联合会议报告》（*Manpower Forecasting in Educational Planning：Report of the Joint MRP／EIP Meeting*）
13	1965		《地中海区域项目：六国规划实验》（*The Mediterranean Regional Project：An Experiment in Planning by Six Countries*）
14	1965		《地中海区域项目国家报告：希腊，意大利，葡萄牙，西班牙，土耳其，南斯拉夫》（*The Mediterranean Regional Project：Country Reports：Greece，Italy，Portugal，Spain，Turkey，Yugoslavia*）
15	1965		《在今天教物理》（*Teaching Physics Today*）
16	"高等教育的管理和资源利用"专题报告	1965	《教育的计量经济学模型：一些应用》（*Econometric Models of Education：Some Applications*）
17		1967	《教育规划中的数学模型》（*Mathematical Models in Educational Planning*）
18		1968	《教育规划中的预算分析、方案分析和成本效益》（*Budgeting，Programme Analysis and Cost-Effectiveness in Educational Planning*）
19		1969	《教育资源利用效率》（*Efficiency in Resource Utilisation in Education*）
20	"学校科学的新思维"专题报告	1960	《OEEC 国家的学校数学：摘要》（*School Mathematics in OEEC Countries：Summaries*）
21		1963	《今日化学：教师指南》（*Chemistry Today：a Guide for Teachers*）
22		1964	《今日数学：教师指南》（*Mathematics Today：a Guide for Teachers*）
23		1964	《学校化学：改革趋势（专题）》（*School Chemistry：Trends in Reform：Selected Topics*）
24		1964	《计算机时代的工程教育》（*Engineering Education in the Computer Age*）
25		1966	《工程师的数学教育》（*Mathematical Education for Engineers*）
26		1966	《今日生物：它在教育中的作用》（*Biology Today：its Role in Education*）

续表

序号	时间	报告
27	1966	《爱尔兰：教育中的投资》（*Ireland：Investment in Education*）
28	1966	《技术人员的教育、培训和作用》（*The Education，Training and Functions of Technicians*）
29	1966	《学校建筑资源及其有效利用》（*School Building Resources and their Effective Use*）
30	1966	《教育规划中的讲座和方法论文集》（*Lectures and Methodological Essays in Educational Planning*）
31	1967	《地中海区域项目第一阶段的技术评估》（*Technical Evaluation of the First Stage of the Mediterranean Regional Project*）
32	1967	《拉丁美洲和地中海区域项目国家的人力资源规划问题》（*Problems of Human Resources Planning in Latin America and in the Mediterranean Regional Project Countries*）
33	1967	《阿拉伯国家和地中海区域项目国家的教育和人力规划问题》（*Problems of Educational and Manpower Planning in the Arab Countries and Mediterranean Regional Project Countries*）
34	1967	《教育规划的方法和统计需求》（*Methods and Statistical Needs for Educational Planning*）
35	1967	《秘鲁的人力资源、教育和经济发展》（*Human Resources，Education and Economic Development in Peru*）
36	1967	《阿根廷的教育、人力资源和发展》（*Education，Human Resources and Development in Argentina*）
37	1967	《高素质人才政策会议》（*Policy Conference on Highly Qualified Manpower*）
38	1971	《1950 年—1967 年高等教育发展：分析报告》（*Development of Higher Education 1950—1967：Analytical Report*）

资料来源：根据 George S. Papadapouls. Education 1960—1990：The OECD Perspective [R]. Paris：OECD，1994；欧盟历史档案馆（隶属于欧洲大学学院）（European University Institute—Historical Archives of The European Union）. 详见 https：//archives. eui. eu/en/fonds/173650？item＝OEEC. WR；Google Scholar；ERIC 等途径搜集汇编而成。

表 2-8　关键实词词频统计表

名次	主题词	词频	名次	主题词	词频	名次	主题词	词频
1	规划	3992	16	数量	1765	31	工程	1132
2	国家	3100	17	地中海	1742	32	非洲	1130
3	发展	3077	18	学习	1654	33	权利	1130
4	经济	2922	19	劳动力	1563	34	支出	1129
5	政府	2842	20	数据	1556	35	UNESCO	1126
6	培训	2441	21	学生	1309	36	工业	1121
7	大学	2236	22	比例	1303	37	世界	1119
8	中学	2057	23	成本	1260	38	就业者	1118
9	层次	1951	24	初等	1248	39	平等	1118
10	学院	1912	25	投资	1238	40	变革	1114
11	技术	1891	26	增长	1218	41	入学率	1113
12	人力	1885	27	政策	1217	42	法律	1110
13	统计	1779	28	职业	1152	43	南斯拉夫	1009
14	联盟	1773	29	需求	1148	44	妇女	1009
15	工作	1768	30	收入	1142	45	质量	1005

一、肯定了"国家干预"的必要性

从关键词由高到低的顺序不难看出，这一时期 OECD 将高等教育政策发展的重心放在了教育规划层面，其核心关键词即"规划""国家""发展""经济""政府"。这些关键词映射出了当时 OECD 给予成员国在高等教育治理方面的态度，强调国家一定程度的集权和垄断式发展。20 世纪 30 年代开始的资本主义经济大危机，推动了资本主义市场由自由竞争阶段向国家垄断阶段转变。同时期出现的凯恩斯主义的基本理念适应了国家垄断资本的需要，进而取代了古典经济学成为主导国家垄断资本主义运行的主流经济学。随着国家和政府对市场经济生活的全面干涉，高等教育的自治性质和高等学校的自主性质也相应地发生了变化，许多大学转由地方政府甚至中央政府直接管辖。战后西欧国家落魄的经济景象，更是让自由贸易市场的重燃之火逐渐熄灭。时任 OECD 经济顾问委员会主席的沃尔特·海勒（Walter Heller）明确表示自己忠于凯恩斯主义，在华盛顿会议主题的确定过程中，坚持用"教育投资"代替"教育支出"一词。[1] 因为，在凯恩斯主义的理念范围内，投资更倾向于一种国家行为。

当从狭义上的充分促进科技人才的培养和就业，到广义上的通过教育规划来预测高等教育的可容性和满足民众爆炸式的增长需求，处处体现了 OECD 对国家干预高等教育工作的响应。尽管那时成员国在教育主权方面始终保持着一种谨慎和保守的态度，但在追求和平、实现经济发展等目标上却不谋而合，当国家安全和经济增长日益需要大学为其培养科技人才时，传统的高等教育却仍然拘泥于自由放任的市场经济观念中，而反对工业化的干涉，地中海国家直到 20 世纪 50 年代中期农业市场依旧较为发达足以说明这一点。因此，欧洲各主要国家陆续地在高等教育管理方面恢复或再次强调国家对教育的行政权力，无论是中央或地方政府无可置疑地对教育政策的制定和实施具有权威性，其法律地位十分稳固。这样一种行政管理模式在当时的欧洲，乃至各类国际组织中都得到了普遍认同。它们通过立法打开了一扇自治的高等学府的大门，让新的学科进入课程。[2] OECD 也陆续发布了《计算机时代的工程教育》（*Engineering Education in the Computer Age*）、《工程师的数学教育》（*Mathematical Education for Engineers*）、《今日生物：它在教育中的作用》（*Biology Today：its Role in Education*）、《在今天教物理》（*Teaching Physics Today*）以迎合这一趋势。另一方面，两个梯队的成员国因各自的原因皆需要重新进行教育规划和劳动力研究，OECD 和 UNESCO 同时强调"高等教育不再只是经济中一个吸收消费性支出的非生产性部门，而是经济增长必不可少的'投资性支出'。戴上'投资'这顶令人敬畏的新帽子后，其可以更有力地要求在国家预算中占有一席之地"。[3] 可见，启动 MRP 和 EIP 项目的政治背景是组织对项目参与国的政府能够发挥教育规划能力的普遍信念。

二、形成了初步的高等教育治理框架

与萌芽阶段发布的政策文本有所不同，20 世纪 60 年代之后的政策文本所统计

---

[1]　OECD. Summary Reports and Conclusions Keynote Speeches [C]. Washington：Policy Conference on Economic Growth and Investment in Education，1961：33.

[2]　OECD. Engineering Education in the Computer Age [R]. Paris：OECD，1964：6.

[3]　IIEP-UNESCO. Fundamentals of Education Planning [R]. Paris：UNESCO，1987：16.

出的关键词在原先一味强调"科技人才培养"的基础之上，更多了一种对逐步实现高等教育政策工作"合法"地位和不断加强政策工作体系化的期许。与前一阶段只树立科技人才培养的职能不同，改组后的 OECD 将高等教育工作领域的目光延伸到了科技人力之外，在注重规划所有合格人力进入高等教育阶段学习的同时，更注重通过对高等教育各方面内容的关切，形成一个较为明朗的治理体系，以便为日后教育工作的真正"合法化"作好铺垫。伯纳德·胡贡尼尔（Bernard Hugonnier）曾说过 OECD 高等教育的治理内容主要包括以下方面：资金、公平、质量保证、学术生涯、国际化、与劳动力市场的联系、政策的制定与实施。[①] 这一阶段的主要关键词也基本包含了这些方面。

第一，关于高等教育财务的问题。OECD 意识到政府承担了教育成本的主要部分并且其在教育方面的公共开支有逐年上升的趋势。在《经合组织国家 1950 年以来教育支出及其趋势的比较研究》（Comparative Study of Educational Expenditure and Its Trends in OECD Countries Since 1950）报告中组织调查了23 个国家的教育类公共支出，1950 年至 1967 年间，每 5 年教育开支占国民生产总值的百分比，调查结果显示，所有国家这类公共开支在这 17 年间都显著攀升，平均增长翻了一番。[②] 在凯恩斯式人力投资概念的主导之下，OECD 和成员国普遍承认政府和国家干预的积极作用。第二，加强与劳动力市场的联系。一直以来，OECD 把研究重心放在了加强科技人才的培养以及学习到更多的与迎接苏联挑战相适应的知识方面，而忽视了有关全部合格人力的劳工市场的数据分析，忽视了统筹劳动力市场和高等教育政策。因此，将来的工作要保证高等教育与劳动力市场的联系，意识到市场未来需要的方向，而且这也要和机构的管理相连接，让高校能够在鼓励学生进行终身学习方面作出努力。第三，关于实现教育公平方面的问题有一些政策建议。高等教育对于学生来说是一个很重要的选择，要考虑对特定的弱势群体实行积极的倾斜政策，尤其为多样文化人口、残疾群体、移民群体以及女性群体考虑其可选择的类型。20 世纪 60 年代的政策文本集中涉及以上三方面的内容，不过从下文可知，关于具体的实施都在 70 年代及以后，这一阶段的文本只强调了这些内容的重要性。另外，从它们所处的排列位置来看，显然这一阶

① 范文曜，马陆亭. 高等教育发展的治理政策——OECD 与中国［M］. 北京：教育科学出版社，2010：30.

② Debeauvais，Michel. et al. Comparative Study of Educational Expenditure and Its Trends in OECD Countries Since 1950. Table VI［R］. Paris：OECD，1970：23.

段组织研究较多的还是高等教育财务方面的问题以及与劳动力市场的联系。其他方面的关键词仍处于较后方的位置，如平等和质量两个关键词分别排在 39 位和 45 位。不过，不可否认的是，这些文本所呈现的关键词总体上初步构建起了 OECD 高等教育的治理框架，为日后该领域工作的真正"合法化"奠定了基础。

第五节 "规划运动"的经济理性观与 该阶段 OECD 高等教育政策的主要影响

这一阶段，为了在高等教育投资与经济增长的关系之间提出令人信服的论据，OECD 突出强调了教育规划的方法和作用，以满足成员国经济增长和教育增长的双重增长要求。人力投资与规划可谓初代教育规划的核心，这一阶段已突破狭义上只关注科技人才的规划问题，而延伸至劳动力市场对所有训练有素人员的关注。简言之，规划不仅要考虑高技术型人才，更应聚焦普通技术型人力，在将教育视为一种资产的大背景下，只有扩大人才库才能满足长期经济增长的需求。因此，OECD 这一阶段的政策发展加速了欧洲主要成员国打破精英式教育的步伐，将培养目光延伸到了职业教育，也为其下一阶段规模扩充为导向的政策发展奠定了基础。总的来说，"教育规划"背景下 OECD 高等教育政策的主要影响可概括为以下三个方面：明确了在高等教育系统构建技术与职业教育职能的必要性；协助了成员国技术型人力资源的进一步开发；规范了成员国对高等教育规划职能的认知。

一、明确了在高等教育系统构建技术与职业教育职能的必要性

公共财富的增加促使教育支出增加的可能性不断变大。战后工业化社会的复杂性（无论是在生物学上还是在社会上）的增加导致了各国对其公民和劳动力的更高层次教育的需求。"经济增长与教育投资"大会第 6 号背景文件《中等教育与高等教育的变革》（*Changes in Secondary and Higher Education*）强调："在一个通信手段日益取代书面文字进行交流的社会中，技术素养是一种社会生存手段，而在这样的社会中，获得这种能力是社会参与的先决条件依据。这意味着教育作

为直接或间接为个人工作做好准备的一种手段变得越来越重要。"①

OECD 认为，虽然所有级别和类型的教育都同样容易受到这些宏观力量所产生的压力的影响，但是教育水平（小学、中学、高等）和教育类型（学术、职业、技术、一般）在它们所感受到的强度之间存在差异。这方面的一个明显的例子是劳动力市场对训练有素的人力的需求，这种压力对高等教育或中等教育水平的直接影响远大于初等教育。劳动市场力量的影响强度在某些技术型学院中能够被更直接地感受到。一个明显的例子是与工作生涯准备有关的学科之间的差异，如高等教育中的医学研究或工程学科。同时，劳动力市场也很重视有多少人受过教育和接受何种教育。而学生选择的科目的相对受欢迎程度可能在一定程度上受到他们的职业机会和愿望的影响。换句话说，受他们对劳动力市场可能性的看法的影响。这些压力促使高等教育与劳动力市场的关联更加紧密，OECD 认为这种紧密程度将在 20 世纪最后的 25 年随着高等教育入学人数的增加而继续下去。在本阶段，OECD 的主要任务是向各成员国传递在高等教育一级构建技术与职业教育职能的重要性和必要性，以及让各成员国认识到为了社会经济发展搭建必要的技能养成平台是大势所趋。

二、协助了成员国技术型人力资源的进一步开发

西欧发达工业化国家早在二战结束之初，便意识到各类技术学院存在的必要性，尤其在精英主义与平等主义两种价值观激烈冲突的背景下，导致这些国家需要迫切地思考这些学院的最终目标和最终发展方向是什么。20 世纪 60 年代之前，在精英主义教育盛行的欧洲国家，"能力库"理论流行，该理论认为，大多数人无法胜任大学的学术训练。罗宾斯感慨道："关于教育扩张，即便我们提出的建议已被政府采纳，但这一变革趋势还是引起了一些保守势力的抨击，如泰晤士报的评论员们认为，这一改革会导致入学的标准逐渐降低，降低大学的名誉。"② 进入 20 世纪下半叶，大众不断要求社会应更加地民主化，进入高等教育学习的呼声愈发高涨，这些国家纷纷顺应时势，将许多中等性质的技术类学院纷纷向大学靠拢，希望能够最终获得与大学同等性质的高等教育机构。

---

① OECD. Changes in Secondary and Higher Education [R]. Paris：OECD，1970：10.

② L. Robbins. The University in The Modern World and Other Papers on HE [M]. London：Macmillan St. Martin's Press，1966：67.

CSTP 相当重视技术人员问题，将其作为成员国经济发展的一个关键问题，并在若干场合提请需要注意在高等教育一级提供足够的供应和适当的技能培训。因此它发起了一个调查项目，将其命名为"技术人员的教育、培训和作用"（The Education, Training and Functions of Technicians），该项目的主要任务就是分析成员国家内部的教育与培训情况，并综合了它们的教育和培训基础，促使它们之间的经验交流更具有建设性，也更具有效益。[①] 经过这项调查，OECD 明确提出了要逐步增加技术类专业的学生入学人数，同时要建设一支专门负责职业教育与培训的专业化教师队伍。以意大利为例，工程类学院的入学人数从 1962 年至 1963 年的 20491 人增加到 1967 年的 30705 人，增长了 1.6 个百分点（见表 2-9）。这一时期，意大利的技术学院主要附属于各类大学之下，如巴里大学（Bari University）、拉奎拉大学（L'Aquila University）、那不勒斯大学（Neaples University）、帕多瓦大学（Padua University）、巴勒莫大学（Palermo University）、比萨大学（Pisa University）、罗马大学（Rome University）、的里雅斯特大学（Trieste University）等都设有工程学院。

表 2-9　按学院类型划分的高等教育入学率变化情况（1962—1963，1966—1967）

Faoulty	1962—1963	1966—1967
1. Engineering	8.1	9.7
2. Architecture	2.0	2.0
3. Agriculture and Veterinary Science	1.0	1.6
4. Commerce and Economics	32.2	26.9
5. Natural Sciences a and Mathemetics	11.1	16.9
6. Medicine	6.1	7.7
7. Pharmacy	1.3	0.9
8. Law and Political	12.2	9.2
9. Literature and Philosophy	8.9	9.7

---

① OECD. United Kingdom—The Education, Training and Functions of Technicians. Scientific and Technical Personnel. Table5. 1 [R]. Paris: OECD, 1966: 9.

续表

Faoulty	1962—1963	1966—1967
10.　Education	13.3	12.4
11.　Other	3.8	3.0
Total	100.0	100.0

资料来源：OECD. Italy—The Education，Training and Functions of Technicians. Scientific and Technical Personnel. Table5. 1 [R]. Paris：OECD，1970：29.

与此同时，意大利政府针对 OECD 提出的加强职业教育与培训教师队伍建设这一建议，为了有效提高其技术类学院教师的教学水平，决定开设基础培训和进修课程，在其教育部 1953 年建立的国家职业技术培训教育中心和职业教师培训中心的基础之上，又于 1966 年建立了工业重建研究所，在研究所内开设了教员培训中心。[①] 可见，OECD 的政策建议有利于成员国政府进一步开发技术型人力资源。

三、规范了成员国对高等教育规划职能的认知

教育规划是教育活动的蓝图，它是以解决教育系统和社会环境之间的矛盾，同时保持两者之间的动态平衡为目的，从而进行的教育管理活动。[②] 西方国家开始进行教育规划的时间可追溯至 20 世纪 20 年代，它被理所应当地视为教育行政官员常规工作的一部分，那时的规划过程较为简单，规划也不用每年都仔细检查教育的目标及其对学生与社会所做贡献的价值。第二次世界大战之前大多地区制定的教育规划具有以下特征：1. 它对未来的展望是短时间的，只延展到了下一个预算年度。2. 它所涉及的教育系统是零碎的，各组成部分的计划也互不相干。3. 对教育机构的规划是自发的，与整个社会和经济中新生的需求缺少关联。4. 它是静态的，并且想当然地以为教育模式本质上是一成不变，其主要特性不受外界影响。[③] 不过，二战导致欧洲国家饱受战争的创伤，教育系统也遭到了严重的破坏，大量的教育需求亟待满足，正如 UNESCO 在《教育规划基础》（*Fundamentals of*

---

① OECD. Italy—The Education，Training and Functions of Technicians. Scientific and Technical Personnel. Table5. 1 [R]. Paris：OECD, 1970：31.

② 韩敏. 评西方教育计划的三种模式 [J]. 上海教育科研，2000（8）：31.

③ 张民选. 教育规划基础 [M]. 上海：上海教育出版社，2009：43.

Education Planning）报告中强调的那样，"1945 年至 1970 年的这 25 年中，全世界的教育系统及其所处环境都受到一连串科学与技术、经济与人口、政治与文化变革的影响，扰乱了我们眼中的每一件事。结果，教育不得不面对一整套难以应付，比以往任何时候都庞大得多、复杂得多的新任务、新压力和新问题"。[1] 而战前传统的教育规划难以满足重建工作的需要，各种大规模的教育活动需要更复杂、更广泛的安排和筹划，需要更加长远的眼光，需要更仔细地核查其经济可行性与可能产生的影响。而 OECD 针对地中海国家开展的 MRP 教育规划项目及其取得的一定成果成功地引起了其他成员国的注意。

1967 年，OECD 发布了《教育规划的方法和统计需求》（*Methods and Statistical Needs for Educational Planning*）这一具有手册性质的报告。这本手册提出了三个方面的整体性建议，这三个方面有效地规范了成员国对教育增长和教育规划职能的认知，分别如下：第一，教育规划的主要步骤即教育统计，而教育统计应该以这样一种方式进行，即将人力、社会和个人需求以及教育规划的成本和财务方面结合起来。第二，应努力发展学生、教师和教育机构的个性化数据系统。具体来说，涉及短期的统计数据，包括许多行政决定，这既与管理教育机构有关，也与计划的详细实施有关，而涉及中期和长期的统计数据，主要包括教育系统中的规模、毕业生、教师、建筑物、成本、支出。第三，明确与决策相关的各类基本指标的可量化属性，如各个专业领域的学生人数、学生的某些社会经济特征、学生的性别年龄等，同时还需根据教育目的和资金来源对教育支出进行分析。[2]

本章小结

本章探讨了从 OECD 正式成立之日起到民众对高等教育爆炸式需求的时代到来前夕 OECD 高等教育政策发展的历程。指出这一时期，高等教育政策工作出现了从科技人力培养向人力规划的转移。在 CSTP 以规划为手段开始发挥自己在人

---

① IIEP-UNESCO. Fundamentals of Education Planning [R]. Paris：UNESCO，1987：14.

② OECD. Methods and Statistical Needs for Educational Planning [R]. Paris：OECD，1967：5.

力需求预测方面的作用的背景下，通过成立教育与经济学研究小组，开展了 MRP 和 EIP 两大规划项目。教育规划的发展，巩固了人力投资对经济增长的积极作用，形成了高等教育规划的劳动力市场维度，彻底改变了以往只注重高精尖人才培养的局面，为改善固定投资的累积需求和增加高等教育资源的分配提供了保障。简言之，初代教育规划就是将理性的系统分析应用于教育发展进程，使教育能够更有效、更加经济地满足学生、社会的需要和目标。经济学家和教育学家的结盟，强化了教育经济学的人力投资概念在高等教育工作中的地位和作用，为即将到来的高等教育大众化发展奠定了基础。凯恩斯式的人力投资观念、现代化理论的回应以及组织自主发展意识的觉醒，皆是组织产生规划想法的原因。同时，作为这一历史进程重要组成部分的规划性政策文本的发布，为以机构多样化为主要特征的规模扩充和平台创新提供了宝贵的政策建议并开辟了方向。隐藏在这一变革背后的正是国家干预的加强，以及 OECD 内部初步形成了高等教育的治理框架。最后分析了初代教育规划背景下 OECD 高等教育政策的主要影响。需要注意的是，这一时期，高等教育并没有被 OECD 广泛地视为一项人权和社会权利，各国政府往往更优先考虑的仍然是经济问题。当时的经济发展不仅仅需要少量的高精尖人才，大量需要的则是一些具有基本技术知识的技术型工人。在此阶段，OECD 更为关注的是高等教育作为一种投资的属性，这和其作为一项人权和社会权利或者说基本的社会需要的观点相去甚远。

第三章
优化机构层级：以"规模扩充"
为导向的高等教育政策发展（1968—1980）

　　OECD 在经济方面的论点为高等教育的扩张提供了强有力的支持，成员国毕业生的输出在 20 世纪 60 年代比以往任何时候都增长得更快。而十年之后，研究者们开始提出新的问题，主要是经济学家对毕业生"供应过剩"（over supply）的担忧，由于个人和社会选择导致的技能和资格结构与经济发展的需要之间的明显不平衡。1965 年至 1970 年，莱亚德（P. R. G. Layard）和西高（J. C. Saigal）等人和 OECD 对人力模式与经济发展水平之间的关系进行了国际分析，以预测职业或教育分布的情况。[①] 这些研究中最全面的是 OECD 审查了来自 53 个国家的情况，并得到了真实的调查数据（这些数据按八个经济部门、十个职业类别和四个教育水平分类）。这项研究的结论是，在许多情况下，经济或技术发展水平相似的国家之间的职业或教育模式的差异反映了供应而不是需求的影响。[②] 社会进步所需要的全部合格人力的有效利用是接下来很长一段时间高等教育发展的核心问题。[③] 这就凸显了维持大量此类人才供应的潜在教育问题：在社会、经济和技术迅速变化的背景和条件下需要哪种专门教育；应该发展专门化的普通教育的框架，以避免培养出学生活动人士所说的高度合格的"痴愚者"（morons）；工业和教育系统在这些问题上各自扮演的角色是什么。正是针对这些问题，明确了本组织今后在

　　① P. R. G. Layard, J. C. Saigal. Educational and Occupational Characteristics of Manpower: An International Comparison [J]. British Journal of Industrial Relations, 1966 (7): 222 – 267. Horowitz, M. A., M. Zymelman, I. L. Herrnstadt.. Manpower Requirements for Planning: An International Comparisons Approach [M]. Boston: Northeastern University, 1966: 122.

　　② OECD. Occupational and Educational Structures of the Labour Force and Levels of Economic Development: Possibilities and Limitations of an International Comparison Approach [R]. Paris: OECD, 1970: 127.

　　③ OECD. Policy Conference on Highly Qualified Manpower [R]. Paris: OECD, 1967: 238. OECD. The Utilisation of Highly Qualified Personnel [R]. Paris: OECD, 1973: 1–427.

高等教育这一领域的工作。

阶段划分依据：人力需求预测法的优点在于对各经济部门的劳动力需求同时做出预测，但由于所用资料和每一步骤的假定前提不充分或不可靠，20 世纪 60 年代末逐渐受到冷落。其缺点在于很少包含未来经济系统的功能分析。作为这一时期高等教育发展标志的"大众化教育"的出现，对 OECD 国家教育政策的取向产生了深远的影响。面对需求的猛增和持续的教育扩张，对相关性和平等的追求取代了先前对满足经济人力需求的关注，更加凸显出对经济的质性目标和社会目标的强调。这一政策方向的转变及其带来的影响，成为了日后 OECD 高等教育政策工作的中心主题。这一转变的主要标志就是 OECD 为迎合 1968 年开始在教育领域出现的创新热潮，而提出了高等教育体系创新的倡议。20 世纪 60 年代后期的危机在很大程度上可以被认为是精英高等教育根深蒂固传统崩溃的表现。可以说，20 世纪 70 年代对大多数欧洲国家来说代表着精英教育向大众化高等教育的关键过渡时期。如果是这样的话，很明显，过去的高等教育政策对未来发展来说是不够的。传统大学将不得不经历重大的变化，更为重要的是，必须发展新型高等教育机构，以应对高度工业化社会越来越多的、越来越多样化的学生群体和急剧变化的人力需求。而到了 20 世纪 80 年代，随着几次石油危机的恶劣影响，OECD 不得不再次顺应时势更改其高等教育政策工作的方向。因此，第三阶段的时间跨度可划分为 1968—1980。

第一节　教育事务的"合法化"和
围绕"机构创新管理"的第二代教育规划

OECD 成员国内部对于建立更大规模的高等教育体系存在着意见分歧，分歧点在于是否应出于财政限制的考虑，给予准入学者更多的选择权，还是以减少参与的不平等性以刺激更多的需求为主……这反映了决策者的压力和他们在改革传统入学制度时面临的各种选择。[①] 关于以上政策的辩论，OECD 针对成员国似乎普

---

① OECD. Policy Conference on Highly Qualified Manpower [R]. Paris：OECD, 1967：238. OECD. The Utilisation of Highly Qualified Personnel [R]. Paris：OECD, 1973：1—427.

遍存在的这个分歧，通过实践活动和发表报告提出了高等教育体系发展的主要趋势的相关证据。另外，根据大多数国家改革的经验，组织发现在发展短周期高等教育课程方面，并没有给高等教育目标的实现或旨在满足社会教育需求与就业结构相适应等方面的问题带来任何普遍的解决办法。因此，组织希望通过探讨教育与充分就业之间新的关系，能够为更有效地规划高等教育的结构和每个分支的具体目标提出建设性政策意见。综上所述，本章将围绕以下问题加以分析。

20 世纪 70 年代前后在就业率方面发生的深远变化，不仅是生产机器的转变，而且是社会需求和行为模式的转变。这些变化的性质及其背后的因素是什么？大规模高等教育体系的发展是否有助于使青年大学毕业生的素质符合就业需求？大规模高等教育体系是否能给每一个学生提供真正有质量的培训？在教育的社会文化目标与其经济目标同等重要的情况下，不同的高等教育机构应在多大程度上发挥效用？

一、教育研究与创新中心（CERI）的全面运行

随着 OECD 业务活动的激增，出于财政方面的考虑，OECD 认为有必要按照本组织的基本政策职能和目标精简相关工作，在时任 OECD 副秘书长迈克尔·哈里斯（Michael Harris）的领导下，1964 年完成了一项详细的"业务活动审查"工作。对于 STP 方案的审查结果是，精简掉以下部分：数学和自然科学课程和教学改革活动取消；科技人员的培训活动取消等。[①] 这一做法有助于组织内部教育政策分析工作更加集中和高效。哈里斯在业务审查过程中，对 OECD 在其他业务方面运用的创新型工作方式产生了深刻的印象，同时他也清楚地看到了能够促进教育发展的更为有效的方法，即将"定性"（qualitative）和"定量"（quantitative）两种因素结合起来，一同作为二代教育规划的方法。于是，他开始建议秘书处和委员会沿着此方向，着手接下来的整个 OECD 教育工作。[②] 他的建议最终起到了作用，OECD 指出，在突出了高等教育的劳动力规划作用之外，还需要保证高等教育系统拥有必要的变革和创新能力，使其能够充分应对现代社会的合理压力和要求。

---

① CERI. Review of the Operational Activities of the Organisation [R]. Paris：OECD, 1964：63.
② George S. Papadapouls. Education 1960—1990：The OECD Perspective [R]. Paris：OECD, 1994：61.

教育研究和创新中心（CERI）的设立就是为了应对这一需要而作出的反应。牛津社会学家霍尔西（A. H. Halsey）被任命为 CERI 理事会的第一任主席。另外，OECD 认识到创新方案要顺利开启，必须依靠组织已有的专业知识以及管理能力。其目标将侧重于教育方面的研究、发展以及创新，包括支持这些领域的试点试验，从而补充 STP 活动的政策导向性质。考虑到此前的 STP 工作与教育规划工作皆是由 CSTP 打理，于是组织决定，仍然由 CSTP 负责 CERI 的工作，从而确保两个部门的联合管理。在那一创新高峰期，该机构的成立引起了成员国的极大兴趣。各国政府发现 CERI 是一种有用的工具，可借此将本国微薄的研发资源投入到有目的的创新政策中，同时从他国的经验中获利，拥有更为丰富的资源。因此，所有成员国都准备根据国家对 OECD 预算的正常分摊比，为该项工作支付相应的份额。1971 年，CERI 的财源正式由成员国接管。

（一）开发"基于计算机的大学学习系统"合作项目

有了一个较为稳定和长期的资助来源，CERI 更加如火如荼地围绕"创新"理念展开各项教育工作，其中涉及高等教育领域的工作主要有以下几项：1. 开发了一个关于"基于计算机的大学学习系统"的 44 个国家间的合作项目，同时作为 CERI 的一个分散项目，其在比利时鲁汶大学成立了一个特别合作项目，目的是对在高等教育中使用计算机的所有方面进行研究和信息交流。之所以开发出此项目，是由于 CERI 一直以"学校/大学（学院）改革"为初心以达到"学校创造力提升"的目的，而对于提升创造力的系统方法不能忽视发展更有创造性的教学情境以及运用相应的教学基础设施。因为随着教育技术类工业产品的问世和风靡，组织认识到必须作出有效安排，确保整个教育系统能够对这些教育产品的迅速增长作出反应。教育技术也应该被看作是将学生、教师和技术手段有效地结合在一起的持续而复杂的努力的一部分，即利用现代传播方法、视觉辅助手段等，有组织地设计和实施教学。[1] 在这些新的工业产品中，计算机当然具有特别的魅力，计算机本身作为科学学科和作为教学辅助手段的潜力从 20 世纪 60 年代末就受到了关注。作为一种普遍使用的教育工具，其成本仍然令人望而却步，因此 OECD 最初的注意力集中在高等教育中使用计算机，毕竟在高等教育中，计算机的使用成本相对于支出水平而言是合理的。事实上，OECD 希望的是，利用计算机技术以缓

---

① CERI. Educational Technology：The Design and Implementation of Learning Systems ［R］. Paris：OECD，1971：5.

解大众化高等教育中的一些后勤组织工作，以及改善教学过程。在实践中，后者主导了早期工作，OECD 将重点放在了开发仍处于起步阶段的计算机辅助教学的编程语言和其他技术，由于一些大学已经在进行实验，并渴望分享他们的经验，于是"基于计算机的大学学习系统"的合作项目应运而生。通过该项目，CERI 在形成《计算机在高等教育中的应用：视角与政策》（*The Use of Computers in Higher Education：Perspectives and Policies*）等相关政策建议报告的基础上，主要工作集中于组建专家工作组根据成员国的经验为所有学生设计一个实际的计算机科学教学大纲，向学生传授有关计算机的知识；[①] 同时，审查计算机科学对具体学科如数学、物理、生物、化学、人文社会科学教学的影响以及能够对教师培训起到的辅助作用等。

（二）推动"经常性教育"理念的传播

伴随着组织教育平等观的转变，对教育平等"机会"内涵的关注逐步向"参与"内涵转变。20 世纪 70 年代前后 OECD 成员国逐步出现的高等教育大众化现象充分说明它们在机会获得层面的工作已较为完善，但仍无法保证不同社会阶级学生的"学习成就"的公平性。换句话说，国家在努力增加弱势地位学生受教育机会的同时，这些学生的学习成就和成果依然较不理想。为此，OECD 将处于不利地位学生的教育成就作为之后其在教育平等研究方面的优先事项，并交由 CERI 负责落实。尤其在 70 年代初的几年时间，那段时间以来，"相对于投入和过程两个方面，在教育领域，其政策重点已经转向了对教育输出（或结果），也可以说，对学生所知和所能做的兴趣增加"。[②] CERI 成立了一个战略小组，集中对影响教育成就的社会因素进行调查和证据搜集，从而形成了《平等的教育机会》（*Equal Educational Opportunity*）这份政策报告。报告指出："教育在克服既定的由父母因素和其他社会背景因素造成的劣势方面仍然较为无力，只要学生最终的命运一直被束缚在无尽的考试和测评中。"[③] 因此，必须定期提供教育机会，使之与工作和闲暇时间相结合，使个人能够在大部分工作生涯中追求收入和社会地位方面的发展。而正规教育系统占优势的选择功能，"精英主义"的业绩管理方式，是平等

---

① CERI. Guidelines for an Appreciation Course [R]. Paris：OECD，1973：47.

② Clume W H. The Cost and Management of Program Adequacy：An Emerging Issue in Edcuational Policy and Finance [J]. Educational Policy，1994（8/4）：365—375.

③ CERI. Equal Educational Opportunity：A Statement of the Problem with Special Reference to Recurrent Education [R]. Paris：OECD，1971：26.

主义者不断受挫的根源。即便是补偿性战略，都不能克服由社会决定的教育不平等现象。奥地利历史学家伊凡·伊里奇（Ivan Illich）的"非学校化战略"（Deschooling Strategy）①是这种挫折感的极端表现。正是在这种情况下，OECD提出了"经常性教育"（Recurrent Education，也可称作"回归型教育""循环教育""回流教育"）战略。它是OECD为发达工业化社会的教育系统的长期发展提出的明确战略。这一概念起源于斯堪的纳维亚地区，这些国家成人教育和继续教育及其平等政策的悠久传统，不仅存在于社会和区域集团之间，而且也存在于人口中的老一辈和年轻一代之间。"经常性教育"旨在纠正义务教育以后的成人的教育的不平衡性，同时使教育机会在全体人口中得到更公平和更有效的分配。OECD认为，人们要树立终身学习的观念，不断地更新知识，具有"会继续学习""会继续生存""会继续工作"的本领。一次性的终结性教育已无法适应社会发展的需要，必须依靠多次的回归型教育，才能确保高等教育的连贯性，更好地发挥学生的潜能，促使高等教育更完善。

经常性教育的概念基于一种不同的途径——即教育机会应在个人（主要指成人）的一生中分散开来，可看作是青年接受进一步教育的另一种办法，这种办法使学生更容易在整个生命周期中获得他们想要的教育。朝着这个方向发展主要有四个方面原因：第一，教育的扩张没有发挥预期的社会平等作用。第二，在社会和经济变革要求个人继续进行社会和职业调整的过程中，某种形式的继续或永久性的教育是必不可少的。第三，正规教育与经验学习的分离，这已成为大多数教育体系的典型，使某种形式的"失学"策略成为可能。最后，经常性教育将缩小年轻人和老年人之间教育机会的差距，使几代人都能同时从教育中受益。1973年6月，CERI与美国卫生、教育和福利部国家教育研究所（DHEW）在乔治敦大学联合举办的一次国际会议上，就此问题汇集了美国和欧洲已经具有的经常性教育特点的实践经验。②CERI在此基础上初步分析了经常性教育与教育机会平等政策的相关性，最终编写了一份"澄清报告"（Clarifying Report）③，主要介绍了"经常性教育"的概念、性质、目标、特征等主要形成因素（见下图3-1），这份报告

① 1970年，伊凡·伊里奇撰写了一部著作《非学校化社会》（Deschooling Society）。在书中，他不仅对传统学校教育制度进行了无情的批判，提出了一种"废除学校"的主张，还给出了废除学校之后的解决方案——学习网络。

② DHEW. Recurrent Education［R］. Washington：National Institute of Education，1974：354.

③ CERI. Recurrent Education：A Strategy for Lifelong Learning［R］. Paris：OECD，1973：7.

也成为随后所有相关讨论的蓝图。

经常性教育（Recurrent Education）

1. 概念：是为教育结构变革提供的一种总体性、全面性的教育战略，是终身学习的一种策略。指教育以一种循环式的经常性的方式分布在个人的整个生命周期上。以与其他活动不断交替的方式存在，在这些活动中，工作是最主要的活动。

2. 性质：是终身教育的一种初期形态。与终身教育不同的是，它更为强调义务教育以后的成人的教育，在范围上有一定的限制，并且具有较强的功利性。对一些人来说，经常性教育是成人或进一步教育的一种形式；对另一些人来说，这是一种与后义务教育有关的教育方法。

3. 目标：纠正义务后教育成就的不平衡性，同时使教育机会在全体人口（主要指成人）中得到更公平和更有效的分配。促进个人发展机会平等，帮助其职业方面的提升以适应劳动力市场的变化和知识型社会的发展。

4. 特殊性：实施过程中遵循终身教育的经常性和交替性原则；与经济、社会和劳动力市场政策联系密切；旨在促进正规教育与其他学习形式之间的交替。

5. 优势：对许多年轻人来说，更公平、更相关、更现实、更开放的发展模式以及更多的重返教育的机会（如短期课程、灵活的学习方式、对以往学习经历的认可、个性化的学习项目）是其支持者所看到的优势。

6. 特征：

——义务教育的最后几年应该提供一个课程，让每个学生在进一步学习和工作之间有一个真正的选择；

——离开义务教育学校后，在个人的整个生命周期内，应保证必要的时候向其提供获得义务教育后的机会；

——设施的分配应尽可能向所有个人提供教育，无论何时何地只要他们需要；

——工作和其他社会经验应被视为入学规则和课程设计的基本要素；

——以一种间歇性的方式从事任何职业提升都是可能和重要的，这意味着学习和工作之间交替的重要性；

——课程、教学内容和教学方法应与所涉及的不同利益群体（学生、教师、行政人员等）共同设计，并能够适应不同年龄和社会群体的兴趣；

——学位和证书不应被视为教育职业的"最终结果"，而应被视为走向终身教育和终身职业和人格发展进程的步骤和指南；

——在完成义务教育后，对于那些暂时离开教育体制学习的个人，要让其知晓必要的工作和社会保障条款。

图 3-1　"经常性教育"的主要形成因素

资料来源：根据 CERI. Recurrent Education：A Strategy for Lifelong Learning［R］. Paris：OECD，1973：1—88. 整理而成。

经常性教育战略的许多要素实际上逐渐进入了国家教育政策和实践，特别是在发展更灵活的后义务教育结构、在高等教育中增加模块化课程和新的入学程序、工作和学习方案的新组合、对工作经验的承认等方面。该战略对 OECD 成员国影响最大的一个方面莫过于中等后教育的发展。这一战略促使其一直在朝着一个方向过渡，即与高等教育的联系越发紧密，① 并形成了两种趋势：第一，将较长的大学课程划分为几个较短的"单位"，促使大学既能提供以获得技能证书（执照）为目的的专业学习，也能够提供继续进入高阶课程学习的机会；② 第二，获得大学型高等教育的中等后教育机会扩大。这导致 70 年代开始越来越多的成员国建立了短期高等教育机构，这项政策的一个意图是将学生从拥挤的大学型高等教育部门中引开，并建立一个"二元"系统。可见，经常性教育概念的传播无疑为高等教育多样化发展创造了有利条件。

二、教育委员会（EDC）的成立与 1970 年巴黎会议的召开

CERI 的工作逐渐改变了组织对经济增长的看法，越发强调增长的质性需求和更广泛的目标。直至 1970 年，OECD 理事会的宣言更加明确和具体地说明了这一点，宣言强调了"经济增长本身不能够作为目的，它是提升生活水平的工具，广义上来说其应被视为实现各种经济、社会和文化目标的手段"。③ 考虑到教育服务于除了自身以外的许多领域，OECD 认识到：组织的高等教育活动，要想对各国的经济政策作出实际贡献，就必须将高等教育的全部目标所指考虑在内。只有在此基础上，才可以为在教育部门内分配不同的资源确立标准。然而，CSTP 没有足够的能力承担其要处理的各项教育事务的能力，除非重新设立一个能够进行高级别、高层次讨论的机构，此机构还要能够更好地处理经济发展所涉及的质量和数量问题。于是，组织于 1970 年成立了教育委员会（EDC），它的任务比前身更广泛，负责评估"教育增长和发展的前景和政策，以实现社会和经济目标，既负

---

① OECD. Towards New Structures of Post-Secondary Education：A Preliminary Statement of Issues [R]. Paris：OECD, 1971：7.

② The Carnegie Commission on Higher Education. Less Time，More Options. Education beyond the High School [R]. New York：McGraw Hill, 1971：40.

③ George S. Papadapouls. Education 1960—1990：The OECD Perspective [R]. Paris：OECD, 1994：65.

责解决资源配置的一般性问题，也能够对相关资源进行有效管理"。[①] 新委员会于 1970 年秋季举行了第一次会议。在宣布成立 EDC 的基础上，主要对华盛顿会议制定目标进行了回顾和审查，以便明确下一步的工作方向。

在 1961 年华盛顿会议召开十年之后，OECD 对 20 世纪 60 年代的教育活动进行了全面的分析。这一"教育增长审查"采取了一系列的研究，从数量、结构、资源、社会和经济影响以及教育规划的演变等方面对教育发展的人力需求进行了分析，为讨论成员国今后几年教育政策面临的主要问题提供了背景材料。讨论会议于 1970 年在巴黎举行，主题为"教育增长政策会议"（Conference on Policies for Educational Growth），也被称作巴黎会议。此次会议不断重申了四个方面的重要结论。第一，数量任务的实现。在战后人口爆炸的背景下，教育系统具备吸收更多学生入学的能力（其中，法国经历了所有成员国中的最大增长，出生人数从 1945 年的 62.6 万增加到下一年的 84.4 万人，到 1967 年都一直保持在 80 万人以上）。第二，如此扩大的教育系统就其规划和管理提出了新的、紧迫的问题。第三，这种扩张虽然影响了社会的各个层面，但并没有在实质上改变其所对应的不同社会经济类别所要求的发展目的。第四，传统的教育"效益"和"效率"概念存在缺陷，这些概念源于工业模式，其基础仅仅是对某一既定目标的投入和产出之间的数量关系。需要重新定义整个等式，包括考虑相关性、质量等。[②]

于是，OECD 理事会制定了十年增长目标，使整个 OECD 地区的实际国民生产总值增加约 65%。当然，那时组织还不知道第一次石油危机会严重破坏这一目标。但是，积极意义便是对经济增长的质量方面和社会层面的强调。这一强调在巴黎会议的结论中得到了体现，这也是它与华盛顿会议的区别所在。巴黎会议提出了制定教育政策的一般准则，有利于 20 世纪 70 年代 OECD 教育工作的开展。

——在未来十年，教育增长的目标应从与社会和经济更普遍的相互关系中加以审视。

——应使 70 年代的教育增长目标更加明确，并在可能的情况下，制定衡量教育制度绩效的指标，这些指标涉及教育目标本身以及教育对更广泛的社会和经济目标的贡献。

---

① George S. Papadapouls. Education 1960—1990：The OECD Perspective ［R］. Paris：OECD，1994：65.

② OECD. The General Report of the Conference was Published under the Title：Educational Policies for the 1970s ［R］. Paris：OECD，1971.

——目标和指标的确立将有助于教育部门内部资源的有效分配，并协助成员国为其教育系统的持续变革开辟其他途径。

——有助于更有效地利用和管理实际财政资源。

——为制定必要的质量变革提供一个不可或缺的起点，这是今后十年的一个优先事项，促进在大学开展更有效的学习进程，并在研究和发展工作中确定改进这些进程的优先事项。可以说，20世纪80年代后期的"质量"辩论是在20世纪60年代预演的。

——有效的组织规划和创新进程可以极大地促进这种质的变化，各国政府根据其国情接受明确的责任，但所有利益攸关方必须充分参与。①

将教育纳入社会问题思考，对高等教育政策和规划产生了重大影响。许多人认为，它提供了一个新的平台，以确保教育发展能够得到更多的政治支持，就像经济平台在过去十年的大部分时间里在教育方面所发挥的作用。然而，更加令人信服的解释则是：教育应对社会进步作出贡献，这一点被大多数人欣然接受。但是，"社会进步"意味着什么，以及如何衡量或评价教育对它的贡献，取决于社会为"自己"设定了哪些目标，这些目标是如何界定的，它们对高等教育目标的定义产生了何种影响，这些是每个国家的政治问题，因此很难适用于教育经济学的那套理论。这些问题以及它们对高等教育政策和规划提出的挑战，在1970年会议上得到了详细的说明。会议在其结论中强调，规划必须与制定教育政策的复杂进程更密切地联系起来。特别是，它应在明确的目标制定基础上分析高等教育对个人、经济和整个社会产生的短期和长期影响。"在这方面，政府应提供和促进社会上有关团体广泛参与和讨论的机会。它应该是长期的、全面的且跨部门的，并考虑到政策必须更好地满足个人需求以及社会的文化需要。它还应努力制定社会指标，以监测学校系统的表现、评估成本、课程效果、学习结果、学生和教师行为等"。②

---

① OECD. Educational Policies for the 1970s [R]. Paris：OECD，1970：136—137.
② OECD. Educational Policies for the 1970s [R]. Paris：OECD，1970：143.

三、高等教育机构管理项目（IMHE）的实施

20 世纪 60 年代末，教育领域出现了不可避免的创新热潮，人们普遍认为教育需要进行变革，特别是在受到教育扩张冲击的中学和高等教育层面。变革所提倡的渠道和动机多种多样，从寻求提高资源利用效率到寻求在个人发展、生活质量和机会平等等方面教育实效的提高。创新运动的三大支柱：（1）将教育变革融入更广泛的社会变革过程是一种明显的趋势。这便需要发展一个连贯的教育创新理论，教育创新作为一个过程，可以而且应该得到适当的组织和管理。零碎式的改革是无效的。（2）适用于科学技术的研究/开发/应用模式已经不能作为解释社会变革复杂性的基础，因此不能用来组织教育的变革进程。必须优先重视的不是研究本身，而是整个教育系统普遍存在的发展工作，即以学校和大学系统本身为基础进行分散控制。（3）有必要更好地了解创新进程是如何运作的，并创造有效的教育变革进程所需的角色、技能和专业培训。[①]

CERI 的创办便是创新运动的表现之一，但 CERI 更多关注的是中等教育的创新变革，教育改革的管理问题也较多地涉及学校。而在高等教育层面类似的问题存在着不同的规则和标准，这些创新问题需要在单独的活动中得到处理，因此也必须有像 CERI 同样性质的机构来处理高等教育领域内的各类创新问题，尤其在改进高等教育机构的管理职能方面，可以集中精力去解决机构管理问题，以实现高等教育质量的不断提升。这一考虑最终导致 OECD 设立了高等教育机构管理项目（IMHE）。谈及 IMHE 的设立，OECD 在 1969 年"大学规划和管理技巧会议"（Conference on University Planning and Management Techniques）上迈出了重要的第一步，使欧洲人对高等教育问题（如学生人数、高等教育管理的变革以及资源的有限性等）有了敏感的认识，各界代表广泛地参加了此次会议，尤其是政府代表。他们的到来表明国家对鼓励高等教育机构领导人"变得更有管理意识"这一议题较为感兴趣，因为他们知道在传统上大学享有和捍卫的自主权下，直接干预的机会有限。

上述会议报告《大学规划与管理技巧》（*University Planning and*

---

① George S. Papadapouls. Education 1960—1990: The OECD Perspective [M]. Paris: OECD, 1994: 79.

Management Techniques）提出了广泛的管理问题。CERI 对这些问题进行了说明：在 1969 年至 1971 年间，对欧洲各成员国的个别大学就金融体系、教育建筑、教学设备、学术研究、国际流动、学生参与决策等专题进行了试点研究，① 使 OECD 正式认识到进行高等教育机构管理的必要性，并提议设立一个独立于组织内部综合教育工作体系的高等教育管理的特别项目来保障这一工作的开展。于是，IMHE 正式登上历史舞台，1972 年底理事会宣布 IMHE 项目独立运行，其直接负责机构改为秘书处，直接对 OECD 负责。对 IMHE 的监督权利属于项目参与国家。此项目为成员国家提供了以下几项主要服务：定期开展高等教育工作坊交流活动；搜集最新研究热点；呈送"高等教育状况"年度报告，包括相关数据对比、相关发展成效排名等；当前高等教育所面临政策挑战的深度分析；利用相关数据开展相关话题分析；通过自创刊物发布 OECD 高等教育工作，刊登世界范围有关高等教育管理最新进展情况的相关论文等。IMHE 最终成为了一个权利下放性质的自筹资金（self-financing）的项目，一直延续至 2016 年才正式结束。②

　　IMHE 一直是 OECD 在高等教育领域里的一个成功的工作案例。最重要的是，该方案有能力调整其方法和活动，以适应优先事项的变化和高等教育总体环境的变化。就工作内容而言，已经从早期对管理技巧、资源分配模式和信息系统的关注转向评估机构业绩、在不断变化的经济环境中保持机构活力。在所有这些方面中，它已成为传播最先进的管理经验的公认的国际论坛，其两年一度的大会及其主办刊物《高等教育机构管理国际期刊》（*International Journal of Institutional Management in Higher Education*）会定期报告其所开展活动相关的研究结果。

四、"中等后教育的未来结构"大会的召开

　　20 世纪 50 年代以来，世界高等教育一直在经历着扩张性变革，这使得许多国家从 70 年代开始迅速地迈入高等教育大众化阶段，但是这种变革却对高等教育的

---

　　① CERI. Institutional Management in Higher Education：Report of a Conference in Paris［R］. Paris：OECD，1972.

　　② 2015 年 11 月，IMHE 理事会决定，当前授权的项目将在 2016 年年底到期，不再继续。运行于此，该项目为成员国提供了更全面的信息成果，帮助他们展望未来、制定战略决策。至 2014 年，IMHE 合作国家超过 50 个，形成了一个"独特的知识三角"：沟通 HEIs、政府、利益攸关方三者之间的桥梁。

规模体系和内部结构影响甚微。OECD 的相关研究表明，到 1970 年近乎三分之二的欧洲国家的非大学型高等教育机构增长速度较慢，说明了在欧洲国家中大学型高等教育对学生的吸引力仍然较强（见表 3-1）；另外，就内部结构的管理来看，精英院校也依旧是"它们要做什么就做什么，要用什么方法就用什么方法"。① 然而，经济发展、技术进步和国际市场竞争的增加在那时已经带来了就业结构的重大变化。在大多数 OECD 国家，这些趋势导致了一种情况，即在教育和就业之间，或者更准确地说，在职业资格和毕业生的期望之间，以及在现有的就业机会和职业进步之间，可能会出现许多差距。自二战以来，民族国家为了增强科技实力，纷纷加大了政府为大学拨款的力度，"由于教育的私人成本低……家长们试图让更多的孩子接受教育……这就导致了'文凭膨胀'的社会症状"，② 这种逐渐滋生的"过度需求"也会导致政策资助高等教育的成本不断攀升，从而对高等教育阶段的公共财政造成一种不合理的负担。因此，如何在有效降低高等教育成本的情况下满足高等教育日益增长的需求，同时帮助年轻人为他们顺利进入职业发展生涯做好准备，成为了许多成员国大学制度改革的焦点。

在 OECD 看来，主要的办法就是扩充不同类型的机构数量，除了增加师生比、削减不必要或重复的课程、更有效利用学校场地、优化学生选拔流程等措施外，许多成员国决定建立新的非大学模式的短期高等教育机构，以满足不断增长的需求和减少大学模式的高等教育不断增长的数字压力，建立区别于大学型高等教育机构的非大学型机构，也可称其为短周期高等教育机构，以满足继续教育、成人教育等职业性教育的需求。因此，许多国家甚至包括第三世界国家都纷纷建立了"技术学院、社区学院、开放大学等来满足对合格技术人员的需要与协调技术人员和研究人员之间的平衡"。③ 正如 OECD 在回顾二战后各成员国高等教育发展状况时强调的那样，"在过去二十年左右的时间里，私人对教育的巨大需求导致了许多发达国家中等后教育的扩大，因此今天的决策者必须考虑建立一个大规模的高等教育体系"。④

---

① ［美］克拉克·克尔. 高等教育不能回避历史 [M]. 王承绪，译. 杭州：浙江教育出版社，2001：56.

② Harbison, F., Myers, C. A.. Education, Manpower and Economic Growth: Strategies of Human Resource Development [M]. New York: McGraw-Hill Book Company，1964：105.

③ World Bank. Education Sector Policy Paper [M]. Washington D. C.：World Bank，1980：46.

④ Eric Esnault, Jean Le Pas. New Relations Between Post-Secondary Education and Employment [A]. OECD. Towards Mass Higher Education. Issues and Dilemmas [R]. Paris：OECD，1974：110.

表 3-1 1960 年—1970 年两种类型高等教育入学人数增长情况比较（单位：人）

	1960 年—1965 年		1965 年—1970 年		1960 年—1970 年	
	欧洲成员国	非欧洲成员国	欧洲成员国	非欧洲成员国	欧洲成员国	非欧洲成员国
大学型高等教育	8900	8600	8500	6100	8700	7300
非大学型高等教育	9500	11900	5600	11500	7300	11700

资料来源：根据 Eric Esnault，Jean Le Pas. New Relations Between Post-Secondary Education and Employment ［A］. OECD. Towards Mass Higher Education. Issues and Dilemmas ［R］. Paris：OECD，1974：19. 译制而成。

可以说，高等教育系统规模体系的变革是教育增长后实施的教育改革中影响最深远的，它是政府试图影响增长数量和方向的选定工具，其双重重点是教育机会的全球扩大及其社会和经济意义的扩大。目的和价值观的再定位对重新安排高等教育产生了最深远的影响。OECD 的高等教育工作的重点因时而异，取决于成员国不断变化的政策关切和优先事项的性质。在学生起义运动（见下文）之后，重点是掌握失控的增长进程的起因和后果、管理和参与高等教育机构的决策、课程和学习结构的组织，以及最重要的是规划高等教育系统总体结构的未来形态，以使各国能够向大众化高等教育顺利过渡。在所有这些领域，EDU 和 CERI 都进行了广泛的研究，其政策结论随后在 1973 年 6 月于巴黎举行的题为"中等后教育的未来结构"（Future Structures of Post-Secondary Education）的会议上汇集在一起。"会议的主要关切是审查大众化高等教育的主要模式和特点，并确定政策措施，以促进高等教育系统的总体结构转型，在社会和经济发展的范围内实现其新目标"。[①] 各国教育部部长、高级官员、学者和专业组织的代表出席了会议。在会议上充分介绍的美国经验，一直是欧洲国家的一个参考坐标，与其说是一个效仿的榜样，不如说是它提供的关于高等教育从精英向大众教育体系过渡过程中出现的经验和教训，给了其他各国一个参考。美国社会学家马丁·特罗（Martin A. Trow）在演讲中对这些问题进行了精辟的分析。

特罗认为，在每一个先进社会，高等教育的问题都与增长相关。它们出现在高等教育的各个方面：政府和行政管理；财政和成本；选拔和培养学生；课程开发和教学形式；招聘和培训工作人员；制定和维持评估标准；考试测试和授予资

[①] OECD. Policies for Higher Education：General Report ［R］. Paris：OECD，1974：3.

格；住宿和活动安排；就业和咨询；学术性与专业性之关系；不同层级教育与高等成人教育的关系。[①] 简而言之，增长对高等教育的每一种形式的活动和表现都有影响，这些问题必须一起处理，而不是孤立地处理。正是这些问题，以及对这些问题采取协调一致办法的必要性，为详细讨论提供了议程，直接涉及了不同国家的主要改革计划。瑞典 U68 委员会[②]的报告《高等教育》（*Higher Edcuation*）和英国的白皮书《教育：扩大框架》（*Education：A Framework for Expansion*）是成员国介绍其采用不同方法的两个有代表性的例子，前者基于综合性高等教育系统的构想，后者反映了与德国合作的 Gesamthoschscule 模式。

综上，会议的重点是放在一个问题上：在规划新结构和应对现有系统内而产生的压力时，社会如何调解？一方面，扩大入学机会所引起的体制多样性和方案差异性的需要由中等后教育与就业之间的新关系引起。另一方面，是否需要在资源有限的政治敏感背景下，保持和加强学术和科学的价值，强化公共问责制，或者推动更大程度的民主化进程？此重点不仅凸显了"机构多样化"的高等教育规模逐渐发展成体系的原因，会议形成的相关报告也提出了建设性的建议（具体内容见本章第三节）。

第二节　"规模扩充"背景下 OECD
高等教育政策形成原因分析

从假设如果不扩大人才库就无法满足经济增长所必备的人力需求出发，这一论点很快发展成为人人有权接受教育的观念，并导致 OECD 开始审议实现这一权利所需的经济、社会和教育措施，促使 OECD 第一次突出了高等教育的社会目标问题，以及高等教育作为社会主要文化工具的更广泛作用。围绕教育促进社会发展的作用，这条主要由 OECD 内部社会学家和教育家推动的政策发展路线引起了

---

① OECD. Policies for Higher Education：General Report ［R］. Paris：OECD，1974：55.

② 20 世纪 60 年代瑞典高等教育持续扩张，学生总量增长了三倍之多，因此教育品质受到质疑。于是，瑞典政府采取了一些措施，包括在大学中设立专注于教学的讲师职位、成立 U68 委员会处理扩张的相关问题等。由于当时大多数的学生依旧选读人文和社会科学，这不符合经济发展之需求，于是政府采用了"固定研读计划"（fixed study plan）来规定各领域的招生数。同时为了强化高等教育机构之间的平等性，政府还在 1977 年将高等教育整合为单一体系。

教育的社会和经济目标之间的潜在冲突。CERI 的工作更是改变了组织对经济增长的看法，越发强调这种增长的质量方面和更广泛的社会目标。从教育的角度来看，教育"增长"目标也逐渐让位于教育"发展"目标。OECD 在这一阶段帮助确定了在高等教育发展方面，整个教育结构的扩充和教育系统内需要改变的关键领域——教师、学校建设、创新、平等等问题，以及明确了需要采取新的教育政策和规划办法。另外，青年大学生抗议运动也加速了组织更持续地分析高等教育中的参与性问题，还有"方案预算"运动、平等运动、初高中教育的普及与重组皆催发了 OECD 高等教育治理内容的转变。

一、基于民主的教育社会学理论的引介

早在"教育规划"时期，OECD 就不止一次地强调高等教育具有的社会性意义，以及其作为社会文化工具的广泛作用。只不过在当时为了巩固成员国经济刚刚得以复苏而取得的阶段性成果，又由于组织将援助目光聚焦于成员国中的欠发达的成员国或地区，大力实施 MRP 项目，导致了其对于人力需求的关注超过了社会需求。虽如此，在当时，OECD 依然认为对经济目标和社会目标的双重关切是十分必要的。在"教育经济学研究小组"召开的最后一次研讨会上，其主题就是围绕教育规划的社会目标——"平等"进行讨论，得出的结论是，"教育需求的增加来自经济和社会发展的需要，在实践中需要扩大教育，也要在实践中加强教育参与民主化的理念"。[①]

在 MRP 项目结束之后，那些欠发达的国家和地区在 OECD 的援助之下，通过建立或加强机制，以拟订教育系统发展计划等手段促使人力资源有了合理化的发展。"人力需求法"的弊端——短期性、功利性、先验性等不断为人们诟病，从而导致前一阶段所秉持的教育经济理论也声名狼藉。1968 年 5 月法国爆发的大规模大学生运动，史上称作"五月学潮"运动，亦称"五月运动"或"五月事件"。[②]随后引起的一系列连锁反应，导致许多国家学生效仿以达到他们自身要求高等教

---

① OECD. Policies for Higher Education：General Report［R］. Paris：OECD，1947：42.
② 五月学潮亦称"五月事件"或"五月运动"，是法国的大规模学生运动。1968 年，一名大学生因不满美国侵略战争升级，袭击了一辆美国汽车，遭警方逮捕。于是大学生举行游行，要求政府释放被捕学生。进而升级为学生罢课，要求言论自由，要求对高等教育进行改革。最终的结果是戴高乐总统宣布解散国民议会。这直接导致了 1968 年 1 月的重大高等教育改革，确立了法国高等教育自治、参与和多科性三原则。

育改革的目的。这便加剧了组织对于"高等教育旨在促进经济增长"这一命题的反思，按传统的观点，高等教育理所当然地被认为是间接地为国家的总体财富而服务。但随着社会的发展，其中心目的应更具文化意义和哲学意义。

20世纪70年代之后，OECD对不断深化的社会问题作出了反应。这一时期，科学研究更多地来自教育社会学，并针对教育民主，[①] 包括对教育方面的社会阶级、性别、学校组织和文化不平等问题进行了详细的分析。主要反映在1975发布的《现代社会的教育与工作生活》（*Education and Working Life in Modern Society*）政策报告中。OECD在70年代的许多高等教育政策报告中，也都同样强调了社会目标和教育平等的理想。

二、"青年大学生抗议运动"的影响

随着资本主义工业化社会向纵深发展，一直以来受到技术理性主宰的意识形态开始随着欧美国家社会活动异化现象的出现（如贫富分化、性别歧视等社会矛盾的进一步深化，甚至恶化）而不断受到冲击。20世纪60年代在西方国家出现的"青年大学生抗议运动"（The Student Revolt Movement）就是这些社会矛盾和社会问题在文化领域的反映。

20世纪60年代后期，以青年大学生为主体的抗议运动席卷欧美诸国，对社会现实极度不满的年轻人，用他们的实际行动对社会发起了挑战。"这群抗议青年可以分为两类，一类以玩世不恭的态度对待生活，另一类以激进的政治态度攻击社会主流制度。'垮掉的一代''嬉皮士'就是前者的代表，'新左派'就是后者中的政治活跃分子。前者以放荡不羁的生活寻求'超脱'的社会，而后者则谋求社会改变，尽管两者表现形式迥然不同，但'解放'是他们的共同口号，体现了自我解放的意识，他们以实际行动冲击和解构着社会的主流价值"[②]。这些青年看到了欧美社会富足表面覆盖下的阶级不平等，"新左派"成员更是将这种现象称之为"自由主义已成虚妄"。除此之外，同一时期的各种民权运动、妇女运动、反战运动同学生抗议运动一样皆透露着要求自由和民主的特征。这些反主流文化运动部分瓦解了传统的社会价值标准，改变了社会价值取向，能够看出资本主义工业化

---

①　Eide，K.．30 Years of Educational Collaboration in the OECD [R]．Paris：UNESCO，1990：42.

②　张征. 新自由主义背景下大学制度变革研究 [M]．青岛：中国海洋大学出版社，2014：50.

国家首先在文化上开始向自由传统回归的趋势。

CERI 的创立正值大学生抗议运动的高潮，其成立后"研究和创新"便成为 OECD 日后教育政策和规划的核心理念，而大学生抗议运动的爆发正好为 CERI 提供了思考和谋划其高等教育日后工作方向和创新内容的契机。OECD 于 1974 年发布的《根据经合组织国家教育状况数据的分析》（*Based on Figures Presented in the Educational Situation in OECD Countries*）报告中提到了关于此次抗议运动的原因，报告指出："在整个 60 年代，虽然教育的扩张仍然是教育景观的主要特征。华盛顿会议制定的目标已经完全实现，在某些情况下甚至超过了所制定的目标。到 1970 年，教育已成为本组织规模最大，而且仍在迅速增长的有组织活动。而其中绝对增长率最大的当属高等教育……1960—1970 年，中等教育的普及导致了对高等教育的大规模需求，入学人数在 10 年中增加了 8%，这种令人欣喜若狂的增长背后的驱动力是社会需求和民主化。但是，大规模的教育扩张只在很大程度上成功地增加了入学机会的平等。毫无疑问，合格人员的产出增加在全球经济方面是足够的，但也导致由于劳动力市场与离校者和毕业生的教育状况不匹配而产生的日益严重的结构性问题……这与 1968 年学生抗议背后的原因紧密关联……因此，对于政府来说，提供重要的额外设施和资源，以及允许许多新的选择和创建新的类型的高等教育机构，以适应这种需求是十分必要的。"[①]

在秘书长克里斯滕森（Thorkil Kristensen）的个人鼓励下，组织对该运动中青年大学生的强烈需求作出了概括，这方面的内容摘要发表在组织下设刊物《经合组织观察员》（*OECD Observer*）第 37 期上，分别如下：1. 对永久的社会目标的不确定性的关注超出了对物质满意程度的关注，因此青年大学生希望作为成年人参与塑造大学和新社会。2. 加强学生对专业和职业前景的关注，特别是在专业性不强的领域。3. 对改革现行高等教育制度的内部结构、组织、内容和方法的强烈愿望。[②] OECD 认为，学生运动引起的"参与要求"已经存在，因此有必要确保这一问题有一个建设性的解决方案，另一个结论涉及大学需要重新思考其宗旨和职能，特别是如何将社会科学和人文学科的专业潜力转变为与科学和工程同等重

---

① OECD. Based on Figures Presented in the Educational Situation in OECD Countries [R]. Paris: OECD, 1974: 3—70.

② George S. Papadapouls. Student U Impact on Educational Systems, the Economy and Society in G [J]. OECD Observer, 1968 (37): 1—52.

要的社会力量。这两项目标都影响了 OECD 今后的高等教育活动方向。[1] 为了能够更为持续地分析高等教育中发生的这种参与性运动，OECD 秘书处在少数新招聘的具有学生活动背景的工作人员的帮助下，与来自若干国家的学生领导人展开多次公开和激烈的讨论，这也在某种程度上间接地促使学生运动中的激进表现逐渐消失。

三、由"方案预算运动"引发的绘制社会指标的灵感

大多数学者认为，OECD 教育指标运动的兴起是 20 世纪 60 年代出于开展教育规划以及预测未来教育供需的需要，但其发端可追溯至 STP 项目初期，对科学和技术人员的现有存量、产出和未来需求进行的有效数值对比。但前期的教育指标有选择性地量化和描述了教育系统中某些方面（而非全部）的现状，重点放在了评估教育系统的经济效益方面。直至 1973 年 OECD 提出了其发展史上第一套真正意义上的教育指标框架[2]，不仅关注了教育的社会价值，也关注其个体价值；不仅关注了教育的经济价值，也关注了其政治价值和文化价值。

其实，20 世纪 70 年代初 OECD 内出现的对社会指标感兴趣的浪潮所依据的是组织认为政治上有效的国民核算有可能扩展到"生活质量"数据系统。[3] 其部分灵感来自于当时的"方案预算运动"（programme budgeting movement），这项工作旨在确定与社会目标有关的产出结果，从而进行预算测量。与前期的"计划规划预算"（planning-programming-budgeting，简称 PPB）不同，PPB 是用于改善政府管理效率的资源配置系统。[4] 到了 70 年代，该项运动已经进入到了"目标管理预算"（management by objectives）阶段，其强调预算的分权化，重视投入、产出以及效果，根据管理进程，可组织相关部门根据预期的成果，进行目标的设计，在此基础之上根据目标实现的需求进行资源的分配。[5] 教育就是其中的一个重要部

---

① George S. Papadapouls. Education 1960—1990：The OECD Perspective ［R］. Paris：OECD，1994：67.

② OECD. A Framework for Educational Indicators to Guide Government Decisions ［R］. Paris：OECD，1973：1—12.

③ Kjell Eide. 30 Years of Collaboration in the OECD ［R］. Paris：UNESCO，1990：33—35.

④ 彭和平. 公共行政管理（修订版）［M］. 北京：中国人民大学出版社，2004：271.

⑤ Nicholas Henry. Public Administration and Public Affairs（12th edition）［M］. London：Pearson，2012：421.

门，由详细的"投入"统计数字和相关指标控制。因此，得到预算的前期目标管理工作便被委托给教育统计和指标工作组，该工作组在相当短的时间内能够提出一个与成员国主要政策切有关的教育统计的框架，正是前文提到的 1973 年教育指标框架。

在很大程度上，这一框架涉及衡量教育对社会的影响，具体如下：教育对知识传播的贡献；教育对机会平等和社会流动性的贡献；教育对满足经济需要的贡献；教育制度对个人发展的贡献；教育对价值观的传播和演变的贡献；有效利用资源以实现上述政策目标。在每一个类别下都确定了一系列相关指标，共计 46 项可以管理。秘书处编写了一份分析性较强的报告《教育系统绩效指标》（*Indicators of Performance of Educational Systems*），对这些类别作了修订，并将指标数目大幅度地扩大到约 150 个，更直接地反映教育对实现社会目标的贡献。

不过，OECD 纯粹地对社会指标的绘制并没有采取后续行动，其原因有三个方面。虽然就广泛类别的政策目标达成协议相当容易，但这些目标必须是有选择性的，是各国可以商定的最起码的一般性水平。此外，大多数目标维度是相互依赖的，因此在大多数其他维度中，不可能独立于其他目标实现水平进行加权。其次，教育统计传统上是以投入为导向的，没有一个国家表现出足够的兴趣来准备必要的研究工作，将其与产出指标联系起来。教育的社会目标的最终价值在于教学的效果。最后，虽然指标本身必须是可测的，但教育在文化传播和演变方面的贡献却是不可测的。很明显地，这套指标更加倾向于教育学立场，而非政策和实践立场。① 因此，这套指标不符合 OECD 的功能定位，所以难以得到成员国的支持，但至少这项工作确实提高了人们对改革教育统计系统和改善其国际可比性基础的必要性的认识。

四、初中教育的普及与高中教育的重组

中学教育的发展及其在一国教育发展整体中的关键作用，随着小学和初中教育的逐渐合并、综合学校的逐渐普及而日益显现，这一现象促使 OECD 秘书处在对义务教育问题的分析中，开始关注这类学校扩张的总趋势，同时开始思考如何

---

① George S. Papadapouls. Education 1960—1990：The OECD Perspective ［R］. Paris：OECD，1994：127.

才能使它们更好地运作。尤其是如何帮助那些复读的超龄生——这些学生通常被认为是"低能力群体"——顺利进入大学。另外，由于初中教育的普及，义务教育后高中的入学率迅速增加。高中教育的重组便也成为了关键问题。重组的目的即将这一级教育所承担的学术（即大学入学准备）职能与其技术/职业（即劳动力市场进入准备）职能结合起来。因此，初中教育的普及与高中教育的重组也间接地促使了高等教育机构的多样化改革。

（一）义务教育年限延长促进综合性学校的普及

中学教育的发展及其在一国教育发展整体中的关键作用，在整个 20 世纪 60 年代的一系列国家教育的政策审查中占有突出的地位。1965 年，欧盟组织和开展的欧洲各国教育部部长第五次维也纳会议上请 OECD 对中等教育进行了一次全面审查，关于这第一次国际性全面调查的结果反映在四年后发表的报告《中等教育的发展：趋势和影响》（*Development of Secondary Education：Trends and Implications*）中。尽管存在国家差异，但从这一分析中体现出的是中等教育领域的两个共同特点：义务教育年限的延伸（招收不分资质学生的）和综合学校的普及。根据不同国家的情况，将义务教育年龄从 12 岁提高到了 14 岁、15 岁，甚至到 16 岁，这是一项基于社会和政治原因的政策措施。实施这项措施的理由是，受教育程度越高的人口，对个人的发展及其社会福利都会越好。1969 年，欧洲各国教育部部长在其第六次凡尔赛会议上审议 OECD 关于中等教育调查报告的结果时，正式表示"所有人的教育期限应延长到 11 年或 12 年，同时应以广泛的共同课程为基础"。[①] 义务教育的延长导致了小学和初中教育的合并，即综合学校的普及，它给予了那些在中学阶段原本有辍学打算的学生获得职业技能培养的机会。从 50 年代初在挪威和瑞典的"9 年公立学校"试验、意大利"中学"试验、法国的"中等学院"试验[②]开始，在今后十年左右的时间里，这种类型的综合学校在大多数欧洲国家扎根。

秘书处在对义务教育问题的分析中，虽然认识到综合学校扩展的总趋势，但它更加强调和关注这类学校如何才能最好地运作，它认识到需要进行教学改革，目的是使学校教学更加个性化，然而这一切都意味着要改变"班级"概念和教师

---

① Council of Ministers of Education. The 6th European Ministers of Education Conference. Resolution No. 4，on "Educational Opportunity for All" [Z]. Versailles：UN，1969：6.

② CERI. New Approaches to Secondary Education：Italian Problems and Projects [R]. Paris：OECD，1971：1—102.

角色以及传统的教学内容和方法。而这种变化对提高社会弱势青少年的受教育机会特别重要。这些人过去和现在仍然是构成"低能力群体"的主要部分，他们往往会在义务教育结束时选择结束受教育生涯，因此不会获得任何正式上大学的资格，这种状况从长期来看不能为积极的生活做好充分的准备。OECD 报告《中等教育的创新做法：初中阶段的问题和可能性》（*Innovative Practices in Secondary Education：The Lower Secondary Stage：Problems and Possibilities*）指出，任何重新审查的出发点必须是更好地了解来自所有社会背景的青少年学生的类型，以及他们在迅速发展的社会的关键阶段应有的经验，并指出"青少年的问题不可能仅仅在学校解决。只有在整个社会背景下处理这些问题，才有可能在学校取得有效成果……在处境不利和犯罪青少年人数稳步增加的情况下尤其应该如此"。①这种对教学变革的心理和社会背景的强调，说明了综合学校必须解决的问题的复杂性和严重性。如何运用教育差异化的方式，而不是复制和加强，仍然是义务教育面临的最大挑战。

（二）对高中教育职能及其结构改革的再思考

由于初中教育的逐渐普及，义务教育后高中的入学率迅速增加。在 1960 年至 1970 年期间，大多数欧洲国家的入学率增加了一倍多，约占 15—18 岁年龄组的 50%（见表 3-2）。这一增长必然会增加对高中教育结构改革的需要。主要要解决的核心问题：将这一级教育所承担的学术（即大学入学准备）职能与其技术/职业（即进入劳动力市场准备）职能结合起来。在欧洲国家，职业教育受尊重程度较低。因此，修正普通教育和职业教育之间的关系是 20 世纪 70 年代积极推行的许多高中教育改革计划的核心。OECD 的一项特别研究报告《超越义务教育：高中教育的选择和变化》（*Beyond Compulsory Schooling：Options and Changes in Upper Secondary Education*）的主题就是关于确定了五个高中教育改革重点：体制框架的统一；学习结构的多样化；普通教育与职业教育的结合；职业教育的重组；教育与就业之间的交替。

---

① CERI. Tim McMullen，Innovative Practices in Secondary Education：The Lower Secondary Stage：Problems and Possibilities ［R］. Paris：OECD，1978：97.

表 3-2　1955 年—1965 年间 OECD 成员国中学毕业生人数增加情况（单位：千人）

国家	持有中学毕业证书的学生数量			年均增长率（%）	
	1955 年	1960 年	1965 年	1955 年—1960 年	1960 年—1965 年
德国	31.7	56.6	50.4	12.3	−2.2
奥地利	3.1	7.3	7.6	18.7	0.8
比利时	9.0	11.3	23.2	4.6	15.5
丹麦	3.1	4.5	9.0	7.7	14.9
西班牙	8.9	11.8	20.3	5.8	11.5
芬兰	4.7	7.7	13.4	10.4	11.7
法国	39.3	59.3	96.9	8.6	10.3
希腊	19.6	18.2	32.1	−1.5	12.0
爱尔兰	5.3	7.2	10.6	6.3	8.0
冰岛	—	0.25	0.31	—	4.4
意大利	25.7	32.0	42.3	4.5	5.7
卢森堡	0.24	0.32	0.56	5.9	11.9
挪威	3.8	5.2	10.8	6.5	15.7
荷兰	8.6	11.5	18.0	6.0	9.4
葡萄牙	2.6	3.6	6.5	6.7	12.5
英国	29.2	43.0	82.7	10.2	14.0
瑞典	6.0	9.1	18.7	8.7	15.5
瑞士	2.0	2.6	4.0	5.4	9.0
土耳其	9.0	10.9	23.2	3.9	16.3
加拿大	77.1	136.2	243.0	12.0	12.3
美国	1415	1864	2642	7.1	7.2
日本	715.9	933.7	1160.1	5.5	4.4

资料来源：根据 OECD. Development of Higher Edcuation：1950—1967（Analytical Report）[R]. Paris：OECD，1970：93. 译制而成。

"高中所面临的问题不在于简单的机构功能失调，而需要结合青年人的社会处境、对他们开放的其他可能性以及他们的行为和期望发生的变化进行分析。因此，中学教育的政策目的最终是使年轻人更容易在社会中占有一席之地"①。而与高等教育该项核心任务不同的是，高等教育所面临的和亟待解决的核心问题恰恰是机构功能失调的结构性问题，或者说规模扩充问题。中等教育的数量增长和结构改革对高等教育产生了直接影响，导致的变化比其他各级教育更加明显。在这些变化中占主导地位的是入学人数的巨大增加，或者说不同结构中等学校毕业生人数的增加（见表 3-3）。

表 3-3　1955 年—1965 年间成员国普通中学和所有各类中学毕业人数的增长率

INCREASE	GENERAL SECONDARY SCHOOL GRADUATES	TOTAL NUMBER OF SECONDARY SCHOOL GRADUATES
200% and more		Yugoslavia
Between 100% and 200%	Austria, Belgium, Denmark, Finland, Sweden, the United Kingdom, Yugoslavia, Canada	France, Sweden
Between 50% and 100%	France, Germany, Greece, Ireland, Italy, Norway	Austria, Belgium, Italy, the Netherlands, the United Kingdom
Less than 50%	the Netherlands, Switzerland, the United States	Switzerland

资料来源：OECD. Development of Higher Edcuation：1950—1967（Analytical Report）[R]. Paris：OECD，1970：96.

到了 20 世纪 60 年代末，高等教育不再是精英阶层的教育，而是更多人口的高等教育。欧洲国家尤其感受到了这种转变，它们发现自己正在走向大众化高等教育体系，尽管其规模比大西洋彼岸和日本都要小。因为资源的限制，迫使各国政府采取更多的干涉，试图引导这种增长的发展方向，并调和自发就业需求所产生的压力与社会和经济需求之间的关系。与任何其他层级相比，明确的高等教育政策成为各国政府经常关切的问题。而这项工作的重点，取决于成员国不断变化的政策关切和优先事项的性质。正如前文所说的那样，中等教育的数量增长和结

---

① OECD. Beyond Compulsory Schooling：Options and Changes in Upper Secondary Education [R]. Paris：OECD，1976：73.

构改革对高等教育产生了直接影响，加之学生起义运动的影响，接下来 OECD 在高等教育领域重点要掌握失控的增长进程的来源和后果、管理和参与高等教育机构的决策并提出建议、分析课程的组织和学习结构，以及最重要的，规划系统总体结构的未来形态，以使各国能够适应向大众化高等教育过渡。

五、教育平等内涵的变化：从"机会平等"到"参与平等"

教育结构改革背后的动机，以及这些改革中颁布的最明确的目标，是为了更公平地分配教育机会及其产生的社会效益。20 世纪 70 年代前后，相关学者的一系列研究报告都突出强调了意图和期望与实际成就之间的差距，他们一致认为，"更多的教育投资并不一定会带来更大的教育机会均等，并且更多的教育机会也不一定会导致更多的社会流动和社会公平"。[①] OECD 也回顾了过去十年关于这方面的工作，发布了一份分析性报告，即《所有人的教育机会：经合组织工作及其政策影响的背景报告》（*Educational Opportunity for All：Background Report on OECD Work and its Policy Implications*）。报告强调，20 世纪 60 年代初，人口中相当大的智力资源储备正在发展，对于技术发展和历史进步来说，大力发展这类拥有科技才能的人力资源是至关重要的，而扩大教育提供是经济增长的核心问题。[②] 到了 60 年代中后期，随着其注意力从增长本身转向发展方面，那么在教育方面也要从教育增长政策转向教育发展政策。"社会"要求开始主导"经济"要求，教育越来越被视为一种社会服务，与比过去更广泛的政策目标相关。因此，应该包括克服社会、经济和文化观念上的障碍，这些障碍限制了能力本身的发展，也限制了有效的教育参与。这一立场的内在特点是放弃了人口中"固定能力集合"（fixed pool of ability）的概念，而赞成"有效参与和能力发展"是公共政策目标的一部分。

——具有相等的可被测能力的所有青少年获得非义务教育的机会，不论性别、种族、居住地、社会阶层或其他无关标准；

——所有阶级的社会成员在非义务教育方面具有同等参与率；

① Kogan，Maurice. Educational Policy-Making：A Study of Interest Groups and Parliament［M］. London：Allen and Unwin，1975：27—28.

② OECD. Educational Opportunity for All：Background Report on OECD Work and its Policy Implications［R］. Paris：OECD，1970：17—18.

——所有阶级的青少年具有同等的机会获得学术能力。①

它提出了在这一范围内取得进展所必需的一系列政策措施——教育体系的结构变化；在学校和社区中的新的教育战略；发展新形式的教育、课程和技术；补偿性的资源再分配和新资源的流动，用于相关的研究和创新发展，以解决教育参与方面的社会和文化差距问题。② OECD 为了加强各成员国对该项工作的关注度，在 1970 年巴黎会议前，完成了一份基于大量统计证据的文件《教育参与和成就方面的群体差异》（*Group Disparities in Educational Participation and Achievement*），并在会议时予以分发。文件分析了教育参与（结果）方面的群体差距。证据显示，在过去二十年中，特定区域群体之间、城市和农村人口之间、两性之间的这些差异没有显著变化。每个人都得到了更多的教育机会，但群体之间的差异基本上保持不变。③ 这些结论清楚地表明，实现教育机会更大的平等比通常所设想的困难得多。

尽管人们对"更多的教育导致更多的公平"感到失望，但会议仍提出了今后政策努力的方向。一方面，教育确实对个人的社会升级产生了影响。此外，任何政府都不能放弃教育入学机会平等的目标，因为它们对民主的承诺、对各级教育的日益增长的需求以及日益成熟的经济体需要更多受过高等教育的人。在随后的几年里，OECD 的方案努力保持了已经产生的工作势头和方向，专注于社会和文化上处于不利地位的人的教育问题，这也成为 CERI 工作方案中的一个高度优先事项。上文论述的 CERI 对"经常性教育事业"的倡导就是其最初表现出的对处于不利地位人群的关注，这项工作也推动了其参与高等教育规模扩张的进程。

第三节　代表性政策文本内容：保障和发展高等职业教育

根据统计，该阶段 OECD 在其政策实践的基础之上，发布的高等教育相关政策文本相较第二阶段来说，又有了质的飞跃，这在一定程度上归功于组织内部教

① OECD. Social Objectives in Educational Planning [R]. Paris：OECD，1967：15.

② OECD. Educational Opportunity for All：Background Report on OECD Work and its Policy Implications [R]. Paris：OECD，1970：4.

③ OECD. Group Disparities in Educational Participation and Achievement [R]. Paris：OECD，1971：3.

育工作合法性的建立，以及高等教育工作从初创期走向发展期，促使高等教育治理意识不断提升。笔者选取了其中四类具有代表性的文本《走向大众化高等教育：问题与困境》（*Towards Mass Higher Education：Issues and Dilemmas*）、高等教育机构创新系列报告、《走向新的中等后教育结构：初步问题陈述》（*Towards New Structures of Post-Secondary Education：A Preliminary Statement of Issues*）以及《短周期高等教育：寻求认同》（*Short-Cycle Higher Education：A Search for Identity*）进行了分析。

代表性文本选取缘由：到了 20 世纪 60 年代末，高等教育不再是精英阶层的教育，而是面向更多人口的教育。欧洲国家尤其感受到了这种转变，它们也发现自己正在走向大众化高等教育阶段。在指导成员国进行高等教育规模扩充之前，OECD 认为有必要让成员国认识到数量上的大发展带来的各种难题，并希望审查大众化高等教育的主要模式和特点，从而确定政策措施，以促进高等教育系统全面的结构转型。《走向大众化高等教育：问题与困境》（*Towards Mass Higher Education：Issues and Dilemmas*）报告一定程度发挥了总领性作用。随着各国政府采取了明确的战略，促使其高等教育提供多样化的发展模式，以应对多样化学生人口的日益增加。因此，对创新进程较快的国家的创新案例进行深入分析，能够对规模扩充的内涵有更加全面的理解，也能够指导其他成员国进行创新研究。最后，OECD 还是回归本质问题，对短周期高等教育机构的身份认同问题进行了理论分析，通过《走向新的中等后教育结构：初步问题陈述》（*Towards New Structures of Post-Secondary Education：A Preliminary Statement of Issues*）以及《短周期高等教育：寻求认同》（*Short-Cycle Higher Education：A Search for Identity*）两份报告强调了发展非大学型高等教育机构的重要意义。

一、《走向大众化高等教育：问题和困境》报告

OECD 成员国高等教育的真正大发展是在二战以后，与过往相比，二战结束之初至 20 世纪 70 年代，各国高等教育都发生了一系列重大的变革，给未来国际社会高等教育的发展带来了持续性的影响，正如 UNESCO 在《关于高等教育的变革与发展的政策性文件》（*Policy Paper on the Change and Development of Higher Education*）所说的那样："本世纪的后半叶，西方教育史进入了高等教育

不寻常的扩张和质变阶段。"[①] 20世纪70年代，马丁·特罗总结了西方主要国家的高等教育层级的发展历程，并提出了著名的"三阶段论"（elite-mass-universal triptych）。他认为，"如果高等教育机构中，拥有15%以下的学生人口，在其中接受教育，那么其就处于'精英教育阶段'；如果有15%至50%以内的比例接受教育，那么其就处于'大众化教育阶段'；当高等教育接纳的学生人口占到适龄人口总数的50%以上，高等教育就进入到了'普及化阶段'"。[②] 根据这一理论，可发现二战之后，世界各国适龄人口的入学率不断攀升，在数量上出现了一个较长的快速发展期，到70年代，OECD主要成员国基本都达到了大众化水平（见表3-4）。但数量上的大发展也给各国带来了各种难题。OECD于1973年召开了"高等教育未来机构会议"（Conference on Future Structures of Post-Secondary Education），专门讨论了这一问题，于1974年发布《走向大众化高等教育：问题和困境》（*Towards Mass Higher Education*：*Issues and Dilemmas*）报告。报告的核心关切是审查大众化高等教育的主要模式和特点，并确定政策措施，以促进高等教育系统的全面结构转型。

表3-4　1950年—1970年OECD成员国高等教育入学率的总体情况（单位:%）

	1950	1960	1965	1970
University-type education	3.26	5.86	7.99	11.03
Non-university-type education	0.69	1.21	2.02	3.14
Total higher education	4.06	6.63	10.33	14.47

资料来源：OECD. Towards Mass Higher Education：Issues and Dilemmas. Table 1 [R]. Paris：OECD，1974：16.

（一）学生结构问题

源自二战以后西欧成员国经济的快速恢复与发展，以及由此而来的对各类技术专门人才的迫切需要，再加上人民争取平等权利呼声的高涨，以及适龄学生人口的不断积累，20世纪60年代至70年代西方成员国高等教育入学人数呈现了持续增长的态势，这点前文已有所强调。在70年代，入学数量这一现象已被OECD

---

① UNESCO. Policy Paper on the Change and Development of Higher Education [R]. Paris：UNESCO，1995：3.

② Martin Trow. Problems in the Transition from Elite to Mass Higher Education [Z]. Paris：OECD，1974：55－101.

及其成员国广泛接受，在这一领域出现的新的现象即学生组成方面的新变化。60
年代成员国高等教育机构入学率翻一番，甚至翻两番，伴随着学生团体组成方面
的缓慢变化。OECD分别从性别、社会出身、年龄和国籍这些方面着手描述了这
些变化。

1. 女性参与情况。这一情况在所有国家都继续增加，但在1965年之后速度
放缓（见表3-5）。德国和奥地利除外，那里的趋势发生了逆转。各国之间在1965
年之前就已有的差异继续存在，1970年女大学生的平均比例从日本的18％到芬兰
的47％，总体平均值在32％（1960年这一比例为26％）。男女机会均等是一个非
常缓慢的过程，这取决于每个国家的具体发展动态。

表3-5　1960年—1970年OECD成员国大学教育女性参与趋势（单位：％）

	1960	1965	1970
Austria	25.9	25.4	27.0
Denmark	22.7	28.1	30.0
Finland	46.3	48.6	48.2
France	41.3	43.4	44.7
Germany	20.3	20.6	31.0
Greece	23.2	30.5	31.3
Italy	26.6	33.4	38.0
Netherlands	17.9	18.0	19.7
Norway	20.2	24.3	27.4
Portugal	30.5	38.8	45.0
Spain	19.9	21.3	25.2
Sweden	32.1	36.9	37.3
Switzerland	14.2	18.1	22.6
Turkey	23.8	25.1	23.3
United Kingdom	24.5	26.4	29.0
Yugoslavia	28.7	32.6	38.0
Canada	24.9	32.8	35.2
Japan	13.7	16.4	18.2
United States	38.0	39.0	41.0

资料来源：OECD. Towards Mass Higher Education：Issues and Dilemmas. Table 11 ［R］.

Paris：OECD，1974：30.

2. 学生的社会出身。秘书处的一项研究《教育参与和成就方面的群体差异》
（*Group Disparities in Educational Participation and Achievement*）分析了 20 世
纪 60 年代至 70 年代学生由于社会出身在参与与成就方面的差异趋势继续存在。①
拥有有效数据的 5 个成员国（见表 3-6）展示了以下事实：来自较低社会阶级的学
生比例有所增加；农民家庭出身的学生入学比例略有增加，尽管这一社会职业群
体在总人口中的比例有所下降。

表 3-6   1960 年—1970 年 OECD 部分成员国不同社会阶层出身的学生入学率对比

国家（地区）	各年份	人数对比情况
英国（英格兰和威尔士）	1961	8：1
	1970	5：1
法国	1964	30：1
	1968	28：1
德国	1964	48：1
	1968	12：1
荷兰	1961	56：1
	1964	45：1
	1970	26：1
瑞典	1960	9：1
	1968	5：1

资料来源：根据 OECD. Group Disparities in Educational Participation and Achievement
[R]. Paris：OECD，1971：32. 译制而成。

不过，不同社会出身的大学生的相对机会还是具有较大的差距，虽然随着教
育民主化进程的加深，这一差距逐渐变小，但从整体来看，差距依然存在，并且
在较短的时间内会持续这样一种情况（见表 3-7）。

---

① OECD. Group Disparities in Educational Participation and Achievement [R]. Paris：OECD，1971：3.

表 3-7　OECD 部分成员国大学型高等教育机构中

高社会阶级学生比低阶级学生可获的相对职业机会对比

国家（地区）	年份	社会职业类别					
		A	B	C	D	E	其他
英国（英格兰和威尔士）	1961	61.0	13.0	—	—	26.0	
芬兰	1965	32：1	29：3	17：3	17：3	19：9	1.4
法国	1960	55.2	34.4	5.8		4.6	—
德国	1961	34.2	29.0	3.6	14.7	5.4	
荷兰	1961	42.0	47.0	47.0	—	8.5	
挪威	1964	33.6	11.1	12.0	—	23.9	—
瑞典	1960	48.0	39.0	—	—	13.0	

注：A-upper stratum；B-middle stratum；C-independent agriculture；D-other independent；E-lower stratum.

资料来源：根据 OECD. Towards Mass Higher Education：Issues and Dilemmas. Table 12 [R]. Paris：OECD，1974：30. 译制而成。

可见，尽管较低阶层的青年获得大学教育的机会有所增加，但平等远远没有得到实现。不过，这些数据仅指大学型高等教育，如果将它们在非大学型高等教育层面进行比较，那么这一差距则不太明显，甚至呈现相反的情况（见表3-8）。

表 3-8　1961 年—1968 年 OECD 部分成员国两种高等教育

机构中低社会阶级所占学生比（单位：%）

国家（地区）	各年份	大学	短周期高等教育机构
英国（英格兰和威尔士）	1961	26.0	37.9
	1970	27.0	36.0
法国	1968	11.9	24.2
美国	1966	11.0	18.0
加拿大（安大略省和魁北克省）	1968	26.7/24.9	40.0/38.3

资料来源：根据 OECD. Towards Mass Higher Education：Issues and Dilemmas. Table 12 [R]. Paris：OECD，1974：30. 译制而成。

短周期高等教育往往有利于那些由于其社会出身而被排除在外的学生获得高等教育的机会。从这一点看来，平等机会的主张是合理且易实现的。然而，应该注意的是，这些较高的百分比并不排除仍然存在着相当明显的差距，中等阶级出身的学生对这类教育的倾向往往会减缓民主化的进程，甚至在某些情况下会造成社会两极分化，通过社会出身的不同选择，将造成一种新形式的社会隔离。[①]

3. 外国学生。在这一阶段，外国学生的比例（相对于学生总数）大大下降（见表 3-9）。这种趋势可被解释为学生的国际流动性放缓。

表 3-9　1960 年—1970 年 OECD 部分成员国高等教育
中外国学生占总学生人数的比例（单位：%）

	1960 年	1965 年	1970 年
奥地利	26.9	19.4	16.1
法国	9.6	7.2	5.7
德国	9.6	8.9	5.7
瑞士	32.8	26.3	22.5
英国	10.7	9.3	7.9
加拿大	6.4	5.5	7.3
美国	1.5	1.7	1.7

资料来源：根据 OECD. Towards Mass Higher Education：Issues and Dilemmas ［R］. Paris：OECD，1974：33. 译制而成。

（二）毕业生就业问题

20 世纪 70 年代前后，高等教育年轻毕业生面临的就业困难，使他们对积极工作生涯的幻想破灭，以及一些国家记录的高等教育入学率下降等问题，都证明迫切需要审查高等教育和就业之间的关系，以便能够更有效地规划高等教育的结构和每个分支的具体目标。

随着后工业化社会形态不可逆转地到来，在经济领域主要的发展部门变成了以服务与加工为主导的第三类型产业，尤其还过渡到了第四、五类产业，如环境、卫生、保险等。正如社会学家丹尼尔·贝尔（Daniel Bell）在《"后工业社会"的

[①] OECD. Towards Mass Higher Education：Issues and Dilemmas. Table 12 ［R］. Paris：OECD，1974：32.

来临》（*The Coming of Post-industrial Society*）一书中所描写的："传统的工业社会主要依赖原始劳动力进行劳作，习惯于从自然界中摄取初级资源，而现代工业社会习惯于组织和传播知识，它的目的不仅仅在于获取资源，而在于创新变革社会和结构改造。"[①] 20世纪70年代伊始，是后工业化社会的初期阶段，但其产生的变化已悄然而至，并且较为深刻地影响到了毕业生的就业问题，各国根据其实际就业格局也都熟悉当时影响就业变化的主要因素，即农业人口的减少、第三产业的扩大和工业就业的稳定（见表3-10）。同时，今天的大多数职能都需要越来越多的资格，但这些事实不足以确定高等教育所需的职业组成部分。加之过往简单的人力需求定量分析法只能单一地通过计算模型预测短期经济形势下的人力需求，且还是在假设人力资格不可转换和较难替代的情况之下。当考虑到这种不适应的性质和高等教育系统在职业培训中的责任时，很明显，教育和培训同职业之间的联系绝不像过去那么简单。

表3-10　1960年—1970年美国不同职业类别雇佣人员情况（单位:%）

Occupationa	1960	1965	1970
Professional ard technical	11.4	12.5	14.2
Managers, etc.	10.7	10.3	10.5
Clerical workers	14.8	15.7	17.4
Sales workers	6.4	6.3	6.2
Total white-collar workers	43.3	44.8	48.3
Craltamen and firemen	13.0	13.0	12.9
Operatives	18.2	18.8	17.7
Unskilled labourers	5.4	5.1	4.7
Total blue-collar workers	36.6	36.9	35.3
Private household and other service workers	12.2	12.6	12.4
Parmere and farm managers	4.2	3.1	2.2
Farm labourers and firemen	3.7	2.6	1.8
Total	100.0	100.0	100.0

资料来源：U. S. Department of Labor. Manpower Report of the President［R］. Washington D. C.：Government Printing Offices，1972：10—13.

---

① Daniel Bell. The Coming of Post-industrial Society ［M］. New York：Basic Books，1976：201.

就业结构的趋势主要是由工业部门的发展趋势决定的，或者更确切地说是由工业方法的应用领域决定的。后工业化社会形态刚在起步阶段就已经使得毕业生感到了焦虑。OECD 分析了引起这种焦虑的主要原因。

1. 社区的新目标。新社会的到来很可能会挑战教育的目标，它不仅要满足商品生产和服务的需要，而且还要满足人类更深层次的需求。

2. 广泛的结构变化。竞争的蔓延和市场的增长改变了生产的内部模式。生活质量和条件的改善实际上提供了无限的就业机会。那么，需要什么样的资格条件是高等教育需要思考的。

3. 毕业生的提供。如果毕业生所拥有的能力不能以同样的速度增长，那么毕业生的这种供应趋势将导致他们的雇佣发生变化。[①] 雇主可能会招聘毕业生担任不是他们专业领域的职务。[②] 毕业生也有可能尝试他们认为与自己所接受的教育最相关的职务，从而形成职能分散的趋势。[③] 整个经济行业都注意到，许多学生更倾向于接受高等教育，往往是更多的艺术生，但是他们的专业使得他们在其他行业领域很难被雇用。在劳动力市场的新招聘人员中，这是非常明显的。但如果毕业生"背弃"某些类型的就业，那么该部门的雇主将不再给予他们任何优惠，就有可能增加劳动类别之间的歧视，并出现一种新的剥削，导致生产力下降和经济平衡恶化。

4. 社会政策的发展。后工业化社会中，收入分配不再完全基于抽象的标准，涉及边际生产力或盈利能力。随着包括养老金、病假和失业救济在内的均衡政策及其具有更大灵活性的趋势，能力和收入之间的关系将变得越来越模糊。这一趋势当然影响了工作的动机和态度，在新社会中，毕业生所享有的特权可能会得到加强，他们在专业选择上可能会把获利的概念作为标准。[④] 以往资格供应与需求之间的平衡可能因此受到影响。

综上，过去的教育规划和人力预测法所设定的目标与现实情况或实际要求之

---

① U. S. Department of Labor. Manpower Report of the President ［R］. Washington D. C.：Government Printing Offices，1972：10—13.

② M. Kammerer，B. Lutz，C. Rubor. Forecasting of Requirements and Employment of Highly Qualified Personnel ［Z］. Paris：OECD，1971.

③ Confederation of British Industry. Industry，Science and Universities. Report of a Working Party on Universities and Industrial Research to the Universities and Industry Joint Committee ［R］. London：Confederation of British Industry，1970：5.

④ L. O. Thurow. Education and Economic Equality ［M］. Boca Raton：The Public Interest Archives，1972：66—81.

间发生了明显的差异，体现出其具有一定的敏感性，有可能会削弱高等教育系统在职业培训中的作用。OECD 提出了一些建议。

——未来高等教育的数量扩张必须与系统内容、结构和目标的适应相关；

——在适当的指导和信息机制以及程序的支持下，这些机制和程序应使个人能够发展，同时满足社会对职业资格的要求；

——新的和多样化的学生群体要求更灵活和多样化的结构和新的学习形式，其中专业组成部分应得到更多的考虑；

——在迅速的技术和经济变化所必需的资格与预期毕业生的态度与实际准备之间，可能存在着越来越大的不平衡，这可能导致雇主采取新的招聘政策，从而增加毕业生的就业困难；

——高等教育一级的解决办法不应该是阻止职业部门的发展，而是应在所有部门中引入一个专业组成部分；

——就业方面的考虑并不意味着毕业生的供应过剩，或者有必要限制高等教育的进一步增长。若随后企业会提供相关的福利，那么更早地进入工作生涯可能比学术研究更有利可图；

——新的就业条件需要雇主通过与社会伙伴的协调行动，在工作重组、职业发展政策和进一步教育和培训方面加大努力。[①]

（三）成本和供资问题

该报告还审查了 20 世纪 70 年代 OECD 成员国高等教育的成本和供资问题。

1. 过去十年不断增长的支出趋势。在过去十年中，高等教育的经常性支出和资本支出比教育支出总额、公共支出总额和国民生产总值增长得都要快（见表 3-11 和表 3-12）。高等教育支出的这一巨大增长伴随着高等教育单位成本的显著上升，这里定义为每个学生的经常性支出。正如表 3-11 和表 3-12 所示，各国之间存在着相当大的差异。在加拿大，高等教育支出的增长速度几乎是公共支出的三倍，而这一增长略高于德国，在日本则略小。日本高等教育支出增长率相对较小的因素之一是存在大量的私立大学部门，单位成本很低，其增长速度比更昂贵但规模较小的公共部门高得多。因此，其高等教育支出在整个经济支出中是一个相当小的部分。

---

① OECD. Towards Mass Higher Education: Issues and Dilemmas. Table 12 [R]. Paris: OECD, 1974: 111—113.

2. 产出的本质。高等教育的"产出"概念可以用不同的目标或目标领域来描述，其中一些目标是：为经济增长和高效配置高素质人力作出贡献；基础研究的产生本身是一个目标，但也可能是教学质量的一个主要决定因素；满足高等教育的私人需求；促进教育机会平等。要做到这一点，需要在这四个目标领域中建立每一个领域内的绩效衡量标准。在构建这些措施的基础上，困难相当大，因为期望目标不能被充分定义或量化。此外，目标清单并不是详尽无遗的，因此高等教育的"产出"实际上存在着不确定性。另外，目标的选择和对每个目标的重视程度还与政治因素挂钩。所以，对于高等教育的目标没有普遍的一致意见，就无法给出每个目标的相对重要性。因而，各国对于总体的"产出"存在分歧，因为不同的群体对不同的目标赋予了不同的权重。这样说来，在原则上，高等教育的"产出"成果是无法实际估量的。因此，各国在如何衡量高等教育的目标方面就存在着根本的不确定性。不过，效率的概念涉及到高等教育中资源的使用，如果能就如何衡量"产出"的不同维度以及如何组合它们达成一致，就可以衡量效率的程度；如果知道不同的投入组合对"产出"有多大的影响，那么就有可能在大学设定的预算范围或整个高等教育部门的预算范围内找到最大产出的投入组合。可见，效率的概念也同样依赖于"产出"的性质。

表 3-11　1960 年—1970 年 OECD 部分成员国高等教育总支出（单位：百万）

	1961 年	1970 年
澳大利亚	97.0	287.3
比利时	35.5	231.4
加拿大	201.3	1960.0
丹麦	25.7	216.1
法国（大学型机构）	192.2	905.2
德国	348.2	1338.0
日本	216.6（1962 年）	1757.4（1969 年）
荷兰（大学型机构）	134.0	435.5（1969 年）
挪威	17.9	70.3
瑞典	35.0（1960 年）	329.4
英国（大学型机构）	281.6（1962 年）	800.4（1969 年）
美国	5800.0（1959/1960 年）	24900.0（1970/1971 年）

资料来源：根据 OECD. Towards Mass Higher Education：Issues and Dilemmas.　[R].

Paris：OECD，1974：178. 译制而成。

表 3-12　1961 年—1970 年 OECD 部分成员国高等教育支出的增长情况
（与教育总支出、公共支出和国民生产总值的增长率相比，单位：%）

	高等教育支出增长率	教育总支出增长率	国民生产总值增长率	公共支出增长率
澳大利亚	12.4	—	—	—
比利时	26.5	10.0	8.4	11.1
加拿大	29.5	18.2	8.7	10.6
丹麦	28.0	20.5	11.0	15.9
法国	20.5	18.4	10.7	12.4
德国	12.4	11.2	8.3	10.2
日本	13.2	15.8	16.1	14.9
荷兰	17.6	14.1	10.7	14.1
挪威	16.4	13.9	9.7	12.9
瑞典	25.5	16.7	9.0	14.1
英国	18.7	11.4	6.9	10.2
美国	14.2	11.8	6.8	10.9

资料来源：根据 OECD. Towards Mass Higher Education：Issues and Dilemmas．［R］. Paris：OECD，1974：180. 译制而成。

考虑到成本的普遍增加，OECD 成员国面临着增加其高等教育供资的现实问题。由于欧美国家长久以来都依赖政府财政拨款，尤其是公立学校，公共拨款比重更是占据首位。在欧洲大多数国家，连收取学费这条相当普遍的筹资之路也是在经济滞涨时期才逐渐予以采用。英国各大学直到 1998 年才改变了对本地学生免学费的政策，从那时起开始征收每年约 1000 英镑的学费。[①] 显然，在此之前 OECD 成员国高等教育的投入普遍来自国家或政府。不过，这一格局在 20 世纪 70 年代中后期有所改变，国家拨款的方式开始稍微向社会筹资倾斜，一方面那一时期"西方国家迎来了高等教育大众化的时代，学生人数猛增，政府经费日趋紧缺，

---

① 刘淑蓉，章新蓉. 国外高校筹资渠道分析与借鉴［J］. 重庆工商大学学报，2005（1）：93—98.

这迫使各国高等学校不得不采取措施以补经费之不足",① 另一方面原因就是 1973 年的第一次石油危机已经逐渐对各国的金融系统产生消极影响，以及民主参与高等教育热情的不断高涨。针对这一情况，美国最早开始采取措施，在那一时期其经费格局发生了明显的变化，20 世纪后半叶美国公立大学陆续发起筹资运动以补偿日趋下降的财政拨款，通过慈善信托、私人企业等途径筹集到的资金一部分捐赠给公立学校，另一部分捐赠给私立学校。不过，此时欧洲国家虽然也受到了石油危机的影响，但它们根深蒂固的"福利哲学"观念使得大学经费的主要来源仍然主要是财政拨款，包括资助很多刚成立的短周期大学。

二、"高等教育机构创新"系列报告

高等教育的扩张和学生群体更加多样化对高等教育系统改革提出了新的要求。OECD 选择了具有代表性的国家进行了深入调查，形成了一系列关于高等教育创新的案例研究（包括英国、法国、南斯拉夫、德国四个国家）②。通过这些案例研究，组织提出了可供商定的议题。主要包括以下：促进机会平等；重新组织学习内容和结构，特别是在与"跨学科方法"相关的领域；特殊的高等教育机构专业化的需求程度；机构的组织结构、行政和管理改革及其对机构自主权的影响；教师的招聘和地位；教学和研究之间的联系；教学组织和方法以及保持师生关系的新方法；学生的角色和地位，他们参与决策和参与涉及其生活条件和物质福利的相关事项；加强高等教育与外部世界之间的联系，以应对社会的新期望；改进评价、规划和问责方式；寻找关于控制成本和其他筹资来源的途径等。下面，笔者将根据组织发布的相关报告综合介绍这四个国家高等教育机构创新的经验特点。

（一）机会平等问题

在机会平等方面，OECD 主要关注的是改革是否在入学要求方面具有创新性；是否制定奖学金和其他学生福利政策；是否采取新措施，加强了贫困阶层学生成功的机会；新机构的位置在多大程度上可以满足更多学生的择校需求。在这一问

---

① 曲恒昌. 市场经济与我国高教经费筹集的原则与途径 [J]. 北京师范大学学报（社会科学版），1994（2）：68—76.

② OECD. Innovation in Higher Education：New Universities in the United Kingdoms [R]. Paris：OECD，1969. OECD. French Experience Before 1968 [R]. Paris：OECD，1970. OECD. Reforms in Yugoslavia [R]. Paris：OECD，1970. OECD. Three German Universities [R]. Paris：OECD，1970. OECD. Technical Education in the United Kingdom [R]. Paris：OECD，1971.

题上，组织认为德国的经验值得介绍。在德国，大约 50％的人口是工人阶级和农业阶级的成员，大约 6％的大学生来自这个社会群体。这一比例在过去 15 年中几乎没有变化，因此德国对所有收入低于一定人均水平的家庭的学生实行国家津贴计划，支持约 20％的学生，保证他们在入学问题上不受影响。只要传统的大学录取制度保持不变，大学本身就没有什么可以做的，除了财政支持，以确保"机会均等"原则更有效地转化为实践。通常情况下，大学制定的标准中不包括录取学生这一项，教育部直接规定了所有大学和学院必须遵守的录取资格。在德国，95％的情况都是在高级中学结束时要获得"Abitur"资格。[①]

OECD 改善社会下层儿童教育机会的政策措施有两条：1. 吸引他们进入高级中学。2. 提供进入大学的其他途径。其中，后者首先得到强调，并得到了大力的宣传。它的主要特点是夜校形式，为那些已经完成职业培训并表现出特殊能力的人提供进入大学学习的机会。这就为一批新机构的崛起提供了必要条件。另外，组织发现在目前的大学入学和学习条件下，个别新大学可以通过地理位置的选择促进更大的"机会平等"。德国在其人口最多的联邦州北莱茵-威斯特法伦州各地区建立了诸多高校。在 1967 年的新入学者中，8.85％来自工人阶级家庭，从亚琛地区大学的 7.98％的录取率到波鸿地区 12.9％的录取率。波鸿地区的工作人员证实了这样的现象，即许多工人阶级家庭出身的学生可能如果不是近距离的话，不会去任何一所大学，其中一些人，更愿意去一所"工程学院"或小学教师培训学院。人们的普遍印象是，随着大学民主化程度的提高，地理位置变得越来越重要。因此，OECD 对"大学地图"问题进行了一项研究，并发布了《英德两国高等教育区域问题研究》（*Regionale Aspekte des Hochschulbesuchs in England and der Bundesrepublik*）报告，发现"低收入群体的孩子更倾向去位置最近的大学就读，若没有离家距离较近的大学，他们宁愿不去"。[②] 也是基于这样的原因，德国普遍在该州的各地区建立起了新型高等教育机构，这在一定程度上迅速扩大了高等教育的规模和高等教育机构的种类。不仅给予了高级中学的毕业生在地理位置层面的择校权，同时也为那些希望再次回到校园学习或培训的在职人员提供了一定的继续教育机会。

---

① Abitur 是在德国、立陶宛和爱沙尼亚的中等教育结束时授予的资格。

② OECD. Regionale Aspekte des Hochschulbesuchs in England and der Bundesrepublik ［R］. Paris：OECD，1967：120.

（二）课程改进与开发问题

所有 OECD 成员国都致力于提高高等教育的扩张率，并为此目的大幅度地增加支出。然而，更加显而易见的是，"成功"不仅取决于解决增长的数量问题，更取决于教育的内容和方法在多大程度上与现代化要求相关，从而表明教育规划的定量和定性方面不能彼此分离。组织认为，这迫切需要一种新的课程建设和变革方法，主要原则可以总结如下：1. 课程开发必须被视为教育发展政策和教育规划的组成部分，甚至是持续的组成部分。2. 对某一课程中的几个学科采取一种零碎开发的方法已经不再足够，现在需要对课程开发问题采取一种全面的方法。3. 成员国应将课程开发视为一项持续的职能，需要适当的常设机制来处理这一问题。①在成员国的高等教育系统中，有两个事实已经变得普遍：第一，更大比例的学龄人口正在涌入学校。第二，更大的比例是在更长的时间内持续学习。高等教育不再局限于那些极少数的、经济能力较强的人。OECD 表明，新概念使高等教育的传播不仅在经济和政治上是可取的，而且在道德上是强制性的。它们将面临多样化职业需求的学生群体，他们有不同程度的能力、不同的目的、不同的动机和不同的愿望水平。这一事实须反映在学校提供的课程和教学中。

高等教育课程必须包括对所有公民至关重要的普通教育的规定，以及能够发现和帮助发展个人才能。OECD 的政策建议如下：第一，人文和科学课程同时作为现代教育的重要和互补的部分，每个学科领域都应被分配在课程中的必要位置，并作为共同教育目标的一部分进行教学。学校应该提供什么样的教育的问题正变得更加尖锐，因为越来越多的国家坚持要求科学在课程中占有更大的地位。但是，对科学的日益关注将破坏与人文和哲学传统长期相关的价值观。OECD 相信这种教育冲突是不必要和不合理的。教育的目的不应仅仅是掌握一套知识——科学、人文或艺术——而是发展"受过教育的人"。OECD 认为，应该消除在知识类别之间的分离和怀疑的传统态度以实现一个共同的目标。第二，教学专业与社区之间的合作的具体安排应在所有教育系统中建立，必须找到各种方法来纳入所有的教育系统设备，通过这些设备，创新可以自然和持续地进行，这样学校才能现代化和与时俱进。② 同时，在实现教育创新方面，各国必须对学校为国家服务的充分性

---

① OECD. Curriculum Improvement and Educational Development. Modernizing Our Schools [R]. Paris：OECD，1966：6.

② OECD. Curriculum Improvement and Educational Development. Modernizing Our Schools [R]. Paris：OECD，1966：22.

或不足作出负责任的判断，只有在学校的教师和行政人员的合作下，只有在社区成员的普遍认可下，它们才可以付诸实践。第三，每个成员国的教育系统都应该对学习过程、有效性和后果进行持续的研究，以提高课程的内容和教学质量。即使是老生常谈的问题，如教师比例问题，也需要持续更多地关注。第四，协调正规和非正规教育的并行发展。在一些国家，函授课程在专业技术和商业技能方面发挥着重要的作用。在许多分支中，所有类型的非正式培训系统都与正式方案并行运行。第五，成员国要明确课程变革的方法和机制，确定课程开发的目标。最后，要把握学科在课程改革中的作用。学科是教育过程的核心。学科修订的过程包括几个阶段：它须根据知识状态的最新发展调整教学内容，同时调整其选择和表述，以适应所教学校的类型和水平的特定情况；教师指南的准备；教科书和其他辅助工具的选定与制作。

（三）跨学科学习方法

伴随着新的社会关切问题的激增以及人们越来越担心社会政策是否有能力对这些关切作出反应，导致了新一轮的教育改革。一种采取跨部门办法（Inter-sectoral approaches）的思路被呼吁，即期望教育作为社会政策制定的一个主要因素。OECD 在政策、规划、体制一级为努力在教育和社会之间建立更密切的联系而对在高等教育领域内出现的"跨学科"策略进行了分析和建议。

这一问题在当时引起了不同国家的注意，成员国对此进行了广泛讨论，OECD 察觉到这可能是新型高等院校最突出的特点。它包括多种形式：创建多学科方案；合并学位；学生有义务或有可能参加属于不同学科的课程；教师隶属于大学的两个或两个以上的组成单位。然而，跨学科本身仍然是一个有争议的问题，反映出教育者和科学家之间的冲突，即以个别学科的兴趣作为知识建构的基础，以渴望成为学者或研究人员的学生，与那些渴望成为技能型学生之间的冲突。这将反映在对大学及其组织的作用和职能的不同态度上。因此，需要仔细分析跨学科对于教学和研究的真正影响，以适应知识和社会的双重变化。

《跨学科：高校教学与研究的问题》（*Interdisciplinarity*：*Problems of Teaching and Research in Universities*）报告分析了跨学科的概念，研究了跨学科对于适应社会变化的大学教学和研究的影响，得出结论认为，虽然"学科"不需要废除，但应结合它们的动态相互关系和社会问题来教授学生，还要考虑在大学中引入跨学科研究对体制结构、课程、教学方法和培训提出的问题和可能的解决办法。该报告澄清了跨学科性的概念、其认识论和教育学意义及其所产生的冲突，开创了学习模式的新的局面，至今仍受到高度重视。它的出现促使了 OECD 将重点放在大学对新的社会多层面问题的反应上，如环境、卫生和技术等问题。

为了挖掘教育在分配机会和消除社会和文化不平等方面可以发挥的作用，早期的跨学科研究给了 OECD 灵感和动力在高等教育领域内开展相关调查。以往的工作表明，教育本身对这一目标的贡献有限，如果要满足各种群体的需要，就必须发展更广泛的资助系统，在教育机构与其他机构之间进行更密切的协商与合作，以解决这些问题。在 OECD 看来，如果教育要在解决跨学科问题方面发挥积极的作用，它就不得不参与制定与这些问题有关的跨部门政策。1973 年，CERI 举行的"学校和社区"（School and Community）会议强调：必须将教育和其他社区服务，如保健、福利和促进文化或娱乐活动的服务等结合起来，以解决拥有特殊需要的人口群体，即城市或农村、族裔和文化少数群体以及身体残疾的弱势群体的问题。① 在社会问题日益严重的同时，人们对福利国家的信心正在减弱。对各国政府和更广泛的公众来说，较为合理的期望是，在公共资源日益受到限制的情况下，教育在社会结构中占有更大的地位应反映在它更直接地参与处理社会中新出现的紧迫问题上。因此，OECD 确定了社会和各国政府日益关注的两个问题，环境和卫生，以此说明高等教育在制定其他行业的政策方面可提供哪些建议。

在那时，席卷工业化国家的环境关切浪潮使各国政府通过设立环境部门和利用立法和环境管理方案等重大创新来应对公众对自然环境被破坏的焦虑。国际组织对此作出了回应，OECD 设立了环境委员会，同时还审查了成员国环境教育的一般趋势，以及欧洲和北美一些国家进行跨学科环境研究的具体实验。1971 年 4 月在法国图尔举行的一次会议上，OECD 提出了教育建议，"环境教育必须根据社区目前的问题和需要重新组织知识"。② 具体建议包括：1. 培训专业人员，包括通才和专家，以及处理环境问题的教育工作者和决策者。2. 探索跨学科课程方案的详细内容。3. 各国政府应鼓励和支持设立国家环境教育委员会。4. 高等教育机构要发挥领导作用，促使跨学科研究小组和决策者之间就社区和区域环境问题进行正式沟通。③

卫生这一职业的教育工作与环境教育工作并行进行。在约瑟夫·梅西

---

① CERI. School and Community [R]. Paris：OECD，1975：6.

② CERI. Environmental Education at University Level：Trends and Data [R]. Paris：OECD，1973：31—36.

③ CERI. Environmental Problems and Higher Education [R]. Paris：OECD，1976：26—27.

（Joseph L. Massie）基金会慷慨赠款的帮助下，这一项目在其方法上也有更多的规定性，同时主要目的是将高等教育作为迅速扩大的医疗保健制度改革建议的切入点。为了研究卫生保健问题及其对未来政策的影响，1973 年 OECD 根据 CERI 的倡议设立了一个由瑞典国家卫生和福利委员会总干事布鲁尔·雷克斯德（Bror Rexed）担任主席的专家组。该小组的任务范围很广："在卫生保健系统的组织和管理方面，确定 OECD 国家卫生教育创新的主要需要和可能性，并提出适当建议，供各国政府和有关国际组织采取进一步行动"[①]。从专家组的广泛调查中得出的建议既尖锐又深远。具体如下：1. 应制定明确表示的国家卫生政策，最好是通过长期建立的规划机制，使卫生保健提供者和消费者在其中发挥参与作用。2. 国家卫生保健政策应促进区域一级的教育/保健行动，建立区域一级的教育/保健互动模式，这一级的机构应建立执行这种行动的机制。3. 建立协调和整合政府在卫生保健和教育方面行动的永久性手段。4. 政府机构、教育机构和专业组织应鼓励不同卫生保健系统的创新和试验，并为这些试验的研究和评价提供充分的经费。5. 卫生保健系统应与教育系统一道，为所有保健专业人员、管理人员和教师举办全面的继续教育方案。[②]

环境和卫生只是高等教育机构如何应对来自其周围社区越来越多的要求的两个具体例子。这些要求是多方面的。特别是对于大学来说，如何在不牺牲其独立性和在追求其正常学术职能的同时又不失去客观性的情况下，与其地方、区域和国家建立更密切的联系是需要继续深入思考的问题。然而，高等教育民主化、20 世纪 70 年代中期开始经济衰退所带来的后果、社会问题的扩散所带来的压力，如果不对这些问题作出反应，也同样可能会破坏大学的社会信誉。

（四）教学的组织和方式

高等教育系统在当时的主要问题之一是教授和学生之间缺乏联系与沟通，换句话说，高等教育的非人格化（depersonalisation）。许多新机构为了全面改革提出的创新措施都是为了纠正这种情况。创新措施主要在于改革教学方法，如讲座式教学、团队教学、导师制教学、研讨会式教学、新媒体教学等。OECD 通过对英国高等教育系统教学方式改进的介绍，间接地提出了其关于成员国高等教育机构，尤其是那些新大学教学方法创新的建议。

---

① CERI. New Directions in Education for Changing Health Care Systems ［R］. Paris：OECD，1975：81

② CERI. Health，Higher Education and the Community：Towards a Regional Health University ［R］. Paris：OECD，1977：328.

英国高校拥有世界上最受欢迎的教职员工队伍。据罗宾斯委员会称，1950 年英国每所大学的师生比为 1∶8，而法国为 1∶30，西德为 1∶35，荷兰为 1∶14，瑞典为 1∶12，美国为 1∶13。为了取得快速的结果和毕业生的产出率，英国与西欧大多数国家一样，大学教师和学生之间的密切关系是通过强调教学方法来维持的。特别是在导师制度中，一个导师最多面对一个到四个学生。这为广大工作人员树立了很大的信心，使他们能够了解每个学生及其个人能力，批评和纠正学生的书面和实际工作，并充分发挥学生为自己思考的能力。学生们对此也很感激，每当被问到能接受的教学方法时，他们总是要求"更少、更好的讲座，更密切的师生关系，更多的辅导和研讨机会"。[①] 新大学坚定地遵循英国的高师生比率和小团体教学的传统。尽管强调小组教学，但没有一个新大学忽视讲座的开设。讲座的价值是对一个主题的完整、持续的阐述。正如教育家尼古拉斯·马莱森（Nicholas Malleson）所强调的："学生是活生生的人，不是去人化的学习机器，教学的过程不是知识从一个到另一个的机械转移。我们不知道人类学习的固定方式，但我们知道他们需要感觉，他们所学习的对象应是足够令人钦佩的，值得效仿的，至少在他对学科的掌握方面更应是如此，学生与教师的心理认同是这一过程的重要组成部分"。[②] OECD 赞成教学的多样性，并认为在组织良好的教学过程中，不同类型的教学应该结合起来。那个时代是英国所有大学对教学方法的重新思考和改革的关键时期，尤其是在流行的所谓的"教育技术"时代。大多数的新大学都表现出了对新媒体辅助教学的兴趣，如在肯特大学（Kent University），经济史教授通常是教具爱好者，而人文学院院长则通常是电影爱好者。在兰开斯特大学（Lancaster University），物理专业的教授是电视爱好者，他们往往会征用一个教具建筑，在其中安排语言实验室等。以上内容或多或少地肯定了几种教学方式的有益之处，也提出了一些在教学过程中需要注意的地方，这给成员国教学方法和组织的改进提供了改革和创新的方向和动力。

（五）教师的招募和地位问题

对许多国家来说，缺乏合格的教师是当前和未来高等教育发展的主要瓶颈。解决这个问题在很大程度上可能取决于更好的招聘政策、改善工资条件和职业前

---

① UGC. Report of the Hale Committee on University Teaching Methods ［R］. London：UMSO，1964：45.

② Nicholas Malleson. The Influence of Emotional Factors in University Education ［J］. Sociological Review Monograph，1963（7）：156—158.

景。另一相关的方面涉及大学教师的教学有效性，以及任命这些教师所使用的标准。OECD主要在以下方面对案例国家进行了审查：这个领域是否引入了新的解决方案？是否在传统上培养学术研究人员的部门之外寻找新的教学工作的候选人（例如在工业部门上）？外籍教师的就业条件？是否改变了就业的最低学术要求（如学位、学术出版成果等），并确定了教学表现标准？

在德国，伴随着新大学的崛起，学校对于教学和研究人员的需求大大提升，对于大学机构和功能的实现而言，仅仅依靠选举新的主席以及现有的教授是不够的。因此，一种新的普遍的被称为"中级干部"（Mittelbau）的教师公务员职位被设立，允许合格的人才，如科学家可以通过"适应性训练"（Habilitation）去争取教授职位或者主席职位。大学普遍的扩张为那些合格的人才提供了成为全职教授的权利，对"中级干部"和助教职位的职工需求也更大地增加了候选人的比例。另外，康斯坦茨（Konstanz）地区的大学还设立了"永久客座教授"（permanent guest professors）这一职位。设立这一职位的目标，一方面是为了加强与本大学以外的高等教育机构的联系，另一方面是希望在短时间内吸引国际知名的科学家，或在德国没有充分发展的领域招聘专家，他们能够为研究小组和中心的工作作出重要贡献。在康斯坦茨地区，还充分给予他们随时上课的权利。[①]

在英国，除了牛津大学和剑桥大学之外，所有大学教师的报酬和服务条件实际上都是统一的。在后一种情况下，大部分学术人员，不论他们是否在大学担任教学职务，都是研究员身份。不同级别的工作人员、教授、高级讲师、讲师和助理讲师的薪金由政府规定，但安排个别教师由学校行政组织通常是理事会负责。在每所大学，教授和高级讲师的人数不得超过该机构学术人员总数的35%。

在法国，其重视文科轻视理科的悠久传统，和德国一样，导致了师者的地位极高，师者在公众心目中是十分崇高的职业，他们的待遇和地位同公务员一致。对于那些需要动手操作的职业时常被视为是低等的，这类专业的实训教师自然在地位和待遇方面也远不如前者，这是法国二战前的教师地位和待遇的图景。1932年，随着高等技术师范学校的建立，法国开始逐步建立起实训教师培养体系。1975年，法国对职教师资的培养和招聘作出了改革：实训类的教师和教授技术理论的师资均由高等技术师范学校统一培养，在学校颁发资格证书之后，毕业生可通过国家的招聘考试，成为正式的职业技术教育教师。考核合格的毕业生，无论

---

① OECD. Three German Universities [R]. Paris：OECD，1970：91.

是教授实践类科目，抑或是技术理论科目，都享受国家统一教师待遇。①

在南斯拉夫，20 世纪 50 年代初期建立了中央集权的高等教育管理体制，在 1953 年"工人自治原则"纳入该国宪法后，其高等教育的管理开始了民主化进程。取消了教育部原在高等教育方面的决策权，新建教育委员会，由多元化部门代表、学校代表、社会团体代表组成。大学也取消了传统的校长负责制，代之以校务委员会、校管委会、校长共同负责。到了 70 年代中期，南斯拉夫基本完成了教育管理的分权过程。此后，高等学校作为基层的具有自治性质的机构，自主权较为充足，有权设置和取消相关专业、审定教学大纲等。在人事管理方面，也拥有了聘任方面的自主管理权，有权规定教师聘任的统一标准。主要程序为由院校自主设计规定，之后提交大学审议会进行讨论，通过后方可执行这些规定。

三、《走向新的中等后教育结构：初步问题陈述》与《短周期高等教育：寻求认同》报告

上述问题是大学特有的，它们大部分并不是政府直接关注的。但是，当涉及新兴的、迅速发展的非大学型部门的目标和运作时，在大多数国家，这些非大学部门受到了更大的公共控制和指导。事实上，这一部门的起源在于各国政府采取了明确的战略，使其高等教育提供多样化的发展模式，以应对学生人数多样性的日益增加。对大多数国家来说，这意味着设立或进一步发展提供期限较短的中等后教育的机构或课程，并成为强有力的职业教育组成部分，通常被称为"短期高等教育机构"（Short-Cycle Higher Education Institutions，以下简称 SCIs）。随着时间的推移，这一充满活力的非大学型高等教育部门在许多国家的高等教育体系中建立，并被视为战后最深刻的高等教育改革。

在关键的形成时期，当时短周期部门仍在寻找自己的身份。OECD 的工作对这一进程作出了重大贡献，通过详细分析这一改革的目标和动机、成员国正在发展的不同体制模式的特点，以及必须处理和解决的实质性问题和困境，并提请各国政府注意非大学部门本身的发展及其对整个高等教育系统的影响，从而大大促进了各国这一进程的发展。纳入这项工作成果的两份主要报告《走向新的中等后教育结构：初步问题陈述》（*Towards New Structures of Post-Secondary*

---

① 刘虎. 法国职教实训教师地位的演变 ［J］. 中国职业技术教育，2009（359）：53.

Education：*A Preliminary Statement of Issues*）和《短周期高等教育：寻求认同》（*Short-Cycle Higher Education*：*A Search for Identity*）在成员国具有广泛的吸引力。

（一）"短周期高等教育"的起因与模式

短周期高等教育的崛起是大势所趋，通过原因分析，可发现其必然性趋势。

1. 人数压力。在过去 20 年中，大学型高等教育的高辍学率，促使高等教育"客户"的性质不断变化，这也使得 SCIs 在欧洲的发展成为迫切的需要。这在减轻大学压力的同时，也为中等后教育提供了更加多样化的教育形式。

2. 机会平等。不同群体和社会阶层在大学入学人数中的不平等是一个众所周知的现象。在某些条件下，SCIs 通过其更广泛的地理分布、更短的学习时间和提供更紧密的适应较低社会阶层学生的能力和动机的课程，可以为那些过去被排斥在大学门外的人提供更容易获得高等教育的手段。

3. 回应人力需求。SCIs 发展的主要经济理由是它们能够为学生提供必要的资格和技能培训，比大学更有能力提供经济和技术发展所日益需要的各种课程和学习方法。

4. 创新需要。创新更有可能通过创建新的机构而不是通过改造旧的机构而取得成功。这一观点适用于高等教育的许多方面，最重要的是高等教育机构将承担的各种新职能，即提供继续教育（再培训、成人教育）、参与区域发展、向社区提供各种服务等。同样重要的是有关高等教育的一些基本原则的创新：个性化教育、教育与工作相结合、更多样化的课程与更广泛的能力相对应、"自我实现"或"个人发展"教育。SCIs 在一些国家可以更好地推动这一变革进程。它们没有世俗传统；有更大的内在灵活性；更接近当地的需要和利益；能更准确地反映新的高等教育"客户"的性质。就其职能和一般特点而言，OECD 确定了三种 SCIs 模式，可对现有类型的 SCIs 进行分类。

多用途模式（*multi-purpose model*）：其原型是美国初级学院和社区学院、加拿大一些省份如魁北克的"普通与职业教育学院"。这类院校是多功能院校，课程种类繁多，包括为想进入大学继续学习而准备的纯学术课程，以及适合本地或地区需要的各类普通课程及职业训练。南斯拉夫的高等学院和挪威的地区学院具有这种模式的一些特点。

专门模式（*specialised model*）：在欧洲大多数国家盛行到 20 世纪 60 年代初，其代表机构旨在为非学术性高中学校的学生提供中等教育后的职业教育，这些学生不被大学型部门录取。在 60 年代后期，许多欧洲国家开始实行深远的改革，使这些机构更接近于多用途模式，例如在法国创建的法国大学科技学院和在德国重组的应用科学大学。

双轨制模式（*binary model*）：一些机构主要是理工学院，在拥有以职业为导向的课程的基础上，同时独立于大学提供学位和研究生课程。另外，还有独立于大学提供的进修教育。这些教育部门独立于大学发展，由高度多样化的机构组成，这种多样化不仅体现在提供的学习类型和水平上，而且体现在其学习模式方面。例如，短期三明治课程（sandwich courses）、兼读制白天和晚上课程（part-time day and evening courses）等。[①]

（二）"短周期高等教育"的问题和困境

OECD 成员国在改革其高等教育系统方面面临的一个关键问题是发展新型机构，这些机构代表着各种有意义的教育机会，这与进入中学后学习的学生日益多样化相对应。《短周期高等教育：寻求认同》（*Short-Cycle Higher Education：A Search for Identity*）报告深入分析了短周期院校面临的各种问题及其在高等教育系统中的地位。所有类型的 SCIs 都面临着许多重要的问题和困境，如入学问题，课程问题，教师的地位问题，自治和政府管控问题，定位、区域发展和社区服务问题，毕业生就业问题等。

1. 入学问题

（1）开放型机构与选择性机构。在多用途模式（美国、加拿大、南斯拉夫）和双轨制模式（英国）中，大学以选择性入学为主，SCIs 构成了整个高等教育系统的开放部分。然而，SCIs 的自由和开放选择可能会由于机构地位差异而导致高等教育系统的某种伪民主化。如在美国高等教育系统内的分工中，社区学院被指定为"既服务于社会经济阶层较低的阶层，又服务于能力较低的青年"[②] 的角色。显然，它们可能同时将这些群体从系统的其他选择性部分中分离出来，从而四年制的高标准机构可以为来自中上阶层和上层能力群体的青年提供一席之地。一个重要补偿机制是规定社区大学生在两年学习结束时（甚至在此之前）有机会转到四年制大学或学院。但统计数据表明，只有相对较小的比例实际受益于这一规定。

---

① George S. Papadapouls. Education 1960—1990：The OECD Perspective ［R］. Paris：OECD, 1994：103-104.

② OECD. Planning of New Structures of Post-Secondary Education. Country Statement，United States of America ［R］. Paris：OECD, 1970：57.

事实上，在美国高等教育系统中，机会平等的程度在进入系统时相对较高，但在毕业水平上要低得多。换句话说，机会平等并不会自动导致成就平等。

（2）与高中的联系。在欧洲几乎所有地方，中等学校作为将学生分流到不同类型的高等教育机构的选择机制的作用是至关重要的。据此，未来的SCIs将面临许多新的问题：

——如果在不久的将来，所有类型的中学毕业生都有机会获得长周期的大学学习机会，这些机会可能会促使他们以后的工作具有更高的威望，会拥有更好的职位和更高的工资。因此，SCIs可能会失去部分潜在的客户。

——SCIs应该与大学竞争相同的"客户"，还是应该迎合那些兴趣和能力不符合理论、学术教育要求的学生？

——大量的学生从大学退学，会寻求进入SCIs吗？这会对这些机构的地位和威望产生什么影响？

——对于哪种类型的学生，SCIs将构成第一选择的学习场所？教育背景在这些机构的入学过程中的重要性是什么？那些没有正式中学文凭但有足够专业资格的人是否有受教育的机会？

——在多大程度上，进入高等教育可作为一个灵活和可逆的过程，而不是非可逆的过程？

2. 转学与毕业方案：寻找兼容性

SCIs必须应对社会对高等教育日益增长的压力，并提供真正平等的机会，即为有能力和希望继续他们的学习的学生提供向大学转移的可能性。同时，它们必须通过提供职业和实践导向的学习，继续发挥其作为多样化和创新推动者的主要作用。第一项要求倾向于迫使SCIs与大学形成某种同质性，从而忽视它们的一些原始功能；第二项要求可能削弱它们的"受尊重性"，并扭曲它们作为"教育机会均衡者"的作用。OECD对这种转学和毕业方案之间的兼容性问题的审查是从结构和课程两个角度出发的。

（1）结构方面。过于强调转学工作所涉及的问题用美国社区学院的例子来说明，它们有助于发展一种灵活的制度，并为那些无法从长周期教育中受益的学生提供了进入四年制机构的机会。但是它们经常忽视其他重要的目标，有时甚至在学术上从属于其对接的大学，因为它们的课程需要其对接大学的认可。当它们试图升级到四年制大学的地位时，甚至可能成为这些大学的"低配版"。相反，欧洲大陆的专业性学校强调了它们的经济目标，强调了所提供的教育的终结性。但它们作出了改革，采用了所谓的"桥梁课程"（cursos puente）或类似的措施，目的是允许在特定条件下"双向转学"。这些措施的一个重要内容是，转学被设想为一个双向过程，不仅允许 SCIs 毕业生参加长周期的学习，而且也允许潜在的大学辍学者报名参加 SCIs，学生可以通过这种方式被恢复学籍并给予短周期学习机会。OECD 指出有以下问题值得思考：转学的最大规模；希望转学的学生应满足的条件（在额外考试和学习时间方面）；在不过度限制自由选择的情况下，要采取怎样的措施对转学工作进行管理？

（2）课程问题。实际和理论导向的学习之间的概念和教学联系的问题可能是寻求转学和毕业课程之间兼容性的核心。理想的情况是，如果可以在长期大学学习的第一部分（第一周期）和在 SCIs 中提供的课程之间建立"等价性"（equivalence），那么这个问题就会得到解决。在实践中，还没有找到真正的解决方案，而且许多方案都失败了。其中，OECD 认为最有趣的概念是南斯拉夫报告中提出的"课程倒置"（curriculum inversion）概念。根据这一方案，面向实际和职业的课程将出现在中等后学习的开始和大学教育中的更多的理论学习之后。这一计划并不成功，部分原因是它导致学生从非大学职业导向部门转移到大学部门的比例过高。因此，南斯拉夫在那时可能是唯一的一个国家，其趋势是 SCIs 和大学之间日益分离。尽管"课程倒置"可能被认为是不现实的，但大多数处理 SCIs 课程和与长周期高等教育课程联系的方法都是寻找不同学习领域的共同课程类型。

3. 教师在 SCIs 中的地位

在 SCIs 中的教师往往处于边缘地位。尽管他们一直承担着与高等教育相关的责任，但这在他们的正式地位中往往没有得到承认。在许多国家，他们更容易被中学教师同化，无论是工资方面还是在地位方面，如被剥夺了教授级别评选的机会，因为教授通常是为大学教职员工保留的。教学时数、学术自由度、参与研究的可能性等都与中学的教育模式更接近。[①] 在一些国家，这个问题已经在新的 SCIs 中得到了解决。如在法国的 IUTS 以及在挪威一些地区的职业学院中，教职员工的地位与大学的地位相同，尽管在规模上略低（一所地区学院的一名全职教授和一名大学助理教授的地位相当）。其他国家，如德国和比利时，也在遵循同样的趋势。但反过来在英国的理工学院的教职员工仍没有大学教授的地位，尽管理

---

① Hodgkinson, H. L.. Institutions in Transition：A Profile of Change in Higher Education. [M]. Berkeley：Carnegie Commission on Higher Education，1970：211.

工学院被认为是大学一级的机构。

4. 自治和政府管控问题

虽然在行政上，SCIs 正在逐渐被授予高等教育地位，甚至被认为具有"大学水平"，但在许多国家，它们并没有获得与传统高等教育机构相关的自治地位。因此，SCIs 和一般的非大学部门比大学受到更严格的政府管控。这种管控应该行使的范围是一个非常有争议的问题。增加自主性的要求主要来自相关的 SCIs 的经验。一些 SCIs 认为，为了履行一些基本职能，它们必须在财务、行政和学术事务方面具有更大的独立性。有人说，适当地适应技术和科学发展，迅速满足当地或区域的需要，并有足够的灵活性来引进创新，促进整个系统多样化，不能在以中央行政机关为主的缓慢而复杂的决策过程为特点的情况下实现。① 政府代表认为，如果 SCIs 获得了广泛的独立性，它们就会倾向于跟进升级趋势以获得大学地位。这样，SCIs 就会忽视它们在系统中的主要作用，从而忽视它们对社会的责任。

5. 定位、区域发展和社区服务问题

（1）SCIs 的定位。在高等教育设施不足的地区，SCIs 的地理分布和位置更广，通常被认为既是平等教育机会的手段，也能够对区域发展作贡献。然而，新型 SCIs 的定位问题较为特殊。由于最初它们往往位于靠近中学的地方，出现了广泛的小规模和专门机构，这种分散通过各种类型的 SCIs 的创建而得到加强，特别是在单位成本较低的地方，这种分散是对政治压力而不是系统规划的反应。这些学校升级为高等教育机构，分散广泛的地方导向机构逐渐被相当大的区域导向机构所取代。没有群聚效应，SCIs 就无法履行其职能，甚至无法提高其威望和吸引力。因此，需要将更多的资源集中在建筑物、设备、教职员工等方面。那么，第一个解决办法通常是将被认为是较大区域教育机构组成单位的不同地方学校整合起来，或者至少是共同运作，或者对某些机构进行战略上的改进。此外，需要与通常位于大型城市中心的大学进行更为密切的区域合作。

（2）区域发展。SCIs 作为高等教育机构，作为区域发展的推动者或支柱，具有重要作用。它们不仅会对其所在地区的经济、社会和文化需求作出直接贡献——通过培训合格的人力和提供其他具体服务——而且还因为它们所代表的巨大经济规模，特别是如果它们达到了一定的规模，其雇员（教师、行政人员）的购买力，这种集中所产生的服务（商店、餐馆、交通等）、新建筑创造的就业机会、

---

① OECD. Short-Cycle Higher Education. A Search for Identity [R]. Paris：OECD, 1973：33.

城市景观发生的重大变化都将十分明显。可以说，建立和/或发展 SCIs 是整个区域综合规划/土地改良概念中的重要因素。① 就 SCIs 对区域发展的直接贡献而言，它受到各种解释，在某些情况下，由于不同的观点而产生的冲突极大地影响了 SCIs 的发展。如在多大程度上，课程和学习方案应适应日益变化的社区的具体区域需要？在什么条件下，可以建立与周围企业更密切的合作和服务，而不用冒着被控制的风险？SCIs 如何响应，一方面是为它们制定的国家教育标准，另一方面是对发展水平非常不同的地区的直接人力需求？

（3）社区服务。与 SCIs 服务功能有关的一些问题前文已提到，此外还有各种兼职学习、成人和终身教育和推广服务的问题。在这方面，SCIs 往往比大学发挥更重要的作用，主要是因为大学并不总是愿意或准备承担这些类型的责任。新改革后的 SCIs 在不久的将来将在多大程度上承担这些"额外"职能尚不十分清楚，然而在一些新的 SCIs，如地区学院、CEGEPs、IUTs 正在沿着这些路线制定特别方案。根据这一概念，SCIs 至少应承担以再培训或进修课程、重新定位课程等为主要形式的向其毕业生提供长期服务的责任。

6. 毕业生就业问题

在很大程度上，SCIs 的地位和威望取决于它们的毕业生进入劳动力市场的条件以及职业生涯的前景。SCIs 要培养能够满足经济要求的高素质毕业生，社会还应提供便于 SCIs 毕业生融入劳动力的条件，以改善他们的工资条件和地位。就当时来说，许多国家的行政和公务员体系的职务分类仍然需要的是那些能够顺利完成大学教育的毕业生。其实，SCIs 毕业生在进入职业生涯时，能够获得与大学毕业生相似的工作条件。然而，他们职业生涯中晋升的可能性非常有限。由此产生的问题是，这些对专业发展的限制是否应归因于他们所接受的特定类型的培训，还是由于雇主普遍存在的态度，以及整个劳动力市场对这类毕业生向上流动的限制。OECD 强调，基于工作表现而不是获得学位类型的晋升政策最有可能有助于减少差异，同时也能为进一步教育（继续教育、大学教育等）开辟更大的可能性。这可能是提高 SCIs 毕业生职业地位的关键措施。

（三）"短周期高等教育"的身份认同

综上，OECD 着重分析的那些目前处于大学以外或非大学地位的机构所面临的问题，其主要目的是希望这些机构必须确立它们的可尊重性，同时又不忽视它

---

① OECD. Short-Cycle Higher Education. A Search for Identity [R]. Paris: OECD, 1973: 35.

们所承担的主要职能之一，即提供教育和具有终端和职业导向性质的学位。值得注意的是，将 SCIs 纳入高等教育并不一定有助于在整个系统范围内提高其声望。SCIs 仍在寻找它们的位置和它们在高等教育结构中的作用，不过这个结构似乎对新成员的加入有很大的抵抗力。毕竟，当它们成为或正在成为高等教育集团的公认成员时，它们会通过与该集团传统上最具威望的成员，即大学进行比较来判断自己的价值。

在过去，它们没有关注这一问题，社会层面也没有，或者说在很小程度上关注这一问题。尽管这些机构有一些不足之处，但它们的地位和职能都得到了相对明确的界定，无论是作为中学机构还是作为中学后部门的一部分，被认为是独立于大学的，在这种情况下，它们的威望或多或少地得到了确立。

那时的问题是，虽然将 SCIs 纳入高等教育体系正在逐步进行，但大学产生的非常强大和传统的规范使新成员难以在不遵守这些规范的情况下获得足够的威望和尊重，从而它们有可能被迫放弃或修正自己的具体职能。可见，SCIs 面临着一个基本的困境是：通过与大学部门的逐步整合来实现它们的目标，还是通过一种或多或少的独立和并行的发展模式来实现它们的目标。

单独的发展可能会扩大"高贵的"和"不怎么高贵的"机构之间的差距，从而进一步加强高等教育系统的二分性质，但是也有助于发展一个庞大而广泛的多样化的系统，提供各种类型、水平和模式的教学，从而使传统的大学部门在整个系统中逐渐失去其主导地位，那么"平等的融合"则有可能实现；而与大学部门的整合可能意味着 SCIs 将越来越多地将其所有活动定位于传统的大学形象，或者它们可能会给大学教育的理念、目标、功能和方法带来根本性的变化，从而产生新的大学机构和高等教育新的概念。

OECD 认为，在某种程度上，大学的态度将构成这两种选择之间的主要标准。[①] 它们是否会接受 SCIs 作为平等的合作伙伴，并承担这种接受将产生的所有后果？还是它们愿意保持传统的价值结构？如果大学承担这两种态度中的第二种，在短期内，与 SCIs 的并行发展可能是一种更有效的战略。相反，如果大学采取第一种态度，它们与各种机构类型的融合将有助于发展一种一脉相承的高等教育体系。

---

① OECD. Short-Cycle Higher Education. A Search for Identity [R]. Paris：OECD，1973：40.

第四节　主要政策特征分析

这一阶段 OECD 发布的有关高等教育方面报告的汇编详见表 3-13，由于篇幅较多，因此总词汇量也较多。在此基础上，统计出的关键实词的频次以万为单位，在所有词汇中选取频次≥1000 的根据由高到低的顺序进行归纳（见表 3-14）。从内容特征分析来看，这些政策文本整体上突出了以下两个方面的特征：帮助成员国不断优化高等教育结构体系、高等教育的"社会性"目标不断突显。

表 3-13　"规模扩充"背景下 OECD 高等教育政策报告汇编

序号	时间		报告
1	1964		《组织业务活动审查报告》（*Review of the Operational Activities of the Organisation*）
2	1967		《高素质人力政策会议报告》（*Policy Conference on Highly Qualified Manpower*）
3	1969		《欧洲高等教育发展的一些问题》（*Some Problems of the Development of Higher Education in Europe*）
4	1969		《53 个国家劳动力职业教育结构统计》（*Statistics of the Occupational and Educational Structure of the Labour Force in 53 Countries*）
5	"成员国高等教育机构创新"专题报告	1969	《英国的新大学》（*New Universities in the United Kingdom*）
6		1970	《1968 年之前的法国经验》（*French Experience Before* 1968）
7		1970	《南斯拉夫的改革》（*Reforms in Yugoslavia*）
8		1970	《三所德国大学》（*Three German Universities*）
9		1971	《英国的技术教育》（*Technical Education in the United Kingdom*）
10		1973	《苏联的高等教育》（*Higher Education in the Soviet Union*）
11		1974	《加拿大新学院体制》（*New College Systems in Canada*）
12	1970		《高等教育中的机构资源配置模式》（*Institutional Resource Allocation Models in Higher Education*）

续表

序号	时间		报告
13	1970		《1970 年欧洲教育目标》（*European Education Targets in 1970*）
14	1970		《1950—1967 年高等教育发展：统计调查》（*Development of Higher Education，1950—1967：Statistical Survey*）
15	1970		《中等教育与高等教育的变革》（*Changes in Secondary and Higher Education*）
16	促成1970年巴黎会议召开的一系列支持性研究	1971	《1950 年以来经合组织国家的教育扩张》（*Educational Expansion in OECD Countries since 1950*）
17		1971	《1950 年以来经合组织国家教育支出趋势》（*Trends in Educational Expenditure in OECD Countries since 1950*）
18		1971	《教育参与和成就的群体差异》（*Group Disparities in Educational Participation and Achievement*）
19		1971	《教学资源与结构变革》（*Teaching Resources and Structural Change*）
20		1971	《教育规划的发展》（*The Development of Educational Planning*）
21		1971	《教育和收入分配》（*Education and Distribution of Income*）
22		1971	《美国和欧洲可替代的教育未来：方法，问题和政策相关性》（*Alternative Educational Futures in the United States and European：Methods，Issues and Policy Relevance*）
23		1971	《20 世纪 70 年代的教育政策》（*Educational Policies for the 1970s*）
24	1971		《1950 年—1967 年高等教育发展：分析报告》（*Development of Higher Education，1950—1967：Analytical Report*）
25	1971		《走向新的中等后教育结构：初步问题陈述》（*Towards New Structures of Post—Secondary Education：A Preliminary Statement of Issues*）
26	1971		《义务教育之外：中等后教育的见解与改革》（*Beyond Compulsory Schooling：Options and Changes in Upper Secondary Education*）
27	1971		《计算机在高等教育中的应用：视角与政策》（*The Use of Computers in Higher Education：Perspectives and Policies*）

序号	时间	报告
28	1971	《教育技术：学习系统的设计和实现》（*Educational Technology：The Design and Implementation of Learning Systems*）
29	1971	《高等教育师资队伍的数量变化趋势》（*Quantitative Trends in Teaching Staff in Higher Education*）
30	1971	《美国弱势群体教育项目述评》（*A Review of Educational Projects for the Disadvantaged in the United States*）
31	1971	《教育和社会弱势群体中的评估和行动计划》（*Evaluation and Action Programmes Amongst the Educationally and Socially Disadvantaged*）
32	1972	《大学规划和管理技巧》（*University Planning and Management Techniques*）
33	1972	《社会背景和教育生涯》（*Social Background and Educational Career*）
34	1972	《跨学科：高校教学与研究的问题》（*Interdisciplinarity：Problems of Teaching and Research in Universities*）
35	1972	《高等教育的机构管理：巴黎大型评估会议的报告》（*Institutional Management in Higher Education：Report of a Conference in Paris*）
36	1972	《中等后教育和研究生教育的新途径：结构与政策》（*New Approaches in Post-Secondary Education：Post-Graduate Education：Structures and Policies*）
37	1972	《研究生教育：结构和政策》（*Post-Graduate Education：Structures and Policies*）
38	1973	《高素质人员的利用》（*The Utilisation of Highly Qualified Personnel*）
39	1973	《短周期高等教育：寻求认同》（*Short-Cycle Higher Education：A Search for Identity*）
40	1973	《指导政府决策的教育指标框架》（*A Framework for Educational Indicators to Guide Government Decisions*）
41	1973	《教育系统绩效指标》（*Indicators of Performance of Educational Systems*）

续表

序号	时间		报告
42	1973		《大学环境教育：趋势与数据》（*Environmental Education at University Level：Trends and Data*）
43	1974		《高等教育政策：总报告》（*Policies for Higher Education：General Report*）
44	1974		《走向大众化高等教育：问题与困境》（*Towards Mass Higher Education：Issues and Dilemmas*）
45	1974		《大众化高等教育研究的结构与空间》（*Structure of Studies and Place of Research in Mass Higher Education*）
46	1974		《中学后环境教育（第一卷）：通才和专家的培训》（*Environmental Education at Post-Secondary Level. Vol. I：The Training of Generalists and Specialists*）
47	1974		《中学后环境教育（第二卷）：通才和专家的培训》（*Environmental Education at Post-Secondary Level. Vol. II：Courses for Educators，Decision-Makers and Members of Professions Concerned with the Environment*）
48	1974		《经合组织国家的教育现状》（*The Educational Situation in OECD Countries*）
49	1975		《经合组织国家的收入和教育》（*Earnings and Education in OECD Countries*）
50	1975		《现代社会的教育与工作生活》（*Education and working life in modern society*）
51	1975		《社会对教育素养的影响》（*Social Influences on Educational Attainment*）
52	1975		《教育、不平等和生活机会：第 1 卷和第 2 卷》（*Education，Inequality and Life Chances，Vols. I and II*）
53	"成年人的学习机会"专题系列报告	1972	《成人教育的参与》（*Participation in Adult Education*）
54		1977	《新结构、项目和方法》（*New Structures，Programmes and Methods*）
55		1979	《不参与问题》（*The Non-Participation Issue*）
56		1981	《扩大弱势群体的入学途径》（*Widening Access for the Disadvantaged*）

续表

序号	时间	报告
57	1976	《环境问题和高等教育》（*Environmental Problems and Higher Education*）
58	1976	《短周期高等教育的学生：法国、英国和南斯拉夫》（*Students in Short-Cycle Higher Education：France，Great Britain and Yugoslavia*）
59	1977	《高等教育管理信息系统》（*Management Information Systems in Higher Education*）
60	1977	《健康、高等教育和社区：走向地区卫生类大学》（*Health，Higher Education and the Community：Towards a Regional Health University*）
61	1977	《教育和就业中的选择和认证》（*Selection and Certification in Education and Employment*）
62	1977	《青年人进入职业生涯：总报告》（*The Entry of Young People into Working Life：General Report*）
63	1979	《社会经济背景下的未来教育政策》（*Future Educational Policies in the Changing Social and Economic Context*）
64	1979	《学徒政策》（*Policies for Apprenticeship*）
65	1979	《教育与区域发展》（*Education and Regional Development*）
66	1980	《教育规划：经合组织的工作回顾》（*Educational Planning：An Historical Overview of OECD Work*）
67	1977—1980	IMHE 主办期刊《高等教育机构管理国际期刊》（*International Journal of Institution Management in Higher Education*）第 1 卷至第 4 卷，每卷 3 期，共收录 54 篇学者论文。每一卷 OECD 皆汇编成论文集，以书籍的方式出版
68	1981	《经合组织国家的高等教育支出》（*Higher Education Expenditure in OECD Countries*）

资料来源：根据 George S. Papadapouls. Education 1960—1990：The OECD Perspective [R]. Paris：OECD，1994；欧盟历史档案馆（隶属于欧洲大学学院）（European University Institute—Historical Archives of The European Union）. 详见 https：//archives. eui. eu/en/fonds/173650? item＝OEEC. WR；ERIC 等途径搜集汇编而成。

表 3-14　关键实词词频统计表

名次	主题词	词频	名次	主题词	词频	名次	主题词	词频
1	学院	21287	21	儿童	2482	41	传统	1526
2	大学	11380	22	变革	2481	42	阶段	1508
3	类型	9294	23	课程	2903	43	毕业生	1487
4	教师	9151	24	国家	2785	44	层次	1485
5	社会	8870	25	卫生	2668	45	经验	1457
6	学生	7657	26	环境	2465	46	主修	1386
7	短期	7176	27	学术	2401	47	职工	1285
8	结构	6657	28	未来	2104	48	职业	1222
9	新型	6133	29	民主	2062	49	政府	1142
10	工作	6093	30	公众	2057	50	区别	1115
11	创新	5756	31	个体	2040	51	就业	1107
12	教学法	5469	32	各类	2012	52	科学	1100
13	中学	5194	33	科技	1887	53	劳动力	1088
14	发展	4305	34	学历	1829	54	平均	1082
15	周期	4048	35	社区	1808	55	独立	100
16	培训	3972	36	知识	1806	56	人口	1019
17	平等	3938	37	研究	1724	57	质量	1001
18	数量	3933	38	能力	1659			
19	学习	3870	39	需求	1617			
20	规划	3384	40	参与	1551			

一、帮助成员国不断优化高等教育结构体系

排列在前 10 位的关键词呈现出 OECD 对高等教育在层次和类型方面进行结构变革的关注。不同类型的高等教育机构、学院和大学，是在这些政策文本中被提及最多的词汇，它们的词频量分别达到 21287 次和 11380 次，前者比后者多出将

近 10000 次。根据词汇进行溯源，发现 school(s) 和 college(s) 是集成这一词频量的两个关键实词，在不同的文本中被反复提及，通常以词组的方式出现，这些词组中最常见的有以下几种：junior colleges、engineering colleges、two-year colleges of higher education、open door colleges、public community colleges、out-of-college higher education、polytechnical schools、local schools、teacher training schools、technical and vocational schools、arts schools。这些关注事项有一些共同的特点，即教育或培训周期短、以职业为导向、强调实用性、双轨和单轨模式并存。在前 20 位关键词中，已经有一些可表达这些特点的词汇出现，如类型、短期、结构、周期等。可见，在这一时期，OECD 十分关注中等后教育形态的变革，尤其是高等教育领域内不同类型机构的增长和模式的多样化。

高等教育机构出现的这些特征，促使了 OECD 更加关注机构对劳动力市场，尤其是对社区的责任。随着技术进步与社会变革带来的个人与社会关系的转变，学生愈发希望作为成年人，参与塑造大学和新社会的愿望变得愈发强烈，自我意识的觉醒和自主能动性的提升，促使学生更加有目的地关注自己的职业前景，"工作"一词排列的位置和频次（10/6039）能够在一定程度上解释这种现象。从根本上说，为了满足学生更加明确的就业要求，OECD 也必须督促成员国进行变革，才能更好地使其顺应历史趋势。它把普通教育以及职业教育均纳入了中学后教育阶段，同时把职业教育的项目分为学校本位项目、与校内校外相结合项目两种类型。不同类型的职教项目在培养规格、评价方式、管理机构、运行机制等层面都会有所不同，不同国家之间的差异也较为明显。[①]

那时 OECD 参与的高等教育改革，更多的是为了适应产业结构改革这种外部性的社会环境要素，也就是说为了与劳动力市场的发展相匹配。一些研究者将强调学术性过渡到关注消费者身份的转变，认定为高等教育改革的分水岭，因为此时开始将利益攸关者纳入高等教育分析范式。[②] 就当时而言，OECD 更多地关注点在学生和社区方面，它的分析和政策制定重点从高等教育系统的视角切入，将高等教育体系中的利益攸关者，根据不同的代表层次进行解构，来促使机构自身进行革新和分化，从而成为了扩张高等教育规模体系的重要潜变量。

---

① 刘之远. 世界高等教育结构体系研究述评 [A]. 陈万灵，刘小平. 世界高等教育 [M]. 北京：社会科学文献出版社，2020：1.

② David Riesman. On Higher Education：The Academic Enterprise in an Era of Rising Student Consumerism [M]. Piscataway：Transaction Publishers，1980：415.

二、高等教育的"社会性"目标不断突显

在关键词中，排列在较前位的还有"社会""平等""卫生""环境""民主"等带有社会性内涵和意义的词汇。关于 20 世纪 60 年代初的教育与经济发展之间的关系，即根据经济需求确定人力需求的时代已经过去，合格人员的产出增加在全球经济方面是足够的，但也导致了由于劳动力市场与离校者和毕业生的教育状况不匹配而产生的日益严重的结构性问题和无法充分就业的问题。[①] 1968 年学生起义运动很好地说明了单纯的数量增长带来的弊端。虽然 OECD 在经济方面的论点为扩张高等教育提供了强有力的支持，但十年之后，研究者们开始提出新的问题，主要是经济学家对毕业生"供应过剩"的担忧。这种充足的供应正在改变毕业生的劳动力市场，导致毕业生在寻找工作或找到他们所期望的工作方面遇到了困难。[②] 因此，到了 70 年代，如何在入学前期和后期有效地促进学生的"再分配"成为了 OECD 有意加强高等教育与社会联系的工作指南。OECD 也在政策/规划和体制一级，为努力在教育和社会之间建立更密切的联系而开展各种活动。从关键词列表中能看到，排在第 20 位的词汇为"规划"一词。通过文本溯源，发现这一词汇与"二代教育规划"（Second generation educational planning）紧密相关。

制定"二代教育规划"，可被认定是最具有统筹作用和指导意义的活动。与以"经济关注"为重点的前一阶段相比，这一所谓的"第二代"教育规划处理了在 70 年代"社会关注"热潮期间，在教育和更广泛的社会关系中流行的一系列具体规划问题。[③] 它处理的方法不那么地具有技术性和投机性，它扩大了涵盖范围，包括了更长期的观点，增加了与其他政策部门的联系，考虑了更多的社会变量，还有价值体系在决策中的作用。二代规划主要涉及五个具体的主题，分别是：1. 延长教育规划的范围。[④] 2. 响应社会各群体的要求，增加他们参与决定的机会。[⑤] 3. 认识到教育与其他政策部门之间日益增长的相互关系，对教育规划采取更多跨部

---

① OECD. Together with an Accompanying Volume：Further Analyses and Statistical Data ［R］. Paris：OECD，1971：10.

② Louis Emmerij. Economic Objectives of Education：Reflections on the OECD Experience ［J］. OECD Observer，1967：19.

③ OECD. Educational Planning：An Historical Overview of OECD Work ［R］. Paris：OECD，1970：15.

④ OECD. Long-Range Planning in Education ［R］. Paris：OECD，1973：6.

⑤ OECD. Participatory Planning in Education ［R］. Paris：OECD，1974：11.

门的方法。① 4. 提高决策中心的能力，以更有效地回应本地的需要和期望。② 5. 更好地了解教育需求在个人层面的运作方式以及影响这一需求及其变化的因素。③ 以上问题以及它们对高等教育政策和规划提出的挑战，在巴黎会议上进行了详细的辩论。会议在其结论中强调，教育规划必须与制定教育政策的复杂进程更密切地联系起来。特别是，它应在明确的目标制定基础上分析教育的备选政策，并对个人、教育系统、经济和整个社会产生短期和长期影响。在这方面，政府应提供和促进社会上有关团体的广泛参与和讨论。教育规划应越来越长期、全面和跨部门，并考虑到教育政策必须更好地满足个人需求以及社会的文化需要，还应努力制定社会指标，以监测学校系统的表现，评估课程的成本、效果和结果，评价学习结果、学生和教师行为等。④

第五节 "扩充运动"的"经常性"蕴义与 该阶段 OECD 高等教育政策的主要影响

OECD 在高等教育领域的影响相当大，这一点已得到外部意见的证实。在青年大学生抗议运动之后，重点是掌握失控的教育增长进程的缘由和后果、管理和参与高等教育机构的决策、课程的组织和学习结构，以及最重要的是规划系统总体结构的未来形态，以使各国能够适应向大众化高等教育过渡。对大多数国家来说，这意味着设立或者进一步发展期限较短的中等后教育机构或课程，并促使其成为高等职业教育强有力的组成部分，从而提供专业且实用的课程和教学，以培养大量的应用型专业人员。笔者将这一阶段 OECD 高等教育政策工作的主要影响概括为以下三点：反思了前期两个不同梯队成员国教育规划取向的弊端；推动了成员国高等院校结构与形式的深刻改革；满足了成员国民众对高等教育机构实用性的要求。

---

① OECD. Inter-Sectoral Educational Planning [R]. Paris：OECD，1977：9.

② OECD. Education and Regional Development：Technical Reports [R]. Paris：OECD，1979：1—459.

③ OECD. Individual Demand for Education，Vol. I：Analytical Report [R]. Paris：OECD，1978：1—120.

④ OECD. Educational Policies for the 1970s [R]. Paris：OECD，1973：143.

一、反思了前期两个不同梯队成员国教育规划取向的弊端

在 OECD 的欧洲成员国中，虽然同属欧洲范围内的较发达国家，但就其真实经济水平而言，仍可以将其分为两个不同的梯队。第一梯队为那些传统的工业化强国，凭借其较强的经济复原能力，在马歇尔计划的援助下，较早实现经济复兴的成员国，如英国、法国、德国等，同时这些国家也较早地认识到技术人才培养和高等教育改革的重要性和必要性。OECD 针对这些国家的高等教育规划建议采取社会需求取向的规划方法。第二梯队为那些相比于第一梯队而言，经济发展水平较弱的国家，也就是前文所分析的地中海国家，如西班牙、葡萄牙、土耳其、希腊等，这些国家直到 20 世纪 60 年代仍然较为缺乏各式各样的专业劳动力，虽然在 STP 项目的引导和支持下，有意识地发展了科学技术人才，但是就整个国家发展所需要的其他的专业劳动力培养方面，和发达的成员国相比，仍然进程较慢，因此，OECD 在教育规划初期，给予了这些成员国劳动力取向的规划方法建议。然而，尽管初代教育规划能"把理性的数据分析应用在高等教育发展的进程中，促使高等教育能够更加迅速且直观地得到学生需求的增长趋势"，[①] 但是两个梯队国家在 20 世纪 60 年代末期在高等教育体系内所发生的一些负面事实导致了 OECD 不得不反思其教育规划指导取向的弊端。

就第一梯队成员国而言，直到 20 世纪 60 年代末，与社会、经济、知识本身以及学生群体发生的巨大变化相比，大多数国家教育系统的改变微乎其微，当它们的高等教育迅速迈向大众化时，由于缺乏批判性的自我反省以及自我更新的手段，高等教育系统依然沉迷于自身的精英主义传统和教学习惯。[②] 虽然这些国家已经陆续建立了一批批新大学/学院，但是关于这些大学/学院的目标、性质、职能、学制以及实用性和适应性问题等仍未得到明确的政策阐释。另外，即便有明确的政策解释它们新成立的高等教育机构有何目标，但教育规划者和大学行政人员仍然没有好的办法精确地预测社会需求的增长到底有多快，导致很多国家不知道每年秋季会突然冒出多少学生，"通常，学生人数比预想的多，也比大学能够提供的学位多"。[③] 这也是导致法国"五月事件"的一个重要因素。民众对教育需求的持

①　IIEP-UNESCO. Fundamentals of Education Planning [R]. Paris：UNESCO，1987：8.
②　OECD. Institutional Resource Allocation Models in Higher Education [R]. Paris：OECD，1970：8.
③　IIEP-UNESCO. Fundamentals of Education Planning [R]. Paris：UNESCO，1987：34.

续爆炸式增长倒是提醒了 OECD，也许继续加大规模扩充的力度能够帮助成员国解决这一难题。其实，从因果联系来看，对人力进行规划和布置之后，考虑机构结构问题是趋势更是必然。

从第二梯队来看，它们针对新情势采用了线性扩张的教育策略，由于其经济复兴程度远不如西欧几个国家，20 世纪 60 年代其经济增长速度仍较为缓慢，因此有理由在最初阶段优先培育经济发展最急需的劳动力。由此，以"劳动力"为取向的"人力需求"法得到了 OECD 的认可。但当地中海国家设定的大胆长期目标不断激起民众更高的教育期望和教育需求之后，这一需求不断自我膨胀直至失控，和第一梯队成员国的状况相似，民众对高等教育需求的爆炸式增长顷刻之间让各国教育规划者无所适从。另外，"人力需求"规划法的弊端也日益显现，该方法的核心是根据职业预测来规划需要培养的劳动力数量，但它忽视了一点即劳动力市场的自由性和不确定性，就业市场的钟摆晃动得甚至比劳动力专家预想的还要快，还要突然。在一个小型、简单的经济体中，数字不需要太大变动就能极大地改变就业市场的平衡。① 因此，该方法和社会需求法相似的缺点是，一个是无力预测，一个是容易错误预测。

针对成员国的高等教育规划问题，可将其核心问题总结为由于规划导致的民众对高等教育需求的爆炸式增长与现有的高等教育机构的数量、性质、教学方法等的不适应。因此，只有尽快扩大高等教育的规模，创新高等教育职能，迎合毕业生就业需求，增强教育内容实用性和针对性，才能适应高等教育的改革要求。简而言之，本阶段的高等教育改革已由人力规划走向人力供应。

二、推动了成员国高等院校结构与形式的深刻改革

在 20 世纪 60 年代，教育的扩张仍然是教育景观的主要特征。到 1970 年，教育已成为 OECD 国家规模最大而且仍在迅速增长的有组织活动。增长率最高的当属高等教育。教育增长导致的教育支出的年增长率大大高于国民收入，OECD 国家的教育费用平均每年增长约 15％，而国民生产总值的年增长率约为 9％至 10％。② 于是，70 年代以来，OECD 高等教育政策建议的核心是围绕短期高等教

---

① IIEP-UNESCO. Fundamentals of Education Planning [R]. Paris：UNESCO，1987：23.

② OECD. Educational Situation in OECD Countries：A Review of Trends and Priority Issues for Policy [R]. Paris：OECD，1974：7.

育机构的相关问题，通过对其身份、性质、目标、教学内容和方法、学生结构、教师招募等问题进行国际调查，并形成各类报告或开展各类会议以提出具体的建议，从而促进国家和院校本身进行结构、形式、课程、教学、考试、评估等方面的改革。这一做法有助于各成员国的高等教育机构模式呈现多样性和多元化。主要表现在学习层次的一站式和多样化，课程内容一般在不同的教育层次中被分类，最为明显的即是授予四种不同级别的学位——副学士、学士、硕士和博士。就课程内容和教学方法而言，是综合性的主要体现，即将学术性与职业性相结合，许多大学一级的学习不是在传统的机构环境内进行。这些课程往往是为了适应那些需求差别很大的对象的特殊需要（如网络课程），和进一步满足不断变化的劳务市场和职业结构的需求而开设的。UNESCO也给予高等教育这种多样化发展趋势以肯定的评价。该组织指出，把任何一类学校当作最佳的模式或答案都是错误的，假如理想的目标是让更多的人接受并参与到高等教育，那么其实可将这希望的种子寄托于扩充各种不同的机构数量，尤其是那些可从事远程教育的机构。当然，各国也不能够忽视这一点，那便是高等教育结构体系的每一个部分所作出的决定都必然会牵制该层级教育的其他方面的问题。模式多样化是高等教育机构改革不可逆转的大趋势，应当得到全力支持。但即使是这样，最基本的责任还是应明确，如保证课堂教学质量，逐步扩大高等教育机构入学机会，合理的测试与评估等。

三、满足了成员国民众对高等教育机构实用性的要求

即便各国在20世纪60年代的高等教育规划工作已经做得较为到位，但是还是会有较大的不确定性，大量的社会、经济和行政管理因素也必须加以考虑。教育规划工作只做到更有效还远远不够，它还要与具有较大实用性的教育与培训体系携手并进。这将带来双重优势：就经济方面而言，劳动力的实用性可以适应不可预测性问题的发生；就个体而言，专门为某种职业生涯而作的培训准备已逐渐不能适应流动性强、不确定性强、能动性强的劳动力市场。从实用性角度出发，无论教育哲学家认为教育的目的是什么，大多数学生学习的目的显然还是在社会上谋取一份好工作，甚至是获得一个好名声。对于许多人来说，接受了教育相当于拥有了一本"教育护照"，从乡村逃离前往光明的城市，在那里找到一份合适的工作。但是，数量庞大的毕业生一下涌入劳动力市场，尤其在第二梯队国家，加之许多留学生也在毕业后返回祖国，对于私营部门而言，其创造新岗位的速度远

比不上当时学生供应的数量和速度，虽然在劳动力规划者关注经济增长的人力资源瓶颈基础上思考怎样以合理的速度最大限度地增加工作岗位是必由之路，但就高等机构而言，增加实用性教育和培训才能从根本上解决毕业生供应过剩的问题。

OECD 倡导改革的一个重要方面是扩大或建立中学后非大学一级机构——"短周期"高等教育机构，这类机构可以同时满足个人对多种专业的需求和经济的需求。尤其是地中海国家，在 OECD 的倡导下，对技术人员的培养十分注重专业性和实用性相结合。在希腊，"高等技术教育中心"（HTEC）作为一个新的高等教育机构是较为全面的，因为它们包含大量的学科。在某些条件下，它们的毕业生可以接受大学教育，但 HTEC 的教学已是十分专业且实用的；[1] 在葡萄牙，随着大学的发展，改革规定设立理工学院和其他专业学院（辅助工程、工业艺术、宣传和公共关系等），这些机构的毕业生在完成三次课程后，将获得学士学位。[2] 还可以通过其他渠道申请更高层次学历的教育。如果这一新的部门要有效地促进整个教育系统更加平衡的扩展，就必须发展这种学院及其与其他中等和大学一级机构的关系。在土耳其，学院将培养大量的应用科学专业人员，大学将按规定数量培训科学家、研究人员、生产和服务领域的高级管理人员和高等教育的教职员工。[3] 在南斯拉夫，两年制的中学后学校是在 1960 年改革的框架内重组的，作为一种新型的高等教育机构，以培养高等职业一级的实用型干部为主。[4] 综上，OECD 的相关教育政策建议帮助成员国满足了其民众对于高等教育机构实用性的需求。

本章小结

本章以 20 世纪 60 年代末到 80 年代初期为时间线索，考察了 OECD 教育工作

① OECD. Education in OECD Developing Countries：Trends and Perspectives［R］. Paris：OECD，1974：50.

② Ministry of National Education. Guidelines of the Reform of Higher Education［R］. Lisbon：Ministry of National Education，1971：7.

③ Ministry of National Education. National Education Reform Strategy［R］. Ankara：Ministry of National Education，1973：35.

④ OECD. Education in OECD Developing Countries：Trends and Perspectives［R］. Paris：OECD，1974：50.

随着 EDC 的成立而合法化后，其高等教育治理方向发生了何种转变。指出了从"规划人力需求"到"创新培养渠道"的纵向发展样态，这也是教育民主化要求的重要组成部分。这一阶段，由于社会民主运动的高潮，教育社会学理论在 OECD 内部兴起，加之以法国为主的青年大学生抗议运动的推动，初中教育的普及化以及高中教育的再重组，都成为 OECD 将高等教育政策工作转向"社会"层面的诱因。其寻求高等教育机构更大程度的多样化（以在学习模式、学位和获得它们的方式上提供更加多元的教育服务）和更好地阐述中等后教育内涵的政策导向，使得成员国关于高等教育的改革将重点放在了对"结构—形式"等输入性因素的关注上。组织以学生结构、跨学科学习方法、机构自治、身份认同等为焦点提出的政策建议极大地提高了成员国高等教育结构体系不断优化的可能性，以及促进了不同类型机构之间进行密切的协调和互补，使充分就业目标的实现和教育民主化的提升都建立在了一个更加符合实际的平台上。CERI 开展的高等教育项目、指向提高成员国机构管理意识的 IMHE 项目的开展更是增强了 OECD 高等教育政策工作的治理效力。这一阶段，OECD 通过对"非大学型高等教育"概念的再次强调，以及根据其职能和一般特点概括出来的三种发展模式，在寻求社会利益得到更公平分配的共同旨趣下，对推动社会再分配和更大程度的民主化进程发挥了重要的促进作用。"跨学科学习方法"与"经常性教育理念"的传播对在社会化路径下加强高等教育的社区性联系方面也产生了积极的影响。本章最后分析了该阶段 OECD 高等教育政策发展的主要影响：反思了前期两个不同梯队成员国教育规划取向的弊端；推动了成员国高等院校结构与形式的深刻改革；满足了成员国民众对高等教育机构实用性的要求。

第四章
增高管理效益：以“经济重建”
为导向的高等教育政策发展（1981—1997）

　　20 世纪 80 年代，许多 OECD 成员国由于面临经济衰退的重大危机，不得不减少教育财政支出，把经济复兴和振兴市场作为这一时期的当务之急。OECD 也开始投入对高等教育中费用与效率之间关系的研究。遭受到 1973 年开始的第一次石油危机的冲击，到了 70 年代中期，各成员国越来越明显地意识到，过去十年在高等教育方面取得的成绩正逐渐让位于对高等教育未来教育前景日益增长的焦虑上。但在那时，感受到危机的更多的是教育决策者，而不是那些忙于日常事务的教师、学生、家长等，毕竟高等教育创新态势在整个 70 年代来说还是最受重视的。直到第二次石油危机的来临，它的影响开始被整个高等教育系统感受到。多年来，许多国家的整体教育扩张一直在放缓，新的经济形势（主要指两次石油危机带来的经济衰退）加速了这一进程。经济增长率的下降和较高的通货膨胀率，导致公共支出的受限，同时伴随着年轻人的失业率上升。资源限制、高失业率和人口下降等因素直接影响了大众对于高等教育的需求，也影响到各类集团对高等教育的作用及其对社会和经济发展的贡献的认识。许多成员国出现的“保守阵营”，不能再把持续增长看作是一个可行的甚至是一个可取的目标。其中，许多国家对高等教育公共开支的限制尤其能够说明问题。出现的不同利益集团之间关于优先发展顺序的争夺，加剧了围绕高等教育方面如教育目标以及教育改革的方向和内容方面的辩论和冲突。关于这场辩论的核心是高等教育如何在各类资源受限的情况下调整其作用和职能，以适应短期的迫切需要，而又不忽视其本质上的长期目标，以及如何在未来经济和就业状况日益不确定的背景下这样做，同时还要考虑到未来的生活方式和社会模式可能发生的变化所带来的新挑战和新机遇。过去的政策建议已不再适用，可以提出哪些新的政策建议？正是为了这个问题，OECD 努力作出相应的贡献。

阶段划分依据：1978 年，从第二次石油危机发生以后，OECD 明确地认识到各国所建立的高等教育系统需要进行重大的改变，才能够更好地应对新的和紧迫的社会和经济需求。1981 年，OECD 开始正视"高等教育处于危机中"这一问题，围绕这一议题召开了多次政府间会议。随着 80 年代初全球经济动荡后政治经济形态的转变，以及成员国高等教育活动财政方面的加紧收缩，OECD 的高等教育政策话语也发生了改变。在其他任何教育层级，经济衰退及其伴随的社会和政治气候变化的影响都没有比高等教育部门感受更明显。在大多数国家，高等教育的增长方式已不再足以确保其持续的动态演变。毕竟，金融滞涨带来的各就业部门招聘人数的减少导致了公众对高等教育信心的下降，以及对至少某些类型的高等教育的兴趣正在减弱。于是，OECD 围绕效益增高、稳定就业、提高生产性能等主题，努力帮助成员国的经济和劳动力市场尽快恢复到以前的活力。直到 OECD 在 1996 年正式提出"以知识为基础的经济"概念，以及 1998 年提出重新定义"第三级教育"的目标之后，其政策方向开始指向"21 世纪技能"的培养，正式从专注"整体性需求"转变为"个体性需求"，预示着这一阶段的工作正式告一段落。因此，笔者将第四阶段的时间跨度划分为 1981—1997。

第一节　回应"危机中的高等教育"诉求和
人力资源的再开发

在资本主义工业社会新的发展背景下，教育如何能够促进新的经济需要，同时也有助于改善社会中处境较不利的群体的地位，以及追求其本身的内在目标，这一问题比任何其他时期都更加突出。1984 年，OECD 举行的围绕"现代社会中的高等教育"（Education in Modern Society）议题的第二次教育部部长会议和 1992 年举行的围绕"为所有人提供高质量的教育和培训"（High-Quality Education and Training for All）议题的第三次教育部长级会议，均围绕"教育必须提高其相关性和质量"的核心思想。在实践中，特别是在国家内部和国家之间的财政紧缩和政治意识形态分歧加剧的情况下，这一问题引发的冲突应该如何解决被确定为 OECD 的优先事项，以及这些优先事项如何与长期教育目的相联系。OECD 的相关活动如何在这一棘手的领域引导出一条务实的道路是贯穿这一时期的主题。

一、围绕"高等教育政策"关键议题多次召开政府间会议

20 世纪 80 年代之前，高等教育的问题是在入学人数持续增长的背景下讨论的。但是，随着增长逐渐趋于平稳，加之受到两次石油危机所引起的直接经济影响，高等教育增长转变为高等教育收缩，高等教育所面临的社会、经济、文化处境的变化促使其必须转变发展性质，在 1981 年"高等教育政策"政府间会议上，OECD 将这一性质转变定义为"高等教育陷入危机"的概念。① 此次会议讨论最多的便是资金限制所导致的高等教育系统面临着承担新角色和满足新需求的持续压力。在 OECD 的大多数国家中，高等教育的公共支出在 1975 年停止增长，其中一些支出实际上在 1975 年至 1980 年期间下降，导致负责每个学生的支出也明显下降。② 可见，当时高等教育部门的各方面发展受到了政府预算限制的影响。OECD 总结了关键问题。

（一）高等教育的入学问题——从特殊群体中挖掘高等教育的增长潜力

虽然 20 世纪 80 年代经济重建的需求优先于公平问题的发展，但是处于不利地位和代表性不足的群体的教育状况不能被忽视。经济结构调整的过程带来了消极的社会后果，既加剧了社会弱势群体的不利地位，又将这种不利地位扩大到了新的群体。少数群体因其社会、文化或族裔障碍而继续被隔离，导致民主社会的实现受到严重威胁。除了造成社会和政治影响外，还给个人及其家庭、纳税人和整个社会造成经济损失。③ 欧洲国家为了减轻财政压力，采取了逐渐限制高等教育入学的政策。如何在缓解经济压力的同时，又保持高等教育的增长潜力，妇女和成人这两类群体发挥了重要的作用。

在 1975 年至 1985 年的十年中，妇女参与高等教育取得了令人瞩目的进展。这是两性在所有经济和社会领域的更广泛的平等运动的一部分。OECD 为实现这一目标和监测其成员国取得的总体进展作出了积极贡献。它对其教育内容进行了专门研究。研究表明，在数量方面，整个学校系统，包括高中教育，都实现了男女学生的平等，而且在许多国家，即使是在 1970 年，在高等教育总人口中，男女之间的平衡也接近于数量上的平等。然而，这些数据掩盖了研究对象中两性之间

---

① OECD. Policies for Higher Education in the 1980s ［R］. Paris：OECD，1983：6.
② OECD. Higher Education Expenditure in OECD Countries ［R］. Paris：OECD，1981：35.
③ OECD. High-Quality Education and Training for All ［R］. Paris：OECD，1992：89.

的其他更为深刻的不平等现象。在人文、艺术和语言课程中，以女子为主，应用科学以男子为主。女子仍然远远落后于男子的一个领域是研究生教育，女子过去和现在仍然没有在科学研究中占很大的比例。另外，她们在劳动力市场仍然会遭受到歧视，这不仅是因为女性的能力使其在经济衰退时期得到的工作机会变少，也是因为技术和应用科学在劳动力市场上往往受到高度重视。因此，尽管略有变化，但男性堡垒仍然存在，这就使得各国消除就业和职业上的性别隔阂的任务更加艰巨。①

受到经常性教育战略的影响，高等教育中的成年人是一个相对较新的群体，即使在一些国家有着悠久的兼职学习传统。尽管人数仍然很少，但他们特别受到高等教育机构的欢迎，许多院校在那一特殊的时期也在努力维持这方面的生存能力。它们大多数都愿意调整其入学政策和教学模式，以便利这些非传统学生顺利地入学。他们是一个不同的群体，有着不同的动机和目标：那些为了研究而进入高等教育的人，是为了获得完整的第一学位或文凭；还有一些重新进入高等教育的人为了更新他们的专业知识或获得更多的资格；那些没有高等教育经验的人，为特定的专业目的入学，特别是学习短期课程；那些有或没有高等教育经验的人，他们注册课程的目的也是为了个人实现。② 这些类别的成年人越来越多地进入高等教育，这为在政府和机构一级制定政策提供了条件，以便通过高等教育系统促进继续教育的发展，这不同于传统的成人教育，需要改变组织结构，以消除成人参与的障碍，例如在一些国家（如美国）开设开放入学的专门渠道，还有一些国家（如瑞典）承认工作或生活经验可作为入学资格等。提供非全日制学习模式，以便使成年人能够将学习和工作结合起来。组织表现包括远程学习，利用电信和信息媒体的迅速发展，允许互动通信方式、抵免学分、单元课程等。和前一阶段高等教育民主化的目的不一样，这一时期在高等教育中存在的这种创新主要源于对财政紧缩和预算限制作出的反应。

（二）高等教育的职能问题——"专业关注"与"学术兴趣"的价值冲突

20世纪60年代中期到70年代末，SCIs成功地建立起了威望和信誉，而大学部门在努力适应新的需求和外部压力上仍存在许多不确定性。80年代在明确目标、为社会服务、提高毕业生的就业能力以及对教学方法、课程内容和设计的创

---

① OECD. Priority for Educational Equality [J]. OECD Observer, 1986 (141)：17—19.

② CERI. Adults in Higher Education [R]. Paris：OECD, 1987：1—181.

新等方面，非大学部门取得了很大进展。总的来说，不同类型的机构的平等地位到那时已经基本实现。大学本身正也变得越来越不同，原先的威望等级和啄序现象也逐渐消失，二元鸿沟也变得越来越模糊。大学部门在当时面临的压力确实相当大，它们努力调整其教学和学术职能，以适应扩大的社会需求和知识本质的基本变化，社会学科和人文学科就业价值的下降往往破坏了自然学科的地位。尤其那些曾经在"文科"方向上蓬勃发展的大学特别容易受到这些趋势的影响。①

OECD 看到了以"传播知识、创造知识、转移知识"为使命的大学正愈发被"市场"观念所支配。尤其在研究生教育层面，"专业关注"优先于"学术兴趣"。例如美国的终端硕士学位，这类学位课程的大多数注册学生都是已被雇佣的成年人。此外，人们对以实践为导向的博士学位的兴趣也越来越大，与那些准备进入学术生涯的博士学位不同，前者所涉及的学习花费通常由雇主为员工提供资助，或由联盟协会和专业组织为其成员提供资助。另外，经济需要和资源限制的结合，严重改变了大学内部的研究地位。科学和技术研究受到重视，忽视了艺术和人文学科。当所有这些加上不断增长的专业化要求和知识真理追求在各个学科之间和内部的分裂，大众可以很容易地体会到高等教育的结构和内容存在的混乱和不确定感。换句话说，当两种不兼容的属性集于一身的时候，新自由主义所推崇的"市场"与大学的逻辑起点"知识"之间，"功利主义导向"与"认识论导向"之间必然会出现冲突。正如威廉姆斯（Gareth Williams）和布莱克斯通（Tessa Blackstone）评论英国高等教育所描述的那样，有两条绳索一直缠绕在高等教育网络之中，一条是学术之绳，另一条则是功利之绳。②

重新审查高等教育的目的和职能，尤其是大学型高等教育的地位，是多次政府间会议提出的明确建议。在 20 世纪 80 年代的 OECD 项目中，都对这一问题有持续关注。针对这一问题，形成了三项主要的研究：《审查中的大学》（*Universities Under Scrutiny*）系列报告、《大学的替代品》（*Alternatives to Universities*）系列报告、《20 世纪 80 年代的研究生教育》（*Post-Graduate Education in the* 1980s）。通过这些报告，不仅介绍了在知识的经济价值日益彰显的当时，以知识作为逻辑起点的大学与市场互惠互利的一面，也有冲突矛盾的一

---

① George S. Papadapouls. Education 1960—1990：The OECD Perspective［R］. Paris：OECD，1994：156.

② Williams，Gareth；Blackstone，Tessa. Higher Education in a Harsh Climate［M］. Surry：SRHE，1983：111.

面。OECD 也强调，虽然市场能够对很多重要的社会需求作出回应，但是在其主宰之下大学很难成为精神家园。虽然经济滞涨迫使政府不得不放松对高等教育的管制，市场机制进入校园必定会促使追求效率成为大学的必然选择，从政策角度观之，日益彰显的"功利性"会对公共性政策提出新的挑战。[①] 毕竟大学还是学术性组织，必须坚守追求真理的使命。可见，OECD 虽然以"经济发展"为目标，追求新自由主义提倡的效率、公平，但它不局限于此，在高等教育不断扩大的使命如何分配给各类机构的问题上，是以一种较为理性的第三者视角看待各成员国大学使命的定位问题的。

（三）高等教育的经费问题——从问责制运动中形成"竞购"筹资模式

上文讨论的许多问题皆与一个中心问题有关：高等教育筹资的水平、来源和方法。这个问题很大程度上影响了政府与高等教育机构之间的关系变化。在日本和美国，高等教育经费总额的很大一部分由私立机构提供。美国高等教育的私人资助的传统已经发展到相对成熟的阶段，欧洲国家的情况正好相反。在 OECD 的大多数国家中，高等教育的公共支出在 1975 年停止增长，其中一些支出在 1975 年至 1980 年期间下降（见表 4-1），导致对每个学生的支出也明显下降。[②] 到了 80 年代，70 年代初的财政紧缩情况仍然存在，甚至还有所增强。高等教育机构的发展由于受到了政府预算限制的影响，对寻找更多的资金来源越来越感兴趣。这逐渐导致了机构资助方式的变化，往往也伴随着对学生财政援助的变化（在六七十年代，最初是以赠款的形式，逐步改为贷款或两者的结合，逐渐走向向学生收费的趋势）。

表 4-1　1965 年至 1977 年间 OECD 部分成员国高等教育
公共支出占所有公共支出的比例（单位:%）

	1965 年	1970 年	1975 年	1977 年
澳大利亚	11.2	13.3	14.8	16.2
比利时	16.9	—	22.2	19.2
德国	9.2	12.0	9.1	8.8
爱尔兰	—	10.8	10.6	11.2

①　[澳] 伊丽莎白·圣·乔治. 知识经济时期的高等教育定位 [J]. 张雪莲，译. 国际高等教育研究，2007（1）：15—24.

②　OECD. Higher Education Expenditure in OECD Countries [R]. Paris：OECD，1981：18.

续表

	1965 年	1970 年	1975 年	1977 年
意大利	—	—	11.7	9.3
日本	22.7	20.4	17.5	16.5
卢森堡	14.2	14.3	15.0	14.1
荷兰	26.3	29.4	23.7	25.4
挪威	26.8	15.5	14.7	14.4
葡萄牙	8.6	9.5	16.4	14.5
西班牙	11.0	15.2	—	16.8
瑞典	—	—	13.4	12.7
瑞士	20.4	18.4	19.4	18.9
英国	13.4	14.1	14.0	14.3
美国	18.0	19.4	18.1	17.7

资料来源：根据 OECD. Higher Education Expenditure in OECD Countries [R]. Paris：OECD，1981：18. 译制而成。

这些变化的主要特点可归纳如下：增加公共资金由机构"竞购"的可能性；各机构增加对拨款使用的复杂性，目的是得到有效的奖励措施，例如确保学生在规定的时间内完成课程；各机构在获得资金后享有更大的财政自主权；机构应向学生收取费用并与商业组织签订合同。

这些变化代表着一种向高等教育机构提供资金的市场化方法的转变，其目的是为各机构提高效率而提供激励。赋予各机构更大的财政自主权，使每个机构都有责任证明分配给它们的资源实际上得到了有效的利用，促使它们对高等教育事业变得更加负责。这种现象即问责制，问责制运动的出现是高等教育机构中的一种新现象，对它们的内部治理产生了重要影响，因为它们要制定适当的评价计划、业绩指标以及管理结构和技术以应对问责压力。[①] 事实上，也正是这些压力才导致了高校权利逐渐从学术部门向行政部门转变。问责制可被看作是为了增加筹资自由和削减政府在高等教育事务中的干预作用的努力的一部分。OECD 强调，仅靠公共预算无法支付工业化社会不断扩大的高等教育需求所需的巨大费用。它通过调查发现，在教育预算或公共预算总额范围内重新部署资源是不可行的，需要找

---

① John Harris, Michael Shattock, Urban Dahllof. Dimensions of Evaluation：Report of the IMHE Study Group on Evaluation in Higher Education [M]. London：Jessica Kingsley, 1992：1—160.

到其他资金来源，这些只能来自个人和私营部门，形成混合融资制度（systems of mixed financing）。① 设计这种不扭曲高等教育公共服务性质的制度，也成为了高等教育未来发展所面临的挑战。

二、"技术变革和人力资源开发"项目的实施

在 1984 年的教育部部长会议上，各国教育部部长认识到经济变化和新技术的迅速传播需要重新审视教育在培养年轻人从事职业生活方面的作用。对如何做到这一点，一些成员国的部长认为，未来经济需求的某些图景应纳入教育规划考虑的范畴，有必要进一步研究"教育、培训与经济和社会的结构变化之间的相互作用"，强调教育在"培养个人持续学习、创造力和自力更生的能力，从而提高他们在劳动力市场上的素质和灵活性"方面的作用。② 不能再把教育当作狭义上的学校所发生的培养人的活动的代名词。有组织的学习还应越来越多地发生在正规教育系统之外的环境中。特别是，企业培训应成为每个国家学习环境的一个相当大的组成部分。企业本身越来越多地建立自身的人力资源战略，作为其总体投资战略的一部分，在新技术特别是信息技术的影响下，职业结构正在发生变化，许多既定的工作组织形式以及技能结构和技能形成已经过时。阐明这些变化带来的影响需要更深入地了解劳动力市场和工作结构变化的性质和范围。为了完成这一任务，CERI 实施了"技术变革和人力资源开发"（Technological Change and Human Resources Development）项目。

该项目是在企业一级进行比较分析，重点是新技术和新的工作结构方面的教育、培训和影响。从 20 世纪 80 年代初开始，CERI 在美国、日本、德国、法国和瑞典五个国家的汽车行业，分别与它们的金融和保险行业进行了持续的分析，由于服务业在经济和就业方面的重要性日益增加，因此这类比较研究也逐渐扩大到更广泛和更多国家的服务业。OECD 组成的工作团队在每个国家开展的工作既涵盖了整个服务业的各方面数据的收集，也涵盖了十分详细的个案研究，特别是在零售业和银行部门。组织进行的一系列平行的国际比较研究，分别侧重于公私教育和培训提供者之间的联系、服务业的新就业模式以及企业一级技能形成方面的

---

① OECD. Educational Resources and Problems in Resource Redeployment [R]. Paris：OECD, 1983：76.

② OECD. OECD Ministers Discuss Education [R]. Paris：OECD, 1985：44－48.

变化和创新的概念分析，并在一系列国家和国际研讨会上系统地讨论了该项目各阶段产生的结果[①]，最后于 1989 年 11 月在由荷兰教育和科学部主办的乌得勒支国际会议上进行了讨论。会议认为，人力资源开发已经成为宏观一级和企业内部，特别是那些面临激烈竞争的企业，成功地进行经济改革的一个因素。在知识型和服务型经济日益增长的过程中，技术的普及，加上对产品和服务的质量和灵活性的新的市场要求，使企业更加注重人的技能，以增强企业的竞争活力。但它也改变了所需的技能类型，使之摆脱了泰勒式工作组织的僵化形式，转向更多的团队合作和更大程度的责任下放。制造业的工作、常规和低技能的工作不再受欢迎。强调的重点是多技能，注重员工的个人技能和以客户为导向的技能。[②]

在大多数 OECD 国家中，相当大比例的工作适龄人口的受教育程度较低，一直面临高失业率和越来越高的失业风险的是那些学历最低的人；低学历也被证明是影响妇女参与劳动力的因素之一，许多妇女从事的工作地位低于男子，而从事类似工作的妇女得不到同等的保障或报酬。[③] 由于人口下降，工作人口正在老龄化，因此必须确保充分利用成年劳动力的潜力，尤其是在因为技术变革导致技能不断过时的情况下。在经济有效运作所需的基本技能的性质本身已经发生变化的现今，产生了"功能性文盲"现象，这种现象再加上持续存在的传统文盲现象，在许多先进国家被视为一个严重的问题。[④]

OECD 认为应该努力制定更全面的政策，五个具体问题需要优先考虑，这些问题于 1991 年在由 OECD 和美国教育部联合举办的凤凰城会议上被提出（见表 4-2）。[⑤]

---

① CERI. Human Resources and Corporate Strategy: Technological Change in Banks and Insurance Companies [R]. OECD, 1988. CERI. Changes in Work Patterns: A Synthesis of Five National Reports on the Service Sector [R]. OECD, 1989. CERI. The Evolution of New Technology, Work and Skills in the Service Sector [R]. OECD, 1986. CERI. New Technology and Human Resource Development in the Automobile Industry [R]. OECD, 1986. CERI. The Human Factor in Economic and Technological Change [R]. OECD, 1987. CERI. Towards an Enterprising Culture [R]. OECD, 1989.

② CERI. Technological Change and Human Resources Development: The Service Sector [R]. OECD, 1990: 5—6.

③ OECD. OECD Employment Outlook [R]. Paris: OECD, 1989: 68.

④ Benton, Lauren. Noyelle, Thierry. Adult Illiteracy and Economic Performance [R]. Paris: OECD/CERI, 1992: 1.

⑤ OECD/U. S. Department of Education. Linkages in Vocational Education and Training [R]. Paris: OECD, 1992: 38.

表 4-2 围绕"教育与培训政策"制定的优先事项

序号	事项	具体内容
1	明确培训政策与其他政策，特别是就业和工业政策之间的联系	培训政策的有效性在很大程度上取决于与一个国家的产业结构有关的政策、关于工资和就业的法律以及企业如何组织工作的商业政策。这种具有协调性的政策还必须具有强烈的区域意识，考虑到产业结构、价值观和需求的区域特殊性
2	努力避免集权/分权的冲突	在设计和执行培训政策方面，应采取更大程度的权力下放，这在大多数国家都是明显的。但是，立法制定全面的政策是一回事，而在适用这些政策的地区和地方各级利益集团之间协调这些政策又是另一回事。即使是最合理的国家政策也将是无效的，除非双方或三方进行细致的对话和谈判，以确保其在社会上的可接受性。地方和国家利益之间的这种渗透性充分体现在需要在技能成就和资格方面保持国家公认的标准，这对于促进工人在高度动荡的经济和劳动力市场中的流动至关重要。鉴于劳动力市场日益国际化，尤其是在欧共体国家之间，这一需求日益被视为更有说服力
3	明确社会伙伴的作用	在公共部门，大公司，或者资源较少的中小型企业，有各种各样的雇主和联盟协会。在联盟协会方面，它们可能是以手工业为基础，也可能是以工业为基础。企业与联盟协会有着不同的激励机制和责任。在所有情况下，雇主和联盟协会所能发挥的作用不仅取决于它们之间的互动性质，而且取决于它们在国家和地方各级与其他行为者和社会利益攸关方之间的互动性质
4	明确综合性资格证明体系的意义	这被认为是劳资关系和三方协议的一部分，目的是确保资格的透明度，无论这些资格是在哪里获得的，其都是"培训市场"的一个重要组成部分。目前，就业资格很大程度上受到教育派生出来的做法和标准的影响，这些做法和标准可能并不总是适合于评估工作环境中衍生出来的能力和资格。有必要将这种认证与以行业为基础的认证相匹配，以发展一种共同的资格证明体制，将两者结合起来，并使之日益面向国际

续表

序号	事项	具体内容
5	强调政策的激励属性	围绕具体问题的精心设计的实验和通过一种更系统的方法产生的政策，主要目标之一仍然是制定一个强有力的和全面的激励机制，以增强劳动力中所有人员通过培训政策可获得和参与就业机会的动力

资料来源：根据 OECD/Department of Education. Linkages in Vocational Education and Training [R]. Paris：OECD，1992. 译制而成。

三、"变化中的社会的教育与经济"会议的召开

正如上文分析的那样，就业结构变革在 20 世纪 80 年代后半期主导了 OECD 的经济发展思维。OECD 认为在分析劳动力市场政策和寻找解决就业/失业状况的办法时，会涉及许多政策部门，并呼吁对这些部门进行更有效的协调，同时应对教育和培训给予更优先的关注，这反映在本组织发布的各项政策报告中，如本组织向 OECD 理事会提交的一般性报告《结构调整和经济表现》（*Structural Adjustment and Economic Performance*）中，专门有一章讨论教育问题；还有反映在关于《20 世纪 90 年代的劳动力市场政策》（*Labour Market Policies for the 1990s*）的宣言中。在这些报告中，对优先重视教育和培训工作作出了强调。同时，考虑到经济和就业方面的因素支配着教育的方式，这会导致牺牲更为普遍和长期的目标，有可能使教育沦为仅仅是一种经济和劳动力市场政策的工具，就像二十年前的情况那样。EDC 觉得有必要把这个问题提出来，并发表了《教育与结构改革：教育委员会的声明》（*Education and Structural Change：A Statement by the Education Committee*）。委员会认为就业结构变化是一个比经济学家所认为的更广泛的现象。它与生活方式的变化以及与工作和休闲、社会结构、社区和家庭的主要价值观和期望密切相关。因此，教育与社会和经济结构改革之间的相互作用不仅仅是调整教育以满足社会和经济需要的简单过程。相反，它强调了教育本身的作用，它通过直接影响个人和它在高度工业化社会中所服务的多重目标，来影响社会和经济变革的模式和方向。过分强调教育的直接经济回报可能导致对教育目标的短视和狭隘定义，损害个人发展和个人自我实现，而且是以牺牲社会

发展、文化丰富和知识进步为代价的。"经济结构变革非但没有规定单方面的'教育适应经济'要求，反而重新引起人们对教育目标的多样性和综合政策的需要的关注，认识到个人的福祉和社会的进一步发展取决于人类活动不同领域之间的创造性互动"[①]。

该声明的核心内涵在 1989 年 3 月举行的"变化中的社会的教育与经济"（Education and the Economy in a Changing Society）政府间会议上作了进一步的详细讨论。它的报告连同秘书处的分析文件是对大约 20 年前华盛顿会议以来教育的经济和社会情况的全面看法的总结。会议揭示了所有 OECD 国家共同面临的政策压力的表现：持续的就业结构调整和社会变革的压力；为满足传统需求管理而采取的微观经济政策；进一步改善生产力绩效；以及与人口结构、技术和工作安排变化有关的压力。面临的挑战是，教育系统如何能够更好地应对这些压力，同时促进变革进程。[②]

会议审议了经济变化导致的就业结构变化和人力素质发展对初等教育、中学教育和培训、成人继续教育和培训以及高等教育的影响，最后讨论了实现变革的战略，具体如下。

——认识到为所有儿童提供坚实和长期的初级普通教育的重要性，使他们具备今后从事相关职业所需的广泛技能的基础性知识；

——除义务教育外，还应提供广泛和灵活的教育和培训机会，往往与工作经验相结合，并涉及学校与社会实践之间的密切合作，并特别关注社会和教育上处于不利地位的群体的需要；

——改进教育和职业指导制度，使青年人能够在现有的各种选择中作出明智的选择；

——对高中教育的内容和结构进行审查，以便在普通和技术/职业学习与特定工作相关技能培训之间取得更好的平衡，这种培训可以适当延长；

——为合格的离校生和成人提供更广泛和更灵活地接受中等后教育的机会，包括为考核合格者作出定期学习安排；

——高等教育机构在不影响其自主权或长期目标的情况下，对国家和区域的经济和社会需要作出更大的反应，并与政府和工业界合作，加强成人继续教育和

---

① OECD. Education and Structural Change：A Statement by the Education Committee［R］. Paris：OECD，1989：6.

② OECD. Education and the Economy in a Changing Society［R］. Paris：OECD，1989：3.

培训的充分性；

——促进制定一套明确的国家安排，用于技能的评估、认证，无论这些技能在何处获得，从而改善资格的可携带性和人力在劳动力市场上的流动性；

——必须在各级教育和培训系统内部有效管理资源并确保高质量；

——充分发挥教师、培训者和管理者在教育与培训中的作用。①

在这些建议中，除了第 1 项和第 4 项之外，几乎都与高等教育方面的政策制定相关。另外，除了建立更加灵活的教育和培训模式之外，义务后教育的政策综合性要求愈发凸显，在大多数欧洲国家的职业教育和培训规模迅速增加的情况下，在许多地方，学生群体的扩大导致了更大的多样性，加上高等教育入学和就业要求的变化，导致了融合要求逐渐取代了二元体制，成为义务后教育政策辩论的中心。以前强调学术性质的高等教育存在的排他性正在逐渐瓦解，并正在为学生创造机会，使他们能够在技术或职业教育这第二条路线基础之上直接进入高等教育。但各国也很清楚，加强向高等教育的这种"转移"职能有可能使其学历的就业价值下降。因为许多高等教育机构，特别是大学，在入学要求方面往往相对单一；在一些国家，获得这种机会的课程与其他课程之间的差距仍然很深。因此能够看出，义务后教育在相关政策上必须既要多样化又要与高等教育保持连贯一致：根据其学生人数的多样性及其与高等教育和劳动力市场的密切关系，如在目标、内容、水平、出勤方式、教学方法和学习环境等方面保持差异性，在需要共同颁发的资格证书方面保持一致，这将使系统的各个部门能够相互联系，并与外部世界相联系。在多样性和一致性（diversity and coherence）并存的情况下，有效的指导系统才可发挥作用。

四、关于"质量"问题的辩论

20 世纪 80 年代，OECD 成员国对基础教育领域的质量问题十分关注。精英主义者和平等主义者皆认为，各个层级的教育没有达到某些总体目标。前者将其归咎于 60 年代宽松的教学方式。但后者认为，传统学校系统不能更好地满足由于教育扩张引起的弱势群体的资源需求。在当时普遍存在的经济环境中，这种额外

---

① OECD. Education and the Economy in a Changing Society [R]. Paris：OECD，1989：108.

的资源更不易获得,增加了个别学校在努力保持质量方面的压力。① 广义上讲,有两个对立的阵营:一方面是新保守主义者,由里根主义者和撒切尔主义者的社会观所主导;另一方面是平等主义者,主要由斯堪的纳维亚社会为代表。②

OECD认为,这场辩论的实质都是关于学校教育的基本目的:一个阵营将其视为本质上与学习成果有关的观点,评估标准是学科掌握程度,尤其是传统基础知识;另一个阵营则将这些结果纳入学校更广泛的社会教育角色,旨在引导每个个体实现均衡、多方面的发展。一个强调选择、竞争和私有化,即市场原则的应用;另一个强调以学生为中心,强调合作而不是竞争,确保学生拥有一个愉快的学习环境,避免在学校组织、考试的作用和性质以及评估教学成绩等问题上产生分歧。

这场辩论主要集中在基础教育的质量上,但它也延伸到了中等后教育部门。就欧洲国家而言,它们在这一级的规定模式较为统一,其关切的主要问题还是提高高等教育机构的效率,而不是提高质量。而在日本,1983年成立了临时负责高等教育改革的审议会,决定应用市场机制改革公共教育,审议会提出了日本高等教育改革的基本原则,即由保护改为竞争、由规制改为自由、由僵硬改为柔软、由划一改为多样,以期其高等教育机构表现出应有的活力和效率。在英国,20世纪80年代以来频繁地发表有关教育改革的政府公报,并出台法令推进高等教育改革。政府发布的绿皮书、白皮书等政策咨询文件,成为了改革的指导性纲领,这些纲领普遍提出,引入市场原则,促使大学生从生产者中心转向消费者中心,提高管理效率等。因此,在管理主义和市场主义的压力下,OECD逐渐接受了成本控制这一高等教育发展路径,以促使高等教育带来更大的经济效益,进而缓解经济滞涨的紧张氛围。

第二节 "经济重建"背景下 OECD
高等教育政策形成原因分析

20世纪以来,OECD成员国的高等教育经历了两次重要的发展浪潮。第一次

---

① OECD. OECD Ministers Discuss Education [Z]. Paris:OECD, 1984:24.

② OECD. OECD Educational Policy Review of Sweden [R]. Paris:OECD, 1985:51.

浪潮的主题是使更多的人接受更高层级的教育，这使很多国家迅速地迈入了高等教育的大众化阶段，并促使了高等教育模式的多样化。而第二次浪潮则始于 20 世纪 80 年代，其主题是提高高等教育的运行效率，回应市场需要，增强社会责任。站在 OECD 的立场，为了缓解经济压力，帮助成员国重建经济活力，自然将财政危机导致的政府经费不足看作一个世界性的难题。因此，出于缓解经费压力的考虑，OECD 将经费投入方式与高等教育管理方式紧密联系在一起，这成为了 OECD 在这一时期指导成员国高等教育制度变革的首要推动力。反对继续增加对高等教育的公共投入，辅之以社会责任的划分，通过与各行业部门的合作，加大高等教育的私人投资成本。这种"提高效率"的管理方式是建立在成本效益的分析理性之上，带有货币主义理论的影子。另外，从 OECD 一贯重视的就业角度来看，培养实用技能在劳动力市场结构迅速转变之后似乎仍然不能满足毕业生的就业需求。因此，笔者将这一阶段 OECD 高等教育政策发展的原因概括为以下四点：新公共管理主义的影响；"成本效益"优先于"人力规划"理念的显现；教育与就业间的"固化联结模式"逐渐被打破；两次石油危机引起的高等教育发展的重重危机。

一、新公共管理主义的影响

任何思潮的兴起，都与时代的发展和需要相契合。20 世纪 80 年代左右的经济滞涨导致的经济发展止步不前，甚至倒退的现象，逐年攀升的社会公共支出成为了政府的沉重负担。这也是世界主要资本主义国家的"通病"。尽管凯恩斯主义对于提高社会福利、缓解社会矛盾起到了积极的作用，但在面对国家发生的经济危机的情况下，无疑容易成为国家扭转局面的牵绊。效率低下、缺乏活力在当时成为了凯恩斯主义的代名词。那么，何种理念及其措施才能让资本主义国家尽快摆脱经济滞涨的泥潭，是当时许多国家迫切希望解决的问题。这时英美两国开始尝试采取新的经济措施，为全球资本主义国家提供了经验。这一经济措施遵循新自由主义理念，以此为基础的"撒切尔主义""里根经济学"也流传了下来。在新自由主义的影响下，以提高效率为目的的社会公共事务改革也迅速波及了高等教育。

自此，新自由主义也正式从学术领域走向了现实社会。①

　　新自由主义强调市场机制在公共服务中的作用，这就是其所谓的公共事业观的本质。新自由主义者认为，"由于信息的不对称，公共利益的决策者也无法有效获取社会服务中的供求关系，导致决策缓慢，从而不能有效提供公共服务。'市场'无疑能够引入竞争机制，约束公共服务者的个人私利，使公共决策更为灵敏有效"。② 在 20 世纪 70 年代末，金融危机、官僚主义、行政程序繁重和公众信任水平下降加剧了公众对公共部门的不满。③ 因此，西方主要国家将新自由主义作为主要理论来源，掀起了公共管理革命，如法国的"革新公共行政计划"、英国的"管理主义"运动、美国的"企业化政府"改革等。这些运动间接地促成了新公共管理主义（New Public Management，以下简称 NPM）的诞生，有人认为其本质特征是以市场为基础的公共行政，也是实现公共部门现代化的最佳途径。④ 作为一个以新自由主义为根基的明确概念，NPM 逐渐成为了公共部门治理和管理的一般方法。⑤ NPM 的三大核心要素统称为"三 E"——经济、效率和效益，主要关注公共部门四个领域的改革：市场化、预算改革、自治、问责制和新的管理风格。而 OECD 也随着成员国 NPM 管理理念的风靡对此逐渐接纳，并且也在这种理念的指导下，制定了高等教育政策发展的具体方向。

　　OECD 在 1974 年发表《走向充分就业和价格稳定》（*Towards Full Employment and Price Stability*）报告，该报告又称《麦克拉肯报告》（*McCracken Report*），为各成员国建立新的经济发展共识作出了努力，详细说明了有关成员国 1965 年以来的经济状况以及提出了下一个十年的经济发展目标，如恢复合理的经济增长率、相对活跃的需求管理政策、公共部门需追加就业等，⑥ 并且认为为解决滞涨问题，关

---

　　① 早在 20 世纪 30 年代，新自由主义理论就以凯恩斯主义批判者的立场呈现于世人的面前，然而在很长的一段时间内，该理论主张一直未被主流社会认可，也一直是处于学术研究的边缘地带。石油危机引起的经济滞涨危机，给新自由主义走到历史舞台的中心提供了契机。

　　② 张征. 新自由主义背景下的大学危机［M］. 青岛：中国海洋大学出版社，2014：57.

　　③ Pollitt，C.，Van Thiel，S.，V. Homburg. New public management in Europe，Management Online Review［EB/OL］.（2020—9—6）［2015—1—27］. http：//www. morexpertise. com/view. php? id＝78.

　　④ Pollitt，C.，S. Dan. The Impact of the New Public Management in Europe：A Meta-Analysis［R］. Brussels：European Commission，2011：4.

　　⑤ Goedegebuure，L.，M. Hayden. Overview：Governance in Higher Education Concepts and Issues［J］. Higher Education Research and Development，2007（26/1）：1—11.

　　⑥ S. Sellar，B. Lingard. The OECD and global governance in education［J］. Journal of Education Policy，2013（28/5）：710—725.

键在于需要从凯恩斯主义理念转向货币主义理念。① 当时的秘书长埃米尔·范伦内普（Emilevan Lennep）也是经济结构调整政策的积极支持者。可见，第一次石油危机到来之际，OECD便开始主张一种新的经济政策观念，并逐渐将其渗透到它所服务的认知社区。② 这一面向市场的经济政策建议随着新自由主义的重新崛起和NPM的诞生，终于有了"名分"。在此基础上，OECD进而也提出了面向高等教育领域的新公共管理方面的内容（见表4-3）。

表4-3 OECD提出的面向高等教育领域的新公共管理方面的内容

基于市场的改革	预算改革	自治权、问责和绩效	新的管理风格和 新的管理技术
扩大私营机构的作用； 鼓励商业活动； 鼓励公共机构和私营实体之间的良性竞争； 为学生和获取供资竞争	引进学生费用机制； 增长学生收费； 财政上的激励； 预算限制； 强化软预算约束③	激励； 评估的正规化； 绩效测量和监测； 审计和检查系统； 垂直性指导	公司化改革； 领导力原则； 发展强有力的行政和管理角色； 尝试减少全体教职员人数； 努力减少地方政府的影响力

资料来源：根据 Broucker Bruno，Kurt De Wit. New Public Management in Higher Education [A]. J. Huisman. et al. The Palgrave International Handbook of Higher Education Policy and Governance [M]. New York：Palgrave，2015：62. 译制而成。

从精英高等教育到大规模参与高等教育的转变增加了OECD国家预算的负担。这种压力提高了政府对高等教育成本效益的兴趣，毕竟对该部门的公共投资水平往往很高——平均占OECD国家GDP的1%。④ 自80年代以来，许多OECD国家政府在提供公共服务的概念方面经历了结构性转变，包括在高等教育方面，

---

① ［美］小罗伯特·E. 卢卡斯. 经济周期理论研究 [M]. 朱善利等，译. 北京：商务印书馆，2011：313.

② Carroll，P.，A. Kellow. The OECD：A Study of Organizational Adaptation [M]. Cheltenham：Edward Elgar，2011：71.

③ 软预算约束，就是指当一个经济组织遇到财务上的困境时，借助外部组织的救助得以继续生存这样一种经济现象。

④ OECD. Education at a Glance：OECD Indicators 2007 [R]. Paris：OECD，2007：194.

并接受了从私营部门引进的新的公共管理方法。在 OECD 看来，NPM 强调公共部门和私营实体之间的领导、激励和竞争，以提高公共服务的成果和成本效益。[①]

站在 OECD 的角度来看，新的管理方法的特征主要体现在将国家权力和市场力量结合起来。社会对这种提高公共管理的呼声日益提高。这种良好的公共管理需要包含绩效责任、透明度、效力、效益、适应性以及前瞻性等特征。高等教育作为社会服务的一种重要形式，社会对高等教育管理的要求也是如此。在高校开始广泛获得更多自治权的阶段，同时也带有了更多的企业精神，不同类型的高等教育机构日益变为同一国内或国际市场上的竞争对手。围绕这些发展变化的是一系列政策讨论，包括国家预算的优先权、资源使用的有效性、高等教育的组织和私立高等教育、社会多个群体之间（纳税人、学生及其家庭、公司）的成本分担。高校开始掌握更大的自主权，以决定自身的发展战略和优先发展问题。政府和其他政策制定者必须将鼓励效率和质量与保障公平结合起来。[②]

二、"成本效益"优先于"人力规划"理念的显现

特别是在劳动力市场和毕业生不断向学校系统发出重新适应的需求背景下，人力需求预测的概念和方法不断被质疑。这是因为人力需求的术语是基于这样的假设，即对于给定的产出数量或质量，有相应的就业数量和结构。然而，就业结构可能因毕业生所选择的不同工业变量而有很大差异，实际就业结果也会与预测具有较大的出入（见表 4-4）。一些研究表明，离开学校、工作流动、停止活动，这三种因素中没有一种以稳定的方式行动，招聘是通过三种因素之间的一种非常模糊的竞争进行的。[③] 经济危机显然限制了自愿就业流动，征聘了工作人口中活跃的成员，对失业工人的招聘有所增加，从而限制了离校生的就业机会。[④]

其次，特定形式的就业的出现，如限期就业合同、临时就业和在家工作，意

① Parker, L., G. Gould. Changing Public Sector Accountability: Critiquing New Directions [J]. Accounting Forum, 1999 (23/2): 109—135.

② 经济合作与发展组织. 教育政策分析 2005—2006：聚焦高等教育 [M]. 清华大学教育研究所, 译. 北京：教育科学出版社, 2008: 10.

③ Paul, J. J.. Training-Employment Relationships in France [R]. Paris: Unesco, Division of Educational Policy and Planning, 1981: 38.

④ R. Vesituluta Youdi, Keith Hinchliffe. Forecasting Skilled-Manpower Needs: The Experience of Eleven Countries [R]. Paris: Unesco, Division of Educational Policy and Planning, 1981: 55.

味着用于确定工作的标准必须认识到这种动态，这也对招聘需求和个人职业模式产生影响。在这方面，了解人力周转机制可能不仅需要审查进入劳动力市场的情况，而且还需要审查职业轨迹，特别是关于进入劳动力市场的模式。[①] 虽然最早的职业预测的目的是消除影响某些技能供应的瓶颈，指出教育系统应集中在哪些科目上，但规划者的关切已随着劳动力市场状况的改变而明显转移。在这种情况下，某些技能的短缺已变成一般的准盈余。

表 4-4　英国 1961 年—1981 年实际就业与预测就业情况对比（单位：千人）

Occupation order	1961	1966	1971	1981
1.　Farmers，foresters，fishermen	948	863	740	623
2.　Miners and quarrymen	504	366	237	125
3.　Gas，coke and chemical makers	142	146	128	120
4.　Glass and ceramic makers	104	104	94	74
5.　Furnace，forge and foundry workers	236	212	159	109
6.　Electrical and electronic workers	446	510	515	577
7.　Engineering and allied workers	2673	2889	2776	2662
8.　Woodworkers	445	469	411	359
9.　Leather workers	154	136	112	96
10.　Textile workers	450	403	294	205
11.　Clothing workes	472	465	394	294
12.　Food，drink，tobacco workers	384	392	363	259
13.　Paper and printing workers	331	337	311	287
14.　Makers of other products	300	335	301	332
15.　Construction workers	548	590	546	531
16.　Painters and decoratiors	323	319	274	215
17.　Drivers of stationery vehicles	318	318	300	274
18.　Labourers	1234	1226	1096	822

---

① d'Iribane，A.．Les modèles macro-économiques dans les prévisions d'emploi et la planification française de l'éducation：analyse critiqueP［R］．Paris：Documentation française，1979：32.

续表

Occupation order	1961	1966	1971	1981
19. Transport communications workers	1476	1487	1368	1605
20. Warehousemen，packers	799	853	781	644
21. Clerical workers	3055	3401	3549	3589
22. Sales workers	2243	2378	2222	1980
23. Service，recreation workers	2415	2980	2949	3275
24. Administrators and managers	630	768	942	1317
25. Professional，technical workers	2036	2386	2720	4442
Total in employment	23245	24651	23910	25000

资料来源：Vesituluta Youdi，Keith Hinchliffe. Forecasting Skilled-Manpower Needs：The Experience of Eleven Countries［R］. Paris：Unesco，Division of Educational Policy and Planning，1981：80.

　　人力规划者坚持人力预测法的一个原因是，人力需求来源于与明确的国家经济目标相联系的经济要求，它提供了一种单一的方法，可以应用于预测所有职业类别的人力。规划者专注于数量，而不是相对价格。由于单值预测似乎能够给出精确的数值目标，因此它们对决策者的吸引力远大于成本效益分析或其他可简单地表明变化方向的预测技术。然而，人力预测常忽视成本问题，忽视技术替代性的相对成本效益问题，忽略了相对价格在确定替代技术和投入组合之间的影响。[①]

　　随着教育迅速扩张，经济增长和就业未能达到 20 世纪 60 年代和 70 年代初设定的乐观目标，许多规划者的关切转向如何避免盈余和如何减少受教育者的失业问题。[②] OECD 表示，80 年代与高等教育有关的任何政策讨论的结论将围绕"成本"问题。教育成本始终是一个隐含或明确的限制政策选择的因素。尽管最终通过的政策可能是政治决策的结果，但成本考虑肯定会以某种方式影响这一决定。[③]

---

① Snodgrass，D.，D. Sen.. Manpower Planning Analysis in Developing Countries［R］. Cambridge：Harvard Institute of International Development，1979：13.

② George Psacharopoulos，Maureen Woodhall. Education for Development. An Analysis of Investment Choices［M］. New York：Oxford University Press，1985：77.

③ Psacharopoulos，George. Higher Education Expenditure in OECD Countries［R］. Paris：OECD，1981：41.

三、教育与就业间的"固化联结模式"逐渐被打破

20 世纪 70 年代前后，成员国已经出现了由于劳动力市场与离校者和毕业生的教育状况不匹配而产生的日益严重的结构性问题，加之当时社会阶级偏见和限制性入学的障碍使得追求平等目标的呼声十分高涨，因此对当时还是以大学型高等教育机构为主要招生渠道的各国政府来说，当务之急是提供重要的额外设施和资源，以及创建新的类型的高等教育机构，以适应这种公平需求的增长。也就是说，主要的改革是围绕"输入"问题开展的。理想的情况是规模的扩张和机构的多样化发展在实现入学机会平等的基础之上也能够促使不同就业需求的学生的合理分流，但事实上两次石油危机导致的经济滞涨使年轻人的失业问题不仅尚未解决，甚至愈发严重。加之知识经济理论的出现和发展使得以往支撑经济发展的知识基础受到质疑，劳动力市场的就业结构因此迅速作出调整。在这种情况下，OECD转变考察方向和政策理念，试图从"输出"角度出发，从职业的变化和毕业生的期望入手，调查在那一时期高等教育与就业间的关系。

用学生们自己的话说，他们需要工作并且希望在职业上有所发展，希望突破传统狭隘的学科界限，希望能够自我实现。社会也需要有能力和有责任感的公民，通过文明的方式履行他们的多种责任，而且社会对具有这种品质的公民的需求呈上升趋势。然而，OECD 的相关研究报告，如《OECD 工作研究：事实、分析、策略》（*The OECD Jobs Study：Facts，Analysis，Strategies*）、《OECD 工作研究：推进战略》（*The OECD Jobs Study：Pushing Ahead with the Stategy*）表明，在整个 OECD 范围内持续的高失业率，尤其是年轻人的失业问题，严重阻碍了经济的发展。根据 OECD 的《1997 年教育概览》（*Education at a Galance—OECD Indicators* 1997）调查报告，在一些国家，学生从毕业到获得第一份工作的间隔时间很长。[①]

一般来说，只接受过初级以下教育的年轻人大致会成为手工业、农业从业者；接受过初级职业教育的年轻人则会成为工业和手工业等行业的从业者；私人服务业中会有很多受过一般中等教育的员工；而接受过高等教育的年轻人多半会进入政府机构或者主流职业。当然，这种关于各种角色、行业的地位以及关系的设想

---

① OECD. Education at a Galance—OECD Indicators 1997 ［R］. Paris：OECD，1997：253.

早已过时。许多国家企业文化的重塑使得就业的风险逐渐增加，高等教育毕业生再也无法得到传统上固有的、想当然的对应职业。不过，从另一方面来说，大学毕业生的就业范围无疑扩展了：从政府机构（包括教育和研究机构）到各种专业人员（法律、医药界等），20世纪80年代后期以来，又向私人企业、商业金融以及工业白领发展。私人企业、服务业、工业都成了高等教育毕业生工作选择的去处。一些国家的大学开始开设护理学专业、小学教育、会计学专业等。而在那些非大学型高等教育机构中，随着社会所需要行业的变化以及行业间界限的变化，它们的专业领域也在扩展和重建。

　　而这种改革并非一蹴而就，大学并未立即改变所有的学科设置，学生也不是立刻就转向只与职业直接相关的学科。这种改革是循序渐进的，例如随着职业转换的日益频繁，那些"可转换的"以及"通用的"技能首先受到了关注；考虑到教学的包容性，因此大学在教学过程中逐渐开始传授宽泛的理论基础，以此加深学生对于应用型知识的理解。OECD也注意到，那些接受短期高等教育的毕业生当时的就业前景较好并且在就业市场的地位较高。例如，德国的高等专科学校和随处可见的职业学校，以及新西兰的工艺学校提供的课程很受欢迎，其毕业生的发展前景、就业机会和收入都很好；英国的许多学院也致力于与工商业界建立联系。

　　毕业和就业间的想当然的、固化的联结关系已逐渐被打破。高等教育必须适应就业市场的变化，并调节相应的课程设置，重视与有关企业和行业的合作。同时，增加就业咨询方面的投资。因为据调查，在当时这种咨询以及机构内的就业指导机构还没有较好地融入课程设置与教学中去。OECD提出要达到这种和谐必须满足一定的条件：首先，所有相关人员对于高等教育和就业间的关系必须有一种坦诚开放的态度，为相互之间的合作做好铺垫；其次，高等教育机构和雇主共同致力于探讨那些具有通用性和基础性的知识技能，以代替那些为培养专家式人才而开设的特定课程。① 这些条件不仅应显示相关方对于毕业生失业问题以及为他们创造就业机会的关心，还应表明高等教育和劳动力市场间确实具有共同利益。

四、两次石油危机引起的高等教育发展的重重危机

　　在许多国家，金融停滞伴随着高等教育需求趋于稳定，20世纪80年代的需求

---

　　① OECD. Redefining Tertiary Education [R]. Paris：OECD，1998：51.

增长可能非常缓慢。1965 年至 1970 年期间观察到的高增长在随后的五年期间急剧减缓，此后继续下降，一些国家的增长率甚至为负数。它影响了所有类别的学生，无论是攻读学士学位还是攻读研究生，以及所有类型的高等教育，无论是大学型还是非大学型，其中大学型高等教育入学人数受到的影响最大。人口因素部分导致了这一下降。但更重要的是，直接接受高等教育的中学毕业生比例有所下降，这表明年轻人对至少某些类型的高等教育的兴趣正在减弱。① 这种兴趣的下降与年轻人对中等后教育的社会和经济价值的观念的改变有关。与受教育程度较低的同龄人相比，高等教育毕业生享有相对优越的社会和经济地位。然而，他们的就业前景在 80 年代开始变得更加暗淡：公共开支的限制导致公共部门创造的就业机会减少，而公共部门传统上是毕业生的主要就业渠道。同样，由于入学率稳定，他们的另一个主要就业渠道——教学部门的招聘人数也在减少。在当前的经济气候下，私营部门不太可能提供有价值的工作岗位，因为需要合格技能的工作岗位的增长跟不上受过高等教育的人数的供应。因此，不可避免地，高等教育毕业生的私人教育回报和社会地位皆相对下降。

上述因素在很大程度上解释了公众对高等教育表现的信心危机。但这场危机还有另一个内在的、更根本的方面，涉及高等教育机构的宗旨、性质、作用和职能以及它们在整个高等教育系统中的地位。大学的情况尤其如此，许多大学的任务在早期的增长时期已经扩散，在不再有额外资源的情况下，很难维持多方面的发展目标。最经常受到公众批评的方面，即对新的境况缺乏反应，质量和活力下降，无法使传统价值和职能与公众的教育要求相协调。一直以来，大学部门认为自己作为学术标准的守护者和整个系统的开创者的地位是牢固的，但是在经济危机时期遭受到了严重的攻击。因此，政府间第一次会议召开后也认为目前迫切需要重新评估大学作为高等教育制度改革的一个基本要素的地位。

危机也反映在高等教育机构治理和权力结构的动荡中。第一，政府更多地直接参与高等教育的事务，而这一行动经常遭到学术界的抵制，认为这是对他们传统上享有的自由和自治权利的干涉。第二，有压力要求在高等教育机构的内部治理中进行更民主或更具代表性的决策过程，并要求外部团体参与机构方案和目标的定义，使它们更能满足社会的需要，这再次引起了关于削弱学术自由和促进知

---

① OECD. Policies for Higher Education in the 1980s. Statistical Annex [R]. Paris：OECD，1983：221.

识增长的问题。最后，由谁来定义和控制高等教育研究的质量和评价的相关问题也被提出。可见，学术界在这类评估中的主导地位受到质疑，对高等教育机构工作质量的判断中心也逐渐偏离了机构本身。总之，学术界的垄断地位受到了攻击。

第三节　代表性政策文本内容：
促进普通教育与职业教育的相互渗透

　　根据统计，该阶段 OECD 在其政策实践的基础之上，发布的高等教育相关政策文本相较第三阶段来说，又有了新的调整，这在一定程度上可归因于组织重新在经济背景下审视高等教育，促使其高等教育政策工作从发展期走向了调整期。笔者选取了其中三份具有代表性的政策文本——《20 世纪 80 年代的研究生教育》（*Post-Graduate Education in the* 1980s）、《高等教育中的成人》（*Adults in Higher Education*）、《以知识为基础的经济》（*The Knowledge-Based Economy*）进行了分析。

　　代表性文本选取缘由：研究生教育以往在绝大部分情况下都是致力于培养研究型人才，20 世纪 80 年代之前 OECD 对这一层级的研究也较少。直到 80 年代，其报告《20 世纪 80 年代的研究生教育》（*Post-Graduate Education in the 1980s*）发布，分析了研究生教育与劳动力市场之间的关系问题，介绍了其越发向劳动力市场并拢的特征，从这项研究入手，可窥视整个高等教育部门今后的市场化趋势。但过度关注专业问题可能会阻碍大学继续承担其传统责任，于是如何保持知识商品化趋势与学术研究之间的平衡成为了 OECD 较为关注的方面，《以知识为基础的经济》（*The Knowledge-Based Economy*）报告围绕这一主题展开。另外，面对由于经济滞涨引起的高失业率，增强劳动力的灵活性能够有效缓解这一问题，因此成人学生群体的发展在这一时期十分迅速。OECD 在这一阶段出台的多份报告皆围绕着特定行业的成人继续教育展开分析，而《高等教育中的成人》（*Adults in Higher Education*）报告则具有总括性作用。

一、《20 世纪 80 年代的研究生教育》报告

研究生教育一直是大学教育的一个鲜明特征，也是科学和研究政策的主要关注点。自从 OECD 在 20 世纪 70 年代审查了研究生教育的结构和政策以来，高等教育和科学政策都发生了重大变化，这深刻地影响了研究生教育的规模和形式。这种新的情况源于高等教育增长率的下降以及学生的组成和毕业生就业前景的变化等因素。该报告根据成员国提供的资料分析了研究生教育与劳动力市场之间的关系问题。

19 世纪德国的大学学习思想，即成为一名学者，为学术研究作准备。当然，这在许多欧洲成员国高等教育的发展中也一样。尤其是博士学位具有丰富的学术研究特质，代表了一阶段学术研究的成功完成。不过，在过去的一个世纪里，中级学位已经被建立和正式化，也就是用不同的周期以不同的资格完成博士阶段的学业模式逐渐在一些国家予以施行。中级研究生学位指在医学、法律、工程和商业管理等领域授予的研究生专业学位。许多国家已经把它作为一个独特的教育周期。如法国，既可以选择获得"短周期"博士学位，也可以获得传统的博士学位。在其他国家，如荷兰，它被视为学徒制式的研究。硕士阶段也被广泛划分，许多国家在这一阶段设置了一套中级学位，这些中级学位可能需要也可能不需要进入博士阶段学习。设置中级学位的目的，对于许多国家来说，在很大程度上是出于对经济发展而言至关重要的技术领域的需求。这种观点在 20 世纪 70 年代开始形成，80 年代达到高潮。当时英国政府在 1973 年发表的关于研究生教育报告的意见中，明确了它的关切：研究生教育不仅仅要针对学生的需求，更要关注经济和整个社会的需求。个人需求虽然必须得到应有的承认，但显然不能被视为压倒一切的目标。政府认为，一个主要旨在满足个人需求的系统将是一种过于随意的系统。①

经济环境对研究生学位持有者的就业影响是复杂的。在 20 世纪 60 年代和 70 年代，特别是在社会科学方面，研究生学习似乎为许多学生提供了逃离他们不满意的工作环境的机会。同样，在某些情况下，缺乏适当的就业前景可能会导致对进一步研究需求的增加，以此作为推迟就业或改善就业前景的手段。博士学位的

---

① OECD. Post-Graduate Education in the 1980s [R]. Paris：OECD，1987：41.

持有者，通常首先面向大学就业。80 年代初期，在美国拥有科学和工程博士学位的 343500 人中，大约 54％在教育系统内就业。在澳大利亚，大约 50％的高等学位毕业生在大学、研究组织或政府机构的研究部门找到工作。其他人更多地进入公务员系统，这类群体失业率很低。另一些人，20％至 30％的博士毕业生通常在毕业时直接在国外进行博士后研究或就业。在私营部门找工作的比例很少。[①] 但由于经济原因，大学出现了重大削减，导致学术职位严重短缺。在澳大利亚，在 1980 年至 1983 年期间，大学系统每年只从大约 8000 人的全职教学队伍中招聘大约 300 名新的全职终身教职人员。[②]

流向其他市场的研究生，在他们的就业中，雇主更多地会考虑这些高等学位持有者是否拥有实际可利用的技能。在英国研究生教育工作组调查的结果中，工程领域的专业机构指出："我们相信，传统的博士类型的培训与工业问题的相关性有限"[③]。另外，毕业生的所学学科在劳动力市场的需求情况远不均匀。那些获得微电子学、生物技术或材料科学博士学位的学生，雇佣需求量很大；而那些博士学位，或者社会学、哲学、历史、人类学的博士毕业生，则较难找到一个合适的职位。对于这些高素质人才，技能培训及其可转换性就显得尤其重要。有学者指出，"尽管工业界倾向于就特定学科领域的资格发表意见，但实际上受到雇主重视的高学历毕业生的素质似乎更为普遍。它们包括智力、成熟度、经验广度、主动性和独立性"。[④] 为了同时满足企业对高学历和专业化人才的需求，美国出现了"企业课堂"（The Corporate Classroom）的概念并付诸了实践。自 1970 年以来，由兰德公司组建的兰德研究所（RAND Institute）提供政策分析博士学位，其提供的课程被国家所认可，且被视为等同于大学课程。"企业课堂"，顾名思义，即由企业来提供研究生教育与培训。这意味着研究生教育从传统的学术体系中延伸出来。"企业和劳工组织正在发展自己的制度，不仅为技能发展提供中等后教育，而且也可作为研究生或专业教育的替代"[⑤]。

①　S. Hill, R. Johnston, E. Smith. An Evaluation of the Common Wealth's Postgraduate Awards Scheme [R]. Canberra：Australian Government Publishing Service，1983：45.

②　S. Hill, R. Johnston, E. Smith. An Evaluation of the Common Wealth's Postgraduate Awards Scheme [R]. Canberra：Australian Government Publishing Service，1983：56.

③　OECD. Post-Graduate Education in the 1980s [R]. Paris：OECD，1987：55.

④　W. Hirsch. Postgraduate Training of Researchers [A]. OECD. The Future of University Research [R]. Paris：OECD，1982：32.

⑤　OECD. Industry and University：New Forms of Co-operation and Communication [R]. Paris：OECD，1984：52.

20 世纪 80 年代，OECD 成员国的研究生教育更倾向于符合劳动力市场的需求，更多地将雇主需求作为研究生培养的重要考虑因素。虽然没有明显的证据证明研究生教育的规模从地理位置层面趋于集中化、缩小化，但从教育单位层面来看，在这一时期这一阶段的教育在一些国家，如美国更倾向于与企业合作，试图将研究生教育从传统的学术体系中延伸出来，希望更多地用企业的标准来培养具有实际技能的高素质人才，这一方面表明了当时的成员国对高素质人才技能的可转换性以及学科领域的专业化的要求，同时也体现出它们希望通过关注实际专业能力尽快摆脱石油危机带来的经济滞涨现象，希望通过高技能高素质的人力资源来帮助国家的经济实现再次可持续增长。但 OECD 发现这种做法引起了另一个层面的问题，就像平衡木一样，一端承载的过重，另一端必会引起异常现象，过度关注专业问题阻碍了大学继续承担其传统责任——学术研究。于是，OECD 专门发表了一份政策报告《教育规划：重新评估》（*Educational Planning：A Reappraisal*）来强调这一问题，以便引起各成员国的注意。

二、《高等教育中的成人》报告

金融停滞时期，OECD 注意到成员国国民生产总值增长平均稳定在 2%～2.5%之间，高等教育需求趋于稳定，同时失业率也在增加。经过 OECD 的统计，其成员国有近 3000 万人失业。组织认为，各国已经无法再像 20 世纪 60 年代那样创造充分的就业机会。同时，组织也相信，如果允许市场力量进行更有力的运作，各国很快就会恢复充分就业，特别是如果一个人能在劳动力市场体系中获得更多的灵活性，这种高失业率和高增长的悖论就会消失。[①]新技术和日益激烈的国际竞争正逐渐形成一种新的技术经济范式，其特点是在全球和当地增加使用新技术的机会。在这种新的技术经济范式中，对人力资本或无形资源的投资正变得与对实物资本的投资一样重要。许多经济学家认为，OECD 成员国的 3000 万失业者中有很大一部分是由于国家和社会对成人人力资本的投资不足。

1988 年初，OECD 就经济与教育之间的联系组织了一次重要的政府间会议，成人教育和培训问题在辩论中占有突出地位。此外，前文也提到，CERI 也开展了

① Kenneth Abrahamsson，Kjell Rubenson，Maria Slowey. Adults in the Academy：International Trends in Adult and Higher Education［R］. Stockholm：Swedish National Board of Education，1988：8.

与成人教育和培训问题密切相关的活动，包括关于服务部门技术变革和人力资源开发的相关项目。同一时期，各国财政部部长在相关会议上也明确指出了成人教育和培训对于经济持续变化的重要性。

（一）成人学生的增加促进了继续教育的发展

高等教育中的成年人是一个相对较新的群体，尽管在一些国家有着悠久的兼职学习传统。20 世纪 80 年代初，这类人数虽然不多，但他们特别受到高等教育机构的欢迎。其中的一些院校甚至愿意调整其入学政策和教学模式，以便利这些非传统意义上的学生有效地入学。他们是一个不同的群体，有着不同的动机和目标：那些为了研究而进入或重新进入高等教育的人，是为了获得完整的第一学位或文凭；还有重新进入高等教育的人为了更新他们的专业知识或获得更多的资格；那些没有高等教育经验的人，为特定的专业目的入学，更多的是参加短期课程；还有一些人注册课程的目的是个人的实现。[①] 这些类别的成年人越来越多地进入高等教育，这为在政府和机构一级制定政策提供了条件，以便通过高等教育系统促进继续教育的发展。这里有必要明确一下继续教育与成人教育的区别：成人教育（Adult Education）与继续教育（Continuing Education/Further Education）对我国来说均属舶来词，成人教育概念最早萌芽于英国，出自教育家托马斯·波尔（Thomas Pole）的《成人学校的起源与发展》（*History of the Origin and Progress of Adult School*）一书。自此，"成人教育"以英国为中心由欧洲向世界传播。[②]《学会生存——教育世界的今天和明天》（*Learning To Be：the World Of Education Today And Tomorrow*）强调，"当今全球范围内的许多年轻人，成人教育可替代其失去的基础教育。那些接受了不完全教育或未顺利走过高等教育在内的所有教育层级的年轻人，成人教育是予以补充的最好手段。对于那些希望能够赶上劳动力市场变化步伐的人来说，成人教育可以改善其现有的教育水平。对于那些已经受过高级训练的人们来说，成人教育会为他们提供进一步的教育。"[③] 科技革命是成人继续教育产生的原动力，技术的进步与发展导致校本知识难以沿

---

① CERI. Adults in Higher Education［R］. Paris：OECD，1987：1—181.

② 就我国而言，蔡元培先生最早引入并使用"成人教育"概念。直至 1982 年，"成人教育"在我国的称谓得到认可。1986 年，国家首次肯定成人教育的地位。《成人教育辞典》（1990）和《教育大辞典》（1991）也持同样的观点，认为"成人教育是对在家庭、社会和国家生活中承担责任者，主要是对已经走上生产或工作岗位的从业人员进行的教育活动"。

③ UNESCO. Learning To Be：the World Of Education Today And Tomorrow［R］. Paris：UNESCO，1972：1—314.

用终生，甚至很有可能落后于科学技术知识的发展，也难以满足职业结构变化的需求。一开始，各国鼓励工程技术类的人员回校继续接受教育，称之为"继续工程教育"。科技发展带动社会其他行业的发展，其他专业人员（如律师、医生）也开始回校继续接受教育。因此，继续教育概念的发展是由"继续工程教育"而来，后来才转变为"继续教育"。[①] OECD 与 UNESCO 一样，提倡从广义上理解继续教育，即指那些已经脱离正规教育、参加工作和负有成人责任的人，所接受的各种各样的教育。[②] 换句话说，继续教育与成人教育是两个具有不同包含对象的概念。

继续教育的发展需要改变高等教育组织结构，以消除成人参与的障碍，例如在一些国家，如美国的开放入学规定，在其入学资格的标准中承认工作经验。它们提供非全日制学习模式，以便使成年人能够将学习和工作结合起来，包括远程学习、抵免学分、单元课程等。在当时，这些发展对大多数高等教育系统来说仍然是相当新颖的。它们的发展速度也取决于各个系统的灵活性程度。随着接受高等教育中成年人人数增加，继续教育也愈发被认为是高等教育的使命之一。

（二）继续教育成为高等教育变革不可避免的趋势

虽然不同国家的高等教育系统因其传统和结构各异，但在越来越重视继续教育这一问题上有很大程度的共识。然而，在实践中，促进高等教育变革的力量之间存在着复杂的相互关系。OECD 认为有必要将高等教育的压力概念化，通过组织的调查和总结，发现成员国高等教育改革的压力，一方面来自于成人对高等教育需求的增加（见表 4-5），另一方面是传统学生市场和资金来源模式多元化的推动。

---

① 我国于 1979 年正式引入"继续教育"一词，以清华大学张宪宏教授出席在墨西哥召开的第一次世界继续工程教育大会为标志。关于继续教育的界定主要包括两种观点：一是指对已参加工作的成人实施的教育。如 UNESCO 开发的《职业技术教育术语》（*Terminology of Technical and Vocational Edcuation*）认为，"广义的继续教育是指那些已经脱离正规教育、参加工作和负有成人责任的人所接受的各种各样的教育"。二是指"对已完成一定全日制教育的人所实施的教育，即普通学历后教育"。如《关于开展大学后继续教育的暂行规定》认为，"大学后继续教育的对象是已具有大学专科以上学历或中级以上专业技术职务的在职专业技术人员和管理人员，重点是中、青年骨干"。

② UNESCO. Terminology of Technical and Vocational Edcuation [R]. Paris：UNESCO，1984：1—143.

表 4-5　1982 年—1983 年 OECD 部分成员国高等教育机构 19 岁—24 岁年龄组

以及 25 岁及 25 岁以上新入学者的比例概况（%）

国家	19 岁—24 岁 入学比例（占总人数）	≥25 岁的入学比例（占总人数）		
		男性	女性	总计
奥地利	20.4	5.3	4.1	4.8
芬兰	26.5	21.4	16.7	19.6
法国	23.2	10.6	8.0	9.2
德国	23.3	9.6	7.3	8.7
瑞典	32.9	50.2	58.1	54.6
英国	16.6	18.1	14.4	16.7
澳大利亚	21.8	32.9	31.1	32.1
加拿大	34.7	—	—	10.0
美国	47.9	18.1	28.9	24.0

资料来源：根据 CERI. Adults in Higher Education. Table 11. 1 [R]. Paris：OECD，1987：1—181. 译制而成。

成人教育需求增加的核心力量来自新技术对劳动力市场的影响。新技术的引进不仅导致需要一支更高技能的劳动力队伍，而且迅速的变革需要不断更新就业人员，并对技能已经过时的人员进行再培训。时任 CERI 顾问和主任的雅尔·本特松（Jarl Bengtsson）教授指出了信息经济对知识和技能更新带来的影响。他认为，"随着经济相互依存和国际合作的日益加强，一种新的'技术经济'范式正在出现，在这种范式中，对人力资本的投资与对实物资本的投资同等重要"。[①] 这在前文已有所提及。因此，在短期内劳动力中的成人将是职业活动更新的第一个目标群体。职业教育和培训性质的这一巨大结构变化，从"前装"模式转变为"持续"模式，辅之以 OECD 国家人口初始教育水平普遍提高的影响。OECD 指出，所有关于成年学生发展的证据都表明，初始教育水平与作为成年人返回有组织的教育和培训的可能性之间存在着很强的积极关联。因此，成人对继续教育需求的

---

① Jarl Bengtsson，Albert van den Berg. et al. Does Education Have a Future？ The Political Economy of Social and Educational Inequalities in European Society [M]. Dordrecht：Springer Netherlands，1975：62—105.

增加——无论是出于职业、个人发展还是公民身份的———部分可以解释为，这些国家正规教育系统中的学生比例在稳步增加。虽然一些传统的和精英性质的高等教育系统可能不太急于回应这些新的需求，但招募成人学生可能是一个机构的实际生存所必需的。另外，年轻人在人口中所占比例的下降产生的影响超出了机构生存这一范畴。成人熟练劳动力的未来短缺有连锁效应。随着进入劳动力队伍的年轻人人数的减少，对成年人进行再培训的必要性将大大增加。

三、《以知识为基础的经济》报告

1996 年，OECD 发表了题为《以知识为基础的经济》（*The Knowledge-Based Economy*）的年度报告，明确地将知识经济视为全球新的发展战略。

（一）高等教育的"知识属性"介绍

知识经济的兴起伴随着知识的发展，随着技术革命带来的影响，知识的属性、类型、运用方式等都发生了很大的变化。从知识类型来看，知识具体可以分为：知道是什么的知识（Know-what），知道为什么的知识（Know-why），知道怎么样做的知识（Know-how）和知道是谁的知识（Know-who）。表达信息类的知识一般属于（Know-what）和（Know-why）的范畴，其他的知识特别是（Know-how）和（Know-who）方面的知识，是属于"隐含经验类知识"（tacit knowledge），更难以编码化和度量。[①] 在 OECD 看来，信息技术的发展能够有效处理（Know-how）和（Know-who）知识的需要。它认为，数字革命带来的通信基础设施的广泛存在，较大程度地提高了知识的可编码性。编码成的知识信息，不但可以跨越时空进行传播，而且所需要的费用也较少。也正是因为编码性知识和信息的力度不断加大，使当时的社会呈现出了"信息社会"的形态。这一趋势更是诱发了更多的相关从业需求的增长。[②] 由于可编码化的发展，知识更多地获得了商品属性，也对年轻人的技能属性范围有所加大，对经济增长也产生了积极的作用。

信息技术在改变隐含经验类知识和编码性知识传统边界的同时，也不断加强了年轻人获得不同类别知识和多种技能的重要性。甄选相关信息，删除不相关的

---

① Lundavll，B.，B. Johson. The Learning Economy [J]. Journal of Industry Studies，1994（1/2）：23—42.

② OECD. The Knowledge-based Economy [R]. Paris：OECD，1996：8.

信息，理解和运用信息等能力都显得越加重要。可见，知识经济时代的发展，标志着劳动力市场对有适应性技能工人需求的日益加大，但对他们的薪酬奖励也在上升。一些国家的研究指出，知识密集型的生产方式发展得越快，对有着高熟练技能工作人员的需求就越大。劳动力市场和先进技术的企业，会优先选择和雇佣那些会使用先进技术的员工，这对于那些低技能的劳动者具有负面影响，这一趋势将会将这些劳动力排除在外（见表4-6）。组织于1994年发布的《OECD职业研究：事实、分析与战略》（*The OECD Jobs Study：Facts，Analysis，Strategies*）报告指出了20世纪80年代各国劳务市场向两极分化的趋势。在美国，当整体失业率水平皆较低时，低技能工人的相对工资也会下降。在英国，熟练与非熟练工人的待遇差距也在逐渐增大。在欧洲其他主要国家，工人的工资未明显的两极分化，不过非熟练劳动力的就业状况在逐渐恶化。它们的情况都反映出，技术的变革会促使受过教育的、有技能的员工更有价值。[1] 据此，在组织看来，经验类隐性知识其实也需要通过科学技术才能获得最大效益和价值，这种知识的积累应伴随着对科学信息技术的学习。企业的员工需要经历教育，以获得应用新理论和分析知识的能力。因此，教育尤其是高层级教育将是知识经济得以发展的中心，学习也将是促进个人和社会发展的有效工具。[2] 这一过程并非仅依靠正规性的教育，边干边学同样重要。由于科学技术的发展，非正规性的学习与课程培训的形式开始流行起来。而聘用单位也要将自身转变为一个学习型单位，要加入到教育网络中，为适应新的技术而不断地改进管理模式。[3]

表4-6　OECD成员国1970年—1994年制造业就业的年均增长率（单位：%）

国家名称	制造业合计	熟练的	非熟练的	高工资	中等工资	低工资
OECD19国	−0.3	0.1	−0.7	0.2	−0.2	−0.7
澳大利亚	−0.7	0.1	−1.3	−0.6	−0.4	−1.1
加拿大	0.3	0.3	0.3	1.4	0.3	0.0
丹麦	−0.8	−0.3	−1.3	0.8	−0.5	−1.5
芬兰	−1.3	−0.3	−2.1	1.3	−0.6	−2.7

① OECD. The OECD Jobs Study：Facts，Analysis，Strategies [R]. Paris：OECD，1994：5.

② OECD. The Knowledge-based Economy [R]. Paris：OECD，1996：9—10.

③ European Innovation Monitoring System. Public Policies to Support Tacit Knowledge Transfer [C]. Luxembourg：Sprint/EIMS Policy Workshop，1994.

续表

国家名称	制造业合计	熟练的	非熟练的	高工资	中等工资	低工资
法国	−1.2	−0.4	−1.8	−0.6	−1.1	−1.5
德国	−0.8	−0.5	−1.1	0.4	−0.7	−1.5
意大利 *	−0.7	−0.4	−0.9	−1.1	−0.4	−0.8
日本	0.2	0.9	−0.2	1.2	0.4	−0.3
荷兰	−1.5	−1.1	−2.1	−0.8	−1.1	−2.4
挪威	−1.5	−0.8	−2.1	0.2	−1.3	−2.1
瑞典	−1.5	−0.8	−2.4	0.5	−1.5	−2.2
英国	−2.3	−1.7	−2.9	−2.0	−2.4	−2.4
美国	−0.1	0.0	−0.3	−0.1	0.1	−0.5

资料来源：OECD. The Knowledge-based Economy [R]. Paris：OECD，1996：13.

综上，成员国的发展情况证明了以知识为基础的经济形态已兴起。在这种经济形态中，经济增长与生产率取决于知识积累的速度。有效编码知识和传播知识网络十分重要。知识密集型的产业对于就业结构和经济持续性增长而言是十分重要的，不过这也提高了对劳动力应具有适应性和创新性的要求。[①]

（二）高等教育的"学术研究"使命再次凸显

知识经济的发展不仅仅依赖于知识、技术研发，更依赖于具有基础性质的研究，高等教育部门则是基础性研究的重地，这为 OECD 成员国的高等教育学术研究注入了动力和新的活力。20 世纪 80 年代以来，以"市场竞争"为价值导向的新公共管理理念，开始在学术研究领域中盛行。该理念主张要放开行政规制，运用绩效目标控制手段，重视"经济、效率、效果"三个变量。OECD 成员国也在纷纷引入这种不依赖财政拨款的市场竞争机制。[②] 尽管机构自治的典型特征即对统一拨入款项的分配，但通过学术研究专利权授予以及商业部门的积极参与，促使了学术研究更具独立性和外联性。这种以市场机制，或者说竞争机制为导向的对学术研究进行拨款的管理模式，将在很大程度上督促科研人员的研究效率，激发责任感，从而有效地保证研究的质量。

---

① OECD. Technology，Productivity and Job Creation [R]. Paris：OECD，1996：3—21.
② 武学超. OECD 区高等教育学术研究发展动态分析 [J]. 中国高教研究，2007（7）：38.

在 OECD 成员国，尽管政府对科学研究的资助力度很大，但自 20 世纪 80 年代以来，科研资助的经费获取开始日益依赖于私人财政。据统计，1981 年至 2003 年，成员国公共资助的研究项目比例由 81.4％下降到了 71.6％。机构自筹经费的增幅较大，其中私人非营利性部门的资助到 2003 年在各国平均增长了近 2 倍。这一现象的显现主要受到高等教育学费的提高、私立机构的不断扩张、高等教育机构中商业性活动的兴起、跨境高等教育的开展等方面的影响，促使了高等教育学术研究的商业化气息不断增强。

另外，在 OECD 区内，高等教育机构不但对提供科研经费的政府或其他利益集团更加负责，而且也更加关注整个社会生活。正如凯伦（Michel Callon）等学者所指出的，"关于基因材料等可专利性的争论，体现出社会生活之间与科学研究之间的社会契约的改变，关于科研议题的探讨已经不再局限于决策者和科学家之中，社会各界人士也将越来越多地、越来越经常地参与到科研的规划、实施之中，并且可以进行建设性的批评与提出意见"。[①] 科研决策机制逐渐向公众开放，受到了以下几个因素的影响：首先，人口受教育质量的提升，促使"外行人士"与"专家"之间的界限逐渐开始模糊，二者之间的合作与互动不断加强；另外，与传统象牙塔式的科学集群相对立的新的科学社会学、科学历史学、科学哲学的出现，促使社会上的其他群体也受到了更进一步的认可和尊重；同时，在 20 世纪 60 年代，出现了新型的政治行动主义，其强调"民间社团"（civil society）与"关涉群体"（concerned groups）参与国家决策的趋势。[②]

综上，学术研究作为高等教育发展过程中的基本使命之一，在知识型社会中的社会价值愈发突出。为了应对知识经济发展带来的挑战，OECD 成员国都陆续成立了国家创新系统，而学术研究在其中发挥着举足轻重的作用。尤其在大学型教育机构中正由边缘走向中心，并且在国家创新系统中承担着必不可少的纽带作用。在那个阶段，在全球范围内，尤其是 OECD 的发达成员国，科研成果通过专利转化等途径，作为高等教育技术创新和职能发挥的关键突破口，通过高等教育机构、政府、企业之间的三螺旋合作机制，为知识经济发展注入了新的活力，但也存在着一定的问题。新公共管理理念下的各项改革措施虽有利于创建密集型学

---

① Callon，M. The Increasing Involvement of Concerned Groups in R&D Policies：What Lessons for Public Powers［A］. A. Geuna，A. J Salter，W. E. Steinmueller. Science and Innovation. Rethinking the Rationals for Funding and Governance［M］. Cheltenham：Edward Elgar，2003：30—68.

② 武学超. OECD 区高等教育学术研究发展动态分析［J］. 中国高教研究，2007（7）：39.

术研究实体，但是一般而言，研发资金总会过度集中于那些实力较强的研究机构，实力较弱的研究机构会由于经费的缺乏，从而阻碍研发的顺利开展。许多学校更多地关注于科研经费的竞争以及科研工作的开展，忽视了本质上的教学职能的发挥。因此，OECD 提请各成员国要对以上问题进行关注。

第四节　主要政策特征分析

这一阶段 OECD 发布的有关高等教育方面报告的汇编详见表 4-7，通过对这一阶段 OECD 发布的相关政策文本的词频统计，统计出的关键实词频次最高以千为单位，在所有词汇中选取频次≥100 的根据由高到低的顺序进行关键实词的归纳（见表 4-8）。就内容而言，这些词汇呈现出两大特征：认同高等教育的"市场化"属性；再次重申高等教育的"职业目的"。

表 4-7　"经济重建"背景下 OECD 高等教育政策报告汇编

序号	时间	报　告
1	1981	《高等教育毕业生就业前景》（*Employment Prospects for Higher Education Graduates*）
2	1981	《美国的补偿性教育计划》（*Compensatory Education Programmes in the United States*）
3	1981	《危机中的福利国家》（*The Welfare State in Crisis*）
4	1982	《大学与社区：改变关系的问题》（*The University and the Community：The Problems of Changing Relationships*）
5	1983	《教育规划：重新评估》（*Educational Planning：A Reappraisal*）
6	1983	《教育与工作：青年观》（*Education and Work：The Views of the Young*）
7	1984	《迈向保障青年机遇》（*Towards a Guarantee of Youth Opportunities*）
8	1985	《在变化的社会中成人》（*Becoming Adult in a Changing Society*）
9	1986	《教育中的女性》（*Girls and Women in Education*）

续表

序号	时间	报　告
10	1986	《新信息技术：教育挑战》（*New Information Technologies：A Challenge for Education*）
11	1986	《服务业新技术、工作和技能的演变》（*The Evolution of New Technology，Work and Skills in the Service Sector*）
12	1986	《汽车工业的新技术与人力资源开发》（*New Technology and Human Resource Development in the Automobile Industry*）
13	1987	《经济技术变革中的人文因素》（*The Human Factor in Economic and Technological Change*）
14	1987	《高等教育中的成人》（*Adults in Higher Education*）
15	1987	《审查中的大学》系列报告（*Universities Under Scrutiny：with list of country reports*）
16	1987	《20 世纪 80 年代的研究生教育》（*Post-Graduate Education in the 1980s*）
17	1988	《人力资源与企业战略：银行与保险公司的技术变革》（*Human Resources and Corporate Strategy：Technological Change in Banks and Insurance Companies*）
18	1989	《教育和结构变革：教育委员会的声明》（*Education and Structural Change：A Statement by the Education Committee*）
19	1989	《变革社会中的教育与经济》（*Education and the Economy in a Changing Society*）
20	1989	《留学生与高等教育国际化》（*Foreign Students and the Internationalisation of Higher Education*）
21	1989	《工作模式的变化：关于服务业的五份国家报告的综合》（*Changes in Work Patterns：A Synthesis of Five National Reports on the Service Sector*）
22	1989	《走向创业文化》（*Towards an Enterprising Culture*）
23	1990	《高等教育投资：当前的模式》（*Financing Higher Education：Current Patterns*）
24	1990	《20 世纪 90 年代的劳动力市场政策》（*Labour Market Policies for the 1990s*）

续表

序号	时间		报　告
25	1990		《加州高等教育》（*Higher Education in Califorlia*）
26	1991		《大学的替代品》系列报告（*Alternatives to Universities：with list of country reports*）
27	1992		《学校和企业：新的伙伴关系》　（*School and Business：a New Partnership*）
28	"从高等教育到就业"专题报告	1992	《第一卷：澳大利亚、奥地利、比利时、德国》（*Vol．Ⅰ.Australia，Austria，Belgium，Germany*）
29		1992	《第二卷：加拿大、丹麦、西班牙、美国》（*Vol．Ⅱ.Canada，Denmark，Spain，United States*）
30		1992	《第三卷：芬兰、法国、意大利、日本、荷兰、挪威》　（*Vol．Ⅲ.Finland，France，Italy，Japan，Netherlands，Norway*）
31		1992	《第四卷：葡萄牙、英国、瑞典、瑞士》（*Vol．Ⅳ.Portugal，United Kingdom，Sweden，Switzerland*）
32		1993	《综合报告》（*Synthesis Report*）
33		1993	《残疾青年：从学校到工作》　（*Disabled Youth：From School to Work*）
34		1993	《面向所有人的高质量的教育与培训》　（*High-Quality Education and Training For All*）
35		1993	《入学、参与与平等》（*Access，participation and equality*）
36	1981—1988		IMHE 主办期刊《高等教育机构管理国际期刊》　（*International Journal of Institution Management in Higher Education*）第5卷至第12卷，每卷3期，共收录180篇学者论文。每一卷 OECD 皆汇编成论文集，以书籍的方式出版
37	1989—1997		IMHE 主办期刊《高等教育管理》（*Higher Education Management*）（原《高等教育机构管理国际期刊》更名）第1卷至第8卷，每卷3期，共收录238篇学者论文。每一卷 OECD 皆汇编成论文集，以书籍的方式出版
38	1994		《1995—1996 的工作方案》（*Draft Programme of Work for 1995/1996*）

续表

序号	时间	报　告
39	1995	《高素质人才的继续职业教育》（*Continuing Professional Education of Highly-Qualified Personnel*）
40	1996	《以知识为基础的经济》（*The Knowledge-Based Economy*）

资料来源：根据 George S. Papadapouls. Education 1960—1990：The OECD Perspective ［R］. Paris：OECD，1994；欧盟历史档案馆（隶属于欧洲大学学院）（European University Institute—Historical Archives of The European Union）. 详见 https：//archives. eui. eu/en/ fonds/173650? item＝OEEC. WR；Google Scholar；ERIC 等途径搜集汇编而成。

表 4-8　关键实词词频统计表

名次	主题词	词频	名次	主题词	词频	名次	主题词	词频
1	学院	4520	21	需求	777	41	工人	369
2	学生	3914	22	成人	722	42	阅读	303
3	工作	2870	23	政府	707	43	妇女	302
4	培训	1924	24	劳动力	691	44	学科	264
5	研究	1458	25	残疾人	676	45	瑞士	255
6	技能	1321	26	家庭	640	46	收入	250
7	指标	1267	27	市场	634	47	平等	216
8	识字	1266	28	质量	590	48	美国	181
9	雇佣	1122	29	教学	583	49	问责制	171
10	课程	1067	30	机会	535	50	文化	151
11	成本	1029	31	失业	533	51	德国	149
12	中等后	1007	32	社区	532	52	芬兰	149
13	大学	959	33	行政	519	53	评估	140
14	职业	950	34	NPM	490	54	自治	134
15	毕业生	909	35	服务	488	55	医疗	107
16	技术	843	36	学历	479	56	工资	105
17	科学	823	37	成就	432	57	独立	100
18	效率	802	38	法国	428			
19	合作	792	39	瑞典	417			
20	知识	791	40	青年	411			

一、认同高等教育的"市场化"属性

与前三个阶段相比，这一阶段 OECD 报告中有关"成本""效率""市场"等经济性词汇明显增多，而且它们的频次也遥遥领先，如"成本"一词位于第 11 位，词频为 1029 次，"效率"一词位于第 18 位，词频为 802 次。与其相对应的，常常会伴随在一起被讨论的"平等"或"质量"问题在这一阶段似乎未处在十分核心的位置。考虑到成员国当时所处的经济环境，"效率优先"的发展趋势是可预见的。在 20 世纪 70 年代末到 80 年代初，许多国家经历了一场深刻的衰退，包括企业破产、利率上升、通货膨胀和失业率上升。针对这些经济危机，凯恩斯主义经济学所倡导的劳动力价值观被一种新型的经济主义模式所取代，成为了 OECD 日后的主导经济范式，即新自由主义（Neoliberalization）。作为一个反凯恩斯主义的经济学派，新自由主义不认可政府的过多干预，并且认为西方国家政府为提振内需在社会公共事业方面的支出过大，是造成滞涨危机的一个重要原因。同时，古典经济学的基本理念也因为新自由主义的发展而被推向了自由市场基本教义（Free Market Fundamentalism），原先凯恩斯式的人力投资概念逐渐被倾斜。该经济主义模式强调"市场化、私有化、自由化和全球一体化"。[1] 新自由主义的主要表现即新公共管理方法的兴起，认为自由市场是能够产生明显的效益且可以自我优化的。[2] 该种方法的基本主张可概括为"三 E"——经济、效率、效益。具体而言，就是采用市场化的手段提供公共服务，允许私有部门参与公共服务竞争，政府可以通过加强问责和评估，来提高行政管理效率。而政府的作用就是创造市场心态和回应市场反应。[3]

作为有着推崇经济理性主义传统的 OECD，在成员国再次面临经济危机时，首先想到的必然是如何帮助成员国渡过经济难关，打破经济滞涨的藩篱。在许多强有力的国际组织的推广和辩护下，市场主导一切的新自由主义逻辑成为无可辩

---

① 何秉孟. 新自由主义：通向灾难之路——兼论新自由主义与自由主义的渊源和区别 [J]. 马克思主义研究，2014（11）：131.

② Munck，R.. Neoliberalism and Politics，and the Politics of Neoliberalism [M]. London：Pluto Press，2005：99.

③ Harvey，D.. A Brief History of Neoliberalism [M]. Oxford：Oxford University Press，2005：1—256.

驳的"真理"。^① 因此，OECD 在那时也站到了新自由主义的阵营。在高等教育政策领域，OECD 也重新强化经济目标的优先地位，促使其更符合竞争性的个人主义意识形态，以更好地响应市场需求。^② 从合作、社区、NPM、问责制等主要关键词的呈现也能够看出，这一阶段 OECD 对成员国高等教育"市场化"属性的关注，以及高等教育功能"经济化"倾向的强调是其政策工作的特征之一。

二、重申高等教育的"职业目的"

在统计出的词频中，除了经济学词汇较多之外，就业相关性词汇也是如此，除了"学院"和"学生"两个实词之外，"工作"一词更是拔得头筹，其词频量达到 2870 次。OECD 在这一阶段也多次强调了"就业十分必要"的概念^③，从"经常性教育"概念的提出，到大力提倡在高等教育领域内开展"成人继续教育"，可见这些主题将在今后讨论教育与工作生涯之间的关系时占主导地位，尤其在高等教育政策工作领域，组织也发出了"就业问题优先于社会问题"的信号。从"工作""培训""技能""雇佣""职业""劳动力""失业"等词汇的词量就能看出，它们比"平等""文化""医疗"等社会意义词汇的比例要高出很多。教育和就业专家小组也强调，"到了 80 年代，OECD 教育工作方面的新突破应该是明确地将教育倡议与就业方面的平行努力联系起来，以改善对劳动力的教育和培训"。^④ 尤其在高等职业教育领域，组织建议成员国在较长期战略范围内为新加入劳动力队伍的毕业生提供"短期工作经验项目"（Short-Duration Work Experience Programmes），以及建议公共当局尽快和雇主之间协商培训责任的分配问题。EDC 更是在 1982 年 3 月举行的部长级会议上，通过声明的形式明确地强调了高等教育在实现其"职业目的"时应该注意的问题：第一，高等教育不应该偏离帮助所有年轻人成为成熟和自力更生的成年人的持续目标，使他们能够理解并为他们所处的文化作出贡献。第二，尽管在高等教育和一些培训计划中会有许多年轻人主动退出劳动力队伍，但不应对教育和培训的能力提出不切实际的期望，特别是

---

① Emery J. Hyslop-Margison, Alan M. Sears. Neoliberalism Globalization and Human Capital Learning：Reclaiming Education for Democratic Citizenship [M]. Dordrecht：Springer，2006：10.

② 丁瑞常. 经济合作与发展组织教育政策的价值取向分析及批判 [J]. 比较教育研究，2020（6）：59.

③ OECD. Youth Unemployment [R]. Paris：OECD，1978：29.

④ OECD. Vocational Education and Training [R]. Paris：OECD，1978：5.

通过经济和就业政策创造就业机会的问题。虽然教育和培训不能创造就业机会，但受过教育和培训的人的劳动力市场机会要比那些很少或没有受过培训的人多。第三，教育和培训的程度，应根据其在满足青年人就业资格和他们能够为生产作出贡献所发挥的技能方面的效力来判断。[①] 该声明确定了 20 世纪 80 年代 OECD 高等教育工作的总基调。

之所以说是重申了高等教育的"职业目的"，是因为在 20 世纪 70 年代 OECD 大力提倡高等教育规模扩充的重要意义时，已反复强调短周期高等教育机构的目的就是职业导向的，但那一阶段强调机构多样化的缘由和这一时期有所出入，一方面大多数成员国民众教育需求的爆炸式增长不可避免地需要增设新的平台，另一方面欧洲社会民主主义的发展与平等运动进入高潮，让 OECD 认识到了"社会再分配"的必要性，而在高等教育领域，这一分配的具体表现即让更多的人获得其所希望的教育机会种类。可以说，这一时期更加关注的是社会层面的目的，而到了 80 年代"高等教育不是单纯地指向大学教育"的平台话语逐渐湮没于"学生作为生产者""学生作为工作者"等话语中，[②] 正如 OECD 在 1985 年发布的《现代社会中的教育》（*Education in Modern Society*）报告中强调的那样，通过高等教育培养"灵活的、适应性强的和自我管理的工人，使其能够认识到改变他们的工作或寻找新工作，以及发展技能与提高收入的机会"。[③] 在这一阶段，OECD 在高等教育领域更为关注的是学生生产性权利（productbility entitlement）的满足[④]，以及经济优先的相关议题。

①　OECD. The Role of Education and Training in Relation to the Employment and Unemployment of Young People：Statement by the Education Committee [R]. Paris：OECD，1982：11.

②　罗晓静. OECD 教育公平政策探析——兼论对中国教育的影响 [D]. 上海：华东师范大学，2010：17，24—25.

③　OECD. Education in Modern Society [R]. Paris：OECD，1985：155.

④　Miriam Henry, et al. The OECD, Globalisation and Education Policy [M]. Pergamon：IAU Press，2001：67—68.

第五节　"效率运动"的成本弹性观与该阶段
OECD 高等教育政策的主要影响

20 世纪 80 年代，OECD 成员国政府的高等教育政策主要受财政驱动，它们控制支出水平，利用财政计划和激励来指导高等教育系统及其机构的发展。OECD 意识到不能再把高等教育的持续增长看作是一个可取的目标，日后要思考的是高等教育如何在其公共拨款有限的情况下调整作用和职能，以适应短期的经济形势。在经济理性主义和新自由主义理念的影响之下，OECD 强调高等教育的内外部管理首先向效率看齐，向劳动力市场看齐，市场性、商业化成为了那一时期 OECD 在处理高等教育事务反复强调的关键词。结合前文的分析，笔者将该阶段 OECD 高等教育政策的主要影响概括为以下三点：提升了成员国多元化经费来源的筹资意识；迎合了成员国成人继续教育的发展趋势；强调了"效率"优先于"质量"的发展理念。

一、提升了成员国多元化经费来源的筹资意识

该阶段 OECD 的高等教育工作主要围绕帮助成员国考虑如何以最低或较低的支出成本来提高高等教育的管理效益。石油危机导致成员国的经济发展滞涨严重，国家各事项支出都有所收紧，教育领域也不例外。因此，主要筹资渠道的逐渐窄化让各成员国面临着较为严重的供资短缺问题。这种资源限制，加之高失业率和人口下降等因素直接影响到了高等教育的发展，也影响到人们对高等教育的作用及其对社会和经济发展的贡献的认识。在许多成员国也出现了保守政府，高等教育的政治环境也随之发生了变化。OECD 意识到，在新的社会和经济环境下要重新界定高等教育的战略问题，OECD 也需要重新寻找新的高等教育政策方向。于是，组织秘书长任命了一个小型的知名专家小组编写了一系列以"现代社会教育与工作生涯"和"成员国教育政策和总体趋势"为主题的报告。根据这些报告，专家们突出了对在通货膨胀和经济衰退时期控制公共开支的普遍关切。在他们看来，作为公共预算的主要组成部分之一，教育必须帮助分担负担，这实际上说明

教育也已成为参与缓解通货膨胀的手段之一。①

在任何其他教育部门，经济衰退及其伴随的社会和政治气候变化的影响都没有比高等教育具有更明显的感受。从 20 世纪 70 年代中期开始，成员国担心经济停滞使长期增长和多样化所带来的承诺会付诸东流，到了 80 年代这种担忧更加强烈。前文也提到，在 OECD 的大多数国家中，高等教育的公共支出在 1975 年停止增长，其中一些支出在 1975 年至 1980 年期间呈下降趋势。在 80 年代，OECD 讨论的许多问题也都与这一个中心问题有关：即高等教育筹资的水平、来源和方法。只有在美国、日本等国，高等教育经费总额的很大一部分由私立大学负担。高等教育投入的"美国模式"（财政、社会、个人作为投入的"三个主角"）被 OECD 所肯定，美国发达的社会筹资机制以及财政独立的私立大学的不断完善被 OECD 所宣传，为此特别发表了报告《美国加州的高等教育》（*Higher Education in California*）；"以社会投入为主，政府投入为辅"的韩国模式的特点是极其重视私立高校的发展，"20 世纪 70 至 90 年代，韩国政府回应高等教育危机的政策导向，一直以来都是对私立性质的高等教育进行改革"。② 这一模式也在 1990 年报告《高等教育投资：当前的模式》（*Financing Higher Education：Current Patterns*）一文中被介绍。

反观欧洲福利国家，以法国、德国为代表的西欧主要成员国家，它们一向是以国家公共投入为主，芬兰、瑞士、丹麦等北欧国家更是在财政投入方面由政府全权负责，即"国家买单"。但随着 OECD 发布的调查，这些国家越发认识到突破"福利哲学"的必要性，在《危机中的福利国家》（*The Welfare State in Crisis*）报告中，OECD 建议这些国家要提升多渠道筹措资金的意识。③ 经过发展，1988 年开始，法国教育部开始以签订合同的形式分配经费，逐渐抛弃以往"政府包办""国家买单"的投入模式。在 OECD 的建议下，各国高等教育机构对寻找更多的资金来源越来越感兴趣，同时也更明确地将公共资金集中于政府认为是国家需要的方面。

---

① OECD. Future Educational Policies in the Changing Social and Economic Context ［R］. Paris：OECD，1979：7.

② 刘红宇. OECD 国家高等教育投入的典型模式 ［J］. 高等教育研究，2012（5）：106.

③ OECD. The Welfare State in Crisis ［R］. Paris：OECD，1981：5.

二、迎合了成员国成人继续教育的发展趋势

根据前文分析，OECD 相信如果一个人能够更灵活地进入劳动力市场系统，高失业率和经济增长的悖论将会消失。① 如英国，1988 年颁布的《教育改革法》（*Educational Reform Act*），标志着英国高等教育进入到了一个新的发展阶段。在这一阶段，高等教育更多地承担了经济危机下的社会治理一职。为了缓解失业问题，在新经济增长理论的影响之下，为寻求新的经济点，政府将改革目光定位在了高等职业教育层面，强调高等职业教育的经济功能，注意到了高技能工种的价值和劳动力培养，多科技术学院体量得到不断增加，其中的一些也得到了升格。"在这些多科技术学院得到升格后，继续教育学院也逐渐脱离了地方政府的管辖，由它来承担技术类学院以往临时承担的部分高等教育职能。这一时期，虽然英国政府仍然将规模扩张的政策重点集中于大学，但这类继续教育学院通过'特许经营'的模式，根据分包教学、间接投资等途径获得了发展"②。在教学组织形式上，针对学习对象多为在岗人员的情况，继续教育学院建立了非全日制学习形式，同步推进模块化的教学方式。③

新的经济形势导致高等教育扩张逐渐放缓。经济增长率的下降和高的通货膨胀率，导致年轻人的失业率上升，他们希望通过适应性的训练在短时间内达到劳动力市场的要求。可见，由于就业状况的影响，社会对高等教育的需求发生了变化，而这一变化因成人更多参与的趋势而得到加强，特别是非全日制课程的申请。那一时期，劳动力市场疲软导致劳动力供求之间的数量不平衡，以及市场需求与教育系统产出之间质量上的不平衡。OECD 认为，青年人的工作愿望因其受教育程度超过劳动力市场所要求的水平而得到提高。相反，就业部门没有充分应对劳动人口教育水平的上升，导致劳动力技能和能力的利用不足。④ 因此，对各国政府

① Maria Slowey. The New Policy Arena of Adult and Higher Education［A］. Abrahamsson, Kenneth. Adults in the Academy. International Trends in Adult and Higher Education［R］. Paris：OECD/CERI，1988：10.

② Scott P. The Meaning of Mass Higher Education［M］. Buckingham：Open University Press，1994：12.

③ 戴少娟. 二战后英国高等职业教育改革和发展研究［D］. 福州：福建师范大学，2016：64.

④ George S. Papadapouls. Education 1960—1990：The OECD Perspective［R］. Paris：OECD，1994：148.

来说，它们可以进行干预的主要途径是采取措施改善学校与工作生涯之间的反复过渡，这一问题在今后几年吸引了 OECD 持续的关注，如《迈向保障青年机遇》（*Towards a Guarantee of Youth Opportunities*）、《在变化的社会中成人》（*Becoming Adult in a Changing Society*）、《高素质人才的继续职业教育》（*Continuing Professional Education of Highly-Qualified Personnel*）等报告都是对成人高等继续教育的分析。[①]

失业与就业问题是那一阶段成员国普遍关注的问题，虽然与 20 世纪 70 年代引起这一问题的主要原因略有不同，但从 OECD 以往发布的政策报告来看，就业问题一直是其在高等教育领域发表意见的主要关切，到了经济危机较为严重的 80 年代，青年人失业问题更是成为了其政策导向，以期为成员国经济重建提供就业方面的指导。同时，经常性教育这一理念的惯性也是组织十分强调成人继续教育的诱因。组织强调："成人的继续教育应成为政府政策的一个主要优先事项，制定更灵活的规则，使个人能够在教育、工作和休闲之间移动。在一个日益'自由选择的社会'，我们倾向于为个人提供更多的选择。"[②] 1990 年至 1994 年间，在 OECD、欧盟等国际组织的推动下，欧洲主要国家决定拓展高等教育机构与培训的商业化合作模式，同时大力推动跨国学习与交流。例如，已完成初级培训的学生，可在本国以外其他国家的合作企业实习 6—24 个月；大学教师也可进入其他成员国的大学参与研修 2—12 个月等。[③] 这些活动和计划，为欧洲后工业化时代的发展培养了大量人才，同时还为其尽快摆脱经济滞涨泥潭，提供了较为丰富的劳动力环境。

三、强调了"效率"优先于"质量"的发展理念

在改进质量这一问题上，OECD 发现大西洋两岸的成员国关切程度不一。在美国强烈要求将"提升质量"作为组织在高等教育领域的最高优先事项的背景下，组织并未像 20 世纪 50 年代实施"马歇尔计划"那样，一味地强调美国利益，或

---

① OECD. New Technology and Human Resource Development in the Automobile Industry [R]. Paris：OECD, 1988：54.

② OECD. Education and Working Life in Modern Society [R]. Paris：OECD, 1975：8—9.

③ 冉源懋. 从隐性生存走向软性治理——欧盟教育政策历史变迁及发展趋势研究 [D]. 重庆：西南大学, 2013：92.

者说以美国意见为主导，而是在考虑大西洋两岸国家出现分歧的原因的基础之上，通过召开质量会议，弄清了 80 年代为何欧洲国家在高等教育领域秉持"效率优先"的发展原则，而美国如此重视质量的原因。由于美国高等教育机构种类繁多、质量参差不齐，而且拥有实施进步主义教育运动的经验，"以儿童为中心"的教育观念较为深刻，即使这种观念在基础教育领域运用得更多，但延伸到高等教育层次也是必然。而对于欧洲国家而言，它们在这一级的规定模式较为统一，分为大学型和非大学型，对于短期高等职业教育而言，它们的发展目标皆是强调选择、竞争和私有化，即市场原则的应用，加之 80 年代又是较为特殊的时期，经济滞涨迫使大学通过竞争来获取资源。因此，它们关切的主要问题是提高高等教育机构的效率，而不是提高质量。

市场环境里，生产者首先面临的就是提高管理效率的压力，OECD 开展的 IMHE 项目一方面是帮助成员国提升机构管理技巧，为合理的资源分配模式提供意见，另一方面也是为了在评估机构业绩的基础之上为其提供合理的政策指导，说明 OECD 在 20 世纪 70 年代中后期就意识到成员国高等教育机构的效率问题的重要性。到了新公共管理时代，在新自由主义者看来，大学是缺乏效率的组织，只有自由竞争才能够提高效率。因此，政府要解除对大学的管制，尤其是传统上将大学视为公共服务重要组成部分的国家，如法国、德国等，应鼓励大学向企业学习。OECD 认为像美国那样高等教育机构种类繁多，发展目标和质量标准不一的国家具有特殊性。美国社会学家伯顿·克拉克（Burton R. Clark）在对国际高等教育系统的分析中也持有同样的观点[①]。UNESCO 的观点更为激进，它认为"每类组织都具有自己特殊性的观点是站不住脚的，不同的组织需要有自己特定的解决方法的观点也是充满矛盾的"[②]。尤其在政府财政支出普遍收缩的情况下，采用新的管理形式、调整机构组织职能、促使大学校长成为一个职业管理者、加强大学与经济社会的关系等措施能够促使机构效率不断攀升，从而保证高等教育成为经济发展和国家生存绝对不可缺少的事项。例如，英国具有大学自治的传统，受到新自由主义和政治保守理念的影响，大学随之发生了改变。又如，华威大学将理事会和评议会一同组成战略指导委员会，使之在学校整体运营过程中发挥核心指导作用。战略指导委员会把大学的财务、学术和规划等职能集中在一起，制

---

① OECD. School and Business：A New Partnership [R]. Paris：OECD，1992：7.
② Hagg. D. The Right to Education：What Kind of Management? [R]. Paris：UNESCO：1982：33.

定宏观战略和方针。该组织首先决定的是有多少经费可以使用，要发展学术的哪些方面。澳大利亚发展技术园区，建立技术中心和研究中心，将以往花费在由教授们好奇心驱使的研究项目的经费转移到产业目标上，体现了"根据社会需求有效地管理教学和研究"。[①]

任何事物的发展都具有时代性和历史性，新自由主义一直以来都受 OECD 的推崇，但在经济重建年代，其对各国的影响尤为突出。在那个年代，OECD 给予各国的发展建议突出效率概念，特别是在新自由主义主导的公共管理改革初期，提高效率是公共服务部门得以生存的合法性来源，同时其倡导的成本收益论在这一阶段似乎比任何时候都更合时宜。

本章小结

本章探讨了 20 世纪 80 年代到 90 年代中后期 OECD 高等教育政策发展的过程，指出由 1973 年开始连续两次的石油危机和随后在 OECD 区内发生的大范围的金融滞涨问题，导致 OECD 在高等教育治理的政策导向上发生了重大变化，不仅再次表现出了"经济至上"的政策发展观，而且将援助目光聚焦在了短期内的"经济重建"层面。同时，明确了"财政收缩和预算限制"是这一特殊经济状态下高等教育变革应主要考虑的因素。围绕这一重点，OECD 重新审查了高等教育的目的和职能，指出高等教育部门的市场化、私有化改革和筹资机制的多元化，催生了由注重效率和效益、成本和问责的新自由主义理念主导的高等教育发展模式，这是高等教育在公共经费紧缺危机下寻求发展的一种特殊方式，具有市场性和竞争性。它将"高等教育市场化"定义为："把市场机制引入高等教育中，使高等教育运营至少具有如下显著的市场特征：竞争、选择、价格、分散决策、金钱刺激。"[②] 还建议原有政府对高等教育的控制型管理体制，对公共部门的指令性束缚，应出于节省公共开支的考虑，让位于引入或强化更具活力的私立部门，形成分散

[①] Miyoshi, M. The University and the "Global" Economy: The Case of the University States and Japan [J]. The South Atlantic Quartly, 2000 (99/4): 669—697.

[②] Leslie Larry L, Slaughter Sheila. The Development and Current Status of Market Mechanism in United States Postsecondary Education [J]. Higher Education Policy, 1997 (3/4): 239—252.

决策的内外部治理形态。另外，青年大量失业现象也是 OECD 在这一阶段主要关注的问题，规模扩充政策导向下的社会再分配目标由于经济形势的转变倒向了生产性权利的实现。虽然这一阶段的高等教育政策目标较为短视，相关建议均围绕经济重建展开，但深刻改变了原有治理的"外延式"发展格局和模式，同时为适应知识经济时代的高等教育发展提供了宝贵的经验和有益的教训。本章最后分析了该阶段 OECD 高等教育政策发展的主要影响：提升了成员国多元化经费来源的筹资意识；迎合了成员国成人继续教育的发展趋势；强调了"效率"优先于"质量"的发展理念。

第五章

保障优质人力资本：以"包容性增长"为导向的高等教育政策发展（1998—2018）

20世纪60年代关于人力预测方法的经验让 OECD 不断反思实现经济目标所需人力的整个概念的有效性，毕竟其有效性取决于"已经存在的相当严格的联系，一方面在生产力水平和职业结构之间，另一方面在职业和教育资格之间"。①但是，这些关系不可能在任何时候都完全固定。各种研究分析了人力和资本之间或不同类别人力之间的可替代性程度。如果用一个因素代替另一个因素相对容易，则替代弹性较高。如果不可能替代，则弹性为零，输入模式固定。而人力需求概念的基本假设是，替代受过教育的人力的弹性为零或较低。② 这一假设有以下几个缺点：不加批判地接受雇主的估计；将过去的趋势投射到未来；没有充分界定职业（作为需求指标）和资格（作为供应指标）以及它们之间的关系；忽视劳动力市场的运作；提供的方法细节不足等。随着知识的进步和技术的发展，替代弹性需求随着高等教育毕业生劳动技能的非固定性、非固有化而提高，高替代弹性需要劳动者具备自身持续发展的综合素质，包括技能延续能力等。因此，OECD 希望通过协助成员国高等教育系统进行数量和质量方面的改进，助其生产系统制定一项"可持续的技能战略"，以尽可能最佳地利用具有综合性技能的人力。

阶段划分依据：OECD 认识到中等后教育普遍参与的趋势，以及知识型社会需要具有差异性的高等教育新模式，肯定了多样化高等教育形式和结构存在的价值。在 OECD 提出以知识为基础的经济这一概念之后，它愈发相信第三级教育机

---

① Parnes, Herbert. Forecasting Educational Needs for Economic and Social Developmen [R]. Paris: OECD, 1962: 51.

② Dougherty, C. R. S.. Substitution and the Structure of the Labour Force [J]. Economic Journal, 1972 (82/3): 170－82. Hinchliffe, Keith. The Practice of Manpower Forecasting: A Collection of Case Studies [M]. Amsterdam: Elsevier, 1973: 1－349.

构虽不直接参与最前沿的知识发展，但其毕业生却越来越成为发散性思维、观念和技术更新、新机器与新方法发明，以及解决复杂社会经济问题的中坚力量。具体来说，1998 年之后，OECD 的高等教育工作突破了前一阶段只强调市场化和追求效率的藩篱，走向了深层次治理阶段以实现"包容性增长"目标。可以说，21世纪以来，OECD 的高等教育政策工作都围绕着这一目标开展。然而，从 2018 年开始，组织的高等教育工作整体开始转向"提高高等教育系统绩效"这一层面，纯粹的新自由主义逻辑重新开始显现，与之前的"包容性自由主义"的发展路径有所出入。也是出于对历史研究的把握，因此 2018 年之后的发展阶段将不包含在笔者的研究范围之内。于是，笔者将第五阶段的时间跨度划分为 1998—2018。

第一节　教育治理职能的高层次延伸和
对"第三级教育"概念的价值规范

知识在推动社会进步、带动经济发展方面起着巨大的作用，以知识为基础的行业对提升国家竞争力有着重要的作用，这大大地提高了人们对高等教育的重视程度，同时也引发了新一轮高等教育规模增长的浪潮。据统计，2004 年世界高等教育的总招生数由 1999 年的 7200 万人上升到 1 亿 3000 万人。[①] OECD 国家 20岁—29 岁的人口中平均 1/4（24.9％）正在或已接受了高等教育，2005 年接受高等教育的比例比 1995 年增长了 7 个百分点。[②] 在这种浪潮中，OECD 高等教育治理的内涵已然发生改变，其政策实践和报告指南已经从以往过多地关注"外延式发展"，如数量增长、规模扩张、结构转换等，逐步过渡到"内涵式治理"，如质量提高和保障、福祉提高、公平融合等具有可持续性意义的目标，致力于提高学生个体的各方面能力素质，以培养适应经济和社会发展的"21 世纪技能"，如适应性、创业精神、终身学习等。OECD 也因此开展了各类政策实践活动。

---

①　UNESCO. EFA Global Monitoring Report 2006：Literacy for Life［R］. Paris：UNESCO，2006：3.
②　Richard Yelland，Wen Wen. Higher Education Institutions，Research and National Innovation——Experience from OECD Countries［Z］. Speech at the Tsinghua Forum on Higher Education，2007.

一、教育司（DE）的成立与优先发展高等教育

1974 年，组织决定将教育工作彻底从科技司分离出来，并将其并入新的社会事务、人力与教育司，体现出 OECD 对科学政策的兴趣从当初关注科学家和工程师等科技人才转向了对技术创新以及工业复兴的问题当中，而 1974 年教育职能合法化的结果就是将人力培训的责任归于教育部门来管辖，由教育委员会（EDC）直接掌管。到了 1991 年，OECD 将社会事务、人力与教育司更名为教育、就业、劳动力与社会事务司，[①] 教育的位置从最末换至了最前，体现出 OECD 在有意凸显教育工作的地位和其教育职能。

新世纪以来，随着独立的教育司（DE）的成立，教育事务在组织中的地位得到了进一步提高。组织在 2003 年发布的《年度报告》（*Annual Report*）中指出："人力资本是经济持续发展的重要驱动力。高等教育不仅是社会融合的关键要素，也是促进消泯劳动力市场排斥现象的重要工具。因此，我们认为有必要设立独立的教育司来掌管和监督高等教育在内的所有教育事务"[②]。该司成立时包括五个部门：教育与培训政策部（ETP）、指标与分析部（IA）、教育研究与创新中心（CERI）、非成员国经济部（NME）、教育管理与基础设施部（EMI）。在 2006 年《年度报告》（*Annual Report*）中，该司明确了六项战略目标：（1）推动终身学习，改善高等教育与经济、社会和文化的联系。（2）评估和改善高等教育结果。（3）促进高等教育优质教学。（4）考虑高等教育的全球化意义。（5）加强社会融合建设。（6）构建高等教育新的治理内涵。[③] 其中，高等教育作为主要战略凸显了出来，体现出组织对高等教育的重视以及对优先发展高等教育的强调。同时还归纳了一些重点：

——确保高等教育为实现经济和社会目标作出贡献；

——制定健全的手段，指引高等教育；

——制定集资策略，优化高等教育对社会和经济的贡献；

---

① Anja. P. Jakobi, Kerstin Martens. Expanding and Intersifying Governance：The OECD in Education Policy [A]. Kerstin Martens, Anja. P. Jakobi. Mechanisms of OECD Governance：Interntional Incentives for National Policy-Making? [M]. New York：Oxford University Press, 2010：165−176.

② OECD. Annual Report 2003 [R]. Paris：OECD, 2003：101.

③ OECD. OECD Annual Report 2006 [R]. Paris：OECD, 2006. 106.

　　——强调质量和相关性；

　　——在国家高等教育政策中更加突出公平性；

　　——在国际舞台上对国家的教育体系进行定位。①

　　尤其在 2008 年前后，美国的次贷危机引起了全球性的金融危机，消极影响迅速地蔓延到了欧洲国家，成员国遭受了严重的经济创伤，影响了高等教育的发展。过往高等教育需求的增长事实，推动了其被视为解决社会问题的优先战略的观念的产生。因此，许多成员国都纷纷将高等教育列为经济发展刺激计划的重要组成部分。② 可以认为，这是 OECD 教育司不断加强高等教育工作的原因和动力之一。另外，发展知识型的社会，和知识经济发展所需要的高技能劳动力也是一个不可避免的主题。早在 2004 年，OECD 就与联合国教科文组织统计研究所、欧洲统计局联合启动了"博士学位获得者的职业发展"（Careers of Doctorate Holders，以下简称 CDH）项目。该项目意在建立一个博士学位获得者职业发展的常规性指标产出体系。经过一系列前期研究和试点调查，组织于 2007 年 12 月份推出了首个 CDH 版本，并于三年后发布了第二个版本。版本框架主要反映了博士学位获得者在专业背景与职业的相关程度、工作满意程度、劳动性质、收入差别等方面的信息，③ 为高技能劳动者的培养提供真实可用的信息。

二、开展"高等教育的第一年"大型调查活动

　　过去 30 年的时间里，OECD 成员国都在围绕"公众需求"这一主题制定各项高等教育政策。OECD 当然也在与其保持一致性的基础之上，不断提出具有前瞻性的政策建议，从 1960 年前后认识到人力资本力量而开展的具有统筹性、集权性特点的"教育规划"项目，到 1990 年前后认识到需求驱动的高等教育大众化现象在许多国家持续发热，而对这种需求所产生的质量、公平和财政等相关问题作出的高等教育政策层面的关注，都体现出了高等教育对"人民"、对"公众"整体性需求的回应。直到 1996 年 OECD 提出了"以知识为基础的经济发展"理念，提倡个体技能的重要性，"个人需求"主题逐渐成为组织高等教育工作的背景。组织以

---

　　①　OECD. OECD Annual Report 2006 [R]. Paris: OECD, 2006. 106.

　　②　武凯. 经合组织教育政策价值取向研究 [D]. 上海：上海师范大学，2018：26.

　　③　王忠，董旭梅. 博士学位获得者的就业状况——基于经合组织 CDH 框架的统计结果 [J]. 中国科技信息，2010（20）：170—172，174.

此为核心，在"知识经济"这种新型经济形态的催化下，重新定义高等教育的各项发展议程。但是，在这之前，组织认为有必要对 1996 年之前成员国高等教育的发展状况作一次全面审查，尤其是"经济重建"阶段高等教育的准市场发展状况，以便弄清 1996 年前后组织高等教育工作在背景、目标、战略层面的异同，作出比较分析。该项工作不仅是对前一阶段 OECD 高等教育政策发展的总结，也是本阶段该项政策工作的开端。

在 1995 年之前，OECD 在高等教育方面还没有开展过大型的、全面型的审查工作。[①] 被命名为"高等教育的第一年"（The First Years of Tertiary Education）调查活动，是本组织在 1995 年至 1997 年期间陆续对十一个成员国进行综合性、全面性的审查。大致过程如下：1. 解释"高等教育"和"第一年"这两个术语。OECD 所指的"高等教育"指的是超越中学以外的一个阶段或水平，包括大学型和非大学型的高等教育机构和方案。"第一年"是指学生获得劳动力市场上认可的具有价值的初步资格的年份。2. 确定审查小组成员。一般每个国家安排 4 名成员组成审查团队，团队成员主要由 OECD 秘书处两名成员和就业、劳工和社会事务（DELSA）两名主管组成。另外，每个国家在当地安排随访人员，一道为审查小组的成员作相关解释。3. 受访国提供背景报告。参访国的教育部负责编写附有统计表和其他相关数据的背景报告。4. 确定参访机构。审查小组团队到达参访国家之后，受访国事先安排一场会议，会议核心事项即选定具有代表性的公立和私立的高等教育机构进行访问。5. 交流和讨论。审查结束后开展一系列以国家为基础的研讨会，并出版讨论结果和比较研究报告。[②] 6. 发布审查报告。审查报告陆续在 1996 年至 1998 年期间发表，它们是以国家自我报告、讨论文件分析和现场访问为基础的，其中还包括围绕政府、行业和机构官员、教师和学生等各利益攸关方进行的访谈。在审查美国、英国、德国、日本、新西兰、瑞典、比利时等在内的十一个国家的高等教育系统的基础之上，明确了每个国家高等教育发展中共同面对的背景主题、目标和战略。

据相关调查，20 世纪 90 年代前后，OECD 国家高等教育改革的主题是公众需求驱动下的高等教育大众化发展。石油危机导致的经济消靡，加之就业结构的

---

① Carrie P. Hunter. Shifting Themes in OECD Country Reviews of Higher Education [J]. Higher Education，2013（66）：707—723.

② OECD. Thematic Review of the First Years of Tertiary Education：Country Note：Japan [R]. Paris：OECD，1997：2.

复杂性和交叉性，带来了失业率的攀升，而大学型高等教育以前把重点放在发展知识上，以实现不那么直接的"实际"目的，在这些新的背景下，它被重新定位于满足许多人的实际需要。作为减少失业的一种方式，它的职业目的得到了强调。公众的需求程度加上与政治和经济变化挂钩的财政拨款力度被视为影响高等教育机构质量发展的重要因素。正如美国弗吉尼亚州的审查报告所宣布的那样："在学生群体由于高等教育背景、兴趣和资源发生变化变得更加多样化的时候，仅仅继续以前的做法会危及质量和有效性"[①]。因此，高等教育机构必须以不同的方式运作，效率的讨论以及与质量保障和问责制有关的相关关切是核心。在当时，组织在很大程度上受到新自由主义理念的影响，同时大众化、失业和财政限制的背景构成了建议改革的目标。在那时 OECD 提出的两个总体的、相互关联的目标是公平、质量和效率（如图 5-1）。

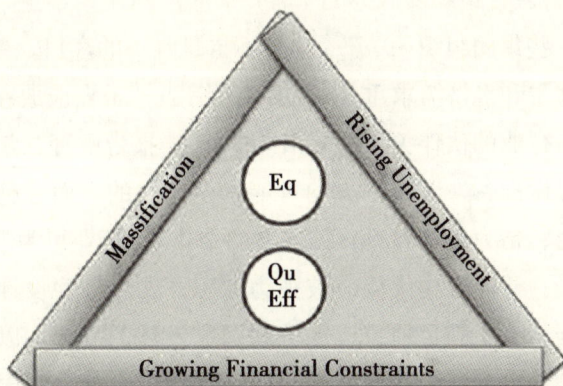

图 5-1　20 世纪 90 年代前后，OECD 主要国家高等教育系统改革总体目标

图片来源：Carrie P. Hunter. Shifting Themes in OECD Country Reviews of Higher Education [J]. Higher Education，2013（66）：711.

OECD 基于这些充满新自由主义经济学意蕴的目标，提出了三项战略意见，分别如下。

战略 1：建议实施"机构自治和政府责任权力下放的战略"。据英国审查报告强调，培养具有竞争意识的市场心态、创新意识、机构创业主义等是"未来发展

---

① OECD. Thematic Review of the First Years of Tertiary Education：Country Note：Common Wealth of Virginia，USA [R]. Paris：OECD，1997：20.

的关键"。① 质量的提高预计将来自更具响应性的课程、创造性的教学和学习方式以及新的收入来源。因此，建议政府发挥促进反应方面的战略作用的优势。② 如监测质量机制；指导机构决策；有针对性的资助；收集利益攸关方的数据等。

战略2：促进学生选择多样性和灵活性。OECD建议将体制多样性与通过竞争的质量发展联系起来，这种竞争性往往体现不同机构在对劳动力市场需求和学生需求的反应方面。挪威审查报告声称，"知识有太多的类型和性质，特别是来自于实地、社区、工作场所和各种其他实际环境的课程和学习方案的知识"。③ 瑞典审查报告中也强调："最好的选项是给个人尽可能广泛的选择权。"④ 因此，在教学方法和机构类型等方面的多样性和灵活性，是为了应对日益增长的人才多样性需求，同时也能在一定程度上促进公平。

战略3：教育系统内以及与其他社会集团的伙伴关系和合作战略。新西兰审查报告称，"谁是高等教育最终要服务的'客户'——雇主、学生、更广泛的经济和社会？或者，是一些集团组织……"⑤ 学生不再是唯一的客户。考虑到学生的需求在很大程度上与雇主和经济需求重叠，OECD指出："重点应放在就业层面，包括实际工作，以及与行业的伙伴关系"⑥。比利时审查报告解释：学生正在为适应一个迅速变化的世界做准备，其最终方向可能是全球性的，而且越来越多的企业需要具有高度胜任力、精力充沛和具有创造力的个体。⑦ 行业可为学生参与实际工作提供前期实践经验。行业合作伙伴应被视为课程开发和程序设计以及对学生和教师进行评估的顾问。为了满足地方、区域和国家发展的需要，以获得新出现的和既定的就业机会，并提高资源使用的效率，OECD区内的一些国家已出现了许多

---

① OECD. Thematic review of the first years of tertiary education: Country Note: United Kingdom [R]. Paris: OECD, 1997: 15.

② OECD. Thematic review of the first years of tertiary education: Country Note: Denmark [R]. Paris: OECD, 1997: 16.

③ OECD. Thematic review of the first years of tertiary education: Country Note: Norway [R]. Paris: OECD, 1997: 17.

④ OECD. Thematic review of the first years of tertiary education: Country Note: Sweden [R]. Paris: OECD, 1996: 20.

⑤ OECD. Thematic review of the first years of tertiary education: Country Note: New Zealand [R]. Paris: OECD, 1997: 14.

⑥ OECD. Thematic review of the first years of tertiary education: Country Note: Japan [R]. Paris: OECD, 1997: 17.

⑦ OECD. Thematic review of the first years of tertiary education: Country Note: Belgium [R]. Paris: OECD, 1996: 15.

不同类型的工业教育伙伴关系。[1]

总之，"高等教育的第一年"调查活动最终的结论，总结了 20 世纪 80 年代至 90 年代中期，OECD 主要成员国高等教育发展和改革的整体状况，同时也提出了相应的政策意见。三个背景主题——大众化、财政限制、失业——构成了两个主要目标主题（质量/效率、公平），两个目标主题形成了三项战略主题：1. 机构自主权。2. 多样性/灵活性。3. 伙伴关系和合作。相关的分主题主要包括竞争、质量保障、问责制、就业能力、创业精神、创新和反应能力。但是，可以发现，公平战略并没有像质量和效率战略那样被明确阐述。战略措施中具体提到的内容皆属于质量和效率层面，当然也有一些战略如面向客户和多样化的方案规划，是与公平挂钩的。可见，虽然公平目标从 20 世纪 70 年代起就一直被 OECD 所关注和重视，但 80 年代至 90 年代中期的这十几年，由于经济增长的客观需要，导致了这一时期对效率的追求和提倡，而"效率"和"公平"的关系本就复杂且较难维持绝对的平衡，因此在 1998 年之前 OECD 虽也强调公平问题，但是从战略建议来看，是以提高效率为前提的。

三、实施"以知识经济为基础的高等教育"审查项目

OECD 开展的第二次大型的高等教育全面审查活动，"以知识经济为基础的高等教育"项目（Tertiary Education for the Knowledge Based Economy Project）始于 2004 年 4 月，同样是由 EDC 负责统筹组织，由 ETP 负责执行，其部长阿布拉·哈桑（Abrar Hasan）和 IMEP 时任部长黛博拉·罗斯维尔（Deborah Roseveare）共同任总负责人。该项目的主要工作即对参与国的"高等教育政策"进行全面的国际审查。目标是帮助各国分享创新和成功的举措，并确定政策选择的方向，最大限度地提高高等教育对国家经济和社会发展的贡献，主要涉及审查高等教育政策中的具体国家问题和政策对策，并将这些经验置于更广泛的讨论和分析框架内，产生与 OECD 国家整体相关的政策见解。OECD 也十分自信地称："该项目提供了国际一级对高等教育政策问题进行的最全面的分析。"[2] 秉持着这样

① OECD. Thematic Review of the First Years of Tertiary Education：Country Note：Norway［R］. Paris：OECD, 1997：10.

② Paulo Santiago, Karine Tremblay, Ester Basri. et al. Tertiary Education for the Knowledge Society：Volume 1：Special Features：Goverance, Funding, Quality［R］. Paris：OECD, 2008：4.

一种"自愿参与，相互合作"的理念，组织在 2004 年至 2008 年间共与 24 个国家合作完成了对高等教育政策的重大国别审查，单个国别审查历时 8 至 12 个月，其中伙伴经济体的积极参与对推动这一进程至关重要①。

此项目的大致工作过程和"高等教育的第一年"项目相似，皆是通过派遣审查小组对参与国进行密集的案例研究访问。与后者不同的是，此项目的审查小组成员更多的是来自 OECD 不同国家的专家，在成员人数方面，比后者要多。据相关统计，前后一共有 61 名专家参与了审查小组的工作，最少的国别审查组成员人数为 6 人，最多为 13 人，本组织的工作人员，在其中所占的比例很小。另外在专家组的成员中，拥有经济学专业、工商管理专业背景的专家最多，而具有教育学专业背景的专家很少。② 在审查组访问期间，受访国会提前遴选学生组织代表、高等教育机构代表、学术界研究人员代表、雇主代表组成相关的国家指导委员会，编写关于本国的高等教育政策方面的书面材料，审查小组利用这些材料和实地考察开展相关研讨会。另外，该项目的负责部门还与组织内部的其他部门，如工商咨询委员会、工会咨询委员会以及科学、技术和工业司建立伙伴关系，该项目还吸引了对高等教育政策发展感兴趣的其他国际组织的支持与参与，包括欧洲高等教育质量保障协会、欧洲委员会、欧洲投资银行、欧洲学生联盟、联合国教科文组织欧洲高等教育中心等。③ 此外，该项目与组织内部在同时期由不同部门开展的其他高等教育活动密切合作，借鉴其他项目、活动的结果以补充本项目的知识库，达到提供全面系统政策建议的目的。如 IMHE 开展的"支持高等教育机构对区域发展的贡献"（Supporting the Contribution of Higher Education Institutions to Regional Development）项目，CERI 开展的以"高等教育的未来"（Future of Higher Education）为主题的相关活动，经济部门开展的以"高等教育投资的政策决定因素"（The Policy Determinants of Investment in Tertiary Education）为主题的相关活动。

最后，组织集中国家背景报告、不同专家学者相关研究的文献综述、国家统计数据分析、国家指导委员会编写的委托性书面材料等信息，在总结实地考察的

---

① 包括成员国和伙伴国在内的 24 个参与国分别如下：澳大利亚、比利时（佛兰芒社区）、智利、中国、克罗地亚、捷克共和国、爱沙尼亚、芬兰、法国、希腊、冰岛、日本、韩国、墨西哥、荷兰、新西兰、挪威、波兰、葡萄牙、俄罗斯联邦、西班牙、瑞典、瑞士、英国。

② 龙玫. 经合组织高等教育政策研究 [D]. 上海：华东师范大学，2017：86—87.

③ Paulo Santiago, Karine Tremblay, Ester Basri. et al. Tertiary Education for the Knowledge Society：Volume1 [R]. Paris：OECD, 2008：4.

经验基础上，撰写国别审查报告，也可称作国家说明，在对具有成功经验的国家进行宣传的基础上，提出具有一致性、普适性的政策建议，进而开展国别间的政策对话。[①] 此项目首次较为详细地呈现了 OECD 高等教育政策国别审查的具体流程，其产生的高等教育国别审查系列政策文本，也是高等教育领域存在时间最久的一套政策性文本，其呈现出组织开展政策工作的几个核心步骤：制定框架、组织运行、组建专家团队、进行同行质询等（见图5-2）。

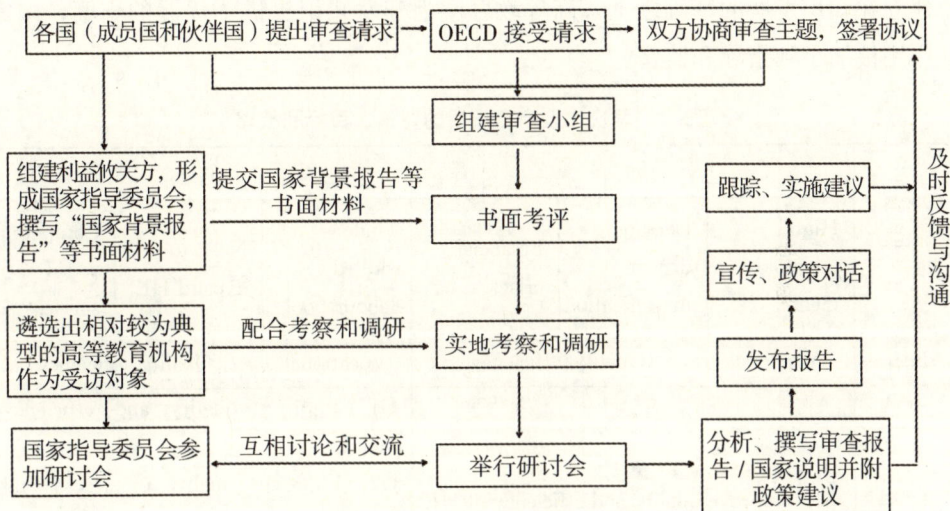

图 5-2　OECD 高等教育政策国别审查流程图

资料来源：根据 OECD. Reviews of National Policies for Edcuation［EB/OL］.（2020－8－23）［2016－11－07］. http：//www. oecd-ilibrary. org/education/reviews-of-national-policies-for-education _ 19900198 译制而成。

OECD 于 2008 年 3 月又发布了一份总结性报告——《知识型社会的高等教育》（*OECD Thematic Review of Tertiary Education*：*Synthesis Report*：*Tertiary Education for the Knowledge Society*），更加全面和具体地分析了 OECD 区高等教育面临的系列挑战，同时为知识型社会发展提供了包括治理模式、经费分摊、质量保证、公平稳定、研究与创新、国际化、与劳动力市场的联系等内容在内的一整套政策指南，其中核心内容皆围绕着"个人利益""个人需求""兼顾公平、质量与效率""机构自治""创新""技能"等（具体内容见第三节第三部分）。

[①]　OECD. Reviews of National Policies for Edcuation［EB/OL］.（2020－8－23）［2016－11－07］. http：//www. oecd-ilibrary. org/education/reviews-of-national-policies-for-education _ 19900198.

此项目与前一个项目的主要区别在于，在知识经济时代，原先的高等教育的政策话语——"就业话语"逐渐让位于"就业能力话语"，后者涉及劳动者的生产价值（见表5-1）。在劳动力逐渐被构建为赤字资源的背景下，OECD建议扩大高等教育以解决这一赤字和优化生产能力。在知识经济时代，它期待高等教育可以提供更多的人力资本和空间，而不再是也不仅仅是回应大众的需求。换句话说，应更注重个体的需求。[①] 也就是说，知识经济的发展支持个体的重建，而这种重建要建立在知识发展的基础之上，高等教育就为开发知识提供了优渥的土壤，国家的作用被缩小到指导和监督。

表5-1 两次大型审查项目的背景、目标和战略

Contexts	1900s			2000s		
	High unemploy-ment	Demand driven massification	Financial criscs	Under-skilled labour pool	Need to cxpand HE	Competing social services
Foci	Vocational	Quality/efficiency		Vocational	Quality/efficiency	
Goals	G1. Improve quality and efficiency of HE G2. Improve equality of access to HE			G1. Improve quality and efficiency of HE G2. Improve equality of access and success in HE G3. Increase innovation capacity G4. Reduce relative reliance on public funds		
First order strategies	HEI autonomy (G1) Devolution (G1) Diversity/flexibility of HEls, programmes, delivery (G1>G2) HEI competition (G1) Partnerships with industry, community, institutions (G1>G2) Client orientation (G1>G2)			HEl autonomy (G1, G3, G4) Devolution (G1, G3, G4) Diversity/flexibility of HEls, programmes, delivery (G1, G3, G4>G2) HEI competition (G1, G3, G4) Partnerships with industry, community, institutions (G1, G3, G4>G2) Client orientation (G1, G3, G4>G2) Build STEM capacity (G3) Greater student cost sharing (G4)		

资料来源：Carrie P. Hunter. Shifting Themes in OECD Country Reviews of Higher

---

① Carrie P. Hunter. Shifting Themes in OECD Country Reviews of Higher Education [J]. Higher Education，2013 (66)：720.

Education. Table 1：Contexts，Goals and Strategies in the Reviews ［J］. Higher Education，
2013（66）：716.

此表反映出了 21 世纪前后高等教育政策的制定背景从高失业率向低技能工人的转变，这意味着高等教育从满足工人的需求逐渐转向了工业和经济发展的需求。有学者总结，以上目标和战略是 OECD 根据成员国真实的经济社会发展状况和高等教育审查结果，基于以下假设作出的。前一个重大项目基于以下假设：1. 高等教育应该为人们顺利进入工作做好准备。2. 质量和效率的发展需要自治性的教育机构和自主性的竞争。3. 学生、机构和行业将基于理性的自我利益考虑做出决定。4. 高等教育可以减少经济和社会不平等。应向所有有能力和有兴趣的人提供接触高等教育的机会。5. 公平本身就很重要，不仅仅是为了经济结果。后一个重大项目基于以下假设：1. 技能和知识正在迅速变化。2. 创新是各国在世界市场上竞争的必要条件。3. 创新需要建立知识和 STEM 能力。4. 竞争促进创新，竞争力的提高需要越来越多的熟练劳动力。5. 高等教育必须为准备一个高技能的劳动力队伍而努力。那些从高等教育的学习中获益最多的人应该承担更多的责任。虽然高等教育对个人和公众都有好处，但对个人的好处更大。

四、 IMHE 开展的五大高等教育项目

进入新世纪，IMHE 的职能得到扩大，主要负责以下五大核心项目："区域与城市发展中的高等教育"项目；"高等教育优质教学支持"项目；"衡量和比较人力资本的'全技能'"项目；"管理国际化"项目；"创新、高等教育与研究发展"项目。

(一)"区域与城市发展中的高等教育"项目

大学和其他高等教育机构对区域经济、社会和文化发展作出了重大贡献。在全球化经济中，这一作用越来越重要。IMHE 与区域发展和公共治理局合作，于 2005 年至 2012 年对区域和城市发展中的高等教育状况进行了审查。该项审查是 OECD 动员各国发展高等教育以促进城市和地区经济、社会和文化发展的主要政策实践。审查的总目标包括以下方面，在区域一级扩大高等教育在经济、社会和文化发展方面的知识基础；发展和加强高校与社会团体之间的伙伴关系；帮助不同类型机构明确其使命，发展其管理职能，评估贡献并提高生存能力。

该项目共分三个阶段进行。2005 年至 2007 年为第一评议阶段，旨在提高高校

及其所处区域利益相关者的意识，以评估他们之间达成伙伴关系所能够产生的效率和效力；为高等教育机构和区域高等教育集团提供方法和评估框架，并将其放置国际背景下以监测和比较其活动和成就；为高校与国家和地区利益相关者之间的对话提供机会；帮助区域政府及其机构，以及其他利益相关者确定适当的角色和伙伴关系；就产生的问题在国家一级提供政策咨询（例如，特殊供资举措在区域和机构一级的影响）；奠定国际网络的基础，以进一步讨论和交换有关高校在区域参与中的良好实践和自我评估技术的想法、态度和问题。[1]

组织选取了 12 个国家的 14 个地区包括英格兰东北部地区、澳大利亚阳光-弗雷泽海岸、荷兰特温特区、韩国釜山市、瑞典韦姆兰省、厄勒海峡、芬兰于韦斯屈莱市、挪威中部地区、丹麦日德兰岛-菲恩岛、西班牙瓦伦西亚、西班牙加那利群岛、墨西哥新莱昂州、加拿大大西洋省份、巴西柏拉拿州为对象，在经历了国际性研讨会：高等教育机构在地区发展中的作用（International Seminar：The Role of Higher Education Institutions in Regional Development）、文献研究、商定审查原则、高等教育机构和地区利益相关者的联合自我评估、国际专家团队的实地访问、同行评审、地区及其机构的共同回应、项目任务组的综合分析等一系列审查环节之后，于 2007 年 9 月在西班牙瓦伦西亚举行了该项目的第一阶段总结性会议"全球竞争，本地参与——高等教育和地区"（Globally Competitive，Locally engaged—Higher Education and Regions），并发布总结性研究报告《高等教育和地区：全球竞争力，本地参与》 （*Higher Education and Regions：Globally Competitive，Locally Engaged*），其主要结论如下。

1. 高等教育机构及其地区之间需要加强联系。高等教育机构应扩大其服务范围，涵盖从经济到社会、文化和环境发展的所有问题，并参与制定和实施区域和城市战略，还应准备好满足更广泛的公司和其他雇主的需求。

2. 为了调动高校的全部潜力，政府应通过增加高校对课程的责任感以及保障其人力、财力和物力来增强高校的机构自主性，需要建立适当的激励机制和问责制方案来评估机构绩效。

3. OECD 将继续与各地区和高等教育机构合作，通过进一步审查来推动这一议程。将促进建立可靠的指标，旨在为政府、大学和地区之间伙伴关系的建立提

---

[1] Higher Education in Regional and City Development ［EB/OL］. （2020－10－7）［2012－12－30］. https：//www. oecd. org/education/imhe/highereducationinregionalandcitydevelopment. htm.

供一个论坛。①

　　组织于 2008 年至 2009 年开展了第二轮评议活动，该阶段工作的重点是审查高等教育机构与城市和地区之间的互动。参与审查的 14 个地区分别是澳大利亚维多利亚州、德国柏林市、意大利伦巴第区、墨西哥韦拉克鲁斯州、荷兰阿姆斯特丹 & 鹿特丹城区、西班牙安达卢西亚 & 加泰罗尼亚自治区、华雷斯城、亚利桑那州南部、巴西柏拉拿州、智利比奥比奥大区、以色列加利利地区、马来西亚槟城，在经过与第一阶段相似的审查环节之后，最终促成了 2009 年 9 月"参与区域和城市发展审查的区域圆桌会议"（Roundtable Meeting for Regions Involved in the Reviews of HE in Regional and City Development）的召开。会议不仅发布了参与审查的 14 个地区的同行评审报告，同时也明确了会议的目的，即为区域及其高等教育机构之间的共享学习与互相联系提供机会；为各地区就如何使审查过程更有意义提供反馈；讨论与人力资本发展、区域创新和伙伴关系建立相关的问题；确定维持高等教育和地区不断发展的国际网络方法；分享即将到来的第三轮评议的想法。②

　　2010 年至 2012 年是此项目的第三个工作阶段，也是完结阶段。该阶段的工作旨在调查高校对区域创新的贡献；教学在人力资本和技能发展中的作用；高等教育机构对社会、文化和环境发展的贡献；高等教育机构如何帮助构建区域能力以使其在竞争日益激烈的全球经济中发挥作用。③ 共有 6 个地区参与了组织阶段的审查，它们分别是智利瓦尔帕莱索市、南非自由州、哥伦比亚安托基亚省、波兰弗罗茨瓦夫市、墨西哥索诺拉州、西班牙巴斯克地区，通过各区域及其高等教育机构编写的区域自我评估报告、国际专家编写的所有区域同行评审报告、对特定问题的国际比较分析等方法开展实施，此次调查促成了 2011 年 9 月在西班牙安达卢西亚自治区的总结性会议，"城市和地区的高等教育——为了更强大、更清洁和更公平的地区"（Higher Education in Cities and Regions—For Stronger, Cleaner and Fairer Regions）的召开。正如时任组织副秘书长的阿尔特·德·格斯（Aart

---

　　① OECD. Higher Education and Regions: Globally Competitive, Locally Engaged [R]. Paris: OECD, 2007: 5.

　　② Roundtable Meeting for Regions Involved in the Reviews of HE in Regional and City Development [EB/OL]. (2020—10—7) [2009—9—10]. https://www. oecd. org/education/imhe/reviewsofhighereducationinregionalandcitydevelopment-roundtablemeetingforregionsinvolvedinthesecondround. htm.

　　③ OECD. Reviews of Higher Education in Regional and City Development 2010—12 [EB/OL]. (2020—10—7) [2012—12—30]. https://www. oecd. org/education/imhe/reviewsofhighereducationinregionalandcitydevelopment2010—2012. htm.

de Geus）所言，"这次会议探讨了高校应以怎样的创新方式更好地使它们所处的城市和地区更强大、更廉洁和更公平。它强调了人力资本开发和创新中的关键问题，并确定了大学转型的方法"。① 此次会议同时还发布了第三阶段的政策报告《城市与区域中的高等教育——为了更强大、廉洁、公平的区域》（*Higher Education in Cities and Regions-For Stronger，Cleaner and Fairer Regions*）。在此基础之上，2012 年 9 月，组织召开了此项目的总结性会议，"OECD 区域和城市发展高等教育圆桌会议——'技能，创业，创新和成长大学'"（OECD Roundtable on Higher Education in Regional and City Development "Universities for Skills，Entrepreneurship，Innovation and Growth"），在会上学习和分享了有关组织区域和城市发展中高等教育审查的经验；表达了为不同层次的政府和高校提供共享学习的机会的愿望；讨论了审查和组织相关工作中产生的关键主题；重点介绍了组织在技能、创新和企业家精神培养方面的新工作。②

（二）"高等教育优质教学支持"项目

在高等教育系统持续增长和多样化的背景下，社会对提供给学生的教育质量的关注日益增加。IMHE 的教学质量研究的目标是寻找有效的高等教育机构的质量举措并推广实践。该项目分两个阶段实施：第一阶段主要是概述提高教学质量的举措和政策。在该阶段主要通过文献综述、在线问卷调查、补充视频或电话采访、实地考察、专业会议五类方法开展实施。③ 其中，文献综述着重讨论了三个方面的问题，什么是优质教学，为什么它在高等教育中如此重要？如何具体加强教学？如何确保优质教学计划有效？在线问卷使用了标准化的在线调查表来描述每个机构的优质教学计划和参与程度。问卷的答案则提供了一套机构图解，其中包括每个参与机构的文件。机构图解从机构的角度反映了教学情况，它们构成了进行交叉分析的基本信息。OECD 公开了参与调查的 29 所机构中的 26 所机构的问卷信息④，这些机构分别如下（见表 5-2）。问卷一般包括 69 个问题，主要集中在

---

① OECD Conference：Higher Education in Cities and Regions—For Stronger，Cleaner and Fairer Regions，Seville，10—11 February 2011 [EB/OL]．（2020－10－7）[2011－9－10]．https：//www. oecd. org/spain/oecdconferencehighereducationincitiesandregions-forstrongercleanerandfairerregionssseville10－11february2011. htm.

② OECD Roundtable on Higher Education in Regional and City Development 2012 [EB/OL]．（2020－10－7）[2012－9－19]．https：//www. oecd. org/education/imhe/regionalandcitydevelopmentroundtable2012. htm.

③ IMHE. Overview of the Participating Institutions [R]．Paris：OECD，2008：1—29.

④ 具体问卷内容详见 https：//www. oecd. org/education/imhe/supportingqualityteachinginhighereducation-phase1-istitutionalillustrations. htm.

两个方面，机构的概况和背景以及优质教学计划的具体内容。根据调查问卷的答复，补充性的访谈和实地考察的记录，组织形成了《高等教育教学的质量和相关性：参与机构概况》（*Quality and Relevance of Teaching in Higher Education：Overview of the Participating Institutions*）报告，并于2008年12月在西班牙加泰罗尼亚开放大学举行会议向与会机构进行了介绍与讨论。经过此次研讨，来年OECD在伊斯坦布尔理工大学召开了"优质教学'什么有效'"会议（"What Works" Conference on Quality Teaching），正式发布了第一阶段报告成果《吸取我们的教训：高等教育优质教学回顾》　（*Learning Our Lesson：Review of Quality Teaching in Higher Education*）。此阶段调查的主要发现如下。

1. 近几十年来，学生学习要求的变化对课程内容和教学方法产生了决定性影响。因此，必须根据高等教育环境中的情境变化来动态地考量教学质量；

2. 制定有效的教学质量制度政策，需要两组因素之间的协同作用：国际一级（例如博洛尼亚进程）的外部因素，它们作为促进者，为营造有利于承认教学质量为优先事项的总体气候提供了条件；制度背景等内部因素（例如任命新的校长）可能会影响优质教学计划的发展速度；

3. 机构为提高教学质量而采取的绝大部分举措都是经验性的，可以在特定时期满足其特殊需求。受到学术文献和有关该主题的相关研究的启发较少；

4. 对于一所大学而言，要在制度政策下连贯地整合这些举措，仍然是一项长期的、非线性的努力，受到多重因素的制约；

5. 机构应意识到，大学的当地环境决定着其对教学质量的责任程度，而大学高层领导责任的可持续性是成功进行优质教学的必要条件；

6. 鼓励教职员工自下而上的主动性，将其置于有利的学习和教学环境中，提供有效的支持并激发反思，这些都有助于提高教学质量；

7. 机构的规模和特殊性都不会对机构政策的发展构成主要障碍，只要该机构管理层的参与明显且持续进行，并为该课程的教学质量预留足够的资金和适当的设施即可；

8. 就院长而言，院长的参与也是至关重要的；

9. 部署教学质量政策还取决于机构能否在质量支持的技术方面（例如，编写课程评估问卷）和基本问题（例如，评估教学举措在实现课程目标方面的附加值）之间取得平衡；

10. 高质量的教学举措强调了教学在教育变革过程中的作用，完善了研究与教学之间的相互作用，并且应在学术界滋生出质量文化；

11. 机构需要开发创新的评估方法，以衡量优质教学的影响；

12. 对教学质量的支持通常会引起人们对教师在教学过程中责任感的认识，同时机构也有责任帮助他们完成任务。[①]

表 5-2　26 所参与高等教育优质教学项目的高等教育机构[②]

国家	高等教育机构
阿根廷	北方国立大学（Universidad Nacional del Nordeste）
澳大利亚	麦考瑞大学（Macquarie University）
比利时	天主教鲁汶大学（Université Catholique de Louvain）
加拿大	麦吉尔大学（McGill University）
	蒙特利尔大学（Université de Montréal）
	谢尔布鲁克大学（Université de Sherebrook）
丹麦	哥本哈根商学院（Copenhagen Business School）
芬兰	阿卡达应用科学大学（Arcada-University of Applied Sciences）
	劳里亚应用科学大学（Laurea-University of Applied Sciences）
法国	里尔法律与医疗卫生第二大学（Université de Lille 2 Droit et Santé）
	波城大学（Université de Pau et des pays de l'Adour）
德国	柏林自由大学（Freie Universität Berlin）
	美因茨大学（Johannes Gutenberg University in Mainz）
爱尔兰	都柏林技术学院（Dublin Institute of Technology）
日本	东北福祉大学（Tohoku Fukushi University）
立陶宛	米科拉斯·罗梅里斯大学（Mykolas Romeris University）
墨西哥	尤卡坦大学（Universidad Autònoma De Yucatàn）
荷兰	阿姆斯特丹自由大学（VU University-Amsterdam）

---

①　OECD. Learning Our Lesson：Review of Quality Teaching in Higher Education ［R］. Paris：OECD，2008：5.

②　另外三所参与第一阶段调查的机构分别是瑞士日内瓦大学（University of Geneva）、英国伦敦大学教育学院（The Institute of Education—University of London）、美国亚利桑那大学（University of Arizona）。

续表

国家	高等教育机构
俄罗斯	国立高等经济学院（State University，Higher School of Economics）
西班牙	加泰罗尼亚开放大学（Open University of Catalunia）
	拉拉古纳大学（Universidad de La Laguna）
土耳其	伊斯坦布尔理工大学（Istanbul Technical University）
英国	提赛德大学（University of Teesside）
美国	阿尔维诺学院（Alverno College）
	西雅图城市大学（City University of Seattle）
线上大学	全球在线研究生院（U21 Global）

按国家首字母 A—Z 排序。

资料来源：Supporting Quality Teaching in Higher Education—Phase 1-"Istitutional illustrations"．［EB/OL］．（2021－1－26）［2005－12－30］．https：//www.oecd.org/education/imhe/supportingqualityteachinginhighereducation-phase1-istitutionalillustrations.htm.

第二阶段更详细地探讨优质教学的机构经验和方法。该阶段主要围绕"制定和分析当前以质量为主导的教学改进举措；调查教师和学生对支持优质教学计划的看法；进一步探索教与学之间的联系；研究评估教学效果的方法"四个方面的工作来进行。重点问题包括：如何在机构内对优质教学进行概念化？如何与其他机构政策和策略协同进行高质量的教学？支持质量教学的感知价值①是什么？在评估相关影响时可以置信于什么水平？机构在多大程度上可以在机构内传播和维持优质教学？机构如何确定教与学的影响？学生如何参与机构内部支持优质教学的活动？在这一阶段，组织运用了案例研究的方法，在对相关参与机构，南非开普半岛科技大学、匈牙利罗兰大学、芬兰劳里亚应用科学大学、俄罗斯国立高等经济学院、巴西坎皮纳斯州立大学、西班牙加泰罗尼亚开放大学、葡萄牙天主教大学、加拿大拉瓦尔大学、墨西哥韦拉克鲁斯大学、墨西哥国立自治大学、意大利卡塔尼亚大学进行了充分的调查之后，于 2011 年 12 月在墨西哥 CETYS 大学召开了第二届"优质教学'什么有效'"会议，来年发布了成果报告《促进高等教育

---

① 这是一个营销术语，感知价值是顾客对产品或服务的价值及其满足其需求和期望的能力的评价，特别是与同行相比。

优质教学：政策与实践——IMHE 给高等教育机构的指南》（*Fostering Quality Teaching in Higher Education：Policies and Practices—An IMHE Guide for Higher Education Institutions*），提出了调节教学质量的 7 个政策杠杆，分别是：提高对优质教学的认识；培养优秀的教师；吸引学生；为变革和教学领导创建组织；调整制度政策，促进优质教学；突出创新作为变革的动力；评估影响。①

（三）"衡量和比较人力资本的'全技能'"项目

半个多世纪以来，OECD 都一直尝试为成员国和伙伴国的各级各类教育构建主题多样的信息库和数据库，也就是所谓的"智库"。从 20 世纪 60 年代开发的"教育投资规划统计需求手册"（也称为"绿皮书"）、《弗拉斯卡蒂手册》，到 70 年代开发的指导政府决策的"教育指标框架"，再到 80 年代末 90 年代初的"教育概览"指标、在线信息系统，21 世纪初的 CDH 指标体系等，足以看出组织对于高等教育信息指标开发的重视。然而，已不同于四五十年前，高等教育基本只涉及为培养社会精英而提供的"象牙塔"般、学院式的大学模型，② 如今的高等教育机构更加的多样化，这也给利益相关方带去新型的挑战，例如，何以最佳地彰显学生的要求，提高他们的综合素养；如何提高高等教育体系的办学效率等。加之通信和教学技术的换代更新，在线教学和学习的迅猛发展已成为高等教育中增长最快的一部分，面对如此大规模且依然在不断增长的学习对象、广袤的地理范围以及学习虚拟性的增加，补充监管形式以真正提高教学和学习质量逐渐成为各国亟须解决的问题和改革的方向。至于如何在全球范围内衡量学生的学业成果，构建国际比较框架，PISA 项目的成功给予了组织很大的信心继续开发和搭建高等教育领域的评估平台和指标体系。从一定程度上来说，信息技术和大数据技术的发展是 OECD 迅速占据国际组织教育治理工作"大佬"地位的重要原因。

在教育和经济政策趋同的时期，OECD 在提高其在高等教育领域的影响力方面处于较为有利的地位。通过在知识经济、终身学习和技能方面的有影响力的工作，帮助各国政府形成了对提高生产力和维持经济增长而必须建立的教育体系的理解。与此同时，OECD 制定并希望逐渐扩大学习成果评估的范围，以衡量在新世纪中被关注的重要技能和能力。于是，在 2006 年 6 月雅典举行的教育部部长会

---

① OECD. Fostering Quality Teaching in Higher Education：Policies and Practices—An IMHE Guide for Higher Education Institutions [R]. Paris：OECD，2011：3.

② OECD. Assessment of Higher Education Learning Outcomes Feasibility Study Report：Volume 1—Design and Impelementation [R]. Paris：OECD，2012：15.

议上，衡量和比较人力资本的"全技能"项目被发起，学名称之为高等教育学习成果评估（The Assessment of Higher Education Learning Outcomes，简称AHELO）。其本质就是利用数据采集和仓储技术监测和跟踪学生的学习效果。同时与会专家建议，可行性研究应同时考虑横向批判性思维和解决问题的能力，这些能力是在学术和商业环境中取得成功所必需的，并应主要集中于一个或两个学科的主题测试。于是，OECD确定了工程和经济学专业为主要的测试科目。[①] 在项目参与的选择方面，参与每个技能项目的国家和地区均遵循自愿原则，组织在综合考虑语言分布以及地域的前提下最终确定了测试国。通用技能项目在9国实施测量：哥伦比亚、芬兰、埃及、科威特、韩国、墨西哥、斯洛伐克、挪威、美国（康涅狄格州、宾夕法尼亚州、密苏里州）。经济学项目在7国实施测量：埃及、意大利、比利时（弗兰德斯地区）、荷兰、墨西哥、捷克、俄罗斯。工程学项目在9国实施测量：加拿大（安大略省）、阿联酋、哥伦比亚、澳大利亚、埃及、墨西哥、日本、俄罗斯、斯洛伐克。[②]

该项目共分为三个阶段。2010年至2011年为第一阶段（量表开发与试测阶段），该阶段的主要工作是确立初始理念证据，进行工具开发和小规模验证。[③] 核心工作在于工具开发，即量表的制定，其中经济框架和评估工具开发由组织内的教育测试服务小组（ETS）负责[④]；工程框架和评估的工具开发由澳大利亚教育研究委员会（ACER）、日本国家教育政策研究所（NIER）和佛罗伦萨大学负责。[⑤]之后，初版量表被翻译成了不同语言，在各国对量表有了初步认识之后，项目组要求每个参与国的少数学生提前参与测试以对这一评估工具进行定性验证，在汇总了被测对象的访谈记录、教师意见之后，这些定性调查资料被汇报至项目组供修订量表参考。另外，通用技能测试并未采用量表搜集数据的形式，而是采取了一种"口头研究"搜集数据的方式，前期测试内容包括认知实验和与学生受访者

① The Assessment of Higher Education Learning Outcomes [EB/OL]. （2020－10－9）[2016－5－30]. http：//www. oecd. org/education/imhe/theassessmentofhighereducationlearningoutcomes. htm.

② Karine Tremblay，Diane Lalancette，Deborah Roseveare. Assessment of Higher Education Learning Outcomes Feasibility Study Report：Volume 1—Design and Impelementation [R]. Paris：OECD，2012：83.

③ Karine Tremblay，Diane Lalancette，Deborah Roseveare. Assessment of Higher Education Learning Outcomes Feasibility Study Report：Volume 1—Design and Impelementation [R]. Paris：OECD，2012：86.

④ AHELO Consortium. Economics Assessment Framework [R]. Paris：OECD，2011：4.

⑤ AHELO Consortium. Economics Assessment Framework [R]. Paris：OECD，2011：4.

进行的"出声思维"访谈（think-aloud interviews）①。

2011 年至 2012 年为第二阶段（施测与分析阶段），该阶段的主要工作是采集可行性和实用性的证据以保证数据文件准备的充足性、分析样本平均加权、制定数据指标、分析信效度、撰写调查背景报告等。② 在这一阶段，项目组要求参与国成立国家项目管理中心，并且任命国家项目管理者（NPMs），负责监管测试在各国的实施。一些国家由政府相关负责人担任 NPMs；另一些国家，则由资深教师担任。他们的主要职责是要确保测试的执行与既定的量表技术标准和操作指南相一致，将关联性调查翻译成本国语言、向项目组提交数据、记录实施过程、撰写调查报告。另外，每个测试国任命一位机构协调员（ICs），其职责包括与 NPMs 保持紧密联系，协助其在高等教育机构中抽取相关样本，与测试管理者（TAs）一道，负责评估量表等工作。此外，TAs 还必须跟参与测试环节的所有学生均无职业关系或私人关系。另外，在参与两个及以上项目的国家，每个项目皆要求配备一位总评分人（LS），负责为学生的回答评分（见图 5-3）。③

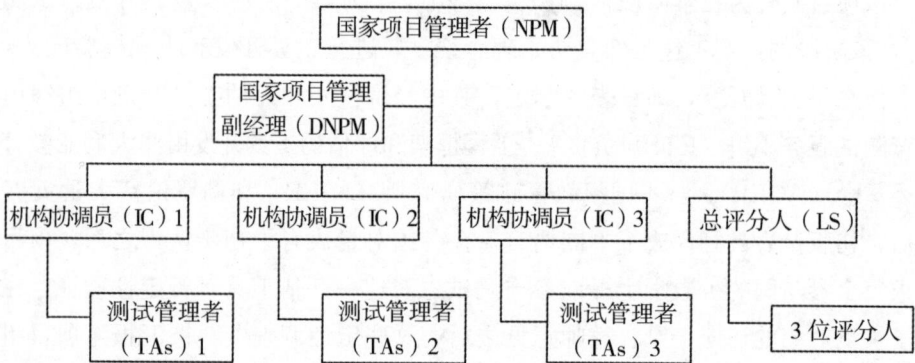

图 5-3　国家项目管理中心组织结构图

① 出声思维法是一种收集数据的方法，用于产品设计与开发、心理学和一系列的社会科学（如阅读、写作和翻译和翻译过程的研究）中的可用性测试。此思维法要求被试在完成指定任务时进行出声思维。要求使用者在完成任务时表达所有的思想、行动和感觉。这使得观察者亲身体验完成任务的过程（而不仅仅是最终产品）。要求测试中的观察者客观记录使用者所说的每一句话，不要试图解释其行动和言辞。测试往往以录音和录影进行，使开发人员可以回顾。这种方法的目的是明确执行特定任务者隐含的是什么。也就是说，要求被试只能描述他们的行为，而不要进行解释。这种方法被认为比较客观，被试只是报告他们是如何完成任务，而不是解释或证明自己的行为。

② OECD. Assessment of Higher Education Learning Outcomes Feasibility Study Report：Volume 2 [R]. Paris：OECD，2013：7.

③ OECD. Assessment of Higher Education Learning Outcomes Feasibility Study Report：Volume 2 [R]. Paris：OECD，2013：41.

　　资料来源：根据 OECD. Assessment of Higher Education Learning Outcomes Feasibility Study Report：Volume 2—Data Analysis and National Experiences Abu Dhabi National Centre Organisation Structure［R］. Paris：OECD，2013：7. 编译而成。

　　2012 年至 2013 年为第三阶段（增值测量研究阶段），该阶段的主要工作是总结项目的可行性研究结果。[1] 在前期两个阶段的工作告一段落之后，两份出版物《高等教育学习成果评估可行性研究报告（第 1 卷）：设计和实施》（*Assessment of Higher Education Learning Outcomes Feasibility Study Report：Volume 1—Design and Impelementation*）、《高等教育学习成果评估可行性研究报告（第 2 卷）：数据分析和国家经验》（*Assessment of Higher Education Learning Outcomes Feasibility Study Report：Volume 2—Data Analysis and National Experiences*）对各国的经验教训以及评估和背景调查结果进行了描述，组织成立了一个增值计量专家组（VAM），以对 AHELO 的主要研究可能产生的数据进行增值分析。VAM 法是指研究人员使用统计过程对学生过去的考试成绩进行预测，以预测学生将来的考试成绩，前提是学生每年的得分与过去几年的得分大致相同。然后将学生的实际分数与预测分数进行比较。预测分数与实际分数之间的差异被认为是由于老师和学校的原因，而不是由于学生的自然能力或社会经济状况。通过这种方式，增值建模试图将教师的贡献与教师控制范围之外的已知因素隔离开，这些因素会严重影响学生的考试成绩，包括学生的一般智力、贫困程度、父母的参与程度。[2] 但组织也指出该种预测方法可能在以下方面存在局限性：研究设计、标准评估的时间安排、优先措施的选择、背景数据、比较组的选择、学生样本的有效性、测试动机、指令设计等。

（四）"管理国际化"项目

　　在知识和技术全球化的时代，全球意识越来越被视为一个国家的重要资产。由于目前的劳动力市场要求毕业生具备国际交往、外语和跨文化技能，以便能够在全球环境中互动，因此各国高等教育机构更加重视机构国际化的发展。从 2000 年到 2010 年，在公民国以外接受高等教育的学生人数几乎翻了一番，[3] 这一趋势

---

　　[1]　OECD. Assessment of Higher Education Learning Outcomes Feasibility Study Report：Volume 3 ［R］. Paris：OECD，2013：7.

　　[2]　Value-added Modeling ［EB/OL］. （2020−10−9）［2020−6−5］. https：//en. wikipedia. org/wiki/Value-added _ modeling.

　　[3]　OECD. Education at a Glance 2012：OECD Indicators ［R］. Paris：OECD，2012：360−381.

可能会继续下去。全球一体化趋势加速了国际经济、文化、社会的融合式发展，从人才培养层面来看，如何能够让跨文化技能在全球环境中良好地互动，给各国的高等教育提出了挑战。在 2011 年 4 月举行的一场研讨会上，IMHE 成员和合作伙伴在会上讨论了管理国际化的新举措，确定了潜在活动和重点领域。为了进一步明确全球化和国际化对其高等教育机构产生了哪些影响，国际化在多大程度上体现在机构的治理和管理中，机构中的所有参与者（教师、学生、辅助人员）如何看待国际化，其如何实施国际化，国际化挑战如何影响制度策略、课程、教学实践、学生和教职员工的质量评估，成为国际机构意味着什么，这对国家政策和地方联系有何影响等问题，会议同意开展管理国际化项目（Managing Internationalisation Project），其主题被确定为"在不断发展的世界中为学生提供必要的技能"。

项目实施的环节依然遵循了 OECD 的审查传统，与以往调查项目不同的是，此项目通过在线讨论组事先确定调查的几大主题：国际网络的援助作用；政府政策和国际化战略；海外校园；高等教育机构的组织和学生融合；双重学位；知识产权；信息和通信技术；道德和价值观。① 之后的调查也倾向于对这几类问题的关注。组织先后召开了三次会议进行交流讨论。2011 年 12 月，召开了"实现和维持大众化高等教育"（Attaining and Sustaining Mass Higher Education）会议。会议认为，在世界范围内，大众化高等教育既是理想，也是现实。这也给各国带来了许多新问题和挑战，包括如何管理准入标准、质量和问责制、资金和筹资、机构多样性、国际化、技术和学术人员的管理等。在许多发达世界，大众化高等教育系统公共资金的维持和老龄化的人口问题正日益严重。与此同时，在许多快速增长的经济体中，特别是在亚洲，学术研究和教育投资正在蓬勃发展。②

2012 年 4 月，召开了第二次会议——"关于创造就业机会和经济增长的国际会议：在全球危机时期加强政府和系统政策的一致性"（Conference on Internationalisation for Job Creation and Economic Growth：Increasing Coherence of Government and System Policies at a Time of Global Crisis）。会议提出，高等教育系统可以用来支持 21 世纪的经济发展。在全球经济危机之时，创造就业，发

① Managing Internationalisation［EB/OL］.（2020－10－7）［2012－9－30］. https：//www. oecd. org/education/imhe/managinginternationalisation. htm # Conference.

② IMHE General Conference 2012：Attaining and Sustaining Mass Higher Education［EB/OL］.（2020－10－7）［2011－12－30］. https：//www. oecd. org/site/eduimhe12/.

展经济复苏政策，发展人力资本，培养创新意识至关重要；学术界以及工商业之间的相互作用是关键；政府和系统政策的目标应是最大限度地利用国际化的好处，并从参与新的经济/社会范式中获得回报；学者和机构应该能够优化政府政策，并实施涉及整个社区的最佳国际战略；工业和服务发展模式需要支持并利用政府政策；虽然大学与产业的关系已经提上议事日程，但政府、工业界和学术界在不同的职权范围内独自运作的现象仍普遍存在。因此，国际化作为三者相互联系的一个重要方面，必须将其视为促进三方活动更加动态融合的一种手段。①

2012 年 9 月，召开了第三次会议——"国际化战略管理会议"（Conference on Strategic Management of Internationalisation）。会议提出，在管理国际化方面，机构面临着一系列挑战。它涉及成本和利益，必须仔细权衡。组织建议机构可以在四个主要领域更有效地管理国际化：了解影响国际化的环境；制定国际化的战略方针；优化实施；监测和评估。② 伴随着此次会议的结束，组织随后发布了该项目和会议讨论内容的总政策报告《国际化路径及其对机构管理战略实践的意义——高等教育机构指南》（*Approaches to Internationalisation and Their Implications for Strategic Management and Institutional Practice—A Guide for Higher Education Institutions*），该报告针对以上内容给予了具体的政策建议。

（五）"创新、高等教育与研究发展"项目

由于许多大学拥有数十亿元的财政预算，它们的规模要求能够高度胜任的领导。这一角色需要具有非凡才能的人，他们的责任是多方面的。③ 然而，虽然卓越的领导和管理保证了良好的治理，但其他两个组成部分也十分重要，即优质的师生和坚实的学术资源。④ 高等教育管理机构的专业化影响了财政、学生入学、建筑和场地管理，特别是在机构自主权大幅增加和机构内治理安排发生变化的国家。⑤

---

① "What Works" Conference on Internationalisation for Job Creation and Economic Growth, New York, 12—13 April 2012 [EB/OL]. （2020-10-7）[2012-4-13]. https://www. oecd. org/education/imhe/whatworksconferenceoninternationalisationforjobcreationandeconomicgrowthnewyork12—13april2012. htm.

② IMHE. Approaches to Internationalisation and Their Implications for Strategic Management and Institutional Practice [R]. Paris：OECD, 2012：40—42.

③ Kearney, M. L., R. Yelland. Higher Education in a World changed utterly：Doing more with less [R]. Paris：OECD, 2010：4.

④ Salmi, Jamil. The Challenge of Establishing World-Class Universities [M]. Washington D. C.：The World Bank, 2009：16.

⑤ Asa Olsson, Lynn Meek. Policy brief：Research and Innovation Management [R]. Paris：OECD, 2013：3.

此外，高等教育机构越来越依赖对整个高等教育系统的研究，这有助于帮助它们更好地了解外部环境，以制定相关的战略计划。因此，创新、高等教育与研究发展项目（Programme on Innovation，Higher Education and Research for Development，简称 IHERD）应时而生。其主要目标是增加有关高等教育研究和创新中的政策和管理手段的知识，并说明其对不同国家和机构环境的影响。进一步来说，该项目旨在改进国家能力建设的战略方法，以便各国能够更好进行可持续发展。①

该项目包括两个子计划，一个是"机构管理和高等教育政策"计划，该计划的运行主要由 IMHE 负责，另一个是"研究和创新政策二级方案"，主要由 CSTP 负责。因此，为与主题契合，笔者着重围绕第一项计划进行分析。该计划主要致力于对新兴经济体和发展中国家的创新、研究和发展政策进行分析，如对柬埔寨、马来西亚、泰国、越南、加纳、肯尼亚、乌干达在政策和机构层面的研究和创新管理的有效性进行了比较分析，② 以及西方发达国家对发展中国家研究能力进行援助的回顾等。③ 在此基础上，OECD 举办了多场专家会议，如"'公共研究资助图景'专家会议"（Expert Meeting on "Public Research Funding Landscapes"）、"政策和机构层面研究和创新管理的有效性"（Effectiveness of Research and Innovation Management at Policy and Institutional Levels）会议、"在非洲政策和体制层面实施研究和创新政策"（Implementing Research and Innovation Policy at Policy and Institutional Levels in Africa）会议、"'创新、高等教育和研究的变化景观及其对发展的影响'北欧专家会议"（Nordic Expert Meeting on the Changing Landscape of Innovation，Higher education and Research and Their Iimplications for Development）。通过这些会议，聚集了来自 47 个国家的 211 位专家，为发展中国家创新与研究政策的设计献计献策。

---

① OECD. OECD Programme on Innovation，Higher Education and Research for Development [Z]. Paris：OECD，2011：1.

② Åsa Olsson，Lynn Meek. Effectiveness of Research and Innovation Management at Policy and Institutional Levels in Cambodia，Malaysia，Thailand and Vietnam [R]. Paris：OECD，2012；James Otieno Jowi，Milton Obamba. Research and Innovation Management：Comparative Analysis of Ghana，Kenya，Uganda [R]. Paris：OECD，2012.

③ Janet Halliwell. A Review of Canadian Support for Capacity Development Initiatives that Support Research in Developing Countries [R]. Paris：OECD，2013. Åsa Olsson. Funding Instruments and Modalities in Swedish Development Assistance [R]. Paris：OECD，2013.

第二节 "包容性增长"背景下 OECD 高等教育政策形成原因分析

知识经济从 20 世纪 80 年代兴起，发展到 90 年代中期达到了高潮阶段。随着"知识"和"经济"两个因素因果关系的转变，OECD 也一改以往（经济重建阶段）将知识商品化的态度，而将知识本身看作一种新型的经济形态予以研究。在这一经济形态的影响下，全民终身学习概念被 OECD 强调，这就不仅仅要求教育质量得到提升，更要得到保障。因此，质量内涵由此也得到了丰富。在这一时期，独立个体的需求和技能的综合发展愈发受到重视。这既是历史发展的必然趋势，同时也是组织内部指标和统计工作发展到了成熟时期所致，当然也与包容性增长战略密切相关。可见，此阶段 OECD 的高等教育政策发展处处体现出"内涵式"特征。笔者将这一阶段 OECD 高等教育政策形成的原因概括为以下几点：新型经济形态——"知识经济"的形成与影响；高等教育向普及化过渡中"质量观"的内涵变化；OECD "指标和统计文化"的发展与成熟促进了对教育成果的分析；高等教育私人回报和个人需求日益明显。

一、新型经济形态——"知识经济"的形成与影响

1996 年，OECD 发表了《以知识为基础的经济》（*The Knowledge-based Economy*）报告，首次在国际组织文件中正式使用了"知识经济"这一概念。自此，"知识经济理论"成为 OECD 开展各项工作的主要指导思想。"知识经济"代表了一个崭新的经济时代的到来，以及一种新型经济形态的产生。这种新型经济的增长模式与传统经济模式不同，它的主要发展动力源于信息、技术和学习在经济发展中的作用。对于这一现象，美国经济学家奥利·克里斯滕森·罗默（Ole Christensen Romer）提出并强调，各国在计算经济增长的成本和效益时，应当将知识列入生产要素的函数公式中。知识经济即以知识为基础的经济，这正体现了知识对于现代经济可持续增长的基础性作用，它能够准确地反映出知识

经济的现实。^①在此份报告中，OECD 对"知识经济"的内涵作出了界定：指建立在知识生产和信息转化、决策分散与消费基础上的经济，是与工业经济，甚至农业经济相对应的一个概念，可以将其看作后工业时代以来出现的新型的经济形态。知识经济代表着当今世界一种新的经济类型，是一种富有生命力的经济。^②

自从"知识经济"的概念被组织认可并确立之后，组织的教育分析工作越来越多地聚焦于了解知识经济模式的动力学理论以及它与传统经济模式之间的关系上。它强调："不断增长的知识编码的趋势以及通过通信与计算机网络对这类知识进行传播，促进了信息社会的形成。劳动者需要掌握广泛的技能并不断地加以交叉运用，这就构成了学习经济的基础。不断更新的知识和技术扩散的重要价值敦促人们更好地认识知识网络以及国家创新体系。"^③由此看来，知识的传播、编码、学习、应用与创新，将成为 OECD 今后最重要的活动。

"以知识为基础的经济"这一概念，在知识供给与经济发展之间，创造了一种无可争议的联系，同时也间接地促使了高等教育成为提高国家竞争力的关键机制。这一概念促使人们对高等教育的重新认识与理解。新兴知识逐渐成为我们生活中的重要资源并构成了新的消费基础，也成为了经济发展的主要动力，它促使时空交流的界限一再缩短，改变了民众的价值观念，解构并重构着产业结构。"学习的过程将延长至一生。所学知识和技能不再只是谋生资本，而成为了个体内生性需求得以实现的基本条件。这一巨大的变化推动着一个新的经济时代的到来，其核心是以高技术为代表的知识、以智能为代表的脑力资本、以科技为中心的生产力系统"^④。在高等教育领域，培养高熟练技能劳动力的需求也因此成为了 OECD 高等教育工作的焦点，它强调各国今后的高等教育政策要注重对学生各种可替代性技能的培养，还要培养他们的适应能力和灵活应变的能力。承认基础设施的重要性以及加大对研究和培训的投资，还要承认企业的核心作用。^⑤OECD 将高等教育政策发展的优先重点概括为"提高人力资本素质"，其目标即保障优质人力资本的

① 知识经济 [EB/OL]. （2020—8—15）［2020—5—21］. https：//baike. sogou. com/v65261. htm? fromTitle＝%E7%9F%A5%E8%AF%86%E7%BB%8F%E6%B5%8E.

② 经济合作与发展组织. 以知识为基础的经济（修订版）［M］. 杨宏进，等，译. 北京：机械工业出版社，1998：5.

③ 经济合作与发展组织. 以知识为基础的经济（修订版）［M］. 杨宏进，等，译. 北京：机械工业出版社，1998：5.

④ 经济合作与发展组织. 以知识为基础的经济（修订版）［M］. 杨宏进，等，译. 北京：机械工业出版社，1998：7.

⑤ OECD. Technology，Productivity and Job Creation ［R］. Paris：OECD，1996：3—21.

生成。

二、高等教育向普及化过渡中"质量观"的内涵变化

当所有人都能获得各种不同形式的高等教育的学习机会时，有必要更新教育概念和策略。成功学习的概念也应该用包容性更强的术语重新定义，更重要的在于需要重新定义质量和争取质量发展。21世纪前后，对机构透明度和绩效的要求以及不断增强的市场改革的意识，促使质量议题成为了热门话题。其中最重要的便是对学生教育经历的质量，即学生学业成就质量的评估，以及机构对为所有学生提供高标准教学条件的管理和领导方面的能力的评估，其本质是注重"绩效产出的质量观"。

首先，在与教和学相关的质量问题上，OECD认为应重点审视高失败率、辍学率以及未完成学业率这一问题。学生的辍学、不良成绩乃至学业的失败在不同的课程、计划以及高等教育机构中存在差别。毕竟，由于各种各样的原因，如对毕业生进行分轨的要求和规定，导致了"辍学"概念的非贬义性，在一些国家"辍学"的概念其实表达的是"暂停学业"的意思，因为学生也许只是暂时地退学或者从未打算完成整个学习计划，还有一些国家的学生从大学型机构转到非大学型机构并在那儿完成学习计划，并不能等同于学业上的完全失败。但无论在哪个国家，不管哪种制度，哪种类型的教育计划，对于提高完成率和成功率的要求都是一致的。对于当时仍不明确的怎样提高的问题，OECD提出了一些建议。第一，在高等教育机构的各层次上制定更加完善的制度。成员国应认识到，为了提高学习的产出和减少失败和辍学率，需要更多的制度性努力来保证高质量的学习，或至少在制度中以全面公平的方式为所有的学生提供能够成功学习所需的条件，如基本培训与定位、改善教师的选拔以及为其职业的继续发展提供机会。[①] 正如20世纪90年代中后期的美国，"许多州和地方政府都实行学校为学生负责的机制，绩效责任制在教育改革措施中十分突出。其核心是尝试从根本上改变学校的授权模式，以刺激教师对学生进行更有效的教学"。[②] 第二，增加必要的"学生研究"计划。如提供可提高学习技能的相关咨询、建议以及方法。比利时佛兰芒地区实

---

① OECD. Redefining Tertiary Education [R]. Paris：OECD，1998：100.

② Spillane J P.，Diamond J B.，Burch P.，Hallet T. et al. Managing in the Middle：School Leaders and the Enactment of Accountability Policy [J]. Edcuational Policy，2002（16/5）：3.

行了名为"10 点计划"（Ten-Point Programme）的技能指导项目，为中等学校毕业生提供更好的信息与定向。第三，各教育机构应努力改善教学计划。大学招生过多，导致了大量的学生排斥某些课程。这一问题在当时的德国尤为尖锐，并通过高等专业学校的扩展表现出来。在葡萄牙，鼓励个别工业学校进一步发展其特有形象，以解决其教学计划的地位与价值名声不好的问题。OECD 也建议，将各类教育机构与文化更为紧密地结合起来。

其次，为所有学生提供高标准教学条件的管理和领导方面的能力的评估，OECD 认为应强调绩效产出的质量观。早期，研究者对高等教育质量的研究主要集中于评估和测试。正如一些学者所总结的，"评估和测试已经成为执行教育政策的动力"。① 随着时间的推移，各国开始对提高高等教育质量的方法进行研究，正如前文所分析的致力于学生学业成就提高的各类做法。OECD 也于 2008 年起开展了为期五年的高等教育学习成果评估可行性研究，围绕"打造优质本科教育""以学生为中心的教学"等话题进行深入的调查和研究。随着各类方法的开展，组织开始意识到，"迄今为止，高等教育质量评估仍依赖于问责制等手段，但同等重要的是应考虑师生（受）教育经验的增值问题，这也是教育发展的目的"。② 因此，更多的国家继而将目光延伸到了这些评估的效用层面，即这些评估是否真正发挥了作用，是否真正提高了教育的质量。如，"学生测试成绩对于作出相关决定具有重要作用，如学校基金、教师晋升和课程选择"。③ 也就是说，各国开始关注教育的产出效益，许多国家设置了超越成绩要求之外的绩效标准。OECD 也强调过，"某种质量评估机制或许会通过强调'学术上的正确性'，从而使课程和教学处于僵化。能够兼顾多种观点，包括学生观点的评估程序，总体上要比那些给予某些行为者以高度特权的程序更为可取"。④

综上所述，学生学业成绩质量评估以及绩效产出的质量保障已经成为新世纪质量概念的主要内容，无论从制度范围来看，还是对高等教育机构本身来说，质量的概念已经变得越来越多样化。不难发现，对高等教育在经济与社会进步中的作用的越来越多的认识，社区范围内的消费者权利的增加、公民权利运动、商业

---

① Petrie H G. Introduction to "Evaluation and Testing" [J]. Educational Policy，1987（1/2）：175—180.

② OECD. Redefining Tertiary Education [R]. Paris：OECD，1998：69.

③ Urdan T C.，Paris S G. Teachers' Perception of Standardized Achievement Tests [J]. Educational Policy，1994（6）：137—156.

④ OECD. Redefining Tertiary Education [R]. Paris：OECD，1998：103.

行为的扩散、教育提供者之间的更加激烈的竞争等，[①] 这些均导致了教育机构要进行大范围的质量评估、保障与改善。

三、 OECD "指标和统计文化" 的发展与成熟促进了对教育成果的关注

OECD 的教育指标研究运动起源于 20 世纪 60 年代，那时为了帮助地中海区域的成员国进行合理的教育规划，预测未来教育供需的真实情况，在"人力需求法"的指导下一系列相关指标被制定了出来，如劳动力的现有存量、现有教育系统的平均流出量、由于死亡以及离退休而造成的自然减员量等，以便为所代表的国家汇编可比较的统计数据奠定基础。当时秘书处编制了一些大规模的教育系统计算模拟模型，如 SOM，该模型可审查一些政策选择的效果，包括未来的后果和教育系统内可量化定义的因素可能造成的动态变化。[②] 一些具体的实证性分析主要围绕以下几个主题：供给对人力估计的影响、职业分布的变化因素分析、人力需求的影响分析、人力需求对总需求资源的影响等，使用到的公式分析分别有 $L_{ij}=L_{ij}/X_j$、$(G^r-G^*)/G^r$、$L={}^{t\rightarrow}L. {}^{a\rightarrow}L. {}^e L$ 等[③]。[④] 根据数学模型计算所得出的统计结果和动态变化可能，OECD 汇编了《教育投资规划统计需求手册》（*A Handbook of Statistical Needs for Educational Investment Planning*），也被称为"绿皮书"（*Green Book*），希望手册中的各项建议能够逐步提高各国教育决策的效率（具体分析详见第二章第一节）。该手册促进了各国建立完善的教育统计系统，并推动成员国形成了"统一度量衡"，以增大成员国统计数据的可比性。此份手册为发展有效的教育规划方法作出了贡献，奠定了 OECD 在这一领域的领先地位。[⑤]

同一阶段，OECD 还开发了一款旨在收集和介绍使用 R&D 统计数据的手册——《弗拉斯卡蒂手册》（*Frascati Manual*）——其中包含了分析 R&D 的标准化

① OECD. Redefining Tertiary Education [R]. Paris：OECD，1998：101.

② OECD. SOM：A Simulation Model of the Education System [R]. Paris：OECD，1970：7.

③ L_{ij}：j 部门 i 工种人员的数量，X_j：j 部门对 GDP 的贡献；G^r：毕业生的预计需求，G^*：劳动力增长的预期；${}^{t\rightarrow}L$：按年龄组分列的总人口，${}^{a\rightarrow}L$：每个年龄组的就业活动率，${}^e L$：全球在职人口就业率。

④ OECD. A Technical Evaluation of the First Stage of the Mediterranean Regional Project [R]. Paris：OECD，1967：42—150.

⑤ George S. Papadapouls. Education 1960—1990：The OECD Perspective [R]. Paris：OECD，1994：52.

定义、概念和方法。该手册本质上是作为"收集和报告研究与实验发展数据的准则"而问世的，主要涉及衡量某行业研发部门的支出和人力资源，这些行业包括高等教育、政府、企业和私人的非营利性组织。[①] 它是全世界统计学家以及科学和创新政策制定者进行工作的重要工具，包括基本概念的定义、数据收集指南和汇编 R&D 统计数据的分类。[②] 1962 年，OECD 组建了科学和技术指标问题专家工作组（NESTI），共同负责该项工作的施行，该项目组商定了衡量和报告 R&D 统计数据的共同办法，并得到了与组织其他各委员会的公开在线协商和讨论。仅历时一年，于 1963 年出版了第一份报告《进行研究的实验发展调查的标准实践建议弗拉斯卡蒂手册 1963》（*Proposed Standard Practice for Surveys on Research and Experimental Development：Frascati Manual，1963*），该手册得到了 CSTP 和统计政策委员会（CSSP）的核可。至今，专家组对手册已经进行了七次修订，以应对新的挑战，并考虑到新出现的用户利益。*Frascati Manual* 这本手册自 1962 年出版以来，最初侧重于自然科学和工程，1976 年以来主要侧重于人类和社会科学方面相关指标的测量。[③] 在 2002 年修订的第六版《进行研究和实验发展调查的标准实践建议：弗拉斯卡蒂手册 2002》（*Proposed Standard Practice for Surveys on Research and Experimental Development：Frascati Manual，2002*）中，强调了高等教育在 R&D 工作中承担的重要作用（见图 5-4），第七版《进行研究的实验发展调查的标准实践建议：弗拉斯卡蒂手册 2015》（*Proposed Standard Practice for Surveys on Research and Experimental Development：Frascati Manual，2015*）中载有评估高等教育部门的指南，即如何确定各种高等教育机构，以及如何衡量支出、人力资源、机构内外部流动程度等。这些皆说明随着时间的推进，高等教育愈发成为 OECD 教育指标统计工作的重心。

---

① Frascati Manual [EB/OL]. (2020-9-12) [2019-3-22]. https：//en. wikipedia. org/wiki/Frascati _ Manual.

② Frascati Manual [EB/OL]. (2020-9-10) [2015-12-31]. http：//www. oecd. org/fr/sti/inno/frascati-manual. htm.

③ Johanna Kallo. The Role of the OECD in the Field of Higher Education Research [A]. Jung Cheol Shin，Pedro Nuno Teixeira. Encyclopedia of International Higher Education Systems and Institutions [M]. Berlin：Spring，2017：6.

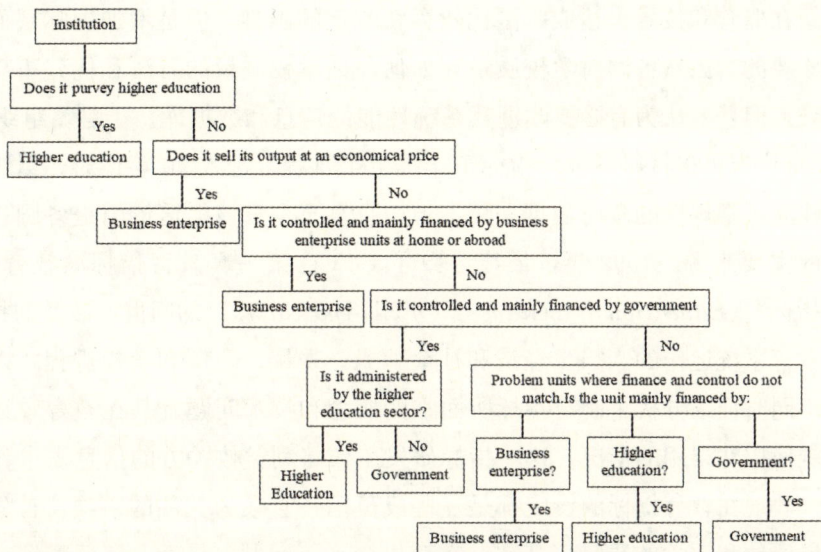

图 5-4 划分研发单位的决策树

资料来源：OECD. Proposed Standard Practice for Surveys on Research and Experimental Development：Frascati Manual，2002 [R]. Paris：OECD，2005：55.

始于 20 世纪 60 年代的教育指标统计工作，关注了统计指南方法和教育规划的统计需求。不过，基于规划的统计指标在当时仍被批评为过于简化和随意。有学者指出，"不是所有的统计资料均可被称为指标，可以作为教育指标的统计资料需要拥有一个供其作出判断的参照点，这些参照点通常为一些社会认可的标准、过往统计值，或者校际，区际与国际比较"。[①] 1973 年 4 月，OECD 发布了一份题为《指导政府决策的教育指标框架》（*A Framework for Educational Indicators to Guide Government Decisions*），提出了第一套真正意义上的教育类指标框架。这一套教育指标系统重点涉及衡量教育对社会的影响（具体内容详见第三章第二节）。到了 20 世纪 80 年代，由于石油危机导致的经济滞涨问题十分严重，政府在对公共部门进行财政削减的同时，也导致了在高等教育领域内对质量和问责问题的关切，同时还涉及在竞争日益激烈的世界中进行国际比较的再流行。

1987 年和 1988 年，分别由美国和英国在华盛顿和普瓦捷两个城市主办了两次国际性会议，专门针对教育系统指标（INES）的研发进行了探索性讨论。会议表

---

① Desmond Nuttall. The Functions and Limitations of International Education Indicators [A]. OECD. The OECD International Education Indicators：A Framework for Analysis [R]. Parid：OECD，1992：14.

明，尽管在概念和技术上达成跨国比较存在一定的困难，但是增加国际层面的协助是有必要的。虽然各国对学校质量和如何评估学校质量的看法和优先事项有很大的分歧，但普遍认为有必要改进其系统性能的信息和数据库。于是，组织在 20 世纪 80 年代末再次将研发教育指标工作提上了日程。进入 90 年代后，组织依托该项目建立了常规性的政府数据采集渠道，且直至今日该渠道依旧是各国教育指标数据的主要来源。1992 年，最终导致了 OECD 第一套教育指标《教育概览：OECD 指标》（Education at a Glance：OECD Indicators）的问世，涉及的指标类别包括教育系统运作的人口、经济和社会背景，费用、资源和学校进程，以及教育成果。同时详细分析了制定指标所面临的概念和技术问题及其在教育政策和管理中可能使用和误用的情况。这一指标研发工作将利益攸关方的信息需求作为行动纲领。表现在教育指标的设定都是一些成员国一直较为关注的事项：首先，是教育成果评估和教学的质量；其次，教育机会平等问题；最后，资源配置、资源管理的有效性以及充分性。[①] 90 年代中期，组织的信息服务委员会开发了在线信息系统（OLIS），为秘书处、各委员会和成员国之间的文件和数据统计提供了基础设施。有学者认为：如果没有 OLIS、email 和互联网的出现，OECD 的工作产出若要像 20 世纪 90 年代后期和 21 世纪那样增加，是值得怀疑的。[②]

教育指标系统工作的两个方面——发展性和实证性——继续保持下去的同时，组织更加希望能够在此基础上，使其教育指标更具诊断性和治理性。换句话说，教育指标应该能够直观地显示出教育改革的趋势和方向，提出的政策建议不仅仅停留在描述和比较阶段，更加要能够反映出教育现实背后的原因。[③] 于是，组织于 1992 年发布了新一轮指标框架模型报告《OECD 国际教育指标：一个分析框架》（The OECD International Education Indicators：A Framework for Analysis），强调"必须基于教育系统所依赖的背景性因素，再通过教育过程去理解教育效果或结果"。[④]

2002 年开始，OECD 更新了指标体系和概念框架：第一，重新划分了教育体

---

① OECD. OECD Handbook for Internationally Comparative Education Statistics：Concepts，Standards，Definitions and Classifications [R]. Paris：OECD，2017：20.

② Carroll，P.，A. Kellow. The OECD：A Study of Organizational Adaptation [M]. Cheltenham：Edward Elgar，2011：101.

③ [瑞] 安德烈亚斯·施莱克尔. 教育变革五十年 [J]. 孔令帅，译. 教育发展研究，2012（2）：72.

④ Herbert Walberg，Guoxiong Zhan. Analyzing the OECD Indicators Model [J]. Comparative Education，1998（34/1）：56.

系的四类行为主体：学习者、服务提供者、教学环境创设者以及教育系统构造者；第二，形塑教育成果的政策背景和杠杆；第三，明确教育指标涉及的政策问题。[①]《教育概览》系列报告皆围绕此份概念框架进行指标的制定和修改。但能够看出，其核心围绕着两重"生产函数"逻辑：一是教育生产除了某些个人与社会成果，二是某些特定因素生产出了教育中的公平与质量。[②] 综上，可见自 20 世纪 70 年代起，对成果评估的关注愈演愈烈，针对产出端的指标系统也愈发成熟，从指标和统计的侧重趋势能够理解教育成果或者说个体的所获不断成为组织的政策工作重点甚至是起着政策导向的作用。

四、高等教育私人回报和个人需求日益明显

21 世纪以来，高等教育回报率的明显提高，尤其在私人回报这一方面，促使了个体教育需求的迅速增长，同时也促使 OECD 不断改善高等教育政策的性质和内容。

OECD 对高等教育回报率的研究始于 20 世纪 60 年代，人力资本理论彻底改变了众多家庭的观念，越来越多的家庭倾向于投资高等教育，还引导了成员国大力开展教育规划工作。在高等教育回报率研究和人力资本理论刚兴起阶段，政府率先认识到了投入教育的重要意义，尤其是相关财政和教育部门。60 年代以来，各国高等教育经费支出不断增加，OECD 对于高等教育回报率的倡导以及对人力资本理论的推行功不可没。到了 80 年代后期，高等教育的私人回报对于家庭以及学生个人的影响伴随着"高等教育成本分担说"观念的盛行越来越大。90 年代以来，高等教育在许多方面都给学生带去了私人性回报，当然这也成为了学校和政府要求学生也一道承担教育成本的部分理由，但同时也成为了父母和学生愿意缴费上大学的重要原因。[③] 相关内容集中体现在《1998 年教育概览经合组织指标》（*Education at a Glance* 1998：*OECD Indicators*）、 《1998 年教育政策分析》（*Education Policy Analysis 1998*）、《人力资本投资：国际比较》（*Human Capital*

---

① OECD. Education at a Glance：OECD Indicators，2002 [R]. Paris：OECD，2002：7—8.

② 丁瑞常. 经合组织国际教育指标的演变及其全球教育治理功能 [J]. 清华大学教育研究，2019（5）：71.

③ 张民选. 高等教育对个人经济生活的影响成为 OECD 国家高教发展的重要动力 [J]. 比较教育研究，1999（5）：14.

Investment：*An International Comparison*）三份报告中，可归纳为以下几点。

1. 收入增加。影响个人收入的因素很多，虽然接受过高等教育并不一定能够给学生在收入方面带来十分显著的影响，但是，可以肯定的是，高等教育对个体经济收入的影响是一定存在的，是影响受教育者收入涨幅的关键因素。据 OECD 统计，受过高等教育层次的学生人口的平均收入，要远远高于那些未受过高等教育学生人口的平均收入。在 OECD 国家，前者比后者平均男性高 58%，女性高 61%（见表 5-3）。2. 就业机会增加。在 OECD 所有成员国中，受过高等教育的女性就业率皆远远高于高中毕业的女性。其中，初中及以下教育程度的女性，其就业率为 55%，高中教育程度的女性就业率为 68%，而受过高等教育程度的女性就业率为 82%。[①] 3. 进修时间增加。据统计，受过高等教育的人口在进修上所花时间也大大高于其他人口（见表 5-4）。4. 为下一代带来更多的教育机会。高等教育不仅能够为个人带来经济回报，也能为家庭带来持久的影响。1998 年，OECD 特设了"教育程度跨代影响"这一指标，指受过不同教育程度的父母，他们的子女参与高等教育的可能性。通过调查发现，父母的受教育程度会对他们的下一代产生巨大的影响。即便在高等教育参与率最为普及的美国，这一影响也是显著的。父母若接受过高等教育，他们的下一代至少有三分之一的机会进入高等教育；若父母仅有高中学历，下一代中进入高等教育的机会仅为五分之一。在一些国家中，这种机会甚至只有十分之一（见表 5-5）。

表 5-3　1998 年 OECD 成员国高等教育毕业人口相比高中毕业人口平均收入的增幅（30 岁—44 岁）

男性/国家	增幅（%）	女性/国家
	90～100	爱尔兰、英国
法国、匈牙利、新西兰、美国	80～90	美国
芬兰、葡萄牙	70～80	加拿大、瑞士、法国、葡萄牙
澳大利亚、爱尔兰、意大利、英国	60～70	芬兰
捷克、瑞典	50～60	捷克、土耳其
加拿大、捷克、挪威、土耳其	40～50	澳大利亚、德国、匈牙利、荷兰、挪威
瑞士、丹麦	30～40	丹麦、意大利、瑞典
荷兰	20～30	新西兰

---

① 张民选. 高等教育对个人经济生活的影响成为 OECD 国家高教发展的重要动力 [J]. 比较教育研究，1999（5）：14.

资料来源：根据 CERI. Education at a Glance：OECD Education Indicators 1998 ［R］. Paris：OECD，1998：37－62. 译制而成。

表5-4 不同受教育程度的成年人参与进修的时间比较

高中毕业生与初中毕业生相比	倍数	大学毕业生与高中毕业生相比
	3～4	波兰
	2.5～3	加拿大
比利时、荷兰、英国	2～2.5	澳大利亚、美国
美国	1.5～2	比利时、新西兰
澳大利亚、新西兰、波兰、爱尔兰	1～1.5	爱尔兰、荷兰、英国
加拿大	0.5～1	

资料来源：根据 CERI. Education at a Glance：OECD Education Indicators 1998 ［R］. Paris：OECD，1998：204. 译制而成。

表5-5 OECD国家不同教育程度跨代影响情况

46岁—55岁年龄组	跨代影响的比较[①]（单位：倍）	26岁—35岁年龄组
瑞士	5～7	波兰
比利时、荷兰、美国	4～5	瑞士
英国	3～4	荷兰、美国、英国
加拿大、德国、瑞典、新西兰	2～3	澳大利亚、比利时、加拿大、德国、新加坡、瑞典
澳大利亚	1～2	

资料来源：根据 CERI. Education at a Glance：OECD Education Indicators 1998 ［R］. Paris：OECD，1998：46. 译制而成。

21世纪前后，从高等教育对于私人回报的层面来看，其收益明显。这也促使了个人参与高等教育的愿望变得愈发强烈，而知识型社会的形成和发展正好又需

---

① 这里指父母受过高等教育其子女接受高等教育的可能性是父母只受过高中教育其子女接受高等教育可能性的倍数。

要培养个体的全面素质，以达到终身学习和构建学习型社会的目的。以上三方面原因均间接地表达了知识经济时代高等教育注重个体学习成果以及培养个体全方位技能的重要性和必要性，正如哈佛大学前校长陆登庭在北京大学百年校庆上指出："大学固然应当为经济发展作出贡献，大学教育也应当帮助学生从事有益并令人满意的工作。然而，对于一种最好的教育来说，还存在无法用美元和人民币来衡量的最重要的方面。最佳方面不仅应有助于我们在专业领域内更具创造性，它还应该使我们更善于深思熟虑，更有追求的理想和洞察力，成为更完善、更成熟的个人。"[①] 这与个体主动要求参与高等教育的愿望十分契合，无论从教育对象，还是时代发展要求和趋势来看，高等教育的发展将更加关注个体的教育成果，高等教育政策也将以提升人力资本的素质，尤其以优质人力资本为导向。

第三节 代表性政策文本内容：
规范全球治理须遵循的共同原则

根据统计，该阶段 OECD 在其政策实践的基础之上，发布的高等教育相关政策文本相较第四阶段来说，有了明显的转变，更倾向于在将人力资本的内涵定义为"个人所蕴含的能促进个人、社会和经济福祉的知识、技能、能力与属性"的基础上，同时发展高等教育的个人、经济和社会目标，促使其高等教育政策工作从调整期走向拓展与深化期。笔者选取了其中三份具有代表性的政策文本《重新定义高等教育》（Redefining Tertiary Education）、《教育政策分析 2005—2006：聚焦高等教育》（Education Policy Analysis 2005—2006：Focus on Higher Education）、《知识型社会的高等教育》（Tertiary Education for the Knowledge Society）进行分析。

代表性文本选取缘由：本阶段 OECD 发布的政策报告主要以项目报告为主，其主要开展了七个核心项目。针对每一个项目，OECD 习惯于发布国别系列调查报告，再间隔 1 至 2 年的时间发布总结性的建议类报告。有关报告的核心内容在本章第一节已分析过，因此，本节就不再赘述。本节主要介绍了三份具有解释和

---

① 恩雅. 世界名校精英榜 [M]. 北京：中国国际广播出版社，2002：102.

指导性质的报告，旨在更加清晰地呈现在知识经济时代和全民终身学习时期，OECD 对高等教育进行深层次内涵式治理的主要内容框架。

一、《重新定义高等教育》报告

OECD 成员国对高等教育已经进行了重大的政策和结构性改革，但随着各国的调整，新的问题也一直在涌现。因此，OECD 通过《重新定义高等教育》报告，为高等教育发展的部分内容提出了政策建议。

(一) 明确了课程设计的两种基本类型

以往 OECD 关于高等教育的课程分析大多是针对单门学科进行的，但是针对学生应获得的综合经验，和结合这些综合经验而制定的课程目标、价值观以及框架方面的研究很少。随着就业要求的不断变化、知识的不断发展，成员国逐渐开始重视学科间的联系，在授予学位的相关规定中包含了更多的综合性要求。另外，在地方分权和权利下放的背景之下，院校的责任大大增加，这些都对课程设计提出了更具战略性的要求。组织尝试从两个方面出发认识和总结课程建构的目标，一是学生的发展需要和兴趣指向，二是超越学生本身认知的知识获得。从这两个方面出发，课程类型应既适用于职业教育的领域，同时也适用于不考虑特定的职业价值的具有学术性质的学科结构。据此，组织概括出了课程设计的两个基本类型：其一为模块组合课程（modular），就是在一定的范围内提供可供自主选择各种不同课程的组合；其二为核心课程（core），这类课程一般为必修课，这些课程一般要按照时间顺序学习。[1]

模块课程的核心要素是学生自由选课，在积累到了符合单元学习要求的学分基础之上认定资格或授予学位，美国就采用了这种学分制：学生在一定时间内（一学期或一学年）学习有一定学分的选修、必修课程，通过考试积累学分，达到所规定的相应学分即可拿到学位。"模块"代表着在特定的时间段内完成的一种课程组合，获得的学分可作为拿到正规学历的标准，日本、新西兰、瑞典和澳大利亚也都有采用这种课程体系。这种模块组合的课程类型具有以下特点。

——任何课程的相关内容皆可被纳入到标准化的模块组合形式中；

——规定各种课程之间的时间序列和联结方式，完成之后即可达到一定的资

---

[1]　OECD. Redefining Tertiary Education [R]. Paris：OECD，1998：82.

格，或者获得一定的学历；

——完成规定要求的方式多样化，学生选择范围很广；

——学生的成绩是根据所完成的课程模块进行累积评价所获得的；

——模块课程的组合一般由院校机构提供。①

这种模式也遭受到了一些批评，有人认为它破坏了学科的连续性，分散了学科固有和传统的主题。因此，高等教育中还存在另一种课程设计的方法，即非模块化的结构。该种结构所依据的是一种整体的教育观，希望通过规定必修的课程，形成一种课程系列以及学习顺序。德国以及其他一些欧洲大陆成员国家的大学专业课程都包括了核心课程部分，而给予选修课程留出的空间很小。这种核心还包括一个必修的通用教育部分。它们相信，在这个机遇和需求迅速变化的世界中，关于学生在这个世界中应该做什么，应该知道什么，这个课题实在太大太分散，因此应该有一个通用的课程及原则，即使在不确定的社会背景下，也能超越学科和专业的限制。② 这种形式的课程设计要求学生按照规定的时间顺序和科目组合学习，具备高度的内部一致性。这一模式的提倡者其实并未将学生发展问题局限在劳动力市场方面，他们认为教育是为生命发展作准备，应该使个人和社会都能够从长期和短期教育两个方面得到益处。

对于课程应该建立在大量必修性质的基础之上，还是应该尊重学生的选择权，提供给他们广泛的模块组合以供选择这一问题，许多国家并非采取"非此即彼"的绝对态度，也没有一致性的意见，普遍的现象是不同利益群体以及院校机构各行其是。OECD 认为，目前关于课程争论更多的并非是课程结构的问题，而是质量和相关性的问题，即课程的教与学是否保证了一定的质量水平。它提出了有关课程设计方面的建议。它认为，单靠个别的院校机构、系所的学术自治型决策很难满足课程设计的总体要求，从决策主体层面出发，OECD 提议各国可以广泛采取一种"策源地"模式，该模式提倡机构管理者组成联盟以广泛吸收多学科内容和多方专家意见，为涵盖不同学习计划的特殊学科提供多方经验，包括适当的教学经验。组织认为，"大多数国家若能够进一步加强高等教育'第一阶段'课程设计中各院校机构间的联系，其效果将非常显著"。③

而在高等教育教学方式的改革方面，OECD 也提出了一些政策建议：（1）出

---

① OECD. Redefining Tertiary Education [R]. Paris：OECD, 1998：83.
② OECD. Redefining Tertiary Education [R]. Paris：OECD, 1998：80.
③ OECD. Redefining Tertiary Education [R]. Paris：OECD, 1998：80.

于多元化的学生年龄层次、学生半工半读的特殊需要、无法或者不愿接受以校园生活为中心的教学方式的学生的需要等方面的考虑，各国要不断认识并利用新的信息技术的巨大潜力，如交互式远程教育，引进新的教学方法。（2）教育部门、中央和地方政府、企业等联合建立新的建筑以促进学生学习的积极性，如新的图书馆、学习中心、社交中心等。（3）平衡教师队伍中教学与科研的关系，建立相应的机构帮助教师进行教学活动的评估，相较于列表式的报告评比，可以鼓励教师组织学生针对他们的评估结果进行讨论。（4）对新员工进行入门教育。（5）建立更复杂的方法选拔和培训教师，包括以企业为基础的兼职教师，例如在博士学位课程中引入教学的经验性课程。（6）学习一些国家教师联合会致力于建立正规的酬劳体系和职业发展体系的经验，使之紧密地与良好的教学业绩相挂钩。[1] OECD 相信，即便高等教育的历史遗留给我们的更多的是人物逸事以及关于师生关系的哲学性思考，但是更系统的教学——重视教学和改善教学——方式的必要性已经得到广泛认同并将受到广泛欢迎。正如时任斯坦福大学（Stanford University）校长杰拉尔德·卡斯帕（Gerhard Casper）曾说的那样："世界上所有的大学，包括最好的大学，其所有的系列，无一例外地都要接受针对其教学质量的综合的检查。"[2]

（二）高等教育突出合理化的决策、领导与管理

当所有人都能够获得各种各样不同形式的高等教育机会时，有必要提出一种新的高等教育概念和策略，以新的方法重新定义和提升高等教育质量。而对机构透明度和绩效的要求以及为了增强机构市场意识的改革，都已经促使改进管理成为人们的热门话题。人们普遍认为，体制和各类教育机构应更加广泛地考虑各种不同的利益和因素，增强对决策的精确度和速度的需求，作出许多多样化和越来越复杂的决定。从原因上来分析，分权和权利转移导致了中央的行政部门和高等教育不同机构，以及机构内部形成了新的责权关系。这不仅意味着新的责任，也意味着职责在更大范围内扩散开来。

在所有的高等教育体制中，皆存在着一种转向，即给予私人性质的教育机构校长以高度的权威和行政责任，以及比之前更加明确的职责。这种趋势导致了校长以及副校长权利的加强、学校委员会的管理流线化、各机构办公室领导的更多

---

① OECD. Redefining Tertiary Education [R]. Paris：OECD，1998：90—93.

② Gerhard Casper. Building on the Past：The Making of the Iris & B. Gerald Cantor Center for Visual Arts at Stanford [M]. California：Stanford University，1997：16.

权利以及机构内外部的竞争等。合同聘任制以及以教学业绩为基础的付酬方式在那时已经在一些国家出现。但是，利润最大化并非高等教育的最终目的，人们对企业界的这种做法，是否与其所期望的机构服务的多样化相一致提出了疑问。这种担忧说明了教育决策必须在各种事项中进行平衡。OECD 指出，这也与帮助有特殊需要的学生们——心理上的、生理上的需要等等——有关，针对这类群体进行的教育服务是属于劳动密集型和高成本的。① 虽然支持"企业化"管理方法的观点认为，有效利用资源、财政管理、营销、职员政策等是十分有价值的经验，但OECD 就相关问题对成员国进行考察时发现，这些有价值的经验往往不能以其独特的价值和使命完全地融合于学术环境中。② 尤其在教育主管机构愈发以简化规模和拥有更多外部成员为目标的背景下，这种转向引起了来自于教学人员与工会、学生组织等的批评。毕竟，不同国家之间的机构管理和决策传统是不同的。在德国，拥有确定行政岗位的学术专家属于国家公务员，也是他们一直在努力改善国家、联邦权威以及机构间的决策模式；在欧洲大陆国家，部门领导、主任、校长等联合管理的具有学院性质传统的管理风格，与英语国家更为普遍的合同聘任制形成了鲜明的对比。组织也提出了它所关心的问题，如政府等体制层面上的权威、学术委员会、教育机构的管理部门、资深的机构官员、系领导、各种利益群体，他们各自行使哪一种领导角色才能取得更好的决策效果？对质量进行管理时，那些具有远见、想象力、清晰的思路等品质的领导层的角色是什么？在此基础上，它总结出了几种较为典型的决策模式，分别如下。

　　一是瑞典的以学习的科目为基础的国家顾问委员会；二是日本与澳大利亚的普通大学或者高等教育顾问委员会；三是英国的准自治性投资机构；四是美国弗吉尼亚式的高等教育顾问委员会。这些国家皆拥有自己的政策咨询程序，有时非正式地通过部长或政府部门，有时通过明确的和正式的独立团体。最终得出的政策也具有多样化，有高度参与性的，也有高度行政指向；有社区与行业合作模式，也有自我管理的学术社团模式。③ 可见，分权和权利转移并没有减少中央或政府部门在制度层面的作用，但是改变了它们的作用方式。其中一个重要的改变就是，顾问、咨询与控制机制加强了，以及战略性决策得到改善。另外，也不能过分地视某一种特殊的体制结构是形成可行性建议及决策的必要条件，也就是说学院制

---

① CERI. Post Compulsory Education for Disabled People ［R］. Paris：OECD，1997：15—28.
② OECD. Redefining Tertiary Education ［R］. Paris：OECD，1998：111.
③ OECD. Redefining Tertiary Education ［R］. Paris：OECD，1998：115.

并不妨碍委员会或高级管理机构程序的改善，管理主义原则也应当在充分承认学术环境及其决策模式、机构文化以及历史的特殊性的条件下运行。组织也总结了部分成员国进行的改革，试图从中提取出一些具有普适性的政策建议（见表5-6）。

表 5-6　OECD 部分成员国关于决策模式的改革

序号	国家	具体改革内容
1	德国	逐渐降低高等教育机构内教学职员与学术单位个体自治的程度
2	澳大利亚	用现代的与商业、与市场相联系的管理风格取代学院制
3	新西兰	批评由于教育机构的内向性而导致的由各种学术控制的委员会管理效率的低下，建议通过减少学术性代表的数量与增加政府的"所有权利益"相关代表，扩大具有商业管理经验的那些外部利益的成分，来削弱管理机构的规模以及改变它们的构成
4	丹麦、瑞典	赋予大学资深馆员以及院校机构以新的权力，明确规定校长、系主任、系领导、督学的责任，要求大学评议会以及职员委员会中既要包括不同职员群体和学生代表，还要包括两名来自校外的代表
5	比利时佛兰芒地区、奥地利、捷克、波兰	努力提高院校机构与职员的决策权力，鼓励产生独立于教育部运行的顾问委员会，强化校长的角色
6	芬兰	努力简化大学行政管理机构的相关工作安排，同时要求这些机构要接纳来自大学内其他相关群体的代表，逐渐将人员的任用权从政府（主要由行政长官任用）转向各个大学
7	法国	由教育部和大学校长委员会联合成立的"现代化局"（Agency for Modernisation），以支持制度层面的变迁和机构管理能力的发展

资料来源：OECD. 根据 Redefining Tertiary Education ［R］. Paris：OECD，1998：118－121. 译制而成。

OECD 认为，对于教育机构这个主要的高等教育提供者来说，并非将关注的重点放在控制、管理、领导、决策的适应与调整上，考验它们的并非是过高的管理效率，即谁的需求得到了真正的认可，而是具有深刻见解和远见的知识储备以及富有想象力的领导形式是否能够得到很好的培养。只有通过这样的领导，有关"管理主义"决策风格与"学院制"决策风格之间的调和，高度集中化、地方化和地区化之间的关系，决策权的分配等方面的困难才能得以解决。组织提出了以下几点意见：（1）适当加强政府机构的决策与控制的角色。（2）适当提高资深的机构行政人员所具有的权威。（3）进一步规范高等教育机构范围内的学术委员会的责任。（4）利益相关者的普遍参与。

（三）促进以"公共支出"为主的财源筹措模式的多样化

在高等教育参与需求不断增长与更加多样化，以及来自政府的、商业的、职业的期望更加强烈的时代，各国都存在着高等教育成本如何得以满足的问题，进而导致了成本筹措的新模式。对于许多国家来说，尤其是那些欧洲成员国，政府仍然将高等教育视为具有高度公共利益的事情，一如既往地坚持继续将公共投资视为高等教育财政与资源的坚固基础，正如葡萄牙高等教育政策新方针的文献中所表达的那样，"公共投资是政府义不容辞的财政责任"。20世纪90年代后期，根据 OFCD 发表的《1997年教育概览》（*Education at a Galance* 1997）的相关统计，高等教育机构的直接公共支出仍然占据预算和成本的主要部分（见表 5-7）。

表 5-7　1994 年部分成员国高等教育支出资金的来源及占 GDP 的比例

国家	机构的直接公共支出	通过家庭与其他私人实体对机构的公共补贴	私人向机构支付的费用	机构的总体支出	机构的总体支出（包括国际来源）加上对家庭的补贴	私人支付的其他费用	对学生的财政补贴（不归属于家庭为教育机构与服务支付的费用）
澳大利亚	1.2	0.16	0.45	1.8	2.0	—	0.19
比利时	1.0	n	—	—	—	—	0.19
丹麦	1.4	n	−0.01	1.4	2.1	—	0.71
德国	0.9	0.01	0.1	1.1	1.1	—	0.09
日本	0.5	—	0.59	1.1	1.1	—	—
新西兰	1.1	0.29	—	—	—	—	0.29
挪威	1.4	n	—	—	—	0.75	0.75
瑞典	1.5	n. a.	0.11	1.6	2.2	0.68	0.54
英国	0.7	0.27	0.005	0.9	1.2	0.26	0.27
美国	1.1	0.02	1.24	2.4	2.4	0.12	0.02

资料来源：OECD. Education at a Galance 1997，Table B. ［R］. Paris：OECD，1998.

随着参与规模的逐渐扩大，各国需要考虑投资规模的大小，财政政策尤其是经费政策的战略要点逐渐集中在寻求和动员来自私人的和更广范围内的公共资源、提高效率以及刺激对需求的回应。[①] 经费筹措的战略性应用愈发在更加广阔的政策框架中被构思。OECD 概括了可能促使成本分担更加广泛的筹资模式。

第一种模式为以不同的途径筹措适当水平的学费。这种模式的出现基于这样一个事实：当高等教育注册量不断扩大，就业目标不断拓宽以及毕业生要从相对于需求来说人才供给短缺的教育体系中获益时，高等教育隐形地授予了学生一种权力，使其能够在毕业后获得可靠的工作和酬劳，这种相对优势及所涉及的高成本促使提高私人所要承担的学习成本的做法的出现。如澳大利亚的"高等教育筹资计划"（HECS）、新西兰的核心投资计划、英国的低收入家庭学费减免计划等。[②]

第二种模式为发展教育机构在提供教学及其他各种活动中的创收能力。该模式的本质即"合同制教学"，运用合作性教学研究活动所获得的其他支持性经费，或补充性资金来支付管理的费用。EDC 在《高等教育投资——当前的模式》（*Financing Higher Education：Current Patterns*）报告中认为这种创收性教学活动增加了高等教育初级阶段教学方面交叉补贴的范围。像美国的社区学院、澳大利亚的 TAFE 学院、英国的继续教育学院等都采取了"制定合同""成绩协议"等战略计划来进行这种合同制教学。[③]

第三种模式为系统地吸纳全日制、非全日制学生的收入。这种模式的特点是要求学生一边工作，一边学习。利用学习的同时所得的收入承担更大份额的高等教育投资。如日本的特殊培训计划、英格兰的周期性课程、苏格兰的模块化课程等都体现出了这一特点。

第四种模式为将公共资金与成绩指标结合起来以提高效率为目标的投资。这种投资具有两方面的特征：一是学生的生活补贴的条件仅限于规定的条款；二是机构所能得到的拨款以通过考试、完成学位的学生的数量为基础。包括丹麦的

---

① OECD. Redefining Tertiary Education ［R］. Paris：OECD，1998：147.

② 澳大利亚的高等教育筹资计划（HECS）要求每个学生在获得学位后偿还学习成本的四分之一；新西兰的核心投资计划规定学生可以通过学费贷款筹措资金，当收入达到一定水平后再分期偿还贷款；英国计划为低收入家庭的学生减少 1000 英镑的学费。

③ OECD. Financing Higher Education：Current Patterns ［R］. Paris：OECD，1990：1—101.

"计程器制度"、瑞典和芬兰的"学分制"、法国的"合同制"、美国的"合格鉴定制度"等。①

综上，投资机制正逐渐成为调节学习者的参与以及第三方投资者对高等教育进行投资与提供所需资源的有效杠杆，且机制类型多样化。然而，在新的经费投资方式中出现了一种情况，即预算内的公共性支出正在从高等教育总体水平的投资中区分出来。这样一来，公共性经费愈发被看作仅仅是教育投资的一部分，但在本组织看来，它却是十分重要的一部分。它强调，"在任何一个国家，持续且更为妥当的公共投资是无法回避的。即便是在那些私立教育机构注册量也相当大的国家，公共投资仍旧具有同样的力量，因为那些私立机构中的学习者也直接或间接地受益于公共投资，如通过为机构免税等措施"。②

OECD 认为，如果高等教育参与规模的增长超过了我们每一代人的一半到四分之三，就有很好的理由相信公共投资是高等教育财源的主要基础。因为在这种参与水平上，高等教育将更加被认为是具有更大社会利益的文化整体。肯定不会像以往那样主要通过培养精英对公共利益作贡献，而是秉持着高等教育是每个人"都应该去的地方"这样的观点，保证每个人都能通过接受高等教育从而实现公共价值。连续各代持续的高水平参与，在适用于收税受益原则的某些假设之下，将会降低非高等教育参与者通过纳税为参与者支付费用而引起的不公平效应。另外，组织还认为，财政障碍虽然可以通过非公共资源的债务，或者延迟付费等计划来解决，但是这些通过详细的资格审查和付费标准来实现目标的筹资机制有可能经常趋于复杂化而缺少透明度。因此，在提升那些处于边缘地带的参与者的支付能力的问题时，以上方法或许还不如直接的公共补贴有效。因此，如果公共政策期望高等教育的参与规模继续扩大，那么就意味着至少要保持对希望参与的人都应当没有什么阻碍，尤其要保持那些处于边缘的人不会遭遇到数额较大的上学成本的潜在阻碍。组织相信，公共投资的基本原理也会随着高等教育普及化的初级阶段参与率的不断增长（接近普及化的发展）而变得愈发显著，市场化的投资观念有可能减少在高等教育中有关学生入学、学生经验和成就的质量等方面所产生的公共利益。因此，OECD 认为公共投资应在整个经费投资中占支配地位。

总的来说，OECD 根据其相关考察，得出了两个关于高等教育运行所涉及的

① Wagner，A．Financing Higher Education：New Approaches，New Issues［J］．Higher Education Management，1996（8/1）：7.

② OECD．Redefining Tertiary Education［R］．Paris：OECD，1998：148.

成本和财政问题的结论：第一，随着整体费用的进一步攀升，显然各方都有责任寻求各类经济资助形式。第二，政府在财源筹措的过程中仍然扮演着重要角色，随着高等教育大众化水平的不断提高，公共支出部分理应加强。

二、《教育政策分析 2005—2006：聚焦高等教育》报告

《教育政策分析 2005—2006：聚焦高等教育》报告讨论了高等教育发展至 21 世纪 OECD 政策工作一些新的关注点。

（一）跨境高等教育的机遇与挑战

在 20 世纪 70 年代，各国还只将留学议程看作是学生见识世界的一种途径，主要希望以此途径形成精英型的国际人才网络。许多大学虽然欢迎国际学生，但是很少主动招募。到了 20 世纪 90 年代，在跨境高等教育方面出现了急剧性的增长，主要表现在教师和学生国际流动强度的增加，以及与跨境高等教育相关的项目与机构数量的增加。[1] 而新世纪以来，跨境教育已被视为经济发展的重要杠杆。据相关统计，1998 年至 2004 年，OECD 成员国的国外学生的数量增长了 70% 左右，高达 230 万人次。国家间和院校间在吸引国外学生上的竞争日益激烈，不同模式的跨境教育日益涌现，从而形成了新的政策背景。基于此，OECD 考察了高等教育国际化过程中的机遇和挑战，并提出了政策建议。

从机遇角度来看，首先可以敦促各国在竞争日益激烈的环境下制定或更新高等教育国际化战略。以往跨境教育多集中在学生的主动流动方面，而今，这一领域变得较为复杂，增加了许多并不涉及学生流动的跨境教育新形式，即教育项目和教育机构迅速加强了其跨境教育的流动性。如新加坡国内就读国外教育项目的本科学生多于直接流出的学生；我国香港在 2001 年有 40 个外国专业组织和 150 个教育机构与当地参与者进行合作，并提供了 645 个教育项目。[2] 在我国，1995 年至 2003 年与当地教育机构合作办学的外国教育项目增加了 9 倍。20 世纪 90 年代初期，各国的政策框架并非都支持在本国开设国外教育项目，但随着经济条件、运输条件、人口状况等导致的环境变化，促使各国在竞争日益激烈的环境下制定

---

① Knight，J. Internationalization Remodeled：Definition，Application，and Rationales［J］. Journal of Studies in International Edcuation，2004（8/1）：5—31.

② Olsen，A. E-learning in Asia：Supply and Demand［M］. London：Obervatory on Borderless Higher Education，2002：1.

或更新高等教育国际化战略成为可能。其次是促进国家利益的增长。高等教育国际化战略属于文化、政治等地缘战略的重要组成部分，可以帮助各国在全球化的背景下加紧联系，增进了解。另外，跨境形式的教育能够建构其国际知识网络，有助于提升知识传播的速度。在对经济增长产生的影响方面，在国内供给能力不足的情况下可以提高高等教育入学率，在这些增加的毕业生愿意归国工作的前提下，他们可以为国家生产力和经济增长做贡献，同时"出口创汇"[①] 也是优势之一。

为了各国能够合理制定高等教育国际化政策，OECD 的两份出版物《国际化与高等教育贸易》（*Internationalisation and Higher Edcuation Trade*）和《高等教育的质量与认证：跨境挑战》（*Quality and Recognition in Higher Edcuation*：*The Cross-border Challenge*），结合了最新的政策发展动向和可用数据，提出了诸多能够促使政策有效化的建议，这些具有协调性质的政策建议如下：（1）提供支持国内外学生获得跨国流动机会的奖学金。（2）灵活收取留学生学费。（3）建立健全国家高等教育体系的海外推介机制。（4）鼓励学术合作以及参与地区性国际学术项目。（5）赋予公立大学一定的财政自主权，帮助和鼓励公立教育机构拓展海外商业活动。（6）加强质量保证和国外文凭认证机制。（7）保持移民政策、发展援助政策、贸易政策、经济社会政策的协调一致。在移民方面，便捷的入境政策是吸引学生来留学的努力之一，如东道国工作许可、允许留学生在学业结束后在该国定居。[②]

从挑战角度来看，跨境高等教育在为成员国带来机遇的同时，也带来了一些挑战，OECD 提请各成员国注意这些问题。具体来说，第一，对发展中成员国家而言，有可能造成技术流失和人才流失。在 OECD 发布的 2004 年版《国际移民的趋势》（*Trends in International Migration*）报告中显示，1978 年至 1999 年期间，我国输出的留学生有 75％没有回国[③]；科学和工程领域的博士留学生在取得文凭后留在国外的比例，自 20 世纪 90 年代以来一直稳步增长，1992 年至 2001 年，特别是来自中国的博士学位的拥有者留居美国的人数比例从 65％激增到 96％，印度

---

① 出口创汇（Foreign exchange earning from export），即留学生在东道国的花费以及将本国教育服务销往海外。

② Tremblay，K. Academic Mobility and Immigration ［J］. Journal of Studies in International Education，2005（9/3）：34.

③ Iguchi，Y. The Movement of the Highly Skilled in Asia：Present Situation and Future Prospect ［M］. Paris：OECD，2003：29—50.

则从 72％增至 86％。有学者分析，"希腊、阿根廷、新西兰、中国、印度、伊朗、以色列等国的学生获得博士学位后留居美国的比例都超过了 50％"。[①] OECD 关注到跨境教育在增强发展中国家能力建设的同时也容易导致严重的技术和人才流失问题，因此给出建议：对于那些遭受技术和人才流失的国家，"自力更生"未必是最好的选择，在尽量减少人才流失的基础之上积极参与高等教育国际化进程，才是最好的选择。第二，容易导致贸易取代援助的现象。1995 年至 2001 年，澳大利亚和英国对发展中国家的中等后教育的援助急剧减少，同时它们的商业化教育服务大大扩大。对于贫穷国家来说，本就由于学费问题而难以施展的外国高等教育项目会更加举步维艰。因此，如何在发展和援助之间保持平衡，是很重要的事项。第三，对国家高等教育体系的冲击和国家高等教育政策产生影响，在入学机会和教育公平方面，可能会出现国际学生取代国内学生的局面；在质量方面，高等教育的跨国性、多样性和复杂性为一些诈骗犯，如文凭工厂、虚假认证、虚假机构提供了可乘之机，因此国际学位的认证过程和标准应该被严格地制定；在语言方面，在英语日益成为广泛的授课语言的同时，对一些国家的语言和文化政策提出了挑战。因此，OECD 提请各国考虑，一个国家是否真的有必要使用一门外语来提供跨境高等教育？如果是，又应该达到何种程度？

通过对 21 世纪前后 OECD 出台的有关高等教育国际化的政策文件的简要概括和梳理，可以看到，新时期 OECD 高等教育国际化政策的主要目标是形成"全球高等教育区"和"全球研究区"，而实现的途径是各国必须超越单纯的教育视角，结合本国情况和目标，联系多个政府部门，如移民部门、贸易部门等，以及与相关的经济和社会政策协调起来制定国际化政策，努力实现高等教育的国际化和品质化。

（二）教师职业的工作意愿与工作动机

作为重要的学校资源，教师是教学质量改进的关键。学校效率和公平的提高，很大程度上都取决于其能否保持一支热情高涨、技能高超、资源充足的教师队伍。据 OECD 调查，目前成员国教师激励方面的工作较为有限，尤其需要加强的是如

---

① Finn, M.G.. Stay Rates of Foreign Doctorate Recipients from US Universities, 2001 [J]. Oak Ridge Institute for Science and Education, 2003：3.

何通过相关政策为教师们提供一个有助于其专业发展的环境。①② 教师工作意愿的满足，教师工作动机的激发，是政策制定者要优先考虑的关键所在。经相关证据表明，教师工作表现的提升最能够增强学生的学习效果。例如，在英格兰，吸引学生接受师范教育的原因与个人意愿密切相关（见图 5-5），排名前两位的因素——"帮助年轻人学习""与孩子们或年轻人在一起"，"希望受到一位优秀教师的鼓舞"——又说明了内在动机因素的重要性。这正好验证了约克大学教授基里亚库（Chris Kyriacou）等人提出的职业选择模型的中心思想，即当学生"认真地考虑从教"问题时，他们的职业选择需求与教师职业所具备的特点，如能够学以致用、有智力挑战、回报社会之间的匹配度会不断提高。③

受到下列因素的强烈吸引而决定参加教师入职资格培训的学生比例

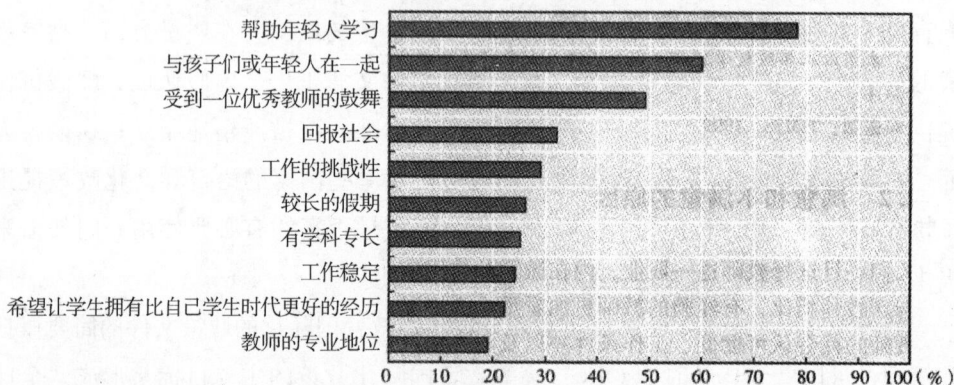

注：此图数据来源于一项对英格兰 4393 名预计在 2004 年完成（小学和中学）教师准入资格培训项目的学生调查。该项调查询问在一系列因素（共计 26 项）中哪些因素吸引被调查者接受教师教育。此图列出获选最多的十项因素，即强烈吸引大学生从教的十大因素。

图 5-5　2004 年英格兰吸引学生接受师范教育的因素

资料来源：Hobson，A.，L. Tracey，K. Kerr. et al. Why People Choose to Become Teachers and the Factors Influencing their Choice of Initial Teacher Training Route：Early Findings from the Becoming a Teacher（BaT）Project，Research Brief［R］. London：Department for Edcuation and Skills，2004.

为了研究教师认为最重要的可提升他们工作表现的事项，和如何更好地鼓励

---

① 经济合作与发展组织. 教育政策分析 2005—2006：聚焦高等教育［M］. 清华大学教育研究所，译. 北京：教育科学出版社，2008：72.

② OECD. Attracting，Developing and Retaining Effective Teachers［R］Paris：OECD，2005.

③ Kyriacou，C.，M. Coulththard，A. Hultgren. et al. Norwegian University Students' Views on a Career in Teaching［J］. Journal of Vocational Education and Training，2002（54/10）：103—116.

教师持续地提高他们的工作绩效，在那一时期，OECD 将工作主要集中在以往未受到研究者关注的"工作动机"层面，通过大量的实证研究以及田野调查，发布《教育政策分析 2005—2006》报告，以及 2005 年由 25 个国家参与的研究项目及其成果《有效教师的吸引、发展和留任》（*Attracting，Developing and Retaining Effective Teachers*），对于教师如何在工作中发展职业技能、寻求挑战、辅助学校改革、追求卓越等进行了探讨和总结，得出以下结论：（1）通过强化教师队伍的内在动机来塑造职业意识。（2）确保教师队伍的行为表现是来自于"自我激励"，同时确保自我激励的意识是来源于对学校行为价值的认可。（3）通过评估表彰机制对教师的工作能力和价值进行评价和认可。（4）以改善工作环境和条件以及提供薪资水平的方式激发教师队伍的工作动机。[①]

本报告提出了旨在增强教师团队工作动机的四大策略，分别如下：第一，提升教师团队的内在动机：将教学工作上升为一项需要丰富知识的职业；为职业的多元化和多样性提供更多的机会；将专业发展囊括进教师职业生涯的全过程。第二，培养教师的自我激励意识：改善学校氛围，提供领导能力；评估并认可教师有效的教学工作；在教师群体中建立一种"集体认同感"。第三，适当地使用外在奖励的手段：奖励多样化；将奖励与绩效挂钩，认可更具效能的工作表现；灵活的奖励机制；公平地对待每一位教师。第四，满足教师队伍的需求：提高薪资竞争力；提高聘用条件的灵活性；改善工作条件；完善新任教师的准入标准。[②]

通过对教师职业优质化发展的调查发现，新世纪前后教师政策的制定者一直面临着如何有效提高教师绩效水平和工作积极性的挑战，而 OECD 的相关研究告诉我们，教师的工作意愿和工作动机的变化是提高教师职业质量的重要政策事项。这一时期，OECD 区内教师政策的发展呈现出这样一个中心思想：确保教师的行为表现是在受到自我激励的条件下发生，并且这种自我激励的状态源自于教师个人对于学校的工作实践和管理行为的价值及其目标的接受和认同。[③]

（三）女性参与高等教育的进步与不足

OECD 一直关注教育政策制定中的性别平等问题。新世纪之初，在缩小性别

①　经济合作与发展组织. 教育政策分析 2005—2006：聚焦高等教育 [M]. 清华大学教育研究所，译. 北京：教育科学出版社，2008：73.

②　经济合作与发展组织. 教育政策分析 2005—2006：聚焦高等教育 [M]. 清华大学教育研究所，译. 北京：教育科学出版社，2008：88.

③　Segal，L.，E. Mauser，B. Weisbrod. Volunteer Labor Sorting across Industries [M]. Evanston：Department of Economics，Northwestern University，1994：427—447.

差异方面，成员国正规学历教育已经取得了很好的成绩。其中，与上一代女性接受教育相比，新世纪年轻一代的女性在获得中高等学历方面有了更多的机会。据2005年OECD《教育概览》统计，在三分之二的成员国中，大学毕业生中的女性比例已经等于或者超过了男性的比例。平均来看，20世纪90年代，在55岁至64岁的人口中，21%的女性获得了本科学位，男性为19%，在成员国中，除日本、韩国、瑞士、土耳其外，其余成员国的女性大学毕业生比例高达62%～68%。

但是，数量上的一致并不具有绝对性。从学习领域方面来看，差异仍然较为明显，尤其在数学和科学领域，这种性别差异持续存在，因此组织认为缩小性别差异的任务仍然任重而道远。随着就业市场不断发生变化，不同种类职业的收入，以及高等教育机构的招生政策都会影响学生将来进入高等教育时的专业选择。抛弃性别上的传统偏见，使得不同学科不存在固有的性别差异似乎仍很难实现。正如上文所说，尽管那次女性接受高等教育的比例迅速地提高，但是，据相关统计，在日本、荷兰、瑞士等国，科学专业毕业的本科生中女性比例仅有15%，芬兰和德国仅为27%，新西兰、葡萄牙、西班牙、意大利、墨西哥、土耳其、爱尔兰以及加拿大等国这一比例相对高一点，为40%。这些比例说明了绝大部分成员国的劳动力市场中，女性都是科学领域的少数群体。

纵观OECD成员国，主修不同学科学生的性别结构中，在人文、教育、艺术以及卫生和福利领域内，女性大学毕业生的比例达到2/3甚至更多，而在数理化领域，这一比例均低于1/3，在工程、制造、建筑领域，这一比例更是低至1/5。组织认为，职业抉择方面性别上的差异并不仅仅反映了历史层面的特征，还持续反映在当今高等教育机构的产出中。[①] 学业和职业路径的选择是否与学生中学时期甚至更早时期的学习成绩相关？这些性别差异主要出现在教育过程中的什么阶段，以及这些差异的特征表现有哪些？正是这些问题决定了OECD进行政策干预的方向，OECD将研究目光聚焦到了中学阶段。

通过2000年和2003年两次PISA调查结果，组织总结了四个方面的差异特征，分别如下：（1）兴趣取向和时间投入。对待特定学科的爱好、兴趣，即所谓的内部动力。2000年PISA结果显示，除爱尔兰、西班牙、葡萄牙和冰岛之外，15岁中学生中男女数学成绩差异很小或适中，但是男生对于数学学科的兴趣要比

---

① 经济合作与发展组织．教育政策分析2005—2006：聚焦高等教育［M］．清华大学教育研究所，译．北京：教育科学出版社，2008：119.

女生高得多；而 2003 年的 PISA 结果显示，中学生对于数学学科"更有兴趣"的国家虽然并不一定能够取得更高的成绩，但是在一国之内，与对数学学科兴趣较低的学生相比，更高兴趣的学生总能取得更高的成绩。（2）外部动机之工具性动机。组织认为，虽然学科成绩和学科兴趣之间是可相互加强的，但是也会受到其他外部因素的影响。① 成员国中 78% 的青少年都同意或非常同意在数理化学科方面的学习是值得的，因为有助于他们日后从事的工作，以及对他们生活的重要性。经调查，各国女生的这种工具性动机要比男生低，而工具性动机或外部动机对职业选择具有预测意义，因此这样的调查结果可在一定程度上解释女生对数理化学科具有较低兴趣的原因。（3）对数理化学科的自信力。学习者对于自己的学习能力具有主观上的意念，而且有证据表明，这些意念对于学习成绩具有重要的影响，与自身的学习成功具有高度相关性。自信力最主要的表现即对自身学术能力的信心，即自我概念。调查显示，许多自我概念类的问题都拥有较为明显的性别差异。成员国中，36% 的男生认为自己不擅长数学学科，对应的女生比例则为 47%；而在日本、韩国、意大利、葡萄牙、波兰、挪威、土耳其等，对应的女生比例则达到了 50%～70%。（4）数理化学科焦虑。学生不喜欢数理化科目的原因可能由早期经历的失败造成。平均来看，成员国中 50% 左右的男生和 60% 左右的女生会经常担心他们的数学课较难或很难，女生表现出了更高的焦虑感，情况最为显著的是加拿大、奥地利、芬兰、法国、德国、丹麦等国。

综上所述，OECD 强调政策制定者应当关注的是，教育体系需要引入注重数理化学科学习的态度和行为表现生成的方法，尤其是要关注女生，将这一任务设定为同认知教育一样重要的教育体系的核心使命，进而将这种理念融入贯彻到职前以及持续的教师在职培训中。

三、《知识型社会的高等教育》报告

OECD 开展的第二次大型的高等教育全面审查活动，"以知识经济为基础的高等教育项目"（*Tertiary Education for the Knowledge Based Economy Project*），可以认为是 OECD 在高等教育领域以项目运行方式开展的连续性最强、持续时间

---

① OECD. Learning for Tomorrow's World：First Results from PISA 2003 ［R］. Paris：OECD, 2004：28－30.

最久、引发关注最多的工作之一，即便是 2008 年该项目告一段落，也仍有许多成员国和伙伴国申请政策审查，其结果发布也一直持续到 2013 年底。2008 年，在这一项目告一段落之时，OECD 不仅陆续出台了参与调查国的审查报告，同时还出台了一份总结性报告——《知识型社会的高等教育》（*OECD Thematic Review of Tertiary Education：Synthesis Report：Tertiary Education for the Knowledge Society*）。它不仅很好地总结了 24 个参与国的高等教育政策发展和改革经验，而且 OECD 在此基础上还提出了战略层面的整体性、统筹性政策建议，尤其在金融危机导致各国经济十分低迷的当下，其为各成员国和伙伴国如何发展高等教育以促进经济振兴提供了较为全面的发展方向。

这份报告于 2008 年 4 月 3 日在里斯本，由 OECD 和葡萄牙科学、技术和高等教育部通过当地科学和技术基金会和高等工业科学研究所联合主办的一次国际会议上发布。OECD 秘书处成员、教育政策委员会成员、参与国的国家研究人员和与这项工作有关的国际机构对各章草案提出了宝贵的意见。该报告为知识社会的发展提供了高等教育政策方面的全面方案，包括资金、质量保障、公平、研究和创新、学术生涯等五个方面的政策指南。

（一）将供资战略与国家优先事项相匹配

供资机制对于在质量、效率、公平和系统反应等层面塑造高等教育成果尤为重要。OECD 在审查了成员国总体供资战略、向个别高等教育机构分配资金的机制以及帮助学生支付其参与费用的战略基础之上，总结了资助高等教育的一些原则，概述了资助国高等教育的方法，总结了这些方法可能产生的影响，提出了一套可供各国参考的政策建议（见表 5-8）。

表 5-8　将供资战略与国家优先事项相匹配的政策建议

将供资战略与国家优先事项相匹配	
总体政策走向	**具体政策建议条目**
制定一项资助战略，促进高等教育系统对社会和经济发展作出贡献	1. 使资助方法与高等教育系统的目标相符 2. 确保供资办法拥有一些令人满意的特点 3. 确保这是一项长期的战略

续表

将供资战略与国家优先事项相匹配	
总体政策走向	**具体政策建议条目**
以国家和学生之间的成本分担为原则，塑造高等教育的资金组成	4. 向学生收取学费，特别是在公共资金有限且无法承担每位学生的支出或无法充分给予弱势群体财务支持的情况下 5. 发起公众辩论，讨论没有收取学费传统的国家，严重依赖公共资金资助而导致的高等教育的后果 6. 考虑稳定的学费政策，以确保成本的有效控制及其适度性 7. 允许机构区分不同课程的学费
在考虑高等教育方案给社会带来的好处情况下进行公共补贴	8. 制定广泛的原则，以区分不同方案的公共补贴水平 9. 政府资助私营机构提供的高等教育研究 10. 基于平衡的输入和输出指标数组基础上的透明公式，计算分类财政补贴 11. 考虑机构和国家之间的合同性关系 12. 将有针对性的发展方案纳入机构供资公式
利用公式驱动型指导方法进行供资，主要涉及投入和产出指标，并包括具有战略针对性的其他指标	13. 根据机构的特定使命调整机构资金 14. 给予机构在使用其集体赠款方面的自主权 15. 提供稳定的机构供资，以促进长期发展 16. 允许机构资金来源的多样化 17. 通过多种渠道为基础设施提供资金
提高成本效益	—
利用全面的学生支持系统辅助整体供资	18. 建立一个具有两个主要组成部分的普遍学生资助系统：收入型贷款系统，辅之以经济状况调查的赠款计划 19. 设计一个普遍的贷款系统，包括收入偿还和经济状况调查补贴 20. 基于需求评估的赠款计划 21. 确保学生援助津贴涵盖生活费用 22. 保证公共和私营部门的学生都能被囊括进学生支持系统 23. 考虑创建一个机构来管理学生支持系统

资料来源：根据 OECD. OECD Thematic Review of Tertiary Education. Table 2b [R]. Paris：OECD，2008：16. 译制而成。

在两个层面上的关切为政府的资助提供了理由：效率关切，通常考虑市场失灵的情况；公平关切，主要涉及向所有人提供平等的教育机会。根据相关经济理论，如福利经济学的基本定理，当一个完全竞争的市场的先决条件没有得到满足时，就会出现政府干预的情况。① OECD 认为，高等教育在未来会给学生带来财富上的好处，但成本可能需要在目前承担。对于社会经济地位处于弱势的学生来说，情况尤其如此，因为他们没有足够的钱来资助其学习。如果人力资本投资市场能有效地为学生提供流动性，限制就会大大减少。但现实是，个人不能轻易地用人力资本的价值来借款。商业银行不愿意借钱，因为人力资本不能收回，毕竟"奴隶制"绝不可行。在这样的市场中，银行不能十分容易地评估学生违约的风险。因此，那些无法获得足够个人资源的人将无法进入到高等教育，即便未来的利益大于成本。这种市场失灵被称为人力资本市场的不完善性，通常导致了高等教育投资的不足。它为政府干预提供了一个很好的理由。这种干预通常采取向学生提供财政援助的形式，要么是不用偿还的援助，如赠款，要么是通过公共提供的贷款计划，政府作为学生的担保人。② 政府干预的另一个理由涉及公平。因为有效分配资源不一定是公平的，即使取得了有效的结果，社会福利职能也有可能并未发挥到其最佳价值，因此政府的干预是必要的，以实现教育资源的公平分配。在高等教育领域，这通常可转化为确保个人享有平等的教育机会。政府在确保教育机会不受社会经济地位、居住地区、宗教、族裔、残疾或性别等因素的影响方面发挥着作用。

（二）保障和改进高等教育质量

随着知识驱动的经济和社会的发展，教育不仅对各国未来的经济表现和相对的经济地位有着更重要的意义，同时也应使个人充分表现以及参与到经济和社会的发展中。③ 在这方面，广泛参与高等教育只是一方面。提供的教育质量同样重要，以确保高等教育毕业生有效地具备参与经济社会的能力，并能够为持续不断的终身学习活动作准备。因此，在过去二十年中，质量提供问题越来越受到各利益攸关方的关注。同时，自 20 世纪 70 年代中期开始，高等教育系统经历了巨大的改革，出现了大规模参与和日益多样化和灵活的供给类型。这种自 19 世纪以来相当稳定的体系由于民众参与需求的爆炸式增加，促使在高等教育中进行质量保障的需要。

在分析质量保障中相关定义和概念的基础之上，OECD 审查了各国高等教育

① Rosen，H. S.．Public Finance（7th ed）［M］．Chicago：McGraw-Hill，2005：1—491.

② OECD．Tertiary Education For the Knowledge Society［R］．Paris：OECD，2008：171.

③ OECD．Human Capital：How What You Know Shapes Your Life［R］．Paris：OECD，2007：5.

质量保障体系中的现行做法，包括对参与国政策举措的描述。基于此，围绕教学质量和学习质量以及研究质量保证体系这两个方面，进一步讨论所涉及的主要问题和相关的政策挑战，并为各国制定了可供其考虑的政策建议（见表5-9）。

表 5-9　保障和改进教育质量的政策建议

保障和改进质量	
范围	具体政策建议条目
质量保障 框架的设计	1. 设计一个符合高等教育目标的质量保障框架 2. 就质量保障体系的明确目标和期望建立共识 3. 确保质量保障既有利于改进，也有利于问责 4. 将内部和外部质量保障机制结合起来 5. 培养能力和确保合法性 6. 使学生（包括毕业生）和雇主等利益攸关方在评估程序中透明化 7. 增加对学生学习结果的关注 8. 提高质量保障框架的国际可比性
内部评估	9. 在系统中发展强大的质量文化 10. 更多地强调内部质量保障机制 11. 确保内部问责以一些关键性原则为指导 12. 对内部质量保障体系的外部验证负责
外部评估	13. 随着系统的成熟，将外部质量保障看作一种咨询角色 14. 执行适当的后续程序，并将质量保障视为一个持续的过程 15. 允许由外部质量保障机构启动选定的评估 16. 避免评估结果与公共资金决策之间的直接联系
方法	17. 将质量保障过程与机构的特点联系起来 18. 改进教学和研究评价之间的协调 19. 创新 20. 在新领域发展质量保障专业知识
质量保障体系的 实际安排	21. 避免质量保障组织结构的碎片化 22. 避免过高的成本和负担 23. 改进质量信息库 24. 改善信息传播工作

资料来源：根据 OECD. OECD Thematic Review of Tertiary Education. Table 2c ［R］. Paris：OECD，2008：17. 译制而成。

"质量保障"可以广义地定义为"为利益攸关方建立对条款满足预期和措施达到最低限度要求的信心的过程"。[①] 质量保障的概念较为复杂，它包括投入、过程和结果的多个层面，这些层面随着时间的推移，采取的方式也在不断变化。在实践中，质量保障活动有多种形式，涵盖了旨在监测、维护和提高质量的过程。质量保证体系可以采取不同的方法。这些不同的方法并非相互排斥，质量保障机构可以根据不同的教育制度和传统采用其中的一种或多种方式。[②] 虽然各国使用的术语各不相同，但可以认为，除了监测系统外，还有三种主要的质量保障方法：委派（Accreditation）、评估（Assessment/Evaluation）、审查（Audit/Review）（见图 5-6）。

	EMPHASIS OF QUALITY ASSURANCE		
	Accountability-driven ←		→Improvement-driven
FOUCS of QUALITY REVIEW / Comprehensive ... Specific	Accreditation mechanisms	Assessment mechanisms	Audit mechanisms
Both Institution and Discipline/Programme	Australia（Priv）、Chile、Croatia、Estonia、France、Greece、Iceland、Korea、Mexico（Priv）、New Zealand（Priv）、Norway（Voc. Priv）、Portugal、Switzerland	Finland、France	Australia（Voc）、Finland
Discipline/Programme Only	Australia（Voc）、Belgium（Fl.community）、Czech Republic（Uni，Priv）、Netherlands、New Zealand、Poland、Spain、Sweden（Voc. Priv）	Mexico、Norway、Poland、Portugal、Sweden、United Kingdom	
Institution Only	Japan		Australia（Uni）、Czech Republic、Japan（Uni）、New Zealand、Norway、Sweden、United Kingdom
Other		Spain:staff、library facilities	Iceland: facilities Portugal Spain（some regions）

图 5-6　成员国高等教育质量保障方法分类表

Priv：私立的高等教育机构；Voc：职业导向的高等教育机构；Uni：大学

资料来源：OECD. Country Review reports. Table 5.2 [R]. Paris：OECD，2005.

由图可见，各国在把握和实施质量保障的方式上存在着差异。尽管如此，

---

① Harvey，L. Analytic Quality Glossary，Quality Research International [EB/OL]. （2020－9－5）[2007－9－02]. http：//www. qualityresearchinternational. com/glossary/.

② Woodhouse，D.. Quality and Quality Assurance：Quality and Internationalisation in Higher Education [R]. Paris：OECD，1999.

OECD 也指出所有国家在制定质量保障体系和政策方面都面临着类似的挑战，主要涉及五个方面的关键挑战：设计总体质量保障框架，将问责和改进职能结合起来；迫切需要在所有利益攸关方之间建立共识和信任，以关注高等教育质量；需要提高质量保障体系的成本效益；必须解决质量保障影响的日益国际化；最大限度地发挥质量保障进程对高等教育成果的影响。

（三）加强高等教育在研究与创新中的作用

在创新背景下关注高等教育系统的一个核心原因在于，政府的供资不仅仅用于教育的基础设施，也有很大一部分的支出用于研发（research and development，缩写为 R&D），这类资金大多数流向了大学和其他的高等教育机构。这说明了高等教育的研发工作对于整体创新能够起到直接的促进作用。于是，基于对各成员国高等教育研究情况的审查结果，OECD 从研究和创新的层面分析了该层级教育的作用，试图为各国提出加强研究和创新的政策建议。

在研究和创新方面，许多现行政策框架认为高等教育部门，特别是大学，基本上是发现新科技原则的地方。它们主要通过三类 R&D 方式形成创新事实：1. 基础研究。实验或理论工作，主要是为了获得关于现象和可观察事实的新知识。2. 应用研究。为了获得新的知识而进行的原始调查。3. 实验开发。这是一项系统的工作，利用从研究和实践经验中获得的知识，旨在生产新材料、产品和设备；安装新的工艺、系统和服务；改进已经生产或安装的工艺、系统和服务。[①] 而 R&D 只是"创新之旅"中的一项解决问题的活动，而不是创新的起点。高等教育机构的传播能力和互动支持能力对于创新发展至少是同样重要的，如其在知识库的建设、能力的创造、知识的扩散、知识的维护四个方面同样发挥着重要的作用。正是基于这一前提，OECD 提出了能够全面加强高等教育在研究和创新中的作用的政策指南供各国借鉴（见表 5-10）。

---

① OECD. Proposed Standard Practice for Surveys of Research and Experimental Development—Frascati Manual [R]. Paris：OECD，2002：125—134.

表 5-10　加强高等教育在研究和创新中的作用的政策建议

加强高等教育在研究和创新中的作用
具体政策建议条目
1. 改善知识扩散和传播工作，而不是通过 IPRs 来加强商业化气息
2. 改善和拓宽互动渠道，鼓励机构间合作
3. 促进整个研究和创新体系更具流动性
4. 制定国际和国内流动政策
5. 改善研究类职业的前景
6. 监测人力资源的供求情况
7. 培养创新需要的各种技能
8. 为研究保持足够的基础设施
9. 利用高等教育部门培养国际 R&D 能力
10. 改进优先选择的方法
11. 扩大研究评估中所使用的标准
12. 确保转向基于研究的供资受到监测，并给予部门建立混合供资机制的权利
13. 为研究和创新政策建立一个长期的视角
14. 定期评估协调整个研究和创新系统所使用的政策工具

资料来源：根据 OECD. OECD Thematic Review of Tertiary Education. Table 2d ［R］. Paris：OECD，2008：18. 译制而成。

（四）改善高等教育公平问题

对"公平"的关切在各国的高等教育政策中一直十分突出。本报告中，OECD 界定了高等教育一级的公平的内涵。它回顾了当前的公平趋势，概述了影响高等教育公平的一系列因素，在明晰参与国的政策举措的基础之上，提出了一套供各国考虑的政策选择。

教育公平有两个维度。首先即平等，社会出身、少数族裔、性别、残疾与否等因素都不应成为阻碍接受教育的因素；其次即包容，这表示每个人都有权利接受最低标准的教育，如听、说、读、写等。① 该报告讨论的高等教育的公平问题，可用以下定义来理解：公平的高等教育制度是确保那些进入并参与高等教育，且获得的高等教育的成果仅基于个人的先天能力和学习努力。它们确保在高等教育

---

① OECD. No More Failures：Ten Steps to Equity in Education ［R］. Paris：OECD，2007：48.

中实现教育潜力不是个人和社会情况的结果，如社会经济地位、性别、族裔出身、移民身份、居住地、年龄或残疾等因素。① 可见，OECD 所认为的高等教育的公平不仅涉及高等教育系统内的公平，而且还涉及高等教育政策的机制，以纠正过去不平等的教育机会的影响，以及在完成高等教育后能够在劳动力市场上寻求到平等的机会。高等教育的普遍的公平目标是实现一个能够密切反映整个社会组成的学生群体，而一些个人和社会背景可能是不平等的根源。OECD 考虑的维度有以下方面：家庭社会经济背景（例如父母受教育程度、收入）；性别；移民；少数族裔（例如不同文化、民族）；居住地（例如偏远地区）；年龄（例如成人学生）；残疾人等。OECD 在高等教育第二次重大审查后期，陆续出台了一些文件，其中包含了几个侧重于"公平保障"战略的二阶战略，例如采用学生成本分担原则，根据毕业后预计收入调查结果而确定的累进的贷款计划；对成人和终身学习者进行事先学习评估，收集数据以分析社会经济文化地位处于弱势地位群体的学习结果，为这些离校生提供更好的指导咨询和信息等。②

但是，根据相关调查，OECD 认为在更早的阶段采取政策干预来促进公平的措施可能更具根本性，也更为有效。组织认为，接受高等教育的机会可能不公平的主要原因是来自不利背景的年轻人没有达到进入高等教育所需的资格。这意味着更早的教育层次的政策干预可能更有效地解决高等教育的公平问题。一些政策工具可以提高学校系统的公平性和包容性，如限制（根据学业）择优选录的程度；向那些在学校中落后的学生提供系统的帮助，或提供第二次教育机会；为来自弱势背景的学生制定助学金计划，以防止其辍学，将资源瞄准最有需要的学生；加强学校职业指导，以塑造他们的愿望和期望。③ 基于以上内容，OECD 提出了一套供各国考虑的政策选择，以期通过此帮助各国改善高等教育公平问题（见表 5-11）。

---

① OECD. Tertiary Education For the Knowledge Society [R]. Paris：OECD，2008：344.
② Carrie P. Hunter. Shifting Themes in OECD Country Reviews of Higher Education. Table 1：Contexts，Goals and Strategies in the Reviews. [J]. Higher Education，2013（66）：718.
③ OECD. OECD Thematic Review of Tertiary Education [R]. Paris：OECD，2008：10.

表 5-11   实现公平的政策建议

实现公平
具体政策建议条目
1. 评估公平问题的范围和根源
2. 使高等教育更加公平需要政策更早地干预
3. 学校一级的职业指导和咨询服务有助于改善机会平等问题
4. 为在高中进行任何轨迹学习的学生提供高等教育学习机会
5. 加强中等教育和高等教育系统之间规划的整合
6. 多样化的高等教育供应，以容纳更多样化的学习者
7. 考虑提供可替代类型，以考虑人口的文化多样性
8. 通过扩大远程学习和区域学习中心，改善偏远地区学生接受高等教育的机会
9. 多样化的入学标准，并在入学规程中给予机构发言权
10. 识别处于教育劣势的特定群体的歧视政策并努力改善
11. 考虑获得高等教育资格的替代方式
12. 改善高等教育中不同类型机构之间学生的可自由转移程度
13. 为机构提供激励措施，以扩大参与机会，并为来自弱势背景的学生提供额外支持
14. 鼓励 Teis 更好地响应成人学习者的需求
15. 继续努力改善各级高等教育的性别均等问题，并解决学科选择中的性别固化观念
16. 为残疾学生提供特别规定
17. 更加强调结果的公平

资料来源：根据 OECD. OECD Thematic Review of Tertiary Education. Table 2e ［R］. Paris：OECD，2008：18. 译制而成。

（五）强调学术工作的重要性

高等教育机构实现其使命的基本要求之一即拥有高水平知识和技能的人主动选择成为学者。学术职业在吸引人才方面需要与其他职业竞争，因此学术资源的管理需要确保专业内的高水平动机。报告回顾了学术界工作的趋势和发展，并分析了所审查国家学术专业的主要特点。虽然高等教育部门和学术工作环境日益多样化和复杂，但它们似乎都有一些影响学术工作和人事政策变化的广泛趋势。报告还进一步回顾了影响学术职业吸引力的因素和影响学者工作有效性的因素。

据调查，21 世纪之初，各成员国学术型职业发展主要呈现以下特点：1. 人口组成方面。一些国家的学术劳动力正在老龄化；性别不平等仍然存在于学术行业中，在几乎所有被审查的国家，妇女在学术行业中的任职人数大大不足。[①] 2. 招聘高质量学术人员存在困难。3. 流动性和国际化问题。各国在国内有不同的学术流动性传统；跨境学术流动正在增加。基于这些特点，OECD 分析了大多数成员国正遭受的学术工作方面的挑战的背景原因（见图 5-7）。

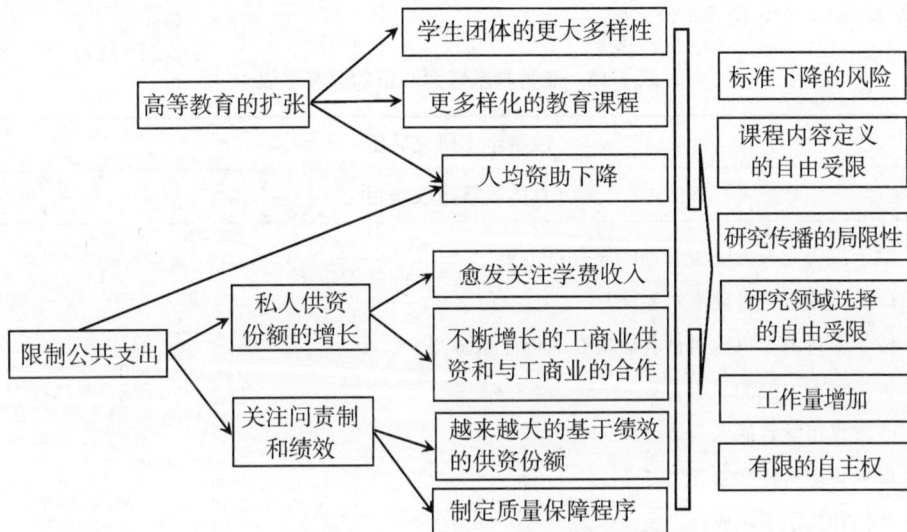

图 5-7 影响学术工作和潜在挑战的背景原因

资料来源：根据 OECD. Tertiary Education For the Knowledge Society. Figure 8. 1 ［R］. Paris：OECD，2008：468 译制而成。

面对这些挑战，OECD 引用了 1997 年联合国教科文组织（UNESCO）发表的《关于高等教育教学人员地位的建议》（*Recommendation Concerning the Status of Higher Education Teaching Personnel*）报告中的一句话阐明了自身的观点，即"高等教育教学人员有权保持学术自由，也就是说，在不受规定教义限制的情况下，有权享有教学和讨论自由，有权进行研究、传播和公布研究结果，有权自由表达对其工作的机构或制度的意见，有权不受机构审查，有权参加专业或代表性的学术机构"。[②] OECD 建议，如果各机构在人力资源管理领域享有充分的自主权，

---

① Chevaillier，T.. French Academics：Between the Professions and the Civil Service ［J］. Higher Education，2001（41）：49—75.

② UNESCO. UNESCO Recommendation Concerning the Status of Higher Education Teaching Personnel ［R］. Paris：UNESCO，1997：5.

它们就可能更有效地完成任务。由于教员和工作人员是各机构的正式雇员，各机构可以在确定学术工资、根据其战略设立学术职位的自由、确定反映学术人员在其中发挥的不同作用的职业结构的能力（包括教学和研究之间的平衡）以及晋升、评估的设计方面拥有广泛的酌处权。[①] 另外，协调学术自由与机构对社会的贡献之间的矛盾也是组织较为关注的政策内容。基于此，OECD 为各国制定了供其考虑的政策选择（见表 5-12）。

表 5-12　改善学术研究队伍的政策建议

改善学术研究队伍
具体政策建议条目
1. 赋予机构对人力资源管理的充分自主权
2. 以灵活的方式管理学术生涯
3. 使学术自由与机构对社会应负有的责任相协调
4. 提高学术生涯的吸引力
5. 改善青年学者的入职条件
6. 加强管理流程和领导力
7. 评估和奖励学术成就
8. 在整个职业生涯中整合专业发展
9. 发展支持学术界工作的机制
10. 加强合作能力，鼓励流动
11. 为高级学者提供更灵活的就业条件

资料来源：根据 OECD. OECD Thematic Review of Tertiary Education. Table 2f［R］. Paris：OECD，2008：19. 译制而成。

第四节　主要政策特征分析

这一阶段 OECD 发布的有关高等教育方面报告的汇编详见表 5-13，由于篇幅

---

① OECD. OECD Thematic Review of Tertiary Education［R］. Paris：OECD，2008：11.

较多，因此总词汇量也较多。在此基础上，统计出的关键实词的频次以万为单位，因此选取频次≥2000 的词汇，根据由高到低的顺序进行归纳（见表 5-14）。从内容特征分析来看，这些政策文本中整体上突出了以下两个方面的特征：新自由主义理念得到修正与巩固、质量保障问题得到进一步关注。

表 5-13　"包容性增长"阶段 OECD 高等教育政策报告汇编

序号	时间		报 告
1	1998		《重新定义高等教育》（*Redefining Tertiary Education*）
2	"高等教育的第一年"专项调查活动系列报告	1996	《"高等教育的第一年"专题审查：国家说明：比利时》（*Thematic Review of the First Years of Tertiary Education*：*Country Note*：*Belgium*）
		1996	《"高等教育的第一年"专题审查：国家说明：瑞典》（*Thematic Review of the First Years of Tertiary Education*：*Country Note*：*Sweden*）
		1997	《"高等教育的第一年"专题审查：国家说明：丹麦》（*Thematic Review of the First Years of Tertiary Education*：*Country Note*：*Denmark*）
		1997	《"高等教育的第一年"专题审查：国家说明：德国》（*Thematic Review of the First Years of Tertiary Education*：*Country Note*：*Germany*）
		1997	《"高等教育的第一年"专题审查：国家说明：日本》（*Thematic Review of the First Years of Tertiary Education*：*Country Note*：*Japan*）
		1997	《"高等教育的第一年"专题审查：国家说明：新西兰》（*Thematic Review of the First Years of Tertiary Education*：*Country Note*：*New Zealand*）
		1997	《"高等教育的第一年"专题审查：国家说明：挪威》（*Thematic Review of the First Years of Tertiary Education*：*Country Note*：*Norway*）
		1997	《"高等教育的第一年"专题审查：国家说明：英国》（*Thematic Review of the First Years of Tertiary Education*：*Country Note*：*United Kingdom*）

续表

序号	时间		报　告
		1997	《"高等教育的第一年"专题审查：国家说明：美国弗吉尼亚州》（*Thematic Review of the First Years of Tertiary Education：Country Note：Common wealth of Virginia，USA*）
		1997	《"高等教育的第一年"专题审查：国家说明：葡萄牙》（*Thematic Review of the First Years of Tertiary Education：Country Note：Portugal*）
3	1998—2001		IMHE 主办期刊《高等教育管理》（*Higher Education Management*）第 9 卷至第 13 卷，每卷 3 期，共收录 118 篇学者论文。每一卷 OECD 皆汇编成论文集，以书籍的方式出版
4	2001—2014		IMHE 主办期刊《高等教育管理与政策》（*Higher Education Management and Policy*）（原《高等教育管理》更名）第 14 卷至第 24 卷，每卷 3 期，共收录 234 篇学者论文。每一卷 OECD 皆汇编成论文集，以书籍的方式出版
5	1998		《人力资本投资：国际比较》（*Human Capital Investment：An International Comparison*）
6	1999		《高等教育中的质量和国际化》（*Quality and Internationalisation in Higher Education*）
7	1999		《为 21 世纪做好准备：从教育到劳动力市场的转变》（*Preparing Youth for the 21st Century：The Transition from Education to the Labour Market*）
8	1999		《转型中的大学研究》（*University Research in Transition*）
9	1999		《高等教育机构资产管理战略》（*Strategic Asset Management for Tertiary Institutions*）
10	2000		《高校对区域需求的回应》（*The Response of Higher Education Institutions to Regional Needs*）
11	2000		《从初始教育到工作生活：实现转型》（*From Initial Education to Working Life：Making Transitions Work*）

序号	时间		报　告
12	2001		《中国高等教育目前存在的问题》（*Current Issues in Chinese Higher Education*）
13	2001		《让年轻人参与商业：青年创业的政策挑战》（*Putting the Young in Business：Policy Challenges for Youth Entrepreneurship*）
14	2001		《管理大学博物馆》（*Managing University Museums*）
15	2003		《高等教育中的残疾学生》（*Disability in Higher Education*）
16	2004		《教育公平：残疾、困难和劣势的学生》（*Equity in Education：Students with Disabilities，Learning Difficulties and Disadvantages*）
17	2004		《知识经济创新：对教育和学习的启示》（*Innovation in the Knowledge Economy：Implications for Education and Learning*）
18	"高等教育国际化与贸易"专题报告	2004	《高等教育国际化与贸易：机遇与挑战》（*Internationalisation and Trade in Higher Education：Opportunities and Challenges*）
19		2004	《高等教育的质量保障与认可：跨国挑战》（*Quality and Recognition in Higher Education：The Cross-border Challenge*）
20	"跨境高等教育"专题报告	2005	《跨境高等教育质量规定指南》（*Guidelines for Quality Provision in Cross-border Higher Education*）
21		2007	《跨境高等教育：能力发展之路》（*Cross-border Tertiary Education：A Way towards Capacity Development*）
22	2005		《大学研究管理：迎接制度挑战》（*University Research Management：Meeting the Institutional Challenge*）
23	2005		《大学研究管理：新制度研究》（*University Research Management：Developing Research in New Institutions*）
24	2005		《高等教育中的电子学习：我们站在哪里?》（*E-learning in Tertiary Education：Where Do We Stand?*）
25	2006		《教育政策分析2005—2006：聚焦高等教育》（*Education Policy Analysis 2005—2006：Focus on Higher Education*）

续表

序号	时间		报　告
26	"高等教育国别评议"专题报告	2004—2008（此时间为开始审查时间）	《国家（高等）教育政策评论：澳大利亚、比利时（佛兰芒社区）、智利、中国、克罗地亚、捷克共和国、爱沙尼亚、芬兰、法国、希腊、冰岛、日本、韩国、墨西哥、荷兰、新西兰、挪威、波兰、葡萄牙、俄罗斯联邦、西班牙、瑞典、瑞士、英国》［*Reviews of National Policies for Education/OECD Reviews of Tertiary Education：Australia，Belgium（Flemish Community），Chile，China，Croatia，Czech Republic，Estonia，Finland，French，Greece，Iceland，Japan，Korea，Mexico，Netherlands，New Zealand，Norway，Poland，Portugal，Russian Federation，Spain，Sweden，Switzerland，United Kingdom*］
		2009—2013（此时间为开始审查时间）	《国家（高等）教育政策评论：丹麦、爱尔兰、哈萨克斯坦、埃及、多米尼加共和国、哥伦比亚》（*Reviews of National Policies for Education/OECD Reviews of Tertiary Education：Denmark，Ireland，Kazakhstan，Egypt，Dominican Republic，Colombia*）
27	2006		《拉丁美洲的高等教育：国际视角》（*Higher Education in Latin America：an International Perspective*）
28	2007		《高等教育设施：问题和趋势》（*Higher Education Facilities：Issues and Trends*）
29	2008		《知识型社会的高等教育：第1卷和第2卷》（*Tertiary Education for the Knowledge Society：Volume 1 and Volume 2*）
30	2008		《创业精神和高等教育》（*Entrepreneurship and Higher Education*）
31	2008		《2030高等教育：第1卷和第2卷》（*Higher Education to 2030，Volume 1，Volume 2*）
32	"高等教育优质教学支持"专题报告	2009	《吸取我们的教训：高等教育优质教学回顾》（*Learning Our Lesson：Review of Quality Teaching in Higher Education*）
33		2012	《促进高等教育优质教学：政策与实践——IMHE给高等教育机构的指南》（*Promoting Quality Teaching in Higher Education：Policy and Practice—Guidelines for Higher Education Institutions from IMHE*）

续表

序号	时间	报　告
34	"区域与城市发展中的高等教育"专题报告	2010—2013	《区域和城市发展的高等教育：华雷斯城—墨西哥、阿姆斯特丹—荷兰、鹿特丹—荷兰、柏林—德国、安达卢西亚自治区—西班牙、维多利亚州—澳大利亚、韦拉克鲁斯州—墨西哥、墨西哥—索诺拉州、比奥比奥地区—智利、加泰罗尼亚自治区—西班牙、巴斯克地区—西班牙、槟城—马来西亚、巴拉那州—巴西、加利利地区—以色列、南亚利桑那州—美国、自由州—南非、安蒂奥基亚—哥伦比亚、波兰—弗罗茨瓦夫》[Higher Education in Regional and City Development: Paso del Norte (Mexico), Amsterdam (Netherlands), Rotterdam (Netherlands), Berlin (Germany), Andalusia (Spain), Basque Country (Spain), Catalonia (Spain), State of Victoria (Australia), State of Veracruz (Mexico), Sonora (Mexico), Bío Bío Region (Chile), State of Penang (Malaysia), State of Paraná (Brazil), The Galilee (Israel), Southern Arizona (United States), The Free State (South Africa), Antioquia (Colombia), Wroclaw (Poland)]
35		2007	《高等教育和地区：全球竞争、本地参与》（Higher Education and Regions: Globally Competitive, Locally Engaged）
36		2012	《城市与区域中的高等教育——为了更强大、廉洁、公平的区域》（Higher Education in Cities and Regions—For Stronger, Cleaner and Fairer Regions）
37	"高等教育学习成果评估可行性研究"专题报告	2013	《衡量高等教育的学习成果：AHELO 可行性研究和下一步的经验》（Measuring Learning Outcomes in Higher Education: Lessons Learnt from the AHELO Feasibility Study and Next Steps）
38		2013	《AHELO 可行性研究报告：第一卷，设计和执行》（AHELO Feasibility Study Report—First Volume on Design and Implementation）
39		2013	《AHELO 可行性研究报告：第二卷，数据分析和国家经验》（AHELO Feasibility Study Report—Second Volume on Data Analysis and National Experiences）
40		2013	《AHELO 可行性研究报告：第三卷，进一步洞察》（AHELO Feasibility Study Report—Third Volume on Futher Insights）

续表

序号	时间	报　告
41	2010	《基于绩效的高等教育机构公共研究经费》（*Performance-based Funding for Public Research in Tertiary Education Institutions*）
42	2011	《将残疾学生纳入高等教育和就业》（*Inclusion of Students with Disabilities in Tertiary Education and Employment*）
43	2012	《残疾青年过渡到高等教育和就业》（*Transitions to Tertiary Education and Work for Youth with Disabilities*）
44	2012	《学习：回顾高等教育中的素质教育》（*Learning：Review of Quality Education in Higher Education*）
45	2014	《亚洲的贸易政策：高等教育与媒体服务》（*Trade Policy in Asia：Higher Education and Media Services*）
46	2015	《拉丁美洲高等教育中的电子学习》（*E-Learning in Higher Education in Latin America*）
47	2015	《确保跨境高等教育的质量：实施教科文组织/经合组织准则》（*Ensuring Quality in Cross-Border Higher Education：Implementing the UNESCO/OECD Guidelines*）
48	2016	《多哥的高等教育和劳动力市场：如何提高技能?》（*Higher Education and the Labour Market in Togo：How to Improve Skills?*）
49	2017—2019	《在高等教育中支持创业和创新：爱尔兰、波兰、匈牙利、荷兰、奥地利、意大利》（*Supporting Entrepreneurship and Innovation in Higher Education in Ireland，Poland，Hungary，Netherlands，Austria，Italy*）
50	2018	《挪威高等教育：与劳动力市场的相关性和成果》（*Higher Education in Norway：Labour Market Relevance and Outcomes*）
51	2018	《投资青年：挪威》（*Investing in Youth：Norway*）
52	2018	《英格兰的学徒制》（*Apprenticeship in England，United Kingdom*）
53	2018	《对巴西高等教育质量保障的再思考》（*Rethinking Quality Assurance for Higher Education in Brazil*）
54	2019	《南非的社区教育和培训》（*Community Education and Training in South Africa*）

续表

序号	时间	报　告
55	2019	《经合组织关于高等教育、研究和创新的评议：葡萄牙》（*OECD Review of Higher Education，Research and Innovation：Portugal*）
56	2019	《墨西哥高等教育：与劳动力市场的相关性以及成果》（*Higher Education in Mexico：Labour Market Relevance and Outcomes*）
57	2019	《墨西哥高等教育的未来：促进质量和公平》（*The Future of Mexican Higher Education：Promoting Quality and Equity*）
58	2019	《评估高等教育的绩效情况》（*Assessing Performance in Higher Education*）
59	2019	《衡量高等教育系统绩效的基准》（*Benchmarking Higher Education System Performance*）

资料来源：根据 OECD Online Library & Archives、CERI 主办期刊《不断形成的教育趋势》（Trends Shaping Education）和《今日教育》（Education Today）、相关教育工作文件（OECD Education Working Papers）、OECD/IMHE 官网 http：//www. oecd. org/education/imhe/进行整理、归纳、汇编而成。

5-14　关键实词词频统计表

名次	主题词	词频	名次	主题词	词频	名次	主题词	词频
1	学生	21944	12	教学	9060	23	职工	5932
2	大学	21317	13	知识	8091	24	社会	5701
3	机构	20678	14	政府	7940	25	利益攸关者	5699
4	研究	19958	15	支持	7812	26	保障	5692
5	发展	16282	16	学术	7406	27	学院	5573
6	地区	11548	17	供资	7073	28	技能	5675
7	质量	11380	18	创新	7041	29	商业	5597
8	个体	9384	19	培训	6747	30	私有化	5418
9	高等/第三级	9304	20	工作	6528	31	市场	5284
10	需求	9259	21	经济	6202	32	企业家精神	4991
11	体制	9115	22	科技	6085	33	劳动力	4657

续表

名次	主题词	词频	名次	主题词	词频	名次	主题词	词频
34	就业	4605	48	教师	3060	62	影响力	2513
35	文化	4583	49	效率	3002	63	客户	2496
36	社区	4547	50	专业性	2987	64	途径	2442
37	绩效	3991	51	机会	2821	65	战略	2395
38	公平	3708	52	结果	2815	66	投资	2372
39	墨西哥	3577	53	参与	2785	67	帮助	2356
40	人口	3562	54	改进	2633	68	卫生	2206
41	审查	3470	55	资本	2623	69	流动	2200
42	毕业生	3345	56	人力	2603	70	澳大利亚	2187
43	青年	3300	57	转移	2582	71	挑战	2159
44	评估	3270	58	管理	2555	72	入学	2067
45	产品	3256	59	主动性	2550	73	未来	2053
46	课程	3220	60	世界	2545	74	潜力	2048
47	合作	3199	61	能力	2533	75	收入	2016

一、新自由主义理念得到修正与巩固

20世纪70年代末期，资本主义国家陷入了经济滞涨的藩篱，凯恩斯主义遭受到了前所未有的质疑和抨击。OECD一直遵循的凯恩斯式人力投资的经济理念和政策发展路径，也由于资本主义世界经济发展状况的低迷而发生转变。最主要的转变莫过于其所奉行的经济理论基础，变为了新自由主义经济的基本理念和新公共管理主义理论。在新自由主义经济模式的氛围中，OECD的公共事业观自然有别于60年代通过满足整体性的人力需求来刺激经济增长的样态，政府在公共事业方面的权利和职能有别于当年干预性强、公共开支大等特点。事实上，在整个80年代，OECD在高等教育政策工作中，都十分强调"效率优先"和"学生生产性权利"的观念，而此前的高等教育机构，尤其对于大学来说是较少存在效率这一观念的。之所以会将提高效率放在优先发展的位置，在于OECD认为财政紧缩对高等教育这一准公共产品产生了较深的影响。它提出仅靠公共预算无法支付工业化社会不断扩大的高等教育需求所需的巨大费用。事实证明，在教育预算或公共预算总额的范围内来重新部署资源是不可行的，高等教育机构需要找到其他的资金来源。[①] 在当时 OECD 的政策背景下，其对于高等教育的态度，与对其他公共性事业的态度没有什么区别，都是努力致力于使公共部门的各种组织在使用公共资金方面取得更高的效率。[②] 总的来说，高等教育的管理处于从学院式向经营式转变的过程中。

固然如此，OECD 也注意到了过度强调效率发展必然会忽视对质量问题和公平问题的关注，因此设计一种不扭曲高等教育公共服务性质的制度，正逐渐成为高等教育未来发展所面临的共同挑战。自新自由主义兴起之日，遭受的质疑就从未停歇，尤其到了 20 世纪 90 年代中期，其弊端愈发凸显，在知识经济社会，个人终身发展和终身学习的要求，超出了新自由主义以市场为导向的公共事业观。如何应对新的经济形态以及个人需求的不断凸显，OECD 开始探索一种"包容性自由主义"的发展道路。该种发展模式，在原先新自由主义模式的基础之上作了修正，巧妙地结合了凯恩斯式人力资本、社会民主主义、新自由主义的部分概念以及发展型福利国家的思路，再次强化了 OECD 的教育投资论，试图通过针对性的人力投资和社会投资，整合以往单从某一维度出发开展的高等教育政策工作，实现集体经济效率与个人机会平等的统一。更加广泛地来说，"通过将人力资本以及社会资本方面的支出，理解为是对经济质性增长以及可持续性投资的主要影响因素，来解决经济发展、社会凝聚力和人类福祉之间的分歧"。[③] 因此，包容性自由主义的特点既有市场性，也有文化性；既有经济性，也有社会性；既有效率性，也有公平性和质量相关性。从这一阶段政策报告的关键实词统计中就能看出，不同属性词汇频次的占比较为相似，如经济（6202 次）和社会（5701 次）、市场（5284 次）和文化（4583 次）、供资（7073 次）和利益攸关者（5699 次）、公平（3708 次）和效率（3002 次）等。到了 21 世纪，显然 OECD 并未舍弃新自由主义理念的基本观点，而是以一种包容性的态度吸纳了以往其在各阶段坚持的各类经

①　OECD. Educational Resources and Problems in Resource Redeployment [R]. Paris：OECD, 1983：76.

②　Frans van Vught, L. C. J. Goedegebuure. Comparative Policy Studies in Higher Education [M]. Alzano Lombardo：Lemma Press, 1994：371.

③　Rianne Mahon. In Conversation with Ron Gass：The OECD and the Crisis of Progress [J]. Global Social Policy，2015 (15/2)：113.

济发展模式，开启了一种后自由主义的路径，促使新自由主义的理念得到了修正和巩固。

二、质量保障问题得到进一步关注

词频列表中，排在前十位的关键实词中首次出现了"质量"一词，这与其他几个反复在各阶段出现的高频词汇不同，体现出高等教育质量问题在这一阶段成为 OECD 高等教育治理的重点。OECD 发现，从政府作用的规范概念到市场状态模式的转变，许多国家自那时起便将质量问题摆在了首位。[①] 发展至 21 世纪，质量保障已成为决策者证明公共资金的有效性以及资助高等教育的必要条件。[②] 尤其在 NPM 方法兴起之后，高等教育系统规模的增加也使高等教育机构的集中式中央管理越来越不合适。于是，各国政府不仅同意向机构提供更多的自主权，以提高系统的反应性，但作为交换政府需要制定或接收有效的质量保障程序，以证明各机构能够明智且合理地使用公共资金，也可以认为这种质量控制是对高等教育系统远程指导的补充。[③]

其次，高等教育的分类和放松管理作为另一个趋势，其后果是出现和扩大了私人性质的高等教育提供者，以及出现了越来越多的教育服务。这些新的供应形式和私人高等教育机构的发展，尽管一些是为了利润而经营的，但它们皆要求通过质量保障来更好地保护受教育者的权益。[④] 从教育机构的角度来看，质量提供也是在竞争日益的环境中吸引学生和确保收入的一种方式。在这方面，西蒙·马金森（Simon Marginson）区分了"精英"高等教育机构——其威望和吸引力来自于杰出的研究表现和声誉——和"中间"或"第二选择"高等教育机构的情况，在

---

① Wit，K. de，J. Verhoeven. Autonomy vs. Control：Quality Assurance and Government Policy in Flanders [J]. Educational Policy Analysis Archives，2004（12/71）：16.

② Alderman，G.，R. Brown. American and British Higher Education：Common Problems，Common Responses？[Z]. Washington D. C：OECD Expert Meeting on Assessing Higher Education LearningOutcomes，2007.

③ Goedegebuure L.，F. Kaiser，P. Maassen，V. et al. Higher Education Policy—An International Comparative Perspective [M]. Oxford：Pergamon Press，1994：259.

④ El Khawas，E.，R. de Pietro-Jurand，L. Holm-Nielsen. Quality Assurance in Higher Education：Recent Progress；Challenges Ahead，World Bank [EB/OL].（2020－9－6）[2007－9－5]. http：//www1. worldbank. org/education/tertiary/documents/ElainEng3. pdf.

他看来，后者须以更传统的方式吸引学生，即要更加强调教学服务的质量。①

再来，高等教育质量问题也从其对经济增长的贡献的角度受到审查。20 世纪 90 年代新经济的兴起使研究和创新成为各国在全球经济中拥有竞争优势的关键。这种认识一直是里斯本战略的核心，该战略明确强调了卓越的 R&D 能力的重要性，以使欧盟在 2010 年之前成为最具竞争力和最具活力的以知识驱动的经济体。② 鉴于高等教育在培训知识工作者方面的独特地位，从该战略的角度来看，质量保障在促进卓越方面可以发挥积极的作用。事实上，鉴于高等教育学位所附带的地位和质量的强烈信号，雇主也希望能够获得高等教育部门的优秀毕业生。

同时，从就业和社会凝聚力的角度来看，确保精英阶层以外的高等教育质量也同样重要。20 世纪 70 年代出现了大规模失业的情况，逐渐使高等教育资格成为在知识密集型部门工作的基线标准，90 年代向新经济转变的有关的技术变革，对技能要求的普遍升级更是提高了学生和雇主对高等教育的期望，并提出了关于所在机构是否有能力培养具有相关知识和技能的毕业生以满足劳动力市场需求的问题。③ 因此，质量保障是向劳动力市场提供关于毕业生所掌握的技能和能力的信号的重要工具，以保证达到某些最低标准，并确保授予的资格符合其预期目的。这对于不能完全依赖作为其信号机制的声誉和地位的具有"中间"或"第二选择"性质的高等教育机构尤其重要。④

最后，在高等教育日益国际化的背景下，对质量保障的需求也变得更加迫切。过去 30 年来国际学生流动的显著增长和各种形式的跨境高等教育的激增引起了对跨境教师质量标准、声誉等问题的关注和讨论，OECD 认为更加密切地监测跨境教育质量也是十分必要的。国际化的影响并非仅限于保护消费者。事实上，国际化也采取了高等教育系统和学位结构日益趋同的形式。例如，博洛尼亚进程。高等教育方案的趋同也受到专业全球化和一些专业组织通过全球认证活动制定共同

---

① Marginson，S.. Competition and Markets in Higher Education：A "Glonacal Analysis" [J]. Policy Futures inEducation，2004（2/2）. 175—244.

② Lisbon European Council. Presidency Conclusion—Lisbon European Council [EB/OL]. （2020—9—6）[2008—3—5]. http：//ue. eu. int/ueDocs/cms_Data/docs/pressData/en/ec/00100—rl. en0. htm.

③ Vught，F. van.，D. Westerheijden. Towards a General Model of Quality Assessment in Higher Education [J]. Higher Education，1994（28）：355—371.

④ Alderman，G.，R. Brown. American and British Higher Education：Common Problems，Common Responses？ [Z]. Washington D. C：OECD Expert Meeting on Assessing Higher Education Learning Outcomes，2007.

标准的推动。① 无论趋同的驱动因素和理由如何，高等教育系统逐渐相似的趋势同样在各国产生了对其教学和学习质量的共同关切。

综上，质量保障问题与高等教育发展中的其他重要事项皆密切相关，如国际化问题、研究与创新问题、与劳动力市场的联系、机构自治、学术研究人员的培养等。从"教学"一词出现的研究频率来看，OECD 更加关注教学质量的问责和改进，这点从 IMHE 开展的"高等教育优质教学支持"项目"高等教育学习成果评估可行性研究"项目能够看出。

第五节 "项目式运动"的全纳性政策工作产生的主要影响

这一阶段 OECD 在高等教育政策方面的工作明显地突破了以往"外延式"的特征，从只关注规模、数量、资源配置等问题，向更深入的质量提升和保障方面发展，丰富了其高等教育治理的内涵。在遵循的价值观念方面，OECD 也从"效率优先"转向多元价值并重，当代政府既要关注高等教育能否适应市场的需求，也要回应大众参与高等教育的要求，同时还要不断完善人才培养的质量。因此，从其政策发展能够看出其力图采用多元价值均衡的方法使以上目标协调起来。当然，这都来自于 OECD 对知识经济社会所需要的高等教育形态的理解。因此，笔者将这一时期 OECD 高等教育政策发展所产生的影响概括为以下三点：丰富了成员国高等教育治理的内涵；强调了质量、公平与效率"三管齐下"的发展理念；传播了知识密集型经济理念至全球。

一、丰富了成员国高等教育治理的内涵

从 1998 年之后，OECD 在制定高等教育相关政策建议时，更倾向于使用"第三级教育"的概念，一方面是为了避免与大学教育相混淆，更重要的是要强调中等教育后普遍参与的趋势。在 OECD 重新定义了高等教育内涵之后，各国对第三

---

① Peace Lenn，M.，L. Campos. Globalization of the Professions and the Quality Imperative：Professional Accreditation，Certification and Licensure ［M］. Madison：Magna Publications，1997：1—162.

级教育的政策和行动都表现出了非常大的兴趣。澳大利亚、新西兰、日本、法国、德国、英国等都成立了第三级教育咨询委员会或高级政策考察团。而在丹麦、挪威、比利时佛兰芒地区、瑞典、葡萄牙、美国，第三级教育的结构、管理权限、财政状况等方面的改革反映出这些政策领域的转型。但是，承认第三级教育的重要性并不等于说这些国家在面对这一级别教育的质量、适用性、有效性、教学、课程内容的挑战中，已经形成了明确的政策方向。因此，OECD 通过一系列的政策，分析了第三级教育对政府、学生、教研人员、课程、教学、雇员、企业、社区等提出的挑战，并根据这些挑战和问题给出了整体性的政策意见。可以说，该阶段 OECD 的政策实践和政策文本加深了成员国对其高等教育机构在形式和结构方面的多重认识，帮助丰富了成员国高等教育治理的内涵。一些主要内容的治理思路如下。

第一，高等教育如何更好地满足"客户"的选择和利益？尽管各个国家在满足公众继续教育需要的环境、部门和层次上有所不同，但各国的参与率明显都已经在上升，而且它们也都致力于吸纳更加广泛的人口参与，尤其吸纳了大量的成年学生和妇女参与。另一方面，竞争和选择也在增加，当学生发现高等教育教学计划和教学过程不太适合其背景、需求和利益时，他们便会选择离开，因此这种情况下的"辍学"并不能表明学生在学业上的失败。[①] 更好地理解高等教育中各种要求和选择的内涵是十分必要的，考察各国如何运用政策来提高高等教育的适应性，进而满足那些需求是十分有帮助的。第二，那些目前在高等教育的初级阶段无法得到满足的需求和利益该如何实现？随着高等教育参与率的不断攀升，在强调平等的政治制度与强调选拔的高等教育政策之间形成了一种张力。另一方面，个体的愿望和雇主、企业的利益对高等教育参与率的扩张产生了一定的压力。[②] 新的学生潮对于高等教育的渴望对国家提出了更多的要求。第三，成本应怎样分担？在这个方面，各国的制度存在着不同的见解，而且也不仅仅是收费和学费的问题。对于不同供资主体来说，高等教育中公共资金的比例应该基于人们对高等教育供给的大量需求进行重新考察的基础上。第四，政府应当怎样去构建包括各种各样的供资者的利益在内的日益扩大的高等教育系统？虽然应该尊重已经形成的学术价值以及其在高等教育中的基本要求，但是 OECD 认为，在当代社会经济生活中

---

① OECD. Preparing Youth for the 21st Century: The Transition from Education to the Labour Market [R]. Paris: OECD, 1999: 23.

② OECD. The OECD Jobs Strategy: Pushing Ahead with the Strategy [R]. Paris: OECD, 1996: 10.

高等教育的重要性又不可避免地引发社会的参与和公共政策方面的问题。① 目前，各国政府通常的办法就是建立总体的框架，允许各类不同的高等教育机构在这种框架内进行或多或少的调整和自主办学，从而形成合力，同时担当向导角色。与过往相比，政府是否应该在不同的方面，用不同的方式和以不同的程度参与"重新集权化"，如通过对信息的更加严密的监控和传播、更加一致和透明的资格认证体系等，目前在这些领域中的新经验仍较为有限，有待观察。

从 OECD 给出的整体性政策意见来看，以下几点结论比较突出：1. 政策目标应是具有包容性的，而不是像过去那样具有排他性。它应该是终身学习的一个重要组成部分，与中学以及更加广泛的学生社团更密切地联系。2. 只有通过提供大量的具有合理结构，且具有内部相关性的并且已经得到良好验证的学习机构、学习设备和相应的教学方法，高质量的高等教育目标才能实现。3. 高等教育中的大专型院校教师的价值常常被低估，这些教师在扮演角色时或许自身未作好准备，或未得到足够的支持。若能更加注重对教师角色的支持和认同，学生和社会发展的需要就能得到更好的满足。4. 调动社区总体资源，动员所有可能的财政资助和体制的力量。5. 最高层的领导必须具备组织和运用各种极端复杂力量的能力。6. 大规模的高等教育应能够为所有人提供高质量的教育。②

二、强调了质量、公平与效率"三管齐下"的发展理念

和 20 世纪 80 年代的政策导向不同，那时为了帮助成员国尽快摆脱石油危机带来的较为严重的经济滞涨和通货膨胀，绝大部分的公共服务类别的工作部门都承担起了"经济重建"的责任，其中以高等教育最为突出，扮演了一个准市场主体的角色。那时各国的经济态势较为低迷，财政支出收紧，以往大多数依靠政府提供供资的高等教育机构，纷纷采取"市场化"的方法，通过竞争来获取社区、个体、私营企业或者是慈善基金的资助。加之受到刚兴起的新公共管理理念的深刻影响，以至于那时的高等教育从内到外都充斥着"效率优先"的治理理念。到了 21 世纪，知识经济已经发展到了关键阶段，那时各国基本上已经实现了"经济重建"目标，从经济滞涨的高墙中突围出来，加之部分成员国进入高等教育普及

① OECD. From Initial Education to Working Life：Making Transitions Work ［R］. Paris：OECD，2000：4.

② OECD. Redefining Tertiary Education ［R］. Paris：OECD，1998：161.

化阶段，"全员终身学习"的理念自 1996 年之后被 OECD 反复强调。如何帮助所有学生以及潜在的学生在不为学习机会忧虑的同时，发展个体综合技能和综合素质，使每一个学生都能获得可替代性技能和适应性方面的能力，成为了 OECD 新的政策导向，其本质可认为是通过实现质量、公平与效率三重目标从而达到包容性增长的目的。正如 OECD 秘书长安赫尔·古里亚（Angel Gurria）在教育部部长会议（希腊）开幕式上所强调的组织的责任："为共同目标而努力这件事听起来简单，但是它需要想象力和远见，以及艰辛的磋商和外交斡旋。我们能否在这个小小的星球上和平共处，取决于我们是否有能力通过国际合作来消除贫困、扩大适当的医疗保健服务以及应对全球移民所带来的影响。这有赖于我们是否有能力提供高质量的全民教育，因为教育对于现代经济的塑造以及发展我们称之为全球公民的理念的作用重大。"①

　　OECD 为成员国提供"三管齐下"的具体政策建议时，提出的注重"形成性评估"的这一建议十分必要。它认为，形成性评估是对学生的理解和进步进行经常性、互动式的评估，以便了解学习需求、设置教学。通过形成性评估，能够帮助各国实现教育质量和公平。② 该种类型的评估具有以下几项核心要素：1. 建立鼓励交流以及使用评估工具的课堂文化。2. 建立学习目标，跟踪学生个体的进步。3. 使用多种教学方法。4. 使用多种方法评估学生的学习状况。5. 反馈和调整教学。6. 学生的积极参与。在 OECD 的受访国中，组织案例国家在推广形成性评估的实践中取得了很大进展，这些经验可供其他成员国借鉴，具体包括如下内容。

　　——通过立法支持和推进形成性评估的实践，同时赋予其优先发展的地位（丹麦、意大利）；

　　——将结果性的数据用于形成性的目的（加拿大、芬兰、丹麦、新西兰和意大利）；

　　——将形成性评估与有效教学的指导纲要引入国家课程和其他资料（新西兰、英格兰、苏格兰以及澳大利亚的昆士兰州）；

　　——提供范例和工具支持形成性评估（新西兰、加拿大）；

---

① OECD. Education Policy Analysis 2005—2006：Focus on Higher Education ［R］. Paris：OECD, 2006：5－6.

② OECD. Formative Assessment：Improving Learning in Secondary Classrooms ［R］. Paris：OECD, 2005：3.

——支持囊括形成性评估的创新项目和特别计划（新西兰、意大利）；

——发展教师专业发展培训（澳大利亚的昆士兰州、新西兰）。①

在包容性增长的背景下，OECD认为高等教育体系必须致力于经济增长、充分就业以及社会融合这些宏观的发展目标，高等教育体系的管理框架也必须鼓励高校在个体与整体层面皆能实现多元发展目标。高等教育体系、机构及其利益攸关者必须保证高等教育的各个方面都能达到公平、高质和高效的效果。

三、传播了知识密集型经济理念至全球

随着知识和资源的保障性增长以及信息技术的快速发展，以知识为基础的服务业得到了迅速的发展。至20世纪90年代后期，OECD将这种以知识为基础的服务业及其特殊分支，即知识密集型服务业（简称KIBS）纳入了研究视野。二十年前，首先由OECD提出的"知识经济"概念是目前社会上使用频率最高的词汇之一。这一概念既揭示出知识在经济发展和社会变迁中的作用，同时也影响到了公众对当代社会发展形态及趋势的认识。可以说，"知识经济"以及由其发展生成的"知识社会"已经成为人们概括和形容现代社会本质特征的核心词汇。尤其是知识密集型服务业概念更是通过OECD传播到全球成为了全球意识。② 在这类服务业中，高等教育占据了重要地位也承担了核心职能。之所以这样说，是因为知识密集型服务业拥有产品的无形化、顾客的专门化、员工的知识化，且具有高增值性、强时效性、高科技性等特征，这一产业已成为知识经济社会的核心产业结构，而且还能够帮助生产知识和配置资源。③ 有人将这一产业的发展看作是后工业化时代西方国家经济发展的重要特征。这一新兴产业蕴涵了密集的知识资产，以及驾驭这种知识资产的知识工人，这个特殊的产业通过知识和信息的运用，为各个经济部门创造出了高的附加价值。④ 可见，这一新兴服务业需要大量的高技术和高素质劳动力，而那些优质的人力资本，可以说是其得以持续生存的根基，因此作为其分支之一的高等教育便要承担起这一培养高技能和高素质人才的职责。

---

① OECD. Education Policy Analysis 2005—2006：Focus on Higher Education ［R］. Paris：OECD，2006：105.

② Shahjahan，Riyad A. IGOs（IOs），Epistemic Tools of Influence，and the Colonial Geopolitics of Knowledge Production in Higher Education Policy ［J］. Journal of Education Policy，2016：（31）：694—710.

③ 魏江，Mark Boden. 知识密集型服务业与创新［M］. 北京：科学出版社，2004：5.

④ 魏江，Mark Boden. 知识密集型服务业与创新［M］. 北京：科学出版社，2004：5.

在 OECD 看来，技术型系统和信息技术的发展在知识传播与人才培养方面起着决定性的作用，特别是对培养那些高技术型人才来说。在知识密集型社会，学习至关重要，尤其是终身学习，对于个人前途的发展和命运的把握十分关键。主要学习内容包括对新兴知识的消化与传播，以及对新技术的把握。对于知识经济型社会来说，高等教育是生成知识的关键主体，高等教育是教育与培训研究力量生成的中心。① 可以说，OECD 向全球传播知识密集型的经济理念，所采用的路径则是通过对高等教育的优先强调。《以知识为基础的经济》报告这样说道："知识经济形态的特点之一，即承认知识的传播与其生产是同等重要的，构建'国家创新体系'和'知识传播网络'十分必要。由这两个要素组建而成的知识性结构，会指导经济发展中的各种活动，两者之间的关联性十分密切。它们对于一个国家创新技能和创新竞争力的影响是极为重要的。"② 我们知道，高等教育一直不间断地向企业输送人才，传播知识，帮助它们不断提升在知识经济社会中的竞争力。在这一过程中，政府和高等教育部门所面临的挑战是，它们如何在知识经济社会形态中适应自身的新角色，同时还不削减对充分开展非商业性学术研究的热情和认知。

本章小结

本章主要涉及知识经济时代 OECD 以"包容性增长"为导向的高等教育政策的形成与发展。其追求"优质"水平和提高"21 世纪技能"的改革策略，促使其将高等教育政策工作的重点放在了"内涵—知识生产"等过程性因素的关注上。在讨论高等教育"第三级"蕴涵的基础上，探讨了更深层次的内涵式治理路径和政策发展状况，分析了其实践背景、产生原因、文本内容和特征、产生的主要影响等。重点考察了成员国对于包容性增长所强调的质量提高和保障、满足个体内在发展需求、课程设计和教学能力的优化、创新机构管理意识和能力、加强国内外教育交流与合作等方面的基本情况。提出了完全有别于前一阶段的优质人力资

---

① Lauritzen, F. Technology, Education and Jobs [M]. Paris：OECD, 1993：76.
② OECD. The Knowledge-based Economy [R]. Paris：OECD, 1996：22—23.

本开发目标。探讨了 OECD 在受到知识经济这一新型经济形态、"质量观"的内涵变化、"指标和统计文化"的发展、高等教育私人回报和个人需求日益明显等各方因素的影响下，其高等教育治理的政策演进过程。值得一提的是，这一阶段所发布的主要政策文本呈现出了"多元价值"的特征，这种多元价值观既是外部对高等教育多元需求的反映，也是高等教育内部应对外部经济、社会环境压力的现实选择。多元价值观的目的和价值在于它给各种冲突的价值提供了一个对话的平台。有效的高等教育变革充满着似是而非和相互矛盾的现象，以及通常注意不到的同时出现的因素，如愿望和能力、公平与卓越、公平与效率、速度与质量、社会发展与经济发展，它们并非相互排斥。相反，它们必须加以协调使之成为个体成长和发展的新动力。因此，本章最后分析了该阶段 OECD 高等教育政策发展的主要影响：丰富了成员国高等教育治理的内涵；强调了质量、公平与效率"三管齐下"的发展理念；传播了知识密集型经济理念至全球。

第六章
回溯与评价

OECD 高等教育政策的演变经历了一个较长的历史过程。前面几个章节主要根据五个不同的历史时期，较为详细地讨论和分析了 OECD 高等教育政策形成过程中的主要实践活动、形成因素、主要内容及特征、产生的影响。对这些内容进行整体上的回溯和评价能够较为清晰地总览这一历史过程，也能够对 OECD 高等教育政策进行一个认知上的把握，以便弄清 OECD 在世界范围内高等教育治理手段的变迁，以及它在许多国家高等教育制度变革方面产生的重要影响。

第一节 OECD 高等教育政策发展历程回溯

在对 OECD 高等教育政策发展过程进行分析和阐发启示之前，本节首先对这一过程作一简要回顾和总结。

一、从"聚焦科技人才"到"规划人力需求"

OEEC 时期，为了实现公约中提出的"缔约方将最充分和最有效地利用其现有人力"的目标，组织成立了促进其成员国深远合作的机制，具体表现为 EPA 部门的设立。这一部门最初致力于促进生产力概念、管理技能的传播与发展，以及改进各级和所有活动部门的培训，特别是技术和职业培训。该项工作直接促使了经济复兴中"人"的因素开始出现在 OEEC 的舞台中心。源自美国宣扬的"和平主义"，出于对发展迅速的世界共产主义的抗衡，欧洲国家意识到提升科技研究和发展的能力迫在眉睫。到了 20 世纪 50 年代末期，西欧国家摆脱美国经济控制和经济从属地位的决心更加明显，除了自主建立起一些区域性子集团外，更加直接地表现为致力于优秀科学家和工程师的培养。为了迎合西欧国家关于"科技人力"方面的发展需求和趋势，以及伴随着组织自我意识的不断觉醒，同时为了从整体上帮助这些国家获得与美国相当条件的科学技术资源，OEEC 将"人力资源开发"概念局限于狭义上的科学对于高技术型人力的需求这一层面。从设立 CSTP 部门到开展 STP 项目，以审查各成员国的大学以及技术学校的教育和培训情况，以及科学和工程人员的招聘和使用问题，到辅助成员国增加高技术型人才的数量，促使其被充分和有效地使用，以满足欧洲成员国经济复兴和增长的需求。可以说，在这一层面的努力，不仅是 OEEC 在高等教育政策工作领域的初探，也为其日后介入其他教育事务提供了原始动力。

除了纠正冷战之初科技人力的失衡，OEEC 尤其是重组之后的 OECD，更加"迷恋"于西方相关经济学家对于高等教育所能带来的经济回报的鼓吹，尤其是舒尔茨等人提出的人力投资概念，与围绕经济长期增长的教育发展观。受到这种教育投资观念的深刻影响，1960 年在改组前夕组织便迅速成立了"教育经济学研究小组"，该小组负责用学术理论解释教育与经济的复杂关系，这项工作成为教育经济学学科产生的原始动力之一。它具有交叉学科的属性，亦是 OECD 在二战以来开展高等教育活动的主导性理论。[①] 小组的相关研究成果，最终导致在 OECD 教育活动史上具有里程碑意义的"华盛顿会议"的召开。此次会议全称为"经济增长与教育投资大会"，会议的讨论最终为成员国在 20 世纪 60 年代的教育扩张提供了合法证明。[②] 受到人力投资概念以及凯恩斯主义的双重影响，当时各国亟须对经济增长所需的持有某些资格的人员数量作出预测。这就促使了 OECD 人力资源规划工作的诞生。

二、从"规划人力需求"到"创新培养渠道"

高等教育规划的具体工作，可解释为对各类职业所需人力的规划，或者说预测。在"人力需求法"和"成本效益法"的博弈中，OECD 最终选择了前者。当

---

① 丁瑞常. 从"国际教育政策论坛"到"全球教育治理参与者"——经合组织在教育领域的角色流变[J]. 教育学报，2020（5）：87—96.

② OECD. Summary Reports and Conclusions Keynote Speeches [C]. Policy Conference on Economic Growth and Investment in Education，Washington，16th-20th October 1961：9.

然，这种方法是有具体的针对对象，这类对象即当时的经济发展水平处于成员国中第二梯队的地中海国家。自从 OECD 于 1961 年正式开始其官方存在，在名称上将"欧洲"替换成了"发展"，间接反映了未来该组织的工作重点将放在发展性援助方面。因此，OECD 对于地中海国家的发展规划十分关注。MRP 项目是在估测第二梯队国家经济增长率的基础上，以各个职业部门的增长以及持有相关资格人员数量为基准，将高等教育与职业结构之间的关系作为前提假设，来预测这些国家未来所需人力。[①] 除此之外，该组织也针对第一梯队成员国开展了在"社会需求法"指导下的人力规划项目，该项目的核心工作是在深入分析社会文化事实和经济现实的基础上，根据整个社会需求的真实情况，再来作出预判。[②] 与 MRP 不同的是，EIP 的工作是建立在高度工业化国家的社会、经济、政治和行政复杂性联系的基础之上，当时这些国家的高等教育系统正在全面扩张。也就是说，制定高等教育发展目标不是仅仅针对未来人力需求的评估，这些目标还必须纳入与整个社会需求的更广泛联系。

以这两个项目为基础，组织对教育指标系统的工作进行了初步探索，并在对这两个项目的方法论进行更新的基础之上，发展了定量分析与教育统计技术，为其后来开展国际教育指标工作和参与全球教育治理打下了重要基础，具体表现为其开发的一本示范手册——《教育投资规划统计需求手册》。这本手册解释了有效的人力和教育规划各种相关因素，以便成员国家编订可比较的统计数据，以及为其教育数据收集和分类提供一个基本参考和灵感来源。[③] 但是，伴随着民众对高等教育需求的爆炸式增长，从而导致现有的高等教育机构的数量、性质、教学方法等方面的不适应性。组织意识到，只有尽快扩大高等教育规模，创新高等教育职能，迎合毕业生就业需求，增强教育内容实用性和针对性，才能适应高等教育的改革要求。下一阶段的高等教育改革由"人力规划"走向"人力供应"。

三、从"创新培养渠道"到"强化经济目标"

随着 CSTP 将狭义上的 STP 方案转向广义上的教育投资与经济增长的关系的

---

① OECD. Resolution Number 2, on Planning and Investment in Education [C]. Fourth Conference European Ministers, London, 1964: 3.

② Directorate for Scientific Affairs. Programme on Education Investment and Planning [C]. Draft summary record of 15th October 1962 meeting, Paris, 1962: 3.

③ OECD. Educational Statistics Yearbook: Vol. I. International Tables [R]. Paris: OECD, 1974: 5.

发展方向上之后，对各国整个高等教育系统进行规划的必要性就十分突出，需要高等教育机构拥有必要的变革和创新能力，使其能够充分应对现代社会的合理压力和要求。从上文分析中我们可以看出，高等教育规划的衍生性影响最重要的一个方面，即加速了民众对高等教育需求的爆炸式增长。无论对于发达成员国，还是对于地中海国家来说，这种爆炸式增长的背后都是民众对于接受合适的高等教育机会的迫切需求。从另一个方面来看，组织自重组以来，大量新的议题的涌入使得其原先的核心议题，如经济、贸易、移民等的垄断地位被打破。这样的一种趋势让组织内部那些持经济至上理念的管理人员产生了质疑。因此，在哈里斯的牵头下，组织内部进行了一场全面的审查和整改运动，以明确各项事务的核心责任。就高等教育而言，评议的结论是：进行机构创新管理，或许是当前最需要启动的工作，OECD 在其中则主要发挥创新者的作用。[①] "创新" 成为了 OECD 在 20 世纪 70 年代教育领域的关键词。对于高等教育领域的工作而言，这一阶段的创新主要表现为鼓励高等教育规模的扩充，其本质为鼓励各成员国高等教育机构的多样化，即入学渠道的创新。

在此阶段 OECD 的相关会议以及系列报告中，有一个核心方面即 "规划高等教育系统总体结构的未来形态，以使各国能够适应，向大众化的高等教育过渡"。[②] 这一未来形态的形成和规划被 OECD 认为是二战后高等教育最深远的改革，其具体表现在短周期高等教育机构的形成。在 20 世纪 70 年代这一关键的形成时期，当时短周期部门仍在寻找自己的身份。OECD 的工作对这一进程作出了重大贡献，通过详细分析这一改革的目标和动机、成员国正在发展的不同体制模式的特点以及必须处理和解决的实质性问题和困境，提请各国政府注意非大学部门本身的发展及其对整个高等教育系统的影响，从而大大促进了各国这一进程的发展。OECD 也一直尝试去解释在规划新结构和应对现有系统内产生的压力时，社会如何调解由中等后教育与就业之间的新关系引起的，逐渐扩大的入学机会与方案的差异性之间的复杂关系，以及在资源有限的政治敏感背景下，是否要不遗余力地保持和加强学术和科学的价值，加强公共问责制，或者推动更大程度的民主化进程？当然，这些问题是在高等教育持续扩张的背景下讨论的。随着增长逐渐趋于

---

① 丁瑞常. 从 "国际教育政策论坛" 到 "全球教育治理参与者" ——经合组织在教育领域的角色流变 [J]. 教育学报，2020（5）：87—96.

② OECD. Summary Report on Future Structures of Post-Secondary Education [C]. Conference on Future Structures of Post-Secondary Education，1973：2.

平稳，高等教育增长转变为高等教育收缩，公众信心也开始下降，这些问题虽然仍然重要，但却逐渐让位于摆脱经济滞涨的需要。十年后 OECD 在相关会议上，创新培养渠道的概念转化为了高等教育陷入危机的概念。

四、从"强化经济目标"到"注重内在需求"

受到第一次石油危机的冲击，许多国家的整体教育扩张一直在放缓。到了 20 世纪 80 年代，几次石油危机的叠加效应，导致成员国陆续出现金融滞涨以及通货膨胀的消极经济现象。此时，"资源限制"成为了各国政府给自己减负的主要手段。在这种情况下，OECD 在 1978 年的第一届教育部部长会议上明确提出，要寻找新的教育政策方向。[①] 对于成员国来说，当时的普遍期望是，经济和劳动力市场要很快恢复到它们以前的活力。为了顺应这一趋势，OECD 将目光聚焦于帮助成员国尽快摆脱经济滞涨的藩篱，在这一时期的所有工作皆围绕这一目标来开展。在高等教育方面，更为关注其职业性目的，满足学生的生产性权利，保障他们的积极生活[②]。也是在那时，OECD 受到了新自由主义理念的影响，开始奉行并倡导该理念。从高等教育领域来看，OECD 一改 20 世纪 70 年代注重文化性、社会性、国家性的政策价值取向，愈发注重"教育系统效能"的提升，为成员国提供了一个比较教育系统效能情况的平台[③]。新公共管理理论的兴起，激起了各国政府对于教育绩效和问责的兴趣，尤其是其倡导的竞争性、分权性、市场性原则，更是促进了机构自治权的加大。

为成员国的"经济结构变革"提供参考性政策建议，在 20 世纪 80 年代成为了 OECD 各方面工作的主导性思维。一系列高等教育政策报告的发布，均在分析劳动力市场政策和寻找解决就业/失业状况的办法的范围内和背景下进行。虽然给予了高等教育和培训更为优先的关注，但就这些报告的内在含义来看，经济和就业方面的考虑支配着组织进行高等教育工作的方式，这就导致组织忽略了关于高等教育更普遍和更长期的目标，有可能使其沦为仅仅是一种发展经济和劳动力市

---

① OECD. Searching for New Policy Directions for Education [C]. The First OECD Education Ministerial, Paris, 1981: 3.

② OECD. For a Succinct Statement of the Concept and its Implications [J]. OECD Observer, 1988 (152): 2.

③ 丁瑞常. 经济合作与发展组织参与全球教育治理的权力与机制 [J]. 教育研究, 2019 (7): 67.

场政策的工具。OECD 认识到仅仅关注经济结构变革可能会对高等教育的长期发展所带来的不利影响，因此到了 90 年代，EDC 明确强调，"结构变革非但没有单方面规定'教育适应经济'要求，反而应重新引起人们对教育目标的多样性和教育综合性政策的关注，认识到个人的福祉和社会的进一步发展取决于人类活动不同领域之间的创造性互动"。① 随着主要成员国逐渐摆脱经济滞涨的发展障碍，加之知识经济时代的到来，以及 OECD 方面以"个体学习成果的国际比较"为核心职责的教育指标统计工作发展到了高潮阶段，组织提出"全民终身学习"理念和重新定义"第三级教育"的概念之后，在高等教育领域，其愈发强调个人应具备应对和促进变革所需的灵活性和适应性能力。反过来，这些灵活性和适应性的素质必须反映在教育和培训本身的组织方式和向个人提供教育和培训的方式上。② 另外，OECD 关于教育平等的承诺在 80 年代的工作中往往被忽视，这再次表明它是今后工作的一个主要目标。由于经济以及社会和政治原因，社会无法再继续忽视那些由于最初的社会经济状况而在高等教育上得不到充分服务的人的持续边缘化。同样的论点也适用于残疾人、少数群体和失业者，将他们纳入社会结构的主流需要采取更加协调一致的行动。更明确地说，需要一种具有包容性和全纳性的理念来指导组织的工作，以帮助每一个个体，挖掘其体内蕴藏着的发展潜力。

第二节　OECD 高等教育政策演变逻辑分析

通过对 OECD 高等教育政策发展历程的追溯，可以发现有三条主线贯穿始终，体现了 OECD 高等教育政策的演变逻辑和改革路径。它们分别是高等教育治理内涵的转变——从"量的增长"到"质的保障"；政策关注内容的转变——从"强调社会再分配"到"聚焦生产性权利"；高等教育治理工作所遵循的理论基础的变迁——从"凯恩斯式人力投资"到"包容性自由主义"。

---

① OECD. Education and Structural Change：A Statement by the Education Committee ［R］. Paris：OECD，1989：6.

② OECD. Bilateral Discussions between the Two Sides on These Matters were Pursued within the Organisation's Labour Management Programme ［C］. Intergovernmental Conference on the Education and the Economy in a Changing Society，Paris，1989：117.

一、从"量的增长"到"质的保障"

"数量"和"质量"一直都是 OECD 治理高等教育扩张问题的两个重要方面，许多政策建议也都是从这两个方面出发，以其为目的或者风向标提出的。它们贯穿着 OECD 高等教育工作的始终。虽然每一阶段开展的政策工作都有涉及两个方面的内容，但均有所侧重。具体来说，20 世纪六七十年代的政策工作更倾向于从数量上满足成员国经济增长以及民众对高等教育的爆炸式需求，八九十年代的政策工作更倾向于以质量指标来表征高等教育的教学成果。进入 21 世纪，工具效能视角下绩效主义的教育质量观更是成为了组织高等教育工作的基本特征。换句话说，以问责和改进为主要手段，保障高等教育的优质化发展，促进学生各类技能、素质的综合发展，成为了高等教育的核心工作。

冷战之初，美国政府不断把"国家危机"的呼声传递至教育方面，使得刚完成经济复兴的成员国迅速地将发展目光聚焦到国家实力和科技人才的培养层面。组织也迅速作出回应，开展各项政策工作以帮助成员国扩充科技人才的数量，以指导欧洲成员国变革其一直以来僵化教条的高等教育体制，扭转"重文轻理"的教育传统。到了 20 世纪六七十年代，最初对科技人员短缺的担忧已让位于新的担忧，即如何利用高等教育系统培养出越来越多的科学家和工程师，以及如何在高等教育和劳动力市场之间以及教育机构和企业之间进行更为密切的合作。在这一问题上，重点放在了劳动力市场这一层面，即其对需求和供应的数量调整。1966 年和 1971 年连续两次的"高质量人力政策会议"都清楚地表明，这一问题不能再局限于科学技术人员，而必须包括经济和社会进步所需的全部合格人力。到了八九十年代，由成本分担发展而来的问责制方法也越来越多地用于质量评估，但由于当时毕业生整体性就业问题凸显，因此组织更多地强调了以"效率"为主的发展路径。在那一阶段，组织仅发布了一篇有关质量的报告，即《面向所有人的高质量的教育与培训》，以强调其重要性。

新世纪以后，随着组织教育指标工作的日益成熟，组织越发注重学生学业成绩质量评估，以及绩效产出的质量保障工作，且在高等教育工作中频繁使用"优质""成功""有效"等词汇。在 OECD 政策话语中，优质的、卓越的教育是指有效的教育，衡量这种有效教育的标准是毕业生能否获得认知性技能以外的"溢价性"的非认知技能。2005 年，《与质量和公平有关的学校因素》（*School Factors*

Related to Quality and Equity）报告强调了其遵循的教育质量观："教育体系的成功与否，有赖于高等教育不同形式的投入及其所具有的工具性潜力，教育成果的优质与否可通过教育系统内的环境、投入要素和过程性指标来表征。"① 可见，与绝大部分学校所倡导的以测试理性与专业知识为导向的绩效成果不同的是，OECD 更倾向于将学习结果与个体未来发展之间的联系作为高等教育绩效的新内涵。② 这一点增加了组织对高等教育中质量保障的重视程度，它涉及了包括投入、过程和结果在内的多个层面的问题。

二、从"强调社会再分配"到"聚焦生产性权利"

OECD 帮助成员国进行高等教育结构改革最明确的目标是使高等教育机会及其所产生的社会利益得到更公平的分配。自从 OECD 认同舒尔茨等人的人力资本理论之后，人力资源开发便成为其在高等教育领域关注的主要议题。然而，由于其过度强调经济至上的高等教育发展观，越来越多的社会学家对教育与经济的因果关系提出了质疑，库格尔夫会议的主要报告员霍尔西的话很好地概括了经济增长与社会进步应具有的趋同而非冲突的关系："对那些追求物质富裕和文化进步的国家来说，最应该做的事情就是追求这一双重目标的良性螺旋上升。人的能力是社会定义的，而文化的复杂性越高，社会对其人民的需求就越大。此外，文化在社会生产组织中的应用越复杂，就越有资源将潜力转化为实际能力。因此，可以说，经济增长创造了它所需要的技能。再一次，只有随着经济的进步，一个国家才有能力超越教育机会的形式平等的理想，实现每个人发展其潜在能力的实质机会平等的高度理想。"③ 社会学家的观点让 OECD 开始反思片面夸大高等教育经济功能的不利影响，以及一直以来其在一定程度上半推行的凯恩斯主义政策的哲学意义。在巴黎会议上，组织强调将在更大范围内实现教育资源的有效配置的基础上，教育还应服务于更广泛的经济和社会目标。④ 这一次，其将工作重心放在了

---

① OECD. School Factors Related to Quality and Equity：Results from PISA 2000 ［R］. Paris：OECD，2005：13—14.

② 高原. 冷静对待"PISA 二连冠"——基于新自由主义视角的思考 ［J］. 外国中小学教育，2014（4）：10.

③ A. H. Halsey. Ability and Educational Opportunity ［C］. The First Major OECD Conference on Education，Kungalv，1961：31.

④ OECD. Educational Policies for the 1970's：General Report ［R］. Paris：OECD，1970：135.

"强调社会再分配"这一层面，"社会"开始主导"经济"。① 以往社会分配只强调就业，而现在更多地强调创新和管理，正如它提出的经常性教育战略。

　　显然，强调社会再分配这一发展路径的出发点，是为了实现教育平等与满足民主化的需求，并且对早期的经济至上的行径进行制衡性回应，其在 20 世纪 70 年代进入了 OECD 的高等教育政策议程。不过，这一趋势很快发生了逆转。自从经济危机开始之日起，欧洲福利国家的福利制度也必须得到调整，其福利哲学的相关理念似乎不能再适应当下的情景。这一危机的直接导火索是自 1973 年开始的几次石油危机的连续冲击。也有学者从其他的角度来看待这一问题，认为这一危机产生的实质，即过于注重社会发展的各项公益性目标。借用雅克·唐泽洛特（Jacques Donzelot）的"社会自决"概念来形容当时的情况，即当经济目标和社会目标不能自洽时，成本缩进和经济滞涨等问题会陆续显现出来。因此，积极地创造增长和竞争成为了关键，高等教育也开始需要通过市场竞争中的更具生产性的剩余供给获得私人性财政支持。而私人资助的模式，同样更加会需要考虑"学生作为生产者"的角色。很多学者都相信，西方国家的社会经济政策的价值取向，正在经历着从社会再分配到经济生产范畴的转变。约翰·哈德森（John Hudson）和斯戴芬·科尔纳（Stefan Kuhner）通过对 OCED 23 个相关的社会和福利政策的比较研究，得出这一变化的本质即"从保护性向生产性的转变"。② 对于 OECD 来说，这一阶段的"生产性"内涵，指的是能够拥有满足竞争性的市场需求的"生产性能力"。到了"全民终身学习"的大发展时期，OECD 更是运用了"发展型福利国家"的概念。这一概念重视促进充分就业、提高收入、实现"以人为本"的宏观性的经济政策发展……他们更喜欢那些"生产主义"的价值取向和投资导向，希望开发那些能够产生积极经济回报的社会项目。③ 于是，经济政策和社会政策相互呼应的要求被凸显出来。OECD 开始强调生产性参与是一种重要的权利，正如鲍勃·杰索普（Bob Jessop）强调的那样："这与传统上的，强调个体生产性的能力有所区别，在生产性概念的基础之上，融入进社会政策的概念，反映了一种社会责任话语，两者结合起来理解，这种参与可视为公民权利的基础。"④ 综上，从

　　① OECD. The Educational Situation in OECD Countries［R］. Paris：OECD，1974：4.

　　② John Hudson and Stefan Kuhner. Towards Productive Welfare? A Comparative Analysis of 23 OECD Countries［J］. Journal of European Social Policy，2009（19/1）：34—46.

　　③ Manuel Riesco. Latin America：A New Developmental Welfare State Model in the Making［M］. Basingstoke：Palgrave，2007：3.

　　④ Bob Jessop. Towards a Post Fordist Welfare State［M］. London：Routledge，1994：13.

"强调社会再分配"到"聚焦生产性权利"，不仅反映了该组织在不同历史时期对经济性目标和社会性目标的不同的关注程度，更反映出促进生产性参与和社会融合将是组织未来高等教育工作的主要目标。

三、从"凯恩斯式人力投资"到"包容性自由主义"

可以说，在 20 世纪 80 年代之前，OECD 在所有领域的专业文化皆与凯恩斯主义密切相关，即便在 60 年代对"人力资本"概念的簇拥或多或少地反映了新古典主义经济学与凯恩斯主义的冲突与矛盾，但很快组织便通过教育社会学相关理论的引介，重新拾回对凯恩斯主义的信念。罗恩·盖斯一贯强调，不理解凯恩斯与弗里德曼关于就业的经济学理论，就永远也无法理解 OECD 高等教育政策工作的专业文化。[1] 因此，在那个年代，OECD 的高等教育政策工作多处彰显着"国家""政府""规划""公共投资""充分就业"等字眼。加之同一时期组织对"人力资本"概念的认可和引用，不仅直接促使高等教育和人力资源开发成为其备受关注的工作领域，而且也促使组织建立起了凯恩斯式的人力投资理念和发展路径，具体表现为其在组织和筹划高等教育政策工作时，更多地从国家一级出发强调高等教育规划的重要性，并督促成员国积极设立指导教育规划工作的相关行政部门。这一发展路径直到 70 年代依然被组织所遵循，且与欧洲社会民主主义运动不可阻挡的趋势相融合，促使组织在宏观层面，为成员国越来越多样化的学生群体进一步规划高等教育结构和升级高等教育形态作出努力提供了价值依据。

然而，随着资本主义世界陷入经济滞涨的泥潭，国家垄断资本的发展模式越发被人们诟病，作为凯恩斯主义的对立学派，新自由主义拥护者们指责正是由于凯恩斯主义对加大政府责任和增加公共开支的鼓吹，滞涨危机才会造成，并逐渐导致曾为凯恩斯主义拥护者的 OECD 到 80 年代前后，也转至新自由主义和新公共管理的阵营。[2] 从 20 世纪 90 年代开始，[3] OECD 因其新自由主义观点而受到批

---

① 50 Years of Reconciling the Economy, Nature and Society [EB/OL]. (2017—11—03) [2020—12—20]. http：//oecdobserver. org/news/fullstory. php/aid/3419/50 _ years _ of _ reconciling _ the _ economy, _ nature _ and _ society. html.

② Rianne Mahonianne. After Neo-liberalism? the OECD, the World Bank and the Child [J]. Global Social Policy，2010，(10/2)：181.

③ Shahjahan, Riyad A. IGOs (IOs), Epistemic Tools of Influence, and the Colonial Geopolitics of Knowledge Production in Higher Education Policy [J]. Journal of Education Policy，2016 (31)：694—710.

评，根据此观念，教育的作用被缩小到投资于人力资本，作为经济发展和竞争力增长的一部分。特别是人们对新自由主义的核心概念——新公共管理理念的广泛批评，认为其目的是促进具有"健康结构"的市场经济。但对于公共部门机构，尤其是公立性质的高等教育机构，这意味着国家的作用被局限至最小化，量化的绩效目标、财政激励、私营部门的做法和削减开支是其治理的基础。此外，按照这样的发展趋势，大学预计将仅仅成为一种可转化为商业意义上的产品的创新。①

随着新自由主义过度强调"市场""效率"问题而忽视了高等教育的长期发展目标或者说终极目标，例如一定程度上排斥了劳动力市场的边缘人物，OECD 开始在修正新自由主义弊端的基础之上，重新发展新的政策路径，此时之前被淘汰的凯恩斯主义理念重新回到了组织的视野，不过它并不打算完全拷贝 20 世纪 70 年代的做法，而是利用福利国家产生的"发展型社会政策"理念②，构建"发展型福利国家"的新思路，这一观念在很大程度上取决于"以孩子为中心的社会投资战略"和"人力资本投资推力"。③ 从另一方面来看，90 年代至今，新自由主义的特征得到了加强，只不过其内涵较早期发生了改变，此时的组织试图融合多元化的发展目标，通过对个人和社会资本的不间断地投资，来调和凝聚力与增长之间的分歧。早期的政策工作主要通过规范自主竞争和依靠学生/消费者对质量和效率的自我利益的理性选择来发展市场心态和市场反应。④ 后来的政策工作则集中在包容性增长本身，注重加强个人责任的概念。⑤ 新自由主义的内涵由此演变成了"包容性自由主义"。"发展型福利国家"的观念中，并不排斥市场意识的渗透，其可作为社会福利发展的要素，这一观念还继承了凯恩斯式人力投资概念以及民主化的相关观念。但是，其转向了微观层面，更加注重个人和社会投资的回报。⑥ 这一"包容性"的主要体现就是多元价值观的强调，即在公平、效率、质量、福祉以及

---

① Rizvi, Fazal., Bob Lingard. Globalizing Education Policy [M]. London & New York: Routledge, 2010: 303.

② 发展型社会政策是在经济全球化的背景中提出的，是为了实现国家的可持续性发展，将社会与市场紧密结合在一起，从而通过市场的优化等途径实现经济的增长与社会的繁荣。其本质是在经济发展框架内，强调其与社会的互动，以及强调社会政策的结果。

③ Anton Hemerijck. Social Investment and Its Critics [M]. Oxford: Oxford University Press, 2017: 68.

④ Harvey, D.. A brief history of neoliberalism [M]. Oxford: Oxford University Press, 2005: 239.

⑤ Carrie P. Hunter. Shifting Themes in OECD Country Reviews of Higher Education [J]. Higher Education, 2013（66）: 717.

⑥ Miriam Henry, et al. The OECD, Globalisation and Education Policy [M]. Pergamon: IAU Press, 2001: 68.

凝聚力等方面的共同努力。"以知识为基础的经济"概念的提出更是巩固了包容性自由主义对高等教育机构与经济之间关系的理解。

第三节　OECD 高等教育治理机制分析

不同的国际组织传播、解释和加强高等教育含义和影响的机制均不同。对于OECD 而言，这些机制包括"项目运行"机制、"认知规范"机制、"弹性说服"机制和"灵活模仿"机制。OECD 通过突出高等教育研究的特定词汇以唤起特定的全球话语、坚持长期的谈判和富有想象力的倡议、强调学习最佳做法基础之上的个体行为增加了 OECD 在国际范围内高等教育治理的影响力。

一、"项目运行"机制

OECD 的高等教育政策行为大多依托相关项目产生，尤其是政策报告类的文本记载了活动的历程与成果，是项目和活动完成后的文本型话语，OECD 治理的内涵与特色蕴含其中。由于 OECD 的各项工作主要以项目方式运行，其高等教育方面的政策也多是高等教育项目的研究成果。加之 OECD 习惯并擅长详实细致地记录并保存项目进展情况，因此相关政策文本往往较为完整地展现了整个项目从产生到完成的过程。这一过程主要包括审议议题、确定调查主题、邀请专家参与、实地调查、参与国提交背景报告、同行评议、研讨会、概括经验、提出建议、形成报告等环节，有时也会开设讲习班。"项目运行"机制对于描述和分析教育政策的形成过程具有十分宝贵的价值，可以说是 OECD 高等教育治理机制中最基础和持续时间最久的一项。OECD 至今也仍然根据这一机制来开展各项教育工作。在每一阶段的分析中，能够看到在政策实践过程中，都有各类项目的身影，这些项目皆与特定时期 OECD 高等教育政策的价值取向紧密相连，从 20 世纪 50 年代的STP 项目、60 年代的 MRP 和 EIP 项目，再到 70 年代的 CERI 项目和 80 年代的"技术变革与人力资源开发"项目，到 21 世纪以来的各类高等教育项目，能够深刻感受到"项目式"治理在 OECD 高等教育工作中牢固的根基。这一机制的核心环节当属"同行评议"，这一环节通过心理模型和思维框架的再整理，促使具体国家反思其政策背景、关键行为者的期望，以及政治条件的短期变化，在概念层面发生变化的基础之上进而产生更持久的政策影响。[1]依托受访国家和接受质询评议国家的背景报告，教育政策委员会将会邀请专家为被评议国家的相关政策提供具有针对性的深度分析，这就是前文所提到的质询会的主要工作。总体来看，"项目运行"机制体现出了 OECD 高等教育政策研究与发展的标准化和规范性。召开会议往往是项目运行的重要一环，许多调查主题的确定以及重要结论的提出，都是在一些具有里程碑式的会议进程中获得的。因此，召开大型政府间会议也可认为是项目运行机制中的一项核心机制。

二、"认知规范"机制

从 OECD 开始涉足高等教育领域事务开始，除了第一阶段关注"科技精英"的培养，遵循的政策理念和实施的政策行为皆向美国靠拢之外，自改组以来，在自主意识觉醒之后，每一阶段 OECD 都会提出一个具有主导作用的认知概念，在这些概念的支配下，OECD 的高等教育工作拥有了主心轴，更确切地说，拥有了特色。这些认知性概念不仅对当时 OECD 的高教工作具有引导性作用，甚至还延续到了如今。如 20 世纪 60 年代提出的"扩大比较统计"概念；70 年代提出的"经常性教育/回归型教育"概念；80 年代提出的"人力资源再开发"概念；90 年代提出的"知识经济""全民终身学习""第三级教育"等概念，皆贯穿在各阶段高等教育政策工作之中。认知式治理的概念在建构主义国际关系学说兴起之后得到学界的广泛关注。概括来讲，认知式治理主要由三个层面的认知内涵组成：一是对于当前形势的认知，可称为环境本体论（ontology of the environment）。如"经常性教育"概念的提出是在"终身教育"的背景下；二是身份认同，关涉"我是谁，属于哪个集体和群体""你是谁，你属于哪个集体和群体""我们是谁，属于哪个集体和群体"，即行为体与认同（actors and identifications）。如 1998 年OECD 对高等教育的重新定义，强化了"第三级教育"的蕴义；三是对善恶好坏的认知，又称为规范与理想（norms and ideals）。如 OEEC 为了更加有效统计和预测成员国科技人力供求情况，而提出了"扩大比较统计"概念。这三个方面绝

---

① Markku Lehtonen. Soft Persuasion Through IEA Energy Policy Reviews: Transitions Towards Sustainable Energy? [J]. Science and Technology Policy Research，2007：28.

不可能相互孤立，也无法保证会永远同步进行。^① 通过这些认知性概念的反复强调，一方面，可以加强弥散效应，即通过相关机制间接实现治理。另一方面，这种作用机制的直接效果也较为内隐，能够潜移默化地起到规范成员国政策行为的作用。这种认知规范的治理机制源于以下两方面的原因。第一种是因为 OECD 通常会以成员国之间广泛认同的观念作为其政策工作的逻辑起点，如指标文化、终身教育、知识经济、终身学习等；另一种原因是论证过程的自我循环特性。这其实是一种普遍现象，OECD 的政策报告所引用的观点绝大部分出自原有出版物，或其所属工作人员的观点。通过这种"认知规范"机制，OECD 在不知不觉中扩大了其高等教育治理的影响力，促使一些认知概念成为成员国默认的参照标准，在无形中形成了一个认知共同体，也增加了其软治理模式的权威性。

三、"弹性说服"机制

OECD 还使用弹性说服的机制，用较为积极的态度引导成员国听取其意见。通过同化利益相关者的观点、偏好，从而影响政策议程。^② 主要手段是"长期的谈判＋富有想象力的倡议"，利用"同行压力"以及通过监测、分析和预测政策问题和趋势以达到建立共识的目的。例如，受到美国"新课程"运动的启发，组织希望在高等教育层面引导成员国进行科学教育的全面改革，于是从 1960 年开始，先后组织成员国教育部部长召开了三次单独的政府间研讨会，使他们认识到了有必要为学校科学教育制定一项协调一致的政策。在试图帮助成员国家解决科技人才培养问题的早期，组织的工作也往往充满了创造性，除了谈判层面的努力之外，还有其他一些富有想象力的倡议，如建立科学专业"教学移动单元"、"生长点"计划、"高级访问研究金"计划等。20 世纪 80 年代，也同样如此，围绕"高等教育政策"议题，多次召开了政府间会议，发出了"推动融合"和"人力资源的再探索"等倡议。近年来，说服法在"软治理"模式中越来越受欢迎，一些外国学者将其称为"软说服"（soft persuasion）。它越来越多地使用客观基准，达到了开

① Alasuutaria，P.，Qadirb，A.．Epistemic Governance：An Approach to the Politics of Policy-Making European ［J］．Journal of Cultural and Political Sociology，2014（1/1）：67—84．

② Wende，Marek．The Global Institutions：The Organisation for Economic Cooperation and Development ［A］．Roger King，Simon Marginson and Rajani Nadioo．Handbook on Globalisation and Higher Education ［M］．Cheltenham：Edward Elgar，2011：95—113．

放协调的效用。说服承诺能够帮助成员国缓解欧盟式的自上而下的超国家决策的合法性危机。[①] 提供灵活性，使国家能够尽量减少主权损失，并更好地帮助解决分歧。[②] 这一"客观基准"最明显的表现莫过于几乎已经形成品牌效应的 OECD 的"数字治理文化"，通过教育指标的比较统计，提供绩效标准的总览。如 OECD 近年来积极准备高等教育层级的成果评估工作，即 AHELO 项目。这一项研究，充分展现了 OECD 严谨的工作方式。正如有学者指出的"不管 OECD 的教育指标是如何发挥效力的，若就一些普适性的问题，能够纳入一致性的测评体系，对于经验借鉴和交流来说是十分有意义的，均值对比和制定出来的直观性表格也都是具有规范性意义在其中的"。[③] 之所以称之为"软说服"，"软"字其实体现出了非强制性的具有弹性的意思。IMHE 主席范·德·文德（M Van Der Wende）指出："OECD 的说服机制运用领域最广的当属高等教育工作，比较教育指标、为政策议程设置新方向、高等教育综合性审查、学习成果评估等工作皆能体现出这一基准说服效用。有效和联合使用这些说服性要素使 OECD 能够参与实际的议程制定。它仅仅可被视为一种智囊团，在参与国意愿范围内，发起分析和制定能够反映这些国家观点的替代战略。"[④]

四、"灵活模仿"机制

上述两项治理机制最明显的特征就是"规范"效用的发挥，向各国政府传递"应该是怎样的、谁的表现较好、谁的表现较差"的概念，侧重于政策主体的认识层面。而"灵活模仿"机制则更倾向于从成员国政策具体执行的情况入手，通过"最佳实践"的筛选，构建出高等教育中的"国际模范"，促进"同行学习"。当然，这种"国际模范"不是指某一个国家的行为，而是所有受调查国中具有共性

---

① Meyer CO.. The Hard Side of Soft Policy Co-ordination in EMU: the Impact of Peer Pressure on Publicized Opinion in the Cases of Germany and Ireland [J]. Journal of European Public Policy，2004：（11/5）：814—831.

② Schäfer A.. A New Form of Governance? Comparing the Open Method of Coordination to Multilateral Surveillance by the IMF and the OECD [J]. Journal of European Public Policy，2006（13/1）：70—88.

③ Henry，M.. et al. The OECD, Globalisation and Education Policy [M]. Pergamon：Published for IAU Press，2001：96.

④ Roger King，Simon Marginson，Rajani Naidoo. Handbook on Globalisation and Higher Education [M]. Cheltenham：Edward Elgar Pub，2011：102—107.

的，且产生了较好效果的那些做法。长久以来，最能够体现这一机制的莫过于从
20 世纪 50 年代末期便开始的高等教育政策国别评议工作。从本质上来看，"教育
政策评议工作基于已内嵌的价值理念和规范，来质询与审议各国的教育政策行为，
其改善效果较为显著"。① 在早期，这些评议大多是描述性的，而不是分析性的，
以 1958/1959 年关于"在科学教育和技术培训方面可达到的人才储备及其相关动
员政策"审查为例，通过对进入高等教育机构的资格以及这些机构的教学情况进
行的描述性分析，OECD 借此宣传法国、意大利和英国关于媒体和相关视听设备
在课堂上的教育状况和所发挥潜力的经验，建议各国模仿它们的做法以缓解教师
所承担的教学任务，这瞬间在成员国产生了广泛地使用教育电视网的热情。② 到了
90 年代，组织增加了针对特定议题的专题式教育政策评议类别。这促使具体细化
的内容，以及单个国家的特色发展状况为 OECD 秘书处所关切，这一决定不仅再
次唤起了众多成员国家的参与兴趣，同时还吸引了一批成员的加入。③ 这在无形中
促使 OECD 不断地施加同伴压力以敦促参与审议的国家接受其推荐的最佳实践。
不过，OECD 早就强调过，各类模式的可模仿程度十分有限，因此，要采取灵活
模仿的方式，在学习借鉴的基础之上更多地考虑自身的情况。于是，近年来
OECD 的高等教育政策评议工作，在提供一致性评估标准和比较准则的基础之上，
转向为"个性化定制"的服务领域。如其发布的《挪威高等教育：与劳动力市场
的相关性和成果》（*Higher Education in Norway：Labour Market Relevance and
Outcomes*）、《多哥的高等教育和劳动力市场：如何提高技能?》（*Higher
Education and the Labour Market in Togo：How to Improve Skills?*）、《对巴西
高等教育质量保障的再思考》 （*Rethinking Quality Assurance for Higher
Education in Brazil*）等报告皆散发出了"量体裁衣"的味道。

第四节　OECD 高等教育政策工作与其他国际组织的比较

　　OECD 开展的政策活动既无赠款，也无贷款，亦没有法律权力，这与世界银

---

① 丁瑞常. 经济合作与发展组织参与全球教育治理的权力与机制 [J]. 教育研究，2019 (7)：68.

② OECD. Forecasting Manpower Needs for the Age of Science [R]. Paris：OECD，1960：115.

③ Henry, M.. et al. The OECD, Globalisation and Education Policy [M]. Pergamon：Published for IAU Press，2001：44.

行或欧盟等许多其他国际组织不同。一些学者研究认为，该组织是一个认知共同体，其权力遍及学术界和社会，并通过其庞大的行政人员和顾问网络超越了政治治理模式。[①] 其不具有像欧盟可以发布指令的权力，也不具备其前身那样的资金分配职能，也不能像世界银行，通过经济援助手段对外贯彻意志，亦不像联合国教科文组织具有应然性责任与权力。现将 OECD 与其他国际组织的具体区别作以下分析，以便更好地把握其教育治理特色。

一、 OECD 与 UNESCO 高等教育政策工作的异同

两个组织的工作风格皆采取了"自下而上"的形式，不直接发布指令，而是在共同商定议题的基础之上，不断进行研究和磋商，产生分歧、弥合分歧，从而达成共识。两个组织在国际社会高等教育治理领域皆扮演着协商者、构建者、倡议者以及促进者的角色，如 OECD 的"经常性教育"理念，就是在 UNESCO "终身教育"理念基础之上提出的。21 世纪之前，双方在教育领域的合作较为零星，主要的合作仅限于教育统计领域，在 20 世纪 70 年代共同编制了国际教育标准分类问卷。从那时起，OECD 今后在其国际比较工作中，会调取 UNESCO 每年向所有成员国发出的三份调查表的答复的相关信息，第一份涉及"学校教育"，第二份涉及"教育支出和经费"，第三份涉及"高等教育"。21 世纪之后，双方的合作变得密切起来，最主要的合作即集中商量跨境高等教育学历互认所涉及的规则、办法与指标。OECD 根据这一合作项目，开发了跨境教育质量保障和区域建设与高等教育关系构建方面的新的职能。不过，两个组织的根本区别在于政策工作的价值取向上。众所周知，OECD 一贯以推动世界经济增长为根本宗旨，以"经济发展"为主要政策导向。从最初的"经济复兴"目标，再到"经济重建"目标，哪怕是现今以个人福祉为目标，效率论、成本论、投资论等非教育学的逻辑理念，始终都是其开展高等教育工作的主导哲学。不像后者，其宗旨是促进教育、科学及文化领域的国际合作，强调高等教育的非商业性质，一以贯之地将高等教育看

---

① Shahjahan，Riyad A. ，Meggan Madden. Uncovering the Images and Meanings of International Organizations (IOs) in Higher Education Research [J]. Research in Higher Education，2015 (69)：705－717.

作是一项公共服务，一直致力于以文化交流为价值取向的高等教育国际合作。① 从1948 年《世界人权宣言》(*Universal Declaration of Human Rights*) 第 26 条第 1项提出的"高等教育应根据成绩对一切人平等开放"，② 到 20 世纪 70 年代多重危机下提出的高等教育"内生发展"，再到新世纪以来提出的"高等教育和研究要为社会变革与发展服务"的口令，皆体现出 UNESCO 一直将社会发展与进步视为其实施高等教育治理的首要职责。

二、 OECD 与 EU 高等教育政策工作的异同

在早期，OECD 与 EU 在高等教育政策工作方面的切入点较为一致，为了促进欧洲经济发展和安全防务，两个组织最初都十分关注高级技术人才的培养，并且也都是从职业教育与培训领域出发，逐渐过渡到对高等教育的关注。但是，对于 OECD 来说，其更加迅速地认识到教育扩张会成为 20 世纪 60 年代以后高等教育的主要景观。因此，政策方向也逐渐由只关注高技术人才的培养转向更大范围的人力投资，正如《1970 年欧洲教育目标与经济增长有关的政策思考研究》(*Target for Education in Europe in 1970—A Study of Policy Considerations Related to Economic Growth*) 中所说的那样："要拥有这样一种信念，我们的教育目标，是为更多人提供更多和更好的教育。"③ EU 在《建立欧洲煤钢共同体条约》中提出的"各国应该尽快制定关于优化教学和职业培训的必要措施"，④ 这里的"教学"指的是涉及高科学技术领域内的职业类的教学，而并非通常意义上普通教育领域的教学和教育，一直到 80 年代，EU 都是更为关注职业教育的拓展和细化。也是直到那时，其高等教育工作才如火如荼地开展起来，主要工作旨在强化高等教育领域的合作与流动，如《索邦宣言》(*Sorbonne Joint Declaration*) 提出了建立"欧洲高等教育区" (European Higher Edcuation Area)，随后发布的

① UNESCO. UNESCO's Capacity Building Activities in Qualification Recognition，Quality Assurance：Toward a Coherent Framework [R]. Paris：UNESCO，2005：3.

② 《世界人权宣言》. 序言 [EB/OL]. (2021—1—7) [2018—1—31]. https：//www. sogou. com/link? url=hedJjaC291OfPyaFZYFLI4KQWvqt63NBx-iBwEXpbqMHbJ9W37IPJw.

③ Ingvar Svennilson, Friedrich Edding, Lionel Elvin. Targets for Education in Europe in 1970—A Study of Policy Considerations Related to Economic Growth [R]. Paris：OECD，1970：18.

④ 欧共体官方出版局. 欧洲联盟法典（第一卷）[M]. 苏明忠，译. 北京：国际文化出版公司，2005：173.

《博洛尼亚宣言》(*Bologna Declaration*),在肯定《索邦宣言》的基础上,进一步提出了欧洲区域内高等教育发展的六项行动建议。[1] EU 不像 OECD 那样依赖于项目治理,它更多的是运用"自上而下"的工作方式出台各项高等教育计划,各参与国遵照计划章程,根据行动方案开展活动。EU 具有发布指令的权力,其政策实施呈现出"强势化"的态度。毕竟,EU 的高等教育工作是在"欧洲一体化"的进程中开展的,政策目标侧重于为政治服务,强调政治认同是其主要的价值取向。而 OECD 根据 1961 年发布的《公约》,其除了对自身的内部事务具有决策权以外,也可参与并决定成员国的相关事宜,但前提是必须得到该国宪法的认可和批准。因此,本质上来看,其决定和建议更多还是具有参考性的价值。[2] 可见,OECD 不具有像欧盟那样发布指令的权力。

三、 OECD 与 World Bank 高等教育政策工作的异同

OECD 与 World Bank 均以"经济可持续发展"为根本遵循。不过,这两个组织似乎只在经济价值取向这一方面具有相似性。毕竟对于 OECD 来说,World Bank 成立时间相对较短,其也更加重视援助国的经济条件,OECD 对外既无借款也无贷款,而 World Bank 以"贷款援助"为主要工作特征,往往那些有稳定的经济条件和政治条件的第三世界国家才能得到其援助,其"在有些国家的教育贷款是巨大的,因此该组织也必须考虑其成本回收的问题"。[3] 这样做的一个结果便是该组织往往过多地干预受援国的主权。另外,OECD 鼓励其成员国投资于高等教育,前提是假设高等教育的扩张将导致其成员国的经济增长,不过 World Bank 等其他政府间组织的教育经济学家表达的观点与这一假设有很大不同。[4] 这种观念上的差异显然是由于 OECD 国家与当时构成世界银行客户的国家之间的全球劳动力分配的不同。简单来说,它们所服务的对象大有不同,OECD 所服务的对象绝大

① 陈时见,冉源懋,等. 欧盟教育政策的历史变迁与发展趋势 [M]. 北京:高等教育出版社,2016:106.

② Convention [EB/OL]. (2020-8-16) [2017-08-27]. http://www.oecd.org/general/conventionontheorganisationforeconomicco-operationanddevelopment.htm.

③ Jones,Phillip W.. World Bank Financing of Education:Leading,Learning and Development [M]. London:Routledge,1992:248.

④ George S. Papadapouls. Education 1960—1990:The OECD Perspective [R]. Paris:OECD,1994:168.

部分属于先进工业民主国家的类别，这些国家在 OECD 政策工作过程中具有相当的话语权，对于有可能涉及其主权的调查会直接采取不参与的态度，法国和德国均有过先例，这也促使 OECD 的工作更注重成员国的自主意愿以及尽量不涉及主权问题。而 World Bank 更多地关注亚非地区的教育发展，尤其是非洲地区。它往往会为受援国提供一个全球统一标准，如削减相关的财政投入、实行收取学费和金融贷款制度等，实行这样一个压倒一切的议程迫使那些财政困难的国家不得不为了获得它的援助而遵循统一的标准，俨然这与发展中国家的多样性相抵触，不利于其发展。对于 World Bank 来说，高等教育发展从来不是一个纯粹的文化性问题，它更多的是一个经济性问题，至少 OECD 一直在努力保障高等教育能够带来的以增强个人幸福和更大的社会凝聚力为形式的非经济收益。

第五节　OECD 全球高等教育治理特色分析

从前文关于 OECD 高等教育政策的演变逻辑、治理机制以及与其他国际组织的比较几部分内容的分析中，可以概括出 OECD 参与全球高等教育治理的特色：编制政策网络；注重概念构建；倚重专家团队；青睐数字话语；迎合差异化需求。

一、编制政策网络

就国际组织的"高等教育治理"与"高等教育政策"之间的关系来看，许多学者都认为，高等教育治理及其政策工作，是国际组织作为超国家联合体在超国家层面协调教育事业具体事项的行为。[①] 也有学者认为，"国际组织的教育发展研究本质上来说就是构建政策网络的分析范式"。OECD 时时刻刻都将"政策工作"视为其关键行为范式，这在其发布的众多报告中都提到过。与其他超国家组织不同的是，OECD 的政策网络构建更加注重政策过程的流畅性和连贯性，是对达到连续性的有意为之的行为。政策过程与外部环境积极互动，对形成的政策结果开展评价和修正，进而新一轮的政策过程再次启动。这里的政策网络可以认为是一

---

① 陈时见，冉源懋，等. 欧盟教育政策的历史变迁与发展趋势［M］. 北京：高等教育出版社，2016：9.

个"政策圆圈"。根据美国学者大卫·伊斯顿（David Eston）、卡尔·弗里德里奇（Karl Frederick）等人的观点："政策的过程是连续循环的。因为政策制定的过程具有串联效应，是环环紧扣的，是一种持续性的行为。其中包括政策制定、政策实施、政策评价和政策结束，但它又不仅仅是简单的线性关系，而且它会根据各种环境因素而得到更新。"①"政策研究工作"可视为 OECD 进行高等教育治理的一个核心手段。政策成效及其导向变化作为影响 OECD 高等教育治理的一个核心问题，会直接影响到成员国（包括合作伙伴国）高等教育变革的方向和实践的效益。

二、注重概念构建

除了在 OEEC 时期，组织在高等教育政策工作范围内没有构建相关概念之外，在其他阶段皆不同程度地构建了新概念，并将这些新概念渗透到了政策发展的过程中去。至 20 世纪 60 年代，西方"教育经济学"概念虽已诞生 40 年之久，但其真正地大发展在很大程度上是由 OECD 推动所致，人力资本理论和 OECD 对其的倡导和宣传为"教育经济学理论"的诞生奠定了基础；70 年代"经常性教育"概念的构建，不仅是对 UNESCO 终身教育概念的回应和理解，更是为其所提倡的发展短周期高等教育机构提供了理念根基；80 年代的"人力资源再开发"概念是在新自由主义理念和新公共管理理论的指导下提出的，这一概念的出现促使高等教育的"准公共产品"的属性得以呈现，也就是说强调了高等教育培养出来的学生，应该有能力为社会作出贡献的同时，也使自身得到发展；90 年代的"第三级教育""全民终身学习"等概念的构建更是加深了 OECD 高等教育内涵式治理的脚步。

三、倚重专家队伍

从提出审查议题、制定项目规划，到开展前期论证，最后逐步实施，OECD 高等教育政策的前期调查工作会经历一个较为复杂的过程。整个过程中，世界各

---

① Sandr T, Fazal R, Bob L. et al. Education Policy and the Politics of Change [M]. London: Ruotlege, 1997: 25.

国相关领域的专家发挥着举足轻重的作用，众多项目的重要决定都是在专家研讨的基础上做出的。前文在介绍众多政策活动时，不断提到专家们走访调查国以获取调查信息作为项目运行的重要流程之一。围绕专家团队的工作流程主要如下：第一，前期论证：聚集专家力量。用 AHELO 的前期可行性论证为例，为了有效应对可行性方面的争议，组建了 10 到 20 人的专家团队，召开小规模的专家会议，再聚焦各类主题，组织并确保政策制定者、拥有实践经验和评估技术的专业人士以及高等教育机构的相关研究者等代表参会；第二，项目开展：官员与专家共同保驾护航。除了专家组成员外，OECD 还强调，国家可指定一些政府官员随行调查，也可作为专家组成员之一，为了确保访问期间能够得到真实有效的数据，几乎受访国都会指派相关官员作为代表参团。其余的代表都是来自专业的教育协会，或高等教育研究机构的专业人士。尤其是政府官员的参与，对于项目顺利实施的意义是重大的；而专业人士的参与，可有助于保障项目的技术准确性和专业性，同样发挥着重要作用。[①]

四、青睐数字话语

"数字文化"可以说是 OECD 工作区别于其他国际组织工作的最主要特征之一。OECD 一贯认为数据是进行高等教育治理不会出错的力量，它的直观性和去情境化会使得任何一个经济体与参与国都可以和他国进行比较。在高等教育方面，虽然其相关的品牌性工作暂未生成，不像 PISA 那样已成为 OECD 基础教育工作的主要抓手，但其数字文化或者说指标文化的历史根源与高等教育方面的工作息息相关。就教育领域来看，最早出现的"比较统计"源自于 1955 年至 1956 年 OEEC 开展的成员国科技人力状况调查，通过对比成员国科技与工程类相关学科的毕业生情况，获得了最直观的数据。因此，可以说 OECD 的数字工作是从高等教育政策工作中滋生出的符号权力。到了当代，OECD 的教育指标工作呈现出愈演愈烈的趋势，通过 PISA 项目的加持，更是实现了从描述和统计教育数据走向生产教育数据，也实现了从评议教育系统到改善教育系统的转变。AHELO 项目便是在这一转变的背景下应运而生的，该项目试图为成员国和伙伴国的高等教育构建主题多样的"高等教育智库"和指标系统。这种青睐数字话语的传统，将在

---

① 龙玫. 经合组织高等教育政策研究［D］. 上海：华东师范大学，2017：103－104.

OECD 的教育工作中持续下去。从根本上来看，OECD 教育数据所能起到的作用虽然较大，但它终究只是数据。因此，OECD 作为一个不具有强制约束力的组织，它的指标和数据以及基于形成的相关性政策建议，是否能真正地转化为各国的实践，最终还是取决于各国政府的选择。也就是说，政策趋同问题本身还是各国政府对国际组织的政策建议接纳的程度问题。

五、迎合差异化需求

因为 OECD 拥有国别政策审议的传统，在此基础上会发布许多有关国家教育发展情况的调查报告，发文的数量比其他任何国际组织都要多出许多，以往的政策评议只是铺展各国状况，聚焦普适性问题，提出政策建议，其更像是作为政策的"搬运工"的身份，将各国高等教育发展概况搬至国际社会的大屏幕上。不过，随着参与国个性化需求的增长，以及加入组织条件的变化，它们更希望能够获得关于本国的个性化建议，而非普适化建议。为了迎合这种差异化需求，OECD 开始不断地为单个成员国进行个性化定制，近些年越发能看到相关调查报告的发布，这能够有效遏制政策趋同现象带来的消极影响，尤其是为 OECD 制衡其利弊打造了外部监督的权杖，也能够时刻提醒各国，不要一味地为提高在 OECD 某些教育指标中的相对排名而作出不符合本国教育发展特点的趋之若鹜的决策。

第六节　OECD 高等教育政策的发展经验与对我国的启示

自 20 世纪 90 年代以来，我国与 OECD 在教育政策领域开展了一系列卓有成效的合作，其中主要的合作是围绕高等教育展开。我国从高等教育发展和政策研究需要出发，有选择性地参与了 OECD 相关的政策研究项目。可见，OECD 高等教育政策的发展经验有值得我国借鉴的地方，笔者将其概括为以下三个方面：保障高等教育体系进行适应性结构调整；强调高等教育内部治理结构的横向分化；追求多向发展的高等教育政策内容。

一、保障高等教育体系进行适应性结构调整

世界范围内的高等教育扩张是 20 世纪中期至今的一个重要现象。在 OECD 成员国和对话合作国内，无论是第一梯队国家还是第二梯队国家，甚至是第三梯队国家，高等教育的扩张都不可避免地受到各种条件的制约。通过对 OECD 成员国高等教育系列改革的路径考察发现，其有较强的适应性结构调整的能力，使得日益庞大的高等教育体系能够更加灵活地与经济体系进行调适。OECD 不同阶段的政策导向正是这种适应性调整的具体表现。如达尔文的进化论所言，"能够生存下来的物种，并非最强壮的，并非最聪明的，而是那些适应性强、反应快的物种。那些高等教育结构转换较快的国家，他们的高等教育系统较为灵活，明显更加适应现代经济的发展模式，其高等教育亦能够成为推动经济持续发展的发动机，能够为提高国家竞争力作出贡献"。① 也就是说，那些传统的高等教育强国，它们的高等教育扩张伴随着明显的结构性、系统性变革，高等教育系统能够与经济系统不断地进行调适和融合，这种调适和适应的进程是众多数量、功能分化的机构，以及家庭、个体、社会团体等分散决策的过程。虽然在扩张时间上有先后之分，但就欧洲成员国来看，在宏观性问题上，它们都经历了相似的改革。回顾历史，高等教育发展在大多时候受经济力量驱动。尤其当高等教育突破精英阶段之后，数量的迅速增加导致高等教育资源有效配置问题日益凸显，高等教育的各方面，尤其是质量问题再也不能用集权计划方式进行调节，迫于适应性转变的压力，这些国家纷纷突破了以往诉诸公共经费的观念，积极地寻求与私立团体的合作。② 但是，参照发达国家的高等教育规模和产业结构，目前我们国家的高等教育，其相对规模还不算大，依然有很大的增长空间。之所以会出现经济部门和职业部门，有效吸纳和应对毕业生有效性不足和能力不够的问题，主要原因在于高等教育的主体构成和治理结构，甚至是治理内涵未能跟随高等教育的扩张步伐进行适应性演进，或者说演进的速度较慢，以及公众对产业结构和要素价格的偏见制约了经济对高等教育毕业生的有效吸纳。

---

① Philippe Aghion, Mathias Dewatripont, Caroline Hoxby. et al. The Governance and Performance of Universities：Evidence from European and US [J]. Economic Policy，2010（25/61）：7—59.

② 宗晓华，冒荣. 高等教育扩张过程中的结构演变及其与经济体系的调适 [J]. 高等教育研究，2011（8）：26—37.

二、强调高等教育内部治理结构的横向分化

随着高等教育参与度的提升以及与外部环境的联系愈发紧密，高等教育机构的内部结构将更加多元化，呈现出横向分化的趋势。其结构将不仅涉及政府，同时还会涉及行业和雇主、社区和城市、通信和文化机构等。大学和学院在与劳动力市场发生联系的同时，不断地与社会其他组织产生关联，促使了大学和学院的使命也更加多元。OECD 在高等教育政策工作方面的主要议题与这些分化内容是相对应的，其工作进展也与分化程度亦步亦趋。20 世纪 50 年代，OECD 在凯恩斯主义的影响下偏向于强调政府干预的作用；到了 60 年代，受到人力资本理论的影响，便将行业和雇主的因素纳为教育规划的影响因子；70 年代，为了顺应教育民主化的趋势，便更多地将社会文化因素纳入高等教育政策的目标范围；80 年代之后，OECD 受到新公共管理理念的影响，为了帮助成员国解决高等教育机构内部管理体制的效益问题，鼓励越来越多的私人部门参与内部治理；到了 21 世纪，OECD 不断强调高等教育机构与区域发展的相互促进作用，以及机构间的跨国交流。因此，在 OECD 政策建议的推动下，越来越多的利益攸关方认识到目前高等教育机构中复杂的多级责任，加之高等教育系统的水平分化，促使高等教育机构越来越多地使用法人组织形式。[①] 但是，参照 OECD 主要成员国家高等教育内部治理的横向分化情况，目前我国高等教育也要有效应对这一趋势，完善高校法人和自主权制度，积极推进依法治校；切实转变政府职能，实行分权化管理，理顺政府、社会和学校三者之间的关系；充分调动各方面积极性，充分调动国家资源、个人资源和社会资源的投入并完善分配方式。[②]

三、追求多向发展的高等教育政策内容

从 20 世纪 50 年代末到 21 世纪，OECD 高等教育政策的发展经历了一个明显的由一到多的转化过程，主要表现在政策议题范围的不断扩大和政策文本内容数

---

① Robert Zemsky. Research Institute for Higher Education：The Massification Stage of Higher Education [M]. Hiroshima：Hiroshima University，1997：1—20.

② 孙宵兵. 论中国的高等教育体制改革 [A]. 范文曜，马陆亭. 高等教育发展的治理政策——OECD 与中国 [M]. 北京：教育科学出版社，2010：62—63.

量的不断增加两个方面。首先，是政策议题范围的不断扩大。早期组织的高等教育政策议题只有一个，即成员国科技人力状况的调查与培养。随着时间的推移，当教育工作在 OECD 内部逐渐取得合法性地位，相关高等教育议题开始涌现，如高等教育的相关支出、短期高等教育的身份认同、人力资源的再开发、知识型社会的高等教育、跨境高等教育、高等教育与区域发展、高等教育优质教学等。深入到具体条目，从原先以入学率、教育设施、教师培养、教学方法、课程设置为主要研究内容，逐渐扩展至机构自治、学分转换、学位学历互认、私有化、质量保障、优质教学、绩效评估等领域。其次，是政策文本内容数量的不断增加。从 OECD 各阶段发布的政策报告数量分布情况能够看出，每一阶段呈现明显的递增趋势（第五阶段少于第三阶段的原因在于某一项目系列报告笔者将其归至成了一项）。从早期的政策语境来看，那些政策报告与高等教育相关的建议只是促进经济增长的一种间接性辅助手段。从整个历史进程来看，在 EDC 正式成立之后，OECD 高等教育工作内容才逐渐丰富起来，从而实现了高等教育政策由一而多地发展。在引入 OECD 相关出版物的基础之上，我国与 OECD 在高等教育方面的合作也愈发紧密，在签订双边协议的基础之上，参与到了它的项目评估工作之中，以期对我国高等教育的发展现状得到更加直观和全面的了解。在这一过程中，我国也较为理性地采纳其相关政策建议，努力推动高等教育政策内容的多向发展，例如提高高校学费的比例、高等教育教学评估、高考平行志愿投档录取模式的推广等。通过逐渐丰富和具体的政策内容的把握，有利于我国提高高等教育国际竞争力，培养全球型人才。

结　论

本研究将重点放在 OECD 的高等教育活动如何与高等教育政策思想的演变产生联系，及其产生的实际影响和后果的变化之间的关系，以及它们如何努力在 OECD 国家前所未有的高等教育扩张时期对更广泛的政策趋势和发展作出反应并作出贡献，且与同样重要的社会和经济的变化状况相协调。将 OECD 的高等教育工作与成员国教育政策的演变中可以观察到的广泛主题联系起来，这些主题本身也反映了高等教育思想和方式的广泛的时间周期的变化，以及伴随这些变化而产生的不同看法，还有高等教育更广泛的社会、经济和政治环境的变化。这一分析在很大程度上也依赖于 OECD 在过去几十年令人印象深刻的教育产出的记录，这些记录体现在 OECD 的各类报告和出版物中。因此，将这两方面的政策内容结合起来，分析出了各阶段的政策特征和影响。总的来看，随着高等教育工作在 OECD 层面的合法化，高等教育工作在 OECD 中的重要性不断提升。这一点主要体现在三个方面：一是组织内部开展高等教育独立工作的数量上，如召开研讨会和开发项目更加频繁、推动相关理念的传播等。二是管理规格上。从最初挂靠在 OSTP 部门下，到隶属于负责教育领域事项的第一个部门 CERI 的成立，紧接着教育工作改为由秘书处直接管辖，这是其高等教育工作管理规格提升的最直接表现。三是高等教育出版物的数量上。尤其是政策报告的数量，在 20 世纪 60 年代中后期大幅增加。OECD 通过其高等教育工作的不断深化，逐渐从以往过多关注规模、结构、数量等方面的"外延式治理"走向以质量提升和保障为重点的"内涵式治理"阶段。纵观 OECD 高等教育政策的整个发展过程，本书得出以下研究结论。

1. OECD 为保障其高等教育治理水平建立了合理导向的政策研究体系和分析范式。高等教育治理水平的保障是一个系统性工程，需要各种不同的政策网络因素的参与，从而形成一脉相承和连续性的政策实施层级。这些层级是环环相扣的串联模式，如政策实践、实践产生的原因、由此形成的政策文本、文本的特征、政策实施的影响，但实施层级必须伴随着社会经济文化状况的更新而有所转变。因此，必须建立适当的政策导向并且连接好不同阶段政策过程间的关系，使得高等教育治理水平的保障既能体现 OECD 高等教育政策工作在不同阶段的主体旨趣，又能在彼此间形成对话，以最大程度地体现出治理内涵的转变过程。

2. OECD 高等教育政策既具有一致性的标准又接受灵活操作的空间。从历史发展进程来看，OECD 高等教育政策体系的发展经历了一个从地方到组织，再从组织到地方的循环上升过程。与欧盟"自上而下"的治理模式大相径庭，OECD 采取了"自下而上"的模式，注重迎合成员国特殊阶段的社会经济状况，努力从持续的国别审议中获得有关成员国高等教育发展的普适性问题和提供一致性建议。然而，同样值得关注的是，组织从 20 世纪 60 年代开始便树立起了"差别化治理"的观念，尽管未细化到单个国家，但对不同梯队成员国采取的不同的人力规划法亦能体现出这一特点。这为 OECD 在当今政策趋同现象逐渐常态化的背景下保持治理的灵活性和管理的非权威性提供了历史经验，也为更好地平衡趋同现象带来的利弊问题奠定了一定的基础。其实，以共享为特征的国际组织教育的发展以及全球化带来的均质化力量的存在并非坏事，更加值得思考的应该是在教育实践中这种均质化的程度会有多大？国际组织明确这种程度界限并有意识地保持政策弹性才是更重要的。

3. OECD 在高等教育政策分析方面不断优化不同维度要素间的平衡性。政策发展与社会的政治、经济以及文化的联系十分密切，其独立性无法脱离成员国长期的经济社会需求。政策目标和内容在很大程度上要受到政治、经济和文化因素的支配。从 OECD 不同阶段的高等教育政策导向和具体政策内容能够看出，到了 20 世纪 70 年代，它已摆脱为了实现经济增长目标只在宏观层面进行人力资源规划的工作方法，在"社会性目标"的支配下开始走向高等教育的微观治理。也是在这一阶段，OECD 高等教育的治理框架开始形成。即便之后其政策理念又转向了"经济至上"，但不可否认的是，OECD 一直在努力寻求这些维度间的平衡发展。直到知识经济时代的到来，OECD 再一次更加深刻地强调了高等教育治理过程中保持多元价值观的重要意义，尽量避免从一个极端走向另一个极端。

4. OECD 展示出了正确处理政策实践、政策文本和政策影响之间因果关系的能力。OECD 在政策实践、政策文本和政策影响三个领域皆产生了重要和丰富的研究内容，且形成了一脉相承的发展格局。通过召开会议、运行项目、国别审议等政策活动的积极开展，进而形成文本性材料，这些材料和活动对成员国高等教育的发展产生了重要的影响，这给笔者拟定研究框架带来了灵感。同时，OECD高等教育政策发展的历史和现实也提醒我们，我国高等教育政策的制定不仅应当有前期活动、制定文本和影响预判这样一体化的战略视角，也应慎重处理以上三个领域中利益攸关方的关系。我国即将进入高等教育普及化的初级阶段，这些都是有待学习的经验。但在吸收 OECD 高等教育政策建议时，应注意克服欧美联动文化所带来的各种消极影响，避免关系不易协调的现象出现。

5. OECD 有效维持了其高等教育政策中不断突显出的"溢价效应"。OECD最初的政策特征只体现在宣传开展科技人才培养工作的具体理念与措施的范畴中，随着教育增长的目的转向教育发展，OECD 的政策特征逐渐呈现出自我发展的蕴义。虽然到了 20 世纪 80 年代，其政策特征强调了高等教育的"市场化"和"职业性"，但同时也突出了高等教育的"准公共产品"的属性。尤其对于新世纪以来的高等教育发展来说，在技能可替代性愈变愈强的环境中，创造性、适应性、可持续性、批判性等内生能力的溢价一直在上涨。OECD 看到了这些溢价性能力的不可替代性以及重要意义，因此在其高等教育政策中不断强调质量保障问题和可持续性技能的培养。

6. OECD 高等教育政策体系的建立和运行充分考虑了其本身的理论变迁。每一阶段的政策变迁都应有相应的理论支撑，它给了 OECD 高等教育政策在那一阶段生存下去的理由，也同样能够说明为何 OECD 的高等教育政策能够在那一时期存在。政策与理论是相辅相成的关系，政策的发展过程即如何去渗透理论的过程。而理论也并非凭空想象，是根据政策实施的社会经济文化背景发展而来。它也要能体现高等教育政策与其他国际组织的区别在哪儿。OECD 在理论变迁方面，紧扣政策导向，从最初的区域竞争理论到最新发展阶段的知识经济理论，都是伴随其治理工作自然而然地产生。在这一过程中，OECD 还构建出了一些具有指导意义的概念，形成了其高等教育治理的特色。

7. 在高等教育政策研究过程中，经济理性主义的观念将一直伴随在 OECD左右。OECD 各项工作皆不可避免地映射出宏观经济议程的影子。虽然在 20 世纪70 年代有过短暂的以社会目标为发展重点的阶段，但其余时间皆深陷经济主义的沼泽之中。与 UNESCO 不同的是，促进经济增长是 OECD 的"分内之责"，且是其首要责任。将高等教育与经济发展关联起来，对于 OECD 而言不仅仅是一种意识形态层面的主观决定，同时也是制度层面提出的客观要求。即便 OECD 意识到这种基因存在着的缺陷，也竭力去弥补这一不足，但要想彻底扭转其高等教育政策中的这种价值取向不太现实。因此，OECD 的高等教育治理最终也是站在经济立场上，试图通过高等教育推动全球市场的稳定与繁荣，其背后隐藏着对代表西方立场的新自由主义和全球主义的维护。在借鉴其政策建议的过程中，我国应充分考虑其合理性以及我国高等教育所处阶段的适应性。

附　录

附录 1

OEEC/OECD 高等教育职能部门一览表

所属年份	机构名称	备注
1948 年	人力委员会（Manpower and Social Affairs Committee，简称 MC）	于 1955 年正式开展高等教育工作相关的科技人才调查活动
1953 年	欧洲生产力总署（European Productivity Agency，简称 EPA）	在促进生产力概念、管理技能及技术的传播和发展方面发挥了主导作用
1958 年	科学和技术人员办公室（Office for Scientific and Technical Personnel，简称 OSTP）	开展科技研究，帮助成员国增加科学家和工程师的数量及其最大限度的使用。在当时临时负责组织内部的所有教育活动
1961 年	科技人才委员会（Committee for Scientific and Technical Personnel，简称 CSTP）	OSTP 的上级管理单位，负责组织内部所有教育工作的统筹和安排
1961 年	科学事务司（Directorate for Scientific Affairs，简称 DAS）	CSTP 的上级管理单位，负责组织所有科技议题相关的工作
1967 年	教育研究与创新中心（Center of Education Research and Innovation，简称 CERI）	组织内部首个独立的教育部门，主要帮助成员国提升变革和创新的意识和能力

续表

所属年份	机构名称	备注
1970 年	教育委员会（Education Committee，简称 EDC）	取代了 CSTP 有关教育的全部工作，奠定了 OECD 教育工作的"合法性"地位。此时 EDC 和 CERI 仍隶属于 DAS
1972 年	高等教育机构管理项目（Programme on Institutional Management in Higher Education，简称 IMHE）	帮助改进高等教育机构的管理职能成员国，即集中精力解决机构管理问题，而不是管理 OECD 高等教育政策的总体变化，后者还需组织内部各部门合力改善
1974 年	社会事务、人力资源与教育司（Directorate for Social Affairs, Manpower and Education）	由科学事务司与人力资源和社会事务司合并而成，EDC 和 CERI 由该司负责
1991 年	教育、就业、劳动与社会事务司（Directorate for Education, Employment, Labor and Social Affairs）	将社会事务、人力与教育司更名为教育、就业、劳动力与社会事务司。教育在名称中的位置从最末换至了最前，表明组织有意突出了教育工作的地位
2002 年	教育司（Directorate for Education）	成立独立的教育司，体现了教育事务在组织中的地位得到了进一步提高。其最主要的两个部门为教育与培训政策处（ETP）（由原教育委员会发展而来）、教育研究与创新中心（CERI）
2013 年	教育与技能司（Directorate for Education and Skills）	为了突出"21 世纪技能"的培养对知识经济社会可持续增长的重要意义，创造繁荣和促进社会包容，组织将教育司更名为教育与技能司，以示对其"可持续性技能战略"的强调

附录 2

OEEC/OECD 时期围绕高等教育事项开展的重要会议和项目简编

所属阶段	主要会议汇总	主要项目汇总
第一阶段：1948—1960	第三届欧洲管理和监督人员培训会议（The 3rd European Conference on the Training of Managerial and Supervising Staff）	科技人才调查项目（Scientific and Technical Personnel Programme）
	科学和技术人员未来需求预测会议（Conference on Techniques for Forecasting Future Requirements of Scientific and Technical Personnel）	"生长点"计划（Growing Points Programme）
	学校科学的政策之拥有先进教育系统的国家政府间会议（Intergovernmental Conference of Policy for School Science—Countries with Advanced Systems）	"高级访问研究金"计划（Senior Visiting Fellowships Programme）
	学校科学的政策之基础教育发展具有特殊问题的国家政府间会议（Intergovernmental Conference of Policy for School Science—Countries with Special Problems of Basic Educational Development）	科学课程改革试点项目（Pilot Project for Scientific Curriculum Reform）
	著名数学家和教育家研讨会（Prestigious Seminar of Eminent Mathematicians and Educators）	

续表

所属阶段	主要会议汇总	主要项目汇总
第二阶段： 1961—1967	经济增长与教育投资政策大会（Conference on Economic Growth and Investment in Education）	地中海区域项目（The Mediterranean Regional Project）
	杰出的经济学家和教育工作者第一次非正式会议（A First Informal Meeting of Distinguished Economists and Educators）	教育投资方案（The Educational Investment and Planning Programme）
	高等教育经济学会议（Conference Dealt with the Economics of Higher Education）	学术奖学金方案（the Fellowship Programme）
	剩余因素和经济增长会议（Conference Dealt with The Residual Factor and Economic Growth）	
	库格尔夫会议（Kungalv Conference）	
	高素质人力政策会议（Policy Conference on Highly Qualified Manpower）	
	高素质人员的利用政策会议（Policy Conference on The Utilisation of Highly Qualified Personnel）	
第三阶段： 1968—1980	教育增长政策会议（Conference on Policies for Educational Growth）	高等教育机构管理项目（Programme on Institutional Management in Higher Education）
	大学规划和管理技巧会议（Conference on University Planning and Management Techniques）	地中海教育创新计划（Mediterranean Educational Innovation Programme）
	中等后教育的未来结构大会（Conference on Future Structures of Post-Secondary Education）	"太平洋圈"项目（Pacific Circle）

所属阶段	主要会议汇总	主要项目汇总
	高等教育未来机构大会（Conference on Future Structures of Post-Secondary Education）	教育研究和创新合作实验项目（Experimental Programme of Cooperation in Educational Research and Innovation）
	学校和社区大会（Conference on School and Community）	"科学和教育学"项目（Science and Pedagogy）
	德语研讨会（German-Speaking Seminars）	针对处于不利地位人群的项目（Programmes for the Disadvantaged）
	大型学校系统管理的美国/欧洲研讨会（US/Europe Seminars on the Management of Large School Systems）	
	环境问题与高等教育高级别评价会议（High-level Evaluation Conference on Environmental Problems and Higher Education）	
第四阶段： 1981—1997	"高等教育政策"第一次政府间会议（Intergovernmental Conference on Policies for Higher Education）	技术变革和人力资源开发项目（Technological Change and Human Resources Development）
	现代社会中的高等教育大会（Conference on Education in Modern Society）	教育系统指标研发项目（The Indicators of Education Systems Programme）
	为所有人提供高质量的教育和培训（Conference on High-Quality Education and Training for All）	国际学校改进项目（International School Improvement Project）
	变化中的社会的教育与经济政府间会议（Intergovernmental Conference on Education and the Economy in a Changing Society）	

续表

所属阶段	主要会议汇总	主要项目汇总
第五阶段： 1998—2018	高等教育机构在地区发展中的作用国际研讨会（International Seminar on The Role of Higher Education Institutions in Regional Development）	"以知识经济为基础的高等教育"项目（Tertiary Education for the Knowledge Based Economy Project）
	"全球竞争，本地参与——高等教育和地区"国际性会议（International Conference on Globally Competitive, Locally engaged—Higher Education and Regions）	"支持高等教育机构对区域发展的贡献"项目（Supporting the Contribution of Higher Education Institutions to Regional Development）
	"参与区域和城市发展审查的"区域圆桌会议（Roundtable meeting for regions involved in the Reviews of HE in regional and city development）	"高等教育优质教学支持"项目（Quality Teaching in Higher Education）
	"城市和地区的高等教育——为了更强大，更清洁和更公平的地区"（Higher Education in Cities and Regions—For Stronger, Cleaner and Fairer Regions）	"高等教育学习成果评估可行性研究"项目（Assessment of Higher Education Learning Outcomes）
	"技能，创业，创新和成长大学"圆桌会议（Roundtable on Universities for skills, entrepreneurship, innovation and growth）	"区域与城市发展中的高等教育"项目（Programme on Higher Education in Regional and City Development）
	"优质教学'什么有效'"会议（"What Works" Conference on Quality Teaching）	"管理国际化"项目（Managing Internationalisation Project）
	"实现和维持大众化高等教育"会议（Conference on Attaining and Sustaining Mass Higher Education）	"创新、高等教育与研究发展"项目（Programme on Innovation, Higher Education and Research for Development）

所属阶段	主要会议汇总	主要项目汇总
第五阶段： 1998—2018	"关于创造就业机会和经济增长的国际会议：在全球危机时期加强政府和系统政策的一致性"（Conference on Internationalisation for Job Creation and Economic Growth：Increasing Coherence of Government and System Policies at a Time of Global Crisis）	
	"国际化战略管理"会议（Conference on Strategic Management of Internationalisation）	

附录 3

全球化

| 联合国教科文组织 | 世界贸易组织 | 世界银行 |

社会资本、代理、专家 ———— 经济合作与发展组织 ———— 引导、指导

国别研究 ——→ 欧盟 ←—— 教育政策分析

专题研究 ——→

欧洲精英　经费　指令　法律（新宪法）

教育指示（国际学生评估项目等）

欧洲民族国家

公民社会

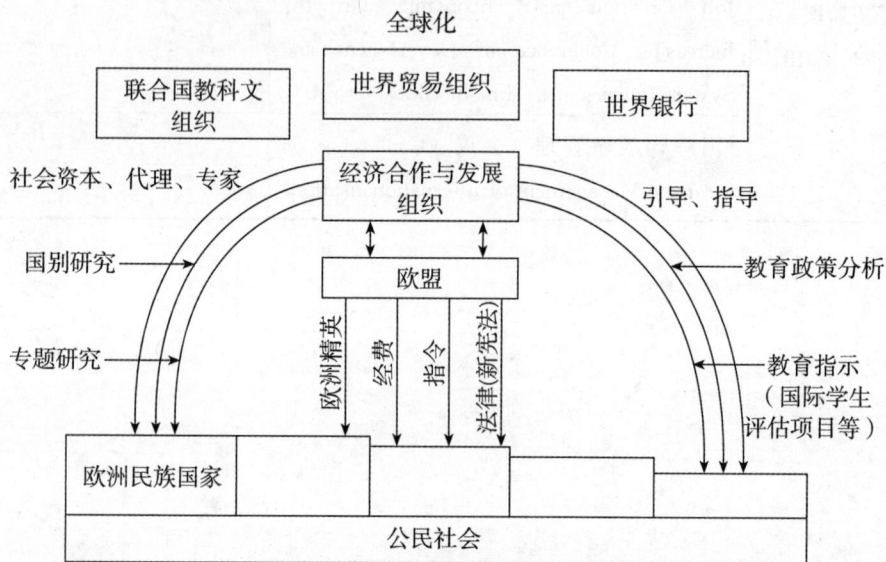

超国家机构的教育治理说明图

资料来源：沈蕾娜. 隐性的力量：世界银行的高等教育政策及其影响 ［M］. 北京：高等教育出版社，2011：11.

参考文献

一、中文文献

（一）著作

[1] 彭克宏. 社会科学大词典 [M]. 北京：中国国际广播出版社，1989：415.

[2] 中国社会科学院语言研究所词典编辑室编. 现代汉语词典 [M]. 北京：商务印书馆，1995：1477.

[3] 辞海编辑委员会. 辞海（下）[M]. 上海：上海辞书出版社，1979：3755.

[4] 谢明. 政策透视——政策分析的理论与实践 [M]. 北京：中国人民大学出版社，2004：25.

[5] 张国庆. 公共政策分析 [M]. 上海：复旦大学出版社，2004：4.

[6] 张金马. 公共政策分析——概念、过程、方法 [M]. 北京：人民出版社 [M]. 2004：42.

[7] 武启元. 公共政策 [M]. 香港：商务印书馆，1989：4.

[8] 李成智. 公共政策 [M]. 北京：团结出版社：2002：3.

[9] 孙锦涛. 教育政策学 [M]. 北京：中国人民大学出版社，2010：17—28.

[10] 王举. 教育政策的价值基础：基于政治哲学的追寻 [M]. 北京：科学出版社，2016：16—23.

[11] 吴遵民. 基础教育决策论 [M]. 上海：华东师范大学出版社，2006：301.

[12] 周南照. 教育英语文选 [C]. 北京：教育科学出版社，1983，257.

［13］经济合作与发展组织. 重新定义第三级教育［M］. 谢维和，等，编译. 北京：高等教育出版社，2002：3－4.

［14］［法］皮埃尔·卡蓝默. 破碎的民主——试论治理的革命［M］. 高凌瀚，译. 北京：生活·读书·新知三联书店，2005：6.

［15］俞可平. 治理与善治［M］. 北京：社会科学文献出版社，2000：7.

［16］李一文，马凤书. 当代国际组织与国际关系［M］. 天津：天津人民出版社，2002：11.

［17］吴遵民. 教育政策入门［M］. 上海：上海教育出版社，2010：10.

［18］［美］约瑟夫·斯蒂格利茨. 经济学（下）［M］. 姚开建，译. 北京：中国人民大学出版社，1997：1－33.

［19］法布里斯·拉哈. 欧洲一体化史（1945—2005）［M］. 彭姝祎，陈志瑞，译. 北京：中国社会科学出版社，2005：62.

［20］陈时见，冉源懋，等. 欧盟教育政策的历史变迁与发展趋势［M］. 北京：高等教育出版社，2016：76－79.

［21］陈乐民. 20 世纪的欧洲［M］. 北京：生活·读书·新知三联书店，2007：25.

［22］欧共体官方出版局. 欧洲联盟法典（第一卷）［M］. 苏忠明，译. 北京：国际文化出版公司，2005：6－7.

［23］康拉德·阿登纳. 阿登纳回忆录：1955—1959（第三卷）［M］. 上海外国语学院德法语系德语组部分同志，译. 上海：上海人民出版社，1973：96.

［24］经济合作与发展组织. 重新定义第三级教育［M］. 谢维和，等，编译. 北京：高等教育出版社，2002：14.

［25］范文曜，马陆亭. 高等教育发展的治理政策——OECD 与中国［M］. 北京：教育科学出版社，2010：30.

［26］张民选. 教育规划基础［M］. 上海：上海教育出版社，2009：43.

［27］［美］克拉克·克尔. 高等教育不能回避历史［M］. 王承绪，译. 杭州：浙江教育出版社，2001：56.

［28］张征. 新自由主义背景下大学制度变革研究［M］. 青岛：中国海洋大学出版社，2014：50－89.

［29］［美］莫里斯·迪克斯坦. 伊甸园之门——60 年代美国文化［M］. 方晓光，译. 上海：上海外语教育出版社，1985：53.

［30］彭和平. 公共行政管理（修订版）［M］. 北京：中国人民大学出版社，2004：271.

［31］符明娟，迟恩莲. 比较高等教育教程［M］. 北京：原子能出版社，1990：7.

［32］刘之远. 世界高等教育结构体系研究述评［A］. 陈万灵，刘小平. 世界高等教育［M］. 北京：社会科学文献出版社，2020：1.

［33］［美］小罗伯特·E. 卢卡斯. 经济周期理论研究［M］. 朱善利，等，译. 北京：商务印书馆，2011：313.

［34］经济合作与发展组织. 教育政策分析 2005—2006：聚焦高等教育［M］. 清华大学教育研究所，译. 北京：教育科学出版社，2008：10.

［35］经济合作与发展组织. 以知识为基础的经济（修订版）［M］. 杨宏进，等，译. 北京：机械工业出版社，1998：5—7.

［36］马和民，吴瑞君. 网络社会与学校教育［M］. 上海：上海教育出版社，2002：4.

［37］恩雅. 世界名校精英榜［M］. 北京：中国国际广播出版社，2002：102.

［38］魏江，Mark Boden. 知识密集型服务业与创新［M］. 北京：科学出版社，2004：5.

［39］欧共体官方出版局. 欧洲联盟法典（第一卷）［M］. 苏明忠，译. 北京：国际文化出版公司，2005：173.

［40］孙宵兵. 论中国的高等教育体制改革［A］. 范文曜，马陆亭. 高等教育发展的治理政策——OECD 与中国［M］. 北京：教育科学出版社，2010：62—63.

（二）期刊论文

［41］孔令帅. 透视国际组织教育政策背后的运作逻辑——以世界银行和经合组织为例［J］. 比较教育研究，2011（10）：50—54.

［42］沈蕾娜，滕瑶，乔鹤. 国际教育发展最新趋势研究——2011—2012 年度国际组织教育政策文本解读［J］. 比较教育研究，2013（10）：7—12.

［43］徐继宁. 高等教育的遗传和环境——兼论英国传统大学职能之转换［J］. 山东师范大学学报（人文社会科学版），2007（2）：132.

［44］潘小松. 美国的反正统文化［J］. 博览群书，2003（2）：36.

［45］王守法，王云霞. 高等教育与区域经济发展关系的理论探讨［J］. 北京工商大学学报（社会科学版），2006（3）：90.

［46］高兵. 区域教育发展的基本理论框架研究［J］. 教育探索，2011（10）：12.

［47］吴辰. 从《洛桑年鉴》看中国科技的国际竞争力［J］. 科技管理研究，2004（4）：11.

［48］宋全成. 简析欧洲移民历史进程及移民类型［J］. 天津社会科学，2006（4）：56.

［49］丁兆中，谭顺. 论美国对外文化交往历程的特点［J］. 山东理工大学学报（社会科学版），2004（4）：54.

［50］毛建青. 教育规划中的人力需求法述评［J］. 外国教育研究，2007（6）：50.

［51］沃恩，叶余. 战后欧洲一体化的历史［J］. 现代外国哲学社会科学文摘，1983（3）：15—17.

［52］胡伯特·埃特尔，喻恺. 欧盟的教育与培训政策：五十年发展综述［J］. 教育学报，2009（1）：113—120.

［53］韩敏. 评西方教育计划的三种模式［J］. 上海教育科研，2000（8）：31.

［54］陈斌. 热烈讨论中的德国高校收费模式［J］. 德国研究，2003（3）：69—75.

［55］刘淑蓉，章新蓉. 国外高校筹资渠道分析与借鉴［J］. 重庆工商大学学报，2005（2/1）：93—98.

［56］曲恒昌. 市场经济与我国高教经费筹集的原则与途径［J］. 北京师范大学学报（社会科学版），1994（2）：68—76.

［57］陈遇春，王文良. 西方国家高校组织的自主权及其启示［J］. 西北农林科技大学学报（社会科学版），2002（5）：33.

［58］刘虎. 法国职教实训教师地位的演变［J］. 中国职业技术教育，2009（359）：53.

［59］［澳］伊丽莎白·圣·乔治. 知识经济时期的高等教育定位［J］. 张雪莲，译. 国际高等教育研究，2007（1）：15—24.

［60］武学超. OECD区高等教育学术研究发展动态分析［J］. 中国高教研

究，2007（7）：38—39.

[61] 何秉孟. 新自由主义：通向灾难之路——兼论新自由主义与自由主义的渊源和区别 [J]. 马克思主义研究，2014（11）：131.

[62] 丁瑞常. 经济合作与发展组织教育政策的价值取向分析及批判 [J]. 比较教育研究，2020（6）：59.

[63] 刘红宇. OECD 国家高等教育投入的典型模式 [J]. 高等教育研究，2012（5）：106.

[64] 王忠，董旭梅. 博士学位获得者的就业状况——基于经合组织 CDH 框架的统计结果 [J]. 中国科技信息，2010（20）：170—172，174.

[65] 丁瑞常. 经合组织国际教育指标的演变及其全球教育治理功能 [J]. 清华大学教育研究，2019（5）：71.

[66] 张民选. 高等教育对个人经济生活的影响成为 OECD 国家高教发展的重要动力 [J]. 比较教育研究，1999（5）：14.

[67] 吕云震，龚凡舒. 经合组织三十年教育实践与治理经验述评 [J]. 教育导刊，2020（4）：18.

[68] 丁瑞常. 从"国际教育政策论坛"到"全球教育治理参与者"——经合组织在教育领域的角色流变 [J]. 教育学报，2020（5）：87—96.

[69] 丁瑞常. 经济合作与发展组织参与全球教育治理的权力与机制 [J]. 教育研究，2019（7）：67—68.

[70] 高原. 冷静对待"PISA 二连冠"——基于新自由主义视角的思考 [J]. 外国中小学教育，2014（4）：10.

[71] 宗晓华，冒荣. 高等教育扩张过程中的结构演变及其与经济体系的调适 [J]. 高等教育研究，2011（8）：26—37.

（三）学位论文

[72] 崔爱林. 二战后澳大利亚高等教育政策研究 [D]. 保定：河北大学，2011：7.

[73] 林育汝. OECD 推动高等教育国际化之政策研究 [D]. 台湾省南投县：暨南大学，2013.

[74] 冉源懋. 从隐性生存走向软性治理——欧盟教育政策历史变迁及发展趋势研究 [D]. 重庆：西南大学，2013：47—92.

[75] 程灵. 二战以来美国对英国高等教育影响的研究——理念迁移和政策借

鉴的宏观考察［D］. 福州：福建师范大学，2010：39，64.

［76］姜照辉. 欧洲的劳动力政策对我国的启示［D］. 济南：山东大学，2012：83.

［77］龙玫. 经合组织高等教育政策研究［D］. 上海：华东师范大学，2017：50—87.

［78］司俊峰. 英国大学自治样态的流变研究——基于"府学关系"变迁的视角［D］. 上海：华东师范大学，2017：92—93.

［79］罗晓静. OECD 教育公平政策探析——兼论对中国教育的影响［D］. 上海：华东师范大学，2010：17，24—25.

［80］戴少娟. 二战后英国高等职业教育改革和发展研究［D］. 福州：福建师范大学，2016：64.

［81］武凯. 经合组织教育政策价值取向研究［D］. 上海：上海师范大学，2018：26.

二、外文文献

（一）著作

［1］Matthieu Leimgruber，Matthias Schmelzer. Introduction：Writing Histories of the OECD［A］. Matthieu Leimgruber，Matthias Schmelzer. The OECD and the International Political Economy Since 1948［M］. Cham：Palgrave Macmillan，2017：16.

［2］Michael Young，David Lambert，Carolyn Roberts. et al. Knowledge and the Future School Curriculum and Social Justice［M］. London：Bloomsbury Publishing，2014：3.

［3］Maurice Kogan. Educational Policy-Making：A Study of Interest Groups and Parliament［M］. London：Allen and Unwin，1975：55.

［4］Oxford Advanced Learner's English-Chinses Dictionary（7ᵗʰ Edition）［M］. Oxford：Oxford University Press，2009：1531.

［5］James E. Anderson，David W. Brady，Charles Bullock. Public Policy and Politics in America［M］. California：Brooks Cole Publishing Company，1984：3.

［6］ Frances C. Fowler. Policy Studies for Educational Leaders: An Introduction (2nd Edition) ［M］. New York: Perason, 2008: 8.

［7］ Taylor, S. , Rizvi F. , Henry, M. , et al. Education Policy and the Politics of Change ［M］. London and New York: Routledge, 1997: 28.

［8］ Hogwood, Brain w. , Gunn, Lewis A.. Policy Analysis for the Real World ［M］. London: Oxford University Press, 1984: 19.

［9］ Johanna Kallo. OECD Education Policy: A Comparative and Historical Study Focusing on the Thematic Reviews of Tertiary Education ［M］. Helsinki: Finnish Educational Research Association, 2009: 3.

［10］ Miriam Henry, Bob Lingard, Fazal Rizvi. et al. The OECD Globalisation and Education Policy ［M］. Paris: International Association of University, 2001: 3.

［11］ John Maynard Keynes. The General Theory of Employment, Interest and Money ［M］. California: Snowball Publishing, 46—52.

［12］ Garth Mangum, David Snedeker. Manpower Planning for Local Labor Markets ［M］. Salt Lake City, Utah: Olympus Publishing, 1974: 16—17.

［13］ J. D. Bernal. The Social Function of Science ［M］. London: George Routledge&Sons Ltd. , 1944: 120.

［14］ Regula Bürgi. Engineering the Free World: The Emergence of the OECD as an Actor in Education Policy, 1957—1972 ［M］. London: Palgrave Macmillan, 2017: 285—287.

［15］ Regula Bürgi. Die OECD und Die Bildungsplanung Der Freien Welt. Denkstile und Netzwerke Einer Internationalen Bildungsexpertise ［M］. Opladen: Barbara Budrich, 2017: 51-80.

［16］ Michael Young, David Lambert, Carolyn Roberts. et al. Knowledge and the Future School Curriculum and Social Justice ［M］. London: Bloomsbury Publishing, 2014: 3.

［17］ Kühlewind, G. , Tessaring, M.. Argumente für und gegen eine beschäftigungs-orientierte Bildungspolitik ［ M ］. Göttingen: O. Schwartz, 1975: 20.

［18］ Klaus J. Bade. Europa in Bewegung: Migration vom späten 18.

Jahrhundert bis zur Gegenwartt [M]. München: Verlag C. H. Beck，2002：339 —340.

[19] Micheal J. Hogan. The Marshall Plan: America，Britain and the Reconstruction of Western Europe：1947—1952 [M]. London: Cambridge University Press，1987：44.

[20] President's Scientific Research Board. Science and Public Policy [M]. New York: Arno Press，1947：15—16.

[21] Kühlewind，G.，Tessaring，M.. Argumente für und gegen eine beschäftigungs-orientierte Bildungspolitik [M]. Göttingen: O. Schwartz，1975：20.

[22] Fairclough，Norman. Discourse and Social Change [M]. Cambridge: Polity Press，1992：65.

[23] Richard Aldrich. An Introduction to the History of Education [M]. London: Hodder and Stoughton，1982：18.

[24] W. A. C. Stewart. Higher Education in Postwar Britain [M]. Basingstoke: Macmillan，1989：80.

[25] Eugene P. McLoone. OECD Conference—National Economy and Public Education Move Together [A]. Office of Education. School Life [M]. Los Angeles: University of California，1963：103—110.

[26] James E. Anderson，David W. Brady，Charles Bullock. Public Policy and Politics in America [M]. California: Brooks Cole Publishing Company，1984：3.

[27] Eugene P. McLoone. OECD Conference—National Economy and Public Education Move Together [A]. Office of Education. School Life [M]. Los Angeles: University of California，1963：103—104.

[28] Harbison，F.，Myers，C. A.. Education，Manpower and Economic Growth: Strategies of Human Resource Development [M]. New York: McGrow-Hill Book Company，1964：105.

[29] Kallo，J. OECD Education Policy—A Comparative and Historical Study Focusing on the Thematic Reviews of Tertiary Education [M]. Jyvaskyla: Jyvaskyla University Press，2009：3.

［30］Miriam Henry, Bob Lingard, Fazal Rizvi. et al. The OECD Globalisation and Education Policy ［M］. Paris: International Association of University, 2001: 3.

［31］Robert Marjolin. Architect of European Unity: Memoirs, 1911—1986 ［M］. Paris: Weidenfeld and Nicolson, 1989: 40—155.

［32］Wende, Marek. The Global Institutions ［M］. Cheltenham: Edward Elgar, 2011: 95—113.

［33］Robertson, S., Dale, R.. Changing Geographies of Power in Education: The Policies of Rescaling and its Contradictions ［A］. Kassen, D., Mufti, E., Robinson, J.. Education Studies: Issues and Critical Perspective ［M］. Buckinghamhire: Open University Press, 2006: 11.

［34］Office of Education. School Life ［M］. Los Angeles: University of California, 1963: 103—110.

［35］Harbison, F. H., Myer, C. A.. Education, Manpower and Economic Growth ［M］. New York: McGraw-Hill, 1964: 229.

［36］Eugene P. McLoone. OECD Conference—National Economy and Public Education Move Together ［A］. Office of Education. School Life ［M］. Los Angeles: University of California, 1963: 105.

［37］Hobsbawn, E. The Age of Extremes: The Short Twentieth Century 1914—1991 ［M］. London: Michael Joseph, 1994: 232—251.

［38］George Psacharopoulos, Maureen Woodhall. Education for Development. An Analysis of Investment Choices ［M］. New York: Oxford University Press, 1985: 38.

［39］L. Robbins. The University in The Modern World and Other Papers on HE ［M］. London: Macmillan St. Martin's Press, 1966: 67.

［40］Horowitz, M. A., M. Zymelman, I. L. Herrnstadt.. Manpower Requirements for Planning: An International Comparisons Approach ［M］. Boston: Northeastern University, 1966: 122.

［41］Harbison, F., Myers, C. A.. Education, Manpower and Economic Growth: Strategies of Human Resource Development ［M］. New York: McGraw-Hill Book Company, 1964: 105.

［42］Kogan，Maurice. Educational Policy-making: A Study of Interest Groups and Parliament ［M］. London: Routledge，1975: 27—53.

［43］Nicholas Henry. Public Administration and Public Affairs（12th edition）［M］. London: Pearson，2012: 421.

［44］Daniel Bell. The Coming of Post-industrial Society ［M］. New York: Basic Books，1976: 201.

［45］L. O. Thurow. Education and Economic Equality ［M］. Boca Raton: The Public Interest archives，1972: 66—81.

［46］Moodie. G. C. ，Eustace R. Power and Authority in British Universities ［M］. Oxon: Routledge. 2012: 236.

［47］Hodgkinson，H. L.. Institutions in Transition: A Profile of Change in Higher Education. ［M］. Berkeley: Carnegie Commission on Higher Education，1970: 211.

［48］David Riesman. On Higher Education: The Academic Enterprise in an Era of Rising Student Consumerism ［M］. Piscataway: Transaction Publishers，1980: 415.

［49］Williams，Gareth. ，Blackstone，Tessa. Higher Education in a Harsh Climate ［M］. Surry: SRHE，1983: 111.

［50］John Harris，Michael Shattock，Urban Dahllof. Dimensions of Evaluation: Report of the IMHE Study Group on Evaluation in Higher Education ［M］. London: Jessica Kingsley，1992: 1—160.

［51］Broucker Bruno，Kurt De Wit. New Public Management in Higher Education ［A］. J. Huisman. et al. The Palgrave International Handbook of Higher Education Policy and Governance ［M］. New York: Palgrave，2015: 62.

［52］Carroll，P. ，A. Kellow. The OECD: A Study of Organizational Adaptation ［M］. Cheltenham: Edward Elgar，2011: 71.

［53］George Psacharopoulos，Maureen Woodhall. Education for Development. An Analysis of Investment Choices ［M］. New York: Oxford University Press，1985: 77.

［54］Jarl Bengtsson，Albert van den Berg. et al. Does Education Have a Future? The Political Economy of Social and Educational Inequalities in European

Society [M]. Dordrecht: Springer Netherlands, 1975: 62—105.

[55] Robertson, S., Dale, R.. Changing Geographies of Power in Education: The Policies of Rescaling and its Contradictions [A]. Kassen, D., Mufti, E., Robinson, J.. Education Studies: Issues and Critical Perspective [M]. Buckinghamhire: Open University Press, 2006: 11.

[56] Munck, R.. Neoliberalism and Politics, and the Politics of Neoliberalism [M]. London: Pluto Press, 2005: 99.

[57] Harvey, D.. A Brief History of Neoliberalism [M]. Oxford: Oxford University Press, 2005: 1—256.

[58] Emery J. Hyslop-Margison, Alan M. Sears. Neoliberalism Globalization and Human Capital Learning: Reclaiming Education for Democratic Citizenship [M]. Dordrecht: Springer, 2006: 10.

[59] Miriam Henry. The OECD, Globalisation and Education Policy [M]. Pergamon: IAU Press, 2001: 67—68.

[60] Scott P. The Meaning of Mass Higher Education [M]. Buckingham: Open University Press, 1994: 12.

[61] Hinchliffe, Keith.. The Practice of Manpower Forecasting: A Collection of Case Studies [M]. Amsterdam: Elsevier, 1973: 1—349.

[62] Segal, L., E. Mauser, B. Weisbrod. Volunteer Labor of Companies [M]. Evanston: Department of Economics, Northwestern University, 1995: 445.

[63] Tom Schuller, Stephan Vincent-Lancrin. OECD Work on the Internationalization of Higher Education: An Insider Perspective [M]. New York: Routledge, 2009: 65.

[64] Salmi, Jamil.. Education, Manpower and Economic Growth: Strategies of Human Resource Development [M]. New York: McGraw-Hill Book Company, 1964: 105.

[65] Johanna Kallo. The Role of the OECD in the Field of Higher Education Research [A]. Jung Cheol Shin, Pedro Nuno Teixeira. Encyclopedia of International Higher Education Systems and Institutions [M]. Berlin: Spring, 2017: 6.

[66] Carroll, P., A. Kellow. The OECD: A Study of Organizational

Adaptation [M]. Cheltenham: Edward Elgar, 2011: 101.

[67] Gerhard Casper. Building on the Past: The Making of the Iris & B. Gerald Cantor Center for Visual Arts at Stanford [M]. California: Stanford University, 1997: 16.

[68] Olsen, A. E-learning in Asia: Supply and Demand [M]. London: Obervatory on Borderless Higher Education, 2002: 1.

[69] Iguchi, Y. The Movement of the Highly Skilled in Asia: Present Situation anf Future Prospect [M]. Paris: OECD, 2003: 29—50.

[70] Segal, L., E. Mauser, B. Weisbrod. Volunteer Labor Sorting across Industries [M]. Evanston: Department of Economics, Northwestern University, 1994: 427—447.

[71] Rosen, H. S.. Public Finance (7th ed) [M]. Chicago: McGraw-Hill, 2005: 1—491.

[72] Miriam Henry. The OECD, Globalisation and Education Policy [M]. Pergamon: IAU Press, 2001: 67—68.

[73] Frans van Vught, L. C. J. Goedegebuure. Comparative Policy Studies in Higher Education [M]. Alzano Lombardo: Lemma Press, 1994: 371.

[74] Goedegebuure L., F. Kaiser, P. Maassen, Vet al. Higher Education Policy [M]. Oxford: Pergamon Press, 1994: 259.

[75] Peace Lenn, M., L. Campos. Globalization of the Professions and the Quality Imperative: Professional Accreditation, Certification and Licensure [M]. Madison: Magna Publications, 1997: 1—162.

[76] Lauritzen, F. Technology, Education and Jobs [M]. Paris: OECD, 1993: 76.

[77] Manuel Riesco. Latin America: A New Developmental Welfare State Model in the Making [M]. Basingstoke: Palgrave, 2007: 3.

[78] Bob Jessop. Towards a Post Fordist Welfare State [M]. London: Routledge, 1994: 13.

[79] Rizvi, Fazal., Bob Lingard. Globalizing Education Policy [M]. London & New York: Routledge, 2010.

[80] Anton Hemerijck. Social Investment and Its Critics [M]. Oxford:

Oxford University Press，2017：68.

[81] Harvey，D.. A Brief History of Neoliberalism [M]. Oxford：Oxford University Press，2005：239.

[82] Miriam Henry，et al. The OECD，Globalisation and Education Policy [M]. Pergamon：IAU Press，2001：68.

[83] Roger King，Simon Marginson and Rajani Nadioo. Handbook on Globalisation and Higher Education [M]. Cheltenham：Edward Elgar，2011：95 —113.

[84] Henry，M.. et al. The OECD，Globalisation and Education Policy [M]. Pergamon：Published for IAU Press，2001：96.

[85] Troy Alan Powell. Families，Schools，and National Contexts：The Effects of Institutions and Inequality on Educational Achievement Across Industrialized Countries [M]. Durham：Duke University，2007.

[86] Henry，M.. et al. The OECD，Globalisation and Education Policy [M]. Pergamon：Published for IAU Press，2001：44.

[87] Jones，Phillip W.. World Bank Financing of Education：Leading，Learning and Development [M]. London：Routledge，1992：248.

[88] Robert Zemsky. Research Institute for Higher Education：The Massification Stage of Higher Education [M]. Hiroshima：Hiroshima University，1997：1—20.

[89] Brendan Cantwell，Simon Marginson，Anna Smolentseva. et al. Higher Participation System of Higher Education [M]. Oxford：Oxford University Press，2018：107.

[90] Rizvi，Fazal.，Bob Lingard. Globalization Education Policy [M]. London & New York：Routledge，2010.

[91] Erik S. Dey. An Examination of Educational Resources On Student Performance [M]. Henniker：New England College，2003.

（二）期刊论文

[92] Roger Gregoire. Vocational Education [J]. Paris：OECD Observer，1967：5.

[93] Janne，H. For a Community Policy in Education [J]. Bulletin of the

European Communities，1973：10—73.

[94] McLean，M. The European Union and the Curriculum [J]. Oxford Studies in Comparative Edcuation，1995（5/2）：29—46.

[95] Rinne，R. ，Kallo，K. ，Hokka，S. Too Eager to Comply? OECD Education Policies and the Finnish Response [J]. European Educational Research Journal，2004（3/2）：454—485.

[96] Risto Rinne，Johanna Kallo，Sanna Hokka. Too Eager to Comply? OECD Education Policies and the Finnish Response [J]. European Educational Research Journal，2004（3/2）：459.

[97] H. G. Johnson. The Economics of the Brain Drain：The Canadian Case [J]. Minerva，1965（3/3）：299.

[98] P. Cognard. Recherche Scientifique et Indépendance [J]. Le Progrès Scientifique，1964：2—14.

[99] Klauder，W. ，Kahlewind，G. . Zur längerfristigen Vorausschätzung des Arbeitskräfteangebots in der Bundesrepublik Deutschland：Technik，Probleme，Möglichkeiten und Grenzen [J]. Beiträge zur Arbeitsmarkt-und Berufsforschung，1969（1/2）：365.

[100] Kühlewind，G. . Ruckblick auf Arbeitsmarktprojektionen für die Siebziger Jahre in der Bundesrupublik Deutschland [J]. Mitteilungen aus der Arbeitsmarkt-und Berufsforschung，1980（3）：322.

[101] Ian Hacking. Style for Historians and Philosophers [J]. Studies in History and Philosophy of Science，1992（23/1）：1—20.

[102] Wolfgang Seifert. Admission Policy，Patterns of Migration and Integration：The German and French case Compared [J]. Journal of Ethnic and Migration Studies，1997（23/4）：441—460.

[103] Louis Emmerij. Economic Objectives of Education：Reflections On The OECD Experience [J]. The OECD Observer，1967：20.

[104] J. R. GASS. OECD and The Expansion of Education [J]. The OECD Observer，1967：16.

[105] Raymond Lyons. The Mediterranean Regional Project [J]. The American Economist，1964（8/2）：12—22.

[106] OECD. OECD and Educational Planning and Development [J]. Paris: OECD Observer, 1967: 21.

[107] Charles S. Maier. The Politics of Productivity: Foundations of American International Economic Policy after World War II [J]. International Organization, 1977 (31/4): 613—630.

[108] Áine Hyland. The Investment in Education Report 1965—Recollections and Reminiscences [J]. Irish Educational Studies, 2014: 4.

[109] Psacharopoulos, George. Returns to Education: An Updated International Comparison [J]. Comparative Education, 1981 (17/3): 321—41.

[110] Stone, R.. A Model of the Educational System [J]. Minerva, 1965 (3/2): 172—186.

[111] R. G. Hollister. The Economics of Manpower Forecasting [J]. International Labour Review, 1964 (4): 371—373.

[112] Psacharopoulos, George.. World Bank Policy On Education: A Personal Account [J]. International Journal of Education Development, 2006 (26/3): 329—338.

[113] Layard, P. R. G. , Saigal, J. C.. Educational and Occupational Characteristics of Manpower: An International Comparison [J]. British Journal of Industrial Relations, 1966 (7): 222—267.

[114] Clume W H. The Cost and Management of Program Adequacy: An Emerging Issue in Educational Policy and Finance [J]. Educational Policy, 1994 (8/4): 365—375.

[115] George S. Papadapouls. Student U Impact on Educational Systems, the Economy and Society in G [J]. OECD Observer, 1968 (37): 1—52.

[116] H. M. Cornell. Establishing an International Educational Consortium: The Pacific Circle Experience [J]. Pacific Education, 1998 (1/2): 1—167.

[117] OECD. Priority for Educational Equality [J]. OECD Observer, 1986 (141): 17—19.

[118] J. R. Gass. Towards the Active Society [J]. OECD Observer, 1988 (152): 9.

[119] Goedegebuure, L. , M. Hayden. Overview: Governance in Higher

Education-Concepts and Issues [J]. Higher Education Research and Development, 2007 (26/1): 1—11.

[120] S. Sellar, B. Lingard. The OECD and Global Governance in Education [J]. Journal of Education Policy, 2013 (28/5): 710—725.

[121] Vroeijenstijn, A.. Governments and University: Opponents or Allies in Quality Assurance [J]. Higher Education Review, 1995 (27/3): 18—36.

[122] Parker, L., G. Gould. Changing Public Sector Accountability: Critiquing New Directions [J]. Accounting Forum, 1999 (23/2): 109—135.

[123] Lundavll, B., B. Johson. The Learning Economy [J]. Journal of Industry Studies, 1994 (1/2): 23—42.

[124] G. S. Papadopoulos. Higher Education Predicaments: What Can be Said About Them That Is New [J]. Higher Education Management, OECD/IMHE, 1991 (3/2): 184—190.

[125] George Psacharopoulos. From Manpower Planning to Labour Market Analysis [J]. International Labour Review, 1990 (130/4): 460—461.

[126] Miyoshi, M. The University and the "Global" Economy: The Case of the University States and Japan [J]. The South Atlantic Quartly, 2000 (99/4): 669—697.

[127] Leslie Larry L, Slaughter Sheila. The Development and Current Status of Market Mechanism in United States Postsecondary Education [J]. Higher Education Policy, 1997 (3/4): 239—252.

[128] Dougherty, C. R. S.. Substitution and the Structure of the Labour Force [J]. Economic Journal, 1972 (82/3): 170—82

[129] Carrie P. Hunter. Shifting Themes in OECD Country Reviews of Higher Education [J]. Higher Education, 2013 (66): 707—723.

[130] Sam Sellar, Bob Lingard. The OECD and Global Governance in Education [J]. Journal of Education Policy, 2013 (28/5): 710—725.

[131] Spillane J P., Diamond J B., Burch P. et al. Managing in the Middle: School Leaders and the Enactment of Accountability Policy [J]. Edcuational Policy, 2002 (16/5): 3.

[132] Petrie H G. Introduction to "Evaluation and Testing" [J].

Educational Policy, 1987 (1/2): 175—180.

[133] Urdan T C., Paris S G. Teachers' Perception of Standardized Achievement Tests [J]. Educational Policy, 1994 (6): 137—156.

[134] Ingemar Fägerlind. Indicators of Investment and Returns to Investment in Human Capital. A Critical Review [J]. Comparative Education Review, 1998 (45/4): 629—638.

[135] Herbert Walberg, Guoxiong Zhan. Analyzing the OECD Indicators Model [J]. Comparative Education, 1998 (34/1): 56.

[136] Wagner, A.. Financing Higher Education: New Approaches, New Issues [J]. Higher Education Management, 1996 (8/1): 7.

[137] Knight, J. Internationalization Remodeled: Definition, Application, and Rationales [J]. Journal of Studies in International Edcuation, 2004 (8/1): 5—31.

[138] Tremblay, K. Academic Mobility and Immigration [J]. Journal of Studies in International Education, 2005 (9/3): 34.

[139] Finn, M. G.. Stay Rates of Foreign Doctorate Recipients from US Universities, 2001 [J]. Oak Ridge Institute for Science and Education, 2003: 3.

[140] Kyriacou, C., M. Coulththard, A. Hultgren and P. Stephens. Norwegian University Students' Views on a Career in Teaching [J]. Journal of Vocational Education and Training, 2002 (54/10): 103—116.

[141] Ferlie, E., C. Musselin., G. Andresani. The "Steering" of Higher Education Systems: A Public Management Perspective [J]. Higher Education, 2007 (56/3): 325—348.

[142] Chevaillier, T.. French academics: Between the Professions and the Civil Service [J]. Higher Education, 2001 (41): 49—75.

[143] Scott, P.. Globalisation in Higher Education: Challenges for the 21st Century [J]. Journal of Studies in International Education, 2000 (4/1): 3—10.

[144] Knight, J.. Updated Internationalisation Definition [J]. International Higher Education, 2003 (33): 2—3.

[145] Rianne Mahon. In Conversation with Ron Gass: The OECD and the Crisis of Progress [J]. Global Social Policy, 2015 (15/2): 113.

［146］Wit，K. de，J. Verhoeven. Autonomy vs. Control：Quality Assurance and Government Policy in Flanders ［J］. Educational Policy Analysis Archives，2004（12/71）：16.

［147］Marginson，S.. Competition and Markets in Higher Education：a "Glonacal Analysis" ［J］. Policy Futures in Education，2004（2/2）.175—244.

［148］Vught，F. van.，D.，Slaughter Sheila. The Development and Current Status of Market Mechanism in United States Postsecondary Education ［J］. Higher Education Policy，1997（3/4）：239—252.

［149］Mahon R，McBride S. Standardising and Disseminating Knowledge：The Role of the OECD in Global Governance ［J］. European Political Science Review，2009（1/1）：83—101.

［150］Shahjahan，Riyad A. IGOs（IOs），Epistemic Tools of Influence，and the colonial geopolitics of knowledge production in higher education policy ［J］. Journal of Education Policy，2016：（31）：694—710.

［151］OECD. For a Succinct Statement of the Concept and Its Implications ［J］. OECD Observer，1988（152）：2.

［152］Jenny Andersson. A Productive Social Citizenship? Reflections on the Concept of Productive Social Policies in the European Tradition ［J］. A European Social Citizenship. Preconditions for Future Policies from Historical Perspective，2004（11）：69—88.

［153］John Hudson，Stefan Kuhner. Towards Productive Welfare? A Comparative Analysis of 23 OECD Countries ［J］. Journal of European Social Policy，2009（19/1）：34—46.

［154］Rianne Mahonianne. After Neo-liberalism? the OECD，the World Bank and the Child ［J］. Global Social Policy，2010，10（2）：181.

［155］Shahjahan，Riyad A. IGOs（IOs），Epistemic Tools of Influence，and the Colonial Geopolitics of Knowledge Production in Higher Education Policy ［J］. Journal of Education Policy，2016（31）：694—710.

［156］Vroeijenstijn，A.. Governments and University：Opponents or Allies in Quality Assurance ［J］. Higher Education Review，1995（27/3）：18—36.

［157］Markku Lehtonen. Soft Persuasion Through IEA Energy Policy

Reviews: Transitions Towards Sustainable Energy? [J]. Science and Technology Policy Research, 2007: 28.

[158] Alasuutaria, P., Qadirb, A.. Epistemic Governance: An Approach to the Politics of Policy-Making European [J]. Journal of Cultural and Political Sociology, 2014 (1/1): 67—84.

[159] Ferlie, E., C. Musselin., G. Andresani. The "Steering" of Higher Education Systems: A Public Management Perspective [J]. Higher Education, 2007 (56/3): 325—348.

[160] Ingemar Fägerlind. Indicators of Investment and Returns to Investment in Human Capital. [J]. Comparative Education Review, 1998 (45/4): 629—638.

[161] Shahjahan, Riyad A., Meggan Madden. Uncovering the Images and Meanings of International Organizations (IOs) in Higher Education Research [J]. 2015 (69): 705—717.

[162] Philippe Aghion, Mathias Dewatripont, Caroline Hoxby, et al. The Governance and Performance of Universities: Evidence from European and US [J]. Economic Policy, 2010 (25/61): 7—59.

(三) 报告、文件

[163] George S. Papadapouls. Education 1960—1990: The OECD Perspective [R]. Paris: OECD, 1994: 9.

[164] Claudius Gellert, John Pratt, Dorothea Furth. Alternatives to Universities [R]. Paris: OECD, 1991: 3.

[165] OECD. Short-Cycle Higher Education: A Search for Identity [R]. Paris: OECD, 1973: 4.

[166] Daniel Barbezat. The Marshall Plan and the Origin of The OEEC [A]. Richard T. Griffiths. OECD Historical Series—Explorations in OEEC History [R]. Paris: OECD, 1997: 33.

[167] Bent Boel. The European Productivity Agency, 1953—1961 [A]. Richard T. Griffiths. OECD Historical Series—Explorations in OEEC History [R]. Paris: OECD, 1997: 113—117.

[168] David W. Ellwood. The Marshall Plan and The Politics of Growth

[A]. Richard T. Griffiths. OECD Historical Series—Explorations in OEEC History [R]. Paris：OECD, 1997：99，102.

[169] Office of the Special Representative Information Division. Record Group 286 [Z]. Washington：Office of the Special Representative Information Division，1949.

[170] Foreign Operations Administration. Productivity-Moody Amendment，Basic Documents (sec115K) [Z]. Washington：Office of the General Counsel，1953.

[171] The Secretary-General. Revised Programme and Part I budget of EPA for 1957—58 [R]. Denmark：Udenrigsministeriets Arkiver（Archives of the Foreign Office），1958.

[172] OECD. Notes Diverses D'information Pour le Groupe des Quatre Sur le Travail de l'OECE，Folder "23"，Compte Rendu de la R'eunion du Groupe des Quatre Experts [Z]. Paris：OECD：1960：2.

[173] Roger Gregoire. Vocational Education [J]. Paris：OECD Observer，1967：5.

[174] OEEC. Better Policies for Better Lives. OEEC-259. Economic situation in member countries [R]. Paris：OEEC，1956：221.

[175] Daniel Barbezat. The Marshall Plan and The Origin of The OEEC [A]. Richard T. Griffiths. OECD Historical Series—Explorations in OEEC History [R]. Paris：OECD, 1997：33.

[176] Roger Gregoire. Vocational Education [R]. Paris：OECD, 1967：15—43.

[177] OEEC. OEEC-261. General Report [R]. Paris：OEEC，1956：31—113.

[178] OEEC Concil. Action Taken by Other International Organisations in Relation to Manpower Questions，Especially Migration [Z]. Paris：OEEC，1953：4—6.

[179] OEEC. OEEC-512. Relations between OEEC and other International Organisations 1951—1961 [R]. Paris：OEEC，1961：127.

[180] OEEC. International Confederation of Free Trade Unions. Free Trade Union Views on World Economic Problems [Z]. Paris：OEEC，1959：1—23.

［181］OEEC. A Programme for European Co-operation in Science and Technology ［R］. Paris: OEEC, 1959: 2.

［182］Kjell Eide. 30 Years of Educational Collaboration in the OECD ［R］. Paris: UNESCO, 1990: 8.

［183］OEEC Secretary-General. Work of the Orgnization on Scientific and Technical Personnel ［Z］. Paris: OEEC, 1960: 1.

［184］OEEC. OEEC-427: Operational Activities ［Z］. Paris: OEEC, 1960: 1.

［185］Dana Wilgress. Cooperation in the Field of Scientific and Technical Research ［R］. Paris: OEEC, 1960: 4—5.

［186］OEEC. Report to the Council of Working Party No. 25 on Scientific And Highly Qualified Technical Manpower ［R］. Paris: OEEC, 1958: 12.

［187］OEEC. Better Policies for Better Lives. OEEC-260. Technical Services and Programmes Directorate ［R］. Paris: OEEC, 1960: 3.

［188］OEEC. Draft Outline of 1960—61 Programme for Scientific and Technical Personnel ［Z］. Paris: OEEC, 1960: 20.

［189］OEEC. Forecasting Manpower Needs for the Age of Science ［R］. Paris: OEEC, 1959: 4—115.

［190］OECD. Resources of Scientific and Technical Personnel in the OECD Area ［R］. Paris: OECD, 1963: 7.

［191］OECD. Development of Higher Edcuation: 1950—1967 （Analytical Report) ［R］. Paris: OECD, 1970: 24—96.

［192］Stephan Vincent-Lancrin. What is the Impact of Demography on Higher Education Systems? A Forward-looking Approach for OECD Countries ［A］. CERI. Higher Education to 2030, Volume I, Demography ［R］. Paris: OECD, 2008: 28.

［193］Hervé Le Bras. Are Long-term Demographic Forecasts Possible? Turning Points and Trends ［A］. CERI. Higher Education to 2030, Volume I, Demography ［R］. Paris: OECD, 2008: 9.

［194］V. Bush. Science: The Endless Frontier ［R］. Washington: United States Government Printing Office, 1945: 3—159.

［195］C. R. S. Dougherty. Manpower Forecasting and Manpower-Development Planning in the United Kingdom. Table 3 ［A］. Vesituluta Youdi, Keith Hinchliffe. Forecasting Skilled-Manpower Needs: The Experience of Eleven Countries ［R］. Paris: Unesco, Division of Educational Policy and Planning, 1981: 77—82.

［196］USGPO. The Brain Drain into the United States of Scientists, Engineers, and Physicians ［R］. Washington: USGPO, 1967: 5—9.

［197］Justin Yifu Lin. Cambridge University Marshall Lecture—Development and Transition: Idea, Strategy, and Viability ［Z］. England: Cambridge University, 2007: 3.

［198］OEEC. R&D Gap between the United States and Western Europe ［R］. Paris: OECD, 1961: 19—31.

［199］R. Vesituluta Youdi, Keith Hinchliffe. Forecasting Skilled-Manpower Needs: The Experience of Eleven Countries ［R］. Paris: Unesco, Division of Educational Policy and Planning, 1981: 35—58.

［200］Commissariat Général du Plan. Rapport général de la Commission 'Maind' oeuvre'du Ve Plan ［R］. Paris: Documentation française, 1966: 5.

［201］Committee on Higher Education. The Robbins Report ［R］. London: Committee on Higher Education, 1963.

［202］Advisory Council on Scientific Policy. Scientific and Engineering Manpower in Great Britain ［R］. London: HMSO, 1956: 887—889.

［203］OEEC. Report by the Manpower Committee on Regulations and Administrative Practices Governing Manpower Movements ［R］. Paris: OEEC, 1960: 7.

［204］OEEC. Resources of Scientific and Technical Personnel in the OEEC Area ［R］. Paris: OEEC, 1960: 7.

［205］Ministry of Education. White Paper on Technical Education ［R］. London: Ministry of Education, 1956: 3.

［206］OEEC. Survey of the Present Status of Mathematical Education in the Member Countries of OEEC ［R］. Paris: OEEC, 1960: 5.

［207］OEEC. New Thinking in School Mathematics ［R］. Paris: OEEC,

1961：27.

［208］ OECD. The Mediterranean Regional Project：An Experiment in Planning by Six Countries ［R］. Paris：OECD，1965：19.

［209］ OECD. Ability and Educational Opportunity ［R］. Paris：OECD，1961：45.

［210］ OEEC Council. OEEC-247. Supplementary Report of Working Party NO. 26 of the Council ［R］. Paris：OEEC，1960：43—44.

［211］ OEEC Council. Supplementary Report of Working Party NO. 26 of the Council ［Z］. Paris：OEEC，1960：46.

［212］ J. F. Cahan. Better Policies for Better Lives—OEEC-425：Reform of the OEEC. Amendments to the Convention ［Z］. Paris：OECD，1960：39.

［213］ Monsieur R. Sergent. Better Policies for Better Lives—OEEC-427：Operational Activities. Work of the Organisation On Scientific and Technical Personnel ［Z］. Paris：OECD，1960：3.

［214］ Monsieur R. Sergent. Better Policies for Better Lives—OEEC-425：Reform of the OEEC. Proposal by the French and United Kingdom Delegations On the Association of the United States And Canada with the Work of OEEC ［Z］. Paris：OECD，1960：9.

［215］ Monsieur R. Sergent. Better Policies for Better Lives—OEEC-425：Reform of the OEEC. The OEEC ［Z］. Paris：OECD，1960：23.

［216］ Monsieur R. Sergent. Better Policies for Better Lives—OEEC-425：Reform of the OEEC. Proposal by the French and United Kingdom Delegations On the Association of the United States And Canada with the Work of OEEC ［Z］. Paris：OECD，1960：5—6.

［217］ Monsieur R. Sergent. Better Policies for Better Lives—OEEC-425：Reform of the OEEC. Statement Published in London on 18th May，By the Foreign Ministers of France，the United Kingdom，the United States and Canada ［Z］. Paris：OECD，1960：10.

［218］ OECD. Annual Report 2002 ［R］. Paris：OECD，2002：7.

［219］ OECD. OECD：History，Aims，Structure ［R］. Paris：OECD，1971：5—12.

［220］ J. D. Fay. OECD. Better Policies for Better Lives—OEEC-425：Reform of the OEEC. U. S. and Canadian Membership—Contributions to the OEEC Budget ［Z］. Paris：OECD, 1960：227.

［221］ Department of Economic and Social Affairs. World Economic Survey 1958 ［R］. New York：United Nations, 1959：285—293.

［222］ OEEC. Prospects of Long-Term Economic Growth ［R］. Paris：OECD, 1959：1.

［223］ OECD. Economic Aspects of Higher Education ［R］. Paris：OECD, 1964.

［224］ Kjell Eide. 30 Years of Educational Collaboration in the OECD ［R］. Paris：OECD, 1990：8—42.

［225］ OECD. Organisational Problems in Planning Educational Development ［R］. Paris：OECD, 1966：104.

［226］ OECD. Financing of Education for Economic Growth ［R］. Paris：OECD, 1966：37.

［227］ OECD. Social Objectives in Educational Planning ［R］. Paris：OECD, 1967：309.

［228］ Herbert S. Parnes. Forecasting Educational Needs for Economic Cooperation and Development ［R］. Paris：OECD, 1962：7—74.

［229］ OECD. The Mediterranean Regional Project. Country Reports：Spain ［R］. Paris：OECD, 1965：50.

［230］ P. Levasseur. A Study of Inter—Relationships between Education, Manpower and the Economy ［J］. Socio—economic Planning Sciences, 1969 （2）：269—295.

［231］ OECD. SOM：A Simulation Model of the Education System ［R］. Paris：OECD, 1970：3.

［232］ OECD. Lectures and Methodological Essays in Educational Planning ［R］. Paris：OECD, 1966：142.

［233］ OECD. Manpower and Education：Fellows Reports ［R］. Paris：OECD, 1964：25—28.

［234］ World Bank. Annual Report ［R］. Washington D. C. ：World Bank,

1986: 11.

[235] OECD. West Europe Plans to Hike Output 25% [N]. Washington D. C. : The Washington Post, 1951: 23.

[236] Justin Yifu Lin. Cambridge University Marshall Lecture—Development and Transition: Idea, Strategy, and Viability [Z]. England: Cambridge University, 2007: 3.

[237] OECD. Demographic Trends [R]. Paris: OECD, 1966.

[238] OECD. Labour Force Statistics (1950—1962 and 1956—1967) [R]. Paris: OECD, 1967.

[239] Ingvar Svennilson, Friedrich Edding, Lionel Elvin. Targets for Education in Europe in 1970—A Study of Policy Considerations Related to Economic Growth [R]. Paris: OECD, 1970: 15—18.

[240] UNESCO. Educational Planning: A Survey of Problems and Prospects [R]. Paris: UNESCO, 1968: 1—195.

[241] Hollister, Robinson. A Perspective on the Role of Manpower Analysis and Planning in Developing Countries [A]. George Psacharopoulos. World Bank Staff Working Paper no. 624: Manpower Issues in Educational Investments [R]. Washington, D. C: WorldBank, 1983: 27—57.

[242] CERI. Lectures and Methodological Essays in Educational Planning [R]. Paris: OECD, 1966: 142.

[243] OECD. Occupational and Educational Structures of the Labour Force and Levels of Economic Development (The Orange Book) [R]. Paris: OECD, 1970: 47.

[244] Tinbergen, J. , Bos, H. C.. A Planning Model for the Educational Requirements of Economic Development [R]. Paris: OECD, 1965: 32.

[245] National Planning Association. The Development Research Digest [R]. Columbus: Ohio State University, 1964: 92.

[246] ECSSR. Education and the Arab World Challenges of the Next Millennium [R]. Abu Dhabi: ECSSR, 1999: 211.

[247] OECD. Problems of Human Resources Planning in Latin America (the blue book) [R]. Paris: OECD, 1967: 29.

［248］OECD. The Mediterranean Regional Project. Country Reports：Spain ［R］. Paris：OECD，1965：52.

［249］Robbins Committee. Higher Education ［R］. London：HMSO，1963：4—10.

［250］OECD. Engineering Education in the Computer Age ［R］. Paris：OECD，1964：6.

［251］IIEP-UNESCO. Fundamentals of Education Planning ［R］. Paris：UNESCO，1987：14—34.

［252］Debeauvais，Michel. et al. Comparative Study of Educational Expenditure and Its Trends in OECD Countries Since 1950. Table Ⅵ ［R］. Paris：OECD，1970：23.

［253］OECD. CSTP Record of the 1st Session（19—21 June 1961）［Z］. OECD：Paris，1961：17.

［254］OECD. Education and Training of Professional Engineers ［R］. Paris：OECD，1960：3.

［255］OECD. Changes in Secondary and Higher Education ［R］. Paris：OECD，1970：10.

［256］OECD. Italy—The Education，Training and Functions of Technicians. Scientific and Technical Personnel. Table 5. 1 ［R］. Paris：OECD，1970：29—31.

［257］OECD. United Kingdom—The Education，Training and Functions of Technicians. Scientific and Technical Personnel. ［R］. Paris：OECD，1966：9.

［258］OECD. Methods and Statistical Needs for Educational Planning ［R］. Paris：OECD，1967：5.

［259］OECD. Possibilities and Limitations of an International Comparison Approach ［R］. Paris：OECD，1970：127.

［260］Hollister，Robinson. A Perspective on the Role of Manpower Analysis and Planning in Developing Countries ［A］. George Psacharopoulos. World Bank Staff Working Paper no. 624：Manpower Issues in Educational Investments ［R］. Washington，D. C：World Bank，1983：27—57.

［261］OECD. Policy Conference on Highly Qualified Manpower ［R］.

Paris: OECD, 1967: 238.

[262] OECD. The Utilisation of Highly Qualified Personnel [R]. Paris: OECD, 1973: 1—427.

[263] CERI. Review of the Operational Activities of the Organisation [R]. Paris: OECD, 1964: 63.

[264] CERI. Educational Technology: The Design and Implementation of Learning Systems [R]. Paris: OECD, 1971: 5.

[265] CERI. Guidelines for an Appreciation Course [R]. Paris: OECD, 1973: 47.

[266] CERI. The Use of the Computer in Teaching Secondary School Subjects [R]. Paris: OECD, 1973: 46.

[267] CERI. Equal Educational Opportunity: A Statement of the Problem with Special Reference to Recurrent Education [R]. Paris: OECD, 1971: 26.

[268] CERI. Recurrent Education: A Strategy for Lifelong Learning [R]. Paris: OECD, 1973: 1—88.

[269] OECD. Towards New Structures of Post-Secondary Education: A Preliminary Statementof Issues [R]. Paris: OECD, 1971: 7.

[270] The Carnegie Commission on Higher Education. Less Time, More Options. Education Beyond the High School [R]. New York: McGraw Hill, 1971: 40.

[271] OECD. The General Report of the Conference was Published Under the Title: Educational Policies for the 1970s [R]. Paris: OECD, 1971.

[272] OECD. Educational Policies for the 1970s [R]. Paris: OECD, 1970: 14—143.

[273] CERI. Institutional Management in Higher Education: Report of a Conference in Paris [R]. Paris: OECD, 1972.

[274] Eric Esnault, Jean Le Pas. New Relations Between Post-Secondary Education and Employment [A]. OECD. Towards Mass Higher Education. Issues and Dilemmas [R]. Paris: OECD, 1974: 16—180.

[275] World Bank. Education Sector Policy Paper [M]. Washington D. C. : World Bank, 1980: 46.

［276］Eric Esnault, Jean Le Pas. New Relations between Post-Secondary Education and Employment ［A］. OECD.

［277］OECD. The Educational Situation in OECD Countries ［R］. Paris: OECD, 1974: 4.

［278］CERI. A Statement of the Problem with Special Reference to Recurrent Education ［R］. Paris: OECD, 1971: 26.

［279］Council of Ministers of Education. The 6th European Ministers of Education Conference. Resolution No. 4, on "Educational Opportunity for All" ［Z］. Versailles: UN, 1969.

［280］CERI. New Approaches to Secondary Education: Italian Problems and Projects ［R］. Paris: OECD, 1971.

［281］CERI. Development of Secondary Educations ［R］. Paris: OECD, 1971: 144.

［282］OECD. Reviews of National Policies for Education. Netherlands: Contours of a Future Educational System ［R］. Paris: OECD, 1976: 44.

［283］CERI. Tim McMullen, Innovative Practices in Secondary Education: The Lower Secondary Stage: Problems and Possibilities ［R］. Paris: OECD, 1978: 97.

［284］OECD. Beyond Compulsory Schooling: Options and Changes in Upper Secondary Education ［R］. Paris: OECD, 1976: 73.

［285］OECD. Educational Opportunity for All: Background Report on OECD Work and its Policy Implications ［R］. Paris: OECD, 1970: 17—18.

［286］OECD. Social Objectives in Educational Planning ［R］. Paris: OECD, 1967: 15.

［287］OECD. Educational Opportunity for All: Background Report on OECD Work and its Policy Implications ［R］. Paris: OECD, 1970: 4.

［288］OECD. Group Disparities in Educational Participation and Achievement ［R］. Paris: OECD, 1971: 3—32.

［289］OECD. Educational Opportunity for All ［R］. Paris: OECD, 1970: 17—18.

［290］Martin Trow. Problems in the Transition from Elite to Mass Higher

Education [Z]. Paris: OECD, 1974: 55—101.

[291] U. S. Department of Labor. Manpower Report of the President [R]. Washington D. C. : Government Printing Offices, 1972: 10—13.

[292] O. Vimont. La Representation de L'emploi Dans la Sociiti Frangaise de Demain [R]. Paris: Bulletin du Centre D'études de L'emploi, 1972: 537 —547.

[293] U. S. Department of Labor. Manpower Report of the President [R]. Washington D. C. : Government Printing offices, 1972: 10—13.

[294] M. Kammerer, B. Lutz, C. Rubor. Forecasting of Requirements and Employment of Highly Qualified Personnel [Z]. Paris: OECD, 1971: 12.

[295] Confederation of British Industry. Industry, Science and Universities. Report of a Working Party on Universities and Industrial Research to the Universities and Industry Joint Committee [R]. London: Confederation of British Industry, 1970: 5.

[296] OECD. French Experience Before 1968 [R]. Paris: OECD, 1970: 5.

[297] OECD. Reforms in Yugoslavia [R]. Paris: OECD, 1970: 3.

[298] OECD. Technical Education in the United Kingdom [R]. Paris: OECD, 1971: 7.

[299] OECD. Regionale Aspekte des Hochschulbesuchs in England and der Bundesrepublik [R]. Paris: OECD, 1967: 120.

[300] CERI. School and Community [R]. Paris: OECD, 1975: 6.

[301] CERI. Environmental Education at University Level: Trends and Data [R]. Paris: OECD, 1973: 31—36.

[302] CERI. Environmental Problems and Higher Education [R]. Paris: OECD, 1976: 26—27.

[303] CERI. New Directions in Education for Changing Health Care Systems [R]. Paris: OECD, 1975: 81

[304] CERI. Health, Higher Education and the Community: Towards a Regional Health University [R]. Paris: OECD, 1977: 328.

[305] OECD. Three German Universitie [R]. Paris: OECD, 1970: 79.

［306］OECD. Innovation in Higher Education: New Universities in the United Kingdom ［R］. Paris: OECD, 1969: 144.

［307］A. Hacquaert. The Recruitment and Training of University Teachers ［Z］. Ghent: International Association of University Professors and Lecturers, 1967: 36—37.

［308］Advisory Board of Research Councils. University Grants Committee. Annual Survey 1966—1967 ［R］. London: HMSO, 1968: 24.

［309］OECD. Planning of New Structures of Post-Secondary Education. Country Statement, United States of America ［R］. Paris: OECD, 1970: 57.

［310］OECD. Short-Cycle Higher Education. A Search for Identity ［R］. Paris: OECD, 1973: 33—40.

［311］Clark, Burton R.. The Academic Life. Small Worlds, Different Worlds. A Carnegie Foundation Special Report ［R］. Princeton: Carnegie Foundation for the Advancement of Teaching, 1987: 257—258.

［312］OECD. Equal Educational Opportunity: A Statement of the Problem with Special Reference to Recurrent Education ［R］. Paris: OECD, 1970: 26.

［313］OECD. Together with an Accompanying Volume: Further Analyses and Statistical Data ［R］. Paris: OECD, 1971: 10.

［314］Louis Emmerij. Economic Objectives of Education: Reflections on the OECD Experience ［J］. OECD Observer, 1967: 19.

［315］OECD. Educational Planning: An Historical Overview of OECD Work ［R］. Paris: OECD, 1970: 15.

［316］OECD. Long-Range Planning in Education ［R］. Paris: OECD, 1973: 6.

［317］OECD. Participatory Planning in Education ［R］. Paris: OECD, 1974: 11.

［318］OECD. Inter-Sectoral Educational Planning ［R］. Paris: OECD, 1977: 9.

［319］OECD. Education and Regional Development: Technical Reports ［R］. Paris: OECD, 1979: 1—459.

［320］OECD. Individual Demand for Education, Vol. I: Analytical Report

[R]. Paris: OECD, 1978: 1—120.

[321] OECD. IMHE brochure: Ten Years of Service to Universities [R]. Paris: OECD, 1973: 2.

[322] OECD. Structure of Studies and Place of Research in Hass Higher Education [R]. Paris: OECD, 1974: 54.

[323] OECD. Institutional Resource Allocation Models in Higher Education [R]. Paris: OECD, 1970: 8.

[324] OECD. Educational Situation in OECD Countries: A Review of Trends and Priority Issues for Policy [R]. Paris: OECD, 1974: 7.

[325] UNESCO. Policy Paper for Change and Development in Higher Education [R]. Paris: UNESCO, 1995: 7.

[326] OECD. Education and Working Life in Modern Society [R]. Paris: OECD, 1975: 7—9.

[327] OECD. Education in OECD Developing Countries: Trends and Perspectives [R]. Paris: OECD, 1974: 50.

[328] Ministry of National Education. Guidelines of the Reform of Higher Education [R]. Lisbon: Ministry of National Education, 1971: 7.

[329] Ministry of National Education. National Education Reform Strategy [R]. Ankara: Ministry of National Education, 1973: 35.

[330] OECD. Policies for Higher Education in the 1980s [R]. Paris: OECD, 1983: 6—221.

[331] OECD. Higher Education Expenditure in OECD Countries [R]. Paris: OECD, 1981: 18—35.

[332] OECD. High-Quality Education and Training for All [R]. Paris: OECD, 1992: 89.

[333] CERI. Adults in Higher Education [R]. Paris: OECD, 1987: 1—181.

[334] OECD. Financing Higher Education: Current Patterns [R]. Paris: OECD, 1990.

[335] M. Woodhall. Review of Student Support Schemes in Selected OECD Countries [R]. Paris: OECD, 1973.

［336］ OECD. Educational Resources and Problems in Resource Redeployment ［R］. Paris：OECD，1983：76.

［337］ CERI. Health，Higher Education and the Community：Towards a Regional Health University ［R］. Paris：OECD，1989：328.

［338］ CERI. Changes in Work Patterns：A Synthesis of Five National Reports on the Service Sector ［R］. OECD，1989.

［339］ CERI. The Evolution of New Technology，Work and Skills in the Service Sector ［R］. Paris：OECD，1986.

［340］ OECD/U. S. Department of Education. Linkages in Vocational Education and Training ［R］. Paris：OECD，1992：38.

［341］ OECD. Education and Structural Change：A Statement by the Education Committee ［R］. Paris：OECD，1989：6.

［342］ OECD. Education and the Economy in a Changing Society ［R］. Paris：OECD，1989：3—108.

［343］ Pollitt，C. ，S. Dan. The Impact of the New Public Management in Europe：A Meta-Analysis ［R］. Brussels：European Commission，2011：4.

［344］ OECD. Post-Graduate Education in the 1980s ［R］. Paris：OECD，1987：18—41.

［345］ S. Hill，R. Johnston，E. Smith. An Evaluation of the Common Wealth's Postgraduate Awards Scheme ［R］. Canberra：Australian Government Publishing Service，1983：45—56.

［346］ OECD. Industry and University：New Forms of Co-operation and Communication ［R］. Paris：OECD，1984：52.

［347］ OECD. Employment Prospects for Higher Education Graduates. Intergovernmental Conference on Policies for Higher Education in the 80s ［R］. Paris：OECD，1981：10—45.

［348］ OECD. Alternatives to Universities ［R］. Paris：OECD，1991.

［349］ OECD. Technology，Productivity and Job Creation ［R］. Paris：OECD，1996：3—21.

［350］ OECD. Youth Unemployment ［R］. Paris：OECD，1978：29.

［351］ OECD. Future Educational Policies in the Changing Social and

Economic Context [R]. Paris: OECD, 1979: 7.

[352] OECD. The Welfare State in Crisis [R]. Paris: OECD, 1981: 5.

[353] OECD. New Technology and Human Resource Development in the Automobile Industry [R]. Paris: OECD, 1988: 54.

[354] UNESCO. EFA Global Monitoring Report 2006: Literacy for Life [R]. Paris: UNESCO, 2006: 3.

[355] OECD. Thematic Review of the First Years of Tertiary Education: Country Note: Japan [R]. Paris: OECD, 1997.

[356] OECD. Higher Education and Regions: Globally Competitive, Locally Engaged [R]. Paris: OECD, 2007: 5.

[357] IMHE. Overview of the Participating Institutions [R]. Paris: OECD, 2008: 1—29.

[358] OECD. Learning Our Lesson: Review of Quality Teaching in Higher Education [R]. Paris: OECD, 2008: 5.

[359] OECD. Approaches to Internationalisation and Their Implications for Strategic Management and Institutional Practice [R]. Paris: OECD, 2012: 40—42.

[360] OECD. Assessment of Higher Education Learning Outcomes Feasibility Study Report: Volume 1—Design and Impelementation [R]. Paris: OECD, 2012: 15.

[361] AHELO Consortium. Economics Assessment Framework [R]. Paris: OECD, 2011: 4.

[362] OECD. Assessment of Higher Education Learning Outcomes Feasibility Study Report: Volume 2—Data Analysis and National Experiences Abu Dhabi National Centre Organisation Structure. [R]. Paris: OECD, 2013: 7.

[363] OECD. Assessment of Higher Education Learning Outcomes Feasibility Study Report: Volume 3—Further Insights [R]. Paris: OECD, 2013: 7.

[364] IMHE. Approaches to Internationalisation and Their Implications for Strategic Management and Institutional Practice [R]. Paris: OECD, 2012: 40—42.

[365] CERI. Post Compulsory Education for Disabled People [R]. Paris:

OECD，1997：15—28.

［366］OECD. OECD Thematic Review of Tertiary Education：Synthesis Report ［R］. Paris：OECD，2008：15—344.

［367］OECD. High Quality Education and Training for All ［R］. Paris：OECD，1992：40.

［368］OECD. Preparing Youth for the 21st Century：The Transition from Education to the Labour Market ［R］. Paris：OECD，1999：23.

［369］OECD. The OECD Jobs Strategy：Pushing Ahead with the Strategy ［R］. Paris：OECD，1996：10.

［370］OECD. Learning Our Lesson：Review of Quality Teaching in Higher Education ［R］. Paris：OECD，2008：9.

［371］OECD. Education Policy Analysis 2005—2006：Focus on Higher Education ［R］. Paris：OECD，2006：5—105.

［372］OECD. Summary Reports and Conclusions Keynote Speeches ［C］. Draft Summary Record of 15th October 1961 Meeting，Paris：33.

［373］DAS. Programme on Education Investment and Planning ［C］. Draft Summary Record of 15th October 1962 Meeting，Paris，1962：3.

［374］A. H. Halsey. Ability and Educational Opportunity ［C］. The First Major OECD Conference on Education，Kungalv，1961：31.

［375］UNESCO. UNESCO's Capacity Building Activities in Qualification Recognition，Quality Assurance：Toward a Coherent Framework ［R］. Paris：UNESCO，2005：3.

［376］OECD. The Knowledge-based Economy ［R］. Paris：OECD，1996：8—23.

［377］OECD. Redefining Tertiary Education ［R］. Paris：OECD，1998：51.

［378］OECD. Internationalisation in Higher Edcuation ［R］. Paris：OECD，2004：1—320.

［379］OECD. Quality and Recognition in Higher Edcuation：The Cross-border Challenge ［R］. Paris：OECD，2004：257—276.

［380］OECD. Tertiary Education For the Knowledge Society ［R］. Paris：OECD，2008：74.

三、电子文献

［1］汉语词典. 导向［EB/OL］. （2020－1－1）［2020－1－1］. https：//cidian. 911cha. com/MTUwMDQ=. html.

［2］教育政策法规［EB/OL］. （2020－7－13）［2018－7－1］. https：//wk. baidu. com/view/c56c1a4f852458fb770b56bf.

［3］凯恩斯主义［EB/OL］. （2020－8－20）［2018－3－27］. https：//baike. baidu. com/item/％E5％87％AF％E6％81％A9％E6％96％AF％E4％B8％BB％E4％B9％89/477914？fr＝aladdin.

［4］经济合作与发展组织 OECD［EB/OL］. （2020－6－23）［2003－10－28］. http：//www. docin. com/p－771755994. html.

［5］国际自由工会联合［EB/OL］. （2020－6－26）［2018－12－12］. https：//baike. baidu. com/item/国际自由工会联合会.

［6］反叛的一代：战后婴儿潮［EB/OL］. （2020－6－13）［2018－1－17］. http：//net. blogchina. com/blog/article/482509867.

［7］医疗体系更好，欧洲人高过美国人［EB/OL］. （2020－6－13）［2007－6－5］. http：//world. people. com. cn/GB/225865/41218/5822296. html.

［8］OECD 中国官方网站. 成员和合作伙伴. Where：Global reach. Member countries. ［EB/OL］. ［2019－1－1］. http：//www. oecd. org/about/members-and-partners/.

［9］新古典主义经济学［EB/OL］. （2020－9－16）［2020－9－16］. https：//www. sogou. com/link？url ＝ DOb0bgH2eKjRiy6S － EyBciCDFRTZxEJgV6r3 _ 8KXkVb26FDhCNBXEMyyUtg79KV3V79zkMt-DiWHOIXWNdnsqcMg7h99V8mYdL-HYLkl0pAB2YaUetBJ7TKblpXa0H32OAQaUCF _ kFw-BhKiw5i4OqARdqRdaam42.

［10］人力资本理论［EB/OL］. （2020－8－15）［2020－6－19］. https：//baike. sogou. com/v1834359. htm.

［11］拉丁美洲［EB/OL］. （2020－10－21）［2011－11－4］. https：//www. doc88. com/p－77043443421. html.

［12］浅析阿拉伯教育发展：现状与问题［EB/OL］. （2020－10－16）［2015－10－31］. https：//zhuanlan. zhihu. com/p/20307878.

［13］经合组织教育司教育与培训政策处［EB/OL］.（2020－10－6）［2009－9－4］. www. oecd. org/edu.

［14］知识经济［EB/OL］.（2020－8－15）［2020－5－21］. https：//baike. sogou. com/v65261. htm? fromTitle＝％E7％9F％A5％E8％AF％86％E7％BB％8F％E6％B5％8E.

［15］《世界人权宣言》. 序言［EB/OL］.（2021－1－7）［2018－1－31］. https：//www. sogou. com/link? url＝hedJjaC291OfPyaFZYFLI4KQWvqt63NBx-iBwEXpbqMHbJ9W37IPJw.

［16］Harold Lasswell. From Wikipedia，the free encyclopedia［EB/OL］.（2020－3－6）［2020－3－6］. https：//en. wikipedia. org/wiki/Harold _ Lasswell.

［17］OECD Home. Education. Implementing Education Policies［EB/OL］.（2020－3－10）［2019－1－1］. http：//www. oecd. org/education/implementing-policies/.

［18］Organisation for European Economic Co-operation［EB/OL］.（2020－4－3）［2020－4－3］. https：//www. oecd. org/general/organisationforeuropeaneconomicco-operation. htm.

［19］European Productivity Agency. Description Area. Historical Notes.［EB/OL］.（2020－4－11）［2020－4－11］. https：//archives. eui. eu/en/isaar/40.

［20］Convention for European Economic Cooperation（Paris，16 April 1948）［EB/OL］.（2020－4－23）［2017－6－1］. http：//www. cvce. eu/obj/convention _ for _ european _ economic _ cooperation _ paris _ 16 _ april _ 1948-en-769de8b7-fe5a-452c-b418-09b068bd748d. html.

［21］Convention for European Economic Cooperation（Paris，16 April 1948）. Artical 8［EB/OL］.（2020－4－23）［2017－6－1］. http：//www. cvce. eu/obj/convention _ for _ european _ economic _ cooperation _ paris _ 16 _ april _ 1948-en-769de8b7-fe5a-452c-b418-09b068bd748d. html.

［22］Manpower and Social Affairs Committee［EB/OL］.（2020－6－14）［2020－6－14］. https：//archives. eui. eu/en/fonds/173567? item＝OEEC. MO.

［23］NATO Science and Technology Organization［EB/OL］.（2020－6－23）

［2018－5－22］. https：//www. nato. int/cps/en/natohq/topics_88745. htm.

［24］International Labor Organization［EB/OL］.（2020－6－26）［2020－2－28］. https：//zh. wikipedia. org/wiki/.

［25］OECD. Budget［EB/OL］.（2021－1－15）［2016－11－21］. http：//www. oecd. org/about/budget.

［26］Aalborg University. Department of Learning and Philosophy. The Global History of the OECD in Education［EB/OL］.（2020－1－21）［2020－1－21］. https：//www. learning. aau. dk/forskning/centre-projekter/oecd-learning/.

［27］Imelda Elliott. The role of the OECD peer review process in Irish education policy in the 1960s［EB/OL］.（2021－1－15）［2015－2－9］. http：//www. revuemiroirs. fr/links/2/article6. pdf.

［28］Theodore W. Schultz publishes Investment in Human Capital［EB/OL］.（2020－9－16）［2002－5－26］. http：//schugurensky. faculty. asu. edu/moments/1961schultz. html.

［29］IMHE. Higher Education Management［EB/OL］.（1997－12－31）［2020－7－7］. http：//www. keepeek. com/Digital-Asset-Management/oecd/education/higher-education/higher-education-management-and-policy/volume-9/issue-3_hemp-V9-3-en＃. WAIx-2Mwx_U, Vol. 9, No. 3, 1997：2.

［30］Pollitt, C., Van Thiel, S., V. Homburg. New public management in Europe, Management Online Review［EB/OL］.（2020－9－6）［2015－1－27］. http：//www. morexpertise. com/view. php? id＝78.

［31］OECD. Reviews of National Policies for Edcuation［EB/OL］.（2020－8－23）［2016－11－07］. http：//www. oecd-ilibrary. org/education/reviews-of-national-policies-for-education_19900198.

［32］Higher education in regional and city development［EB/OL］.（2020－10－7）［2012－12－30］. https：//www. oecd. org/education/imhe/highereducationinregionalandcitydevelopment. htm.

［33］Roundtable Meeting for Regions Involved in the Reviews of HE in Regional and City Development［EB/OL］.（2020－10－7）［2009－9－10］. https：//www. oecd. org/education/imhe/reviewsofhighereducationinregionalandcitydevelopment-roundtablemeetingforregionsinvolvedinthesecondround. htm.

［34］OECD. Reviews of Higher Education in Regional and City Development 2010—12［EB/OL］.（2020—10—7）［2012—12—30］. https：//www. oecd. org/education/imhe/reviewsofhighereducationinregionalandcitydevelopment2010—2012. htm.

［35］OECD Conference：Higher Education in Cities and Regions—For Stronger，Cleaner and Fairer Regions，Seville，10—11 February 2011［EB/OL］.（2020—10—7）［2011—9—10］. https：//www. oecd. org/spain/oecdconferencehighereducationincitiesandregions-forstrongercleanerandfairerregionsseville10—11february2011. htm.

［36］OECD Roundtable on Higher Education in Regional and City Development 2012［EB/OL］.（2020—10—7）［2012—9—19］. https：//www. oecd. org/education/imhe/regionalandcitydevelopmentroundtable2012. htm.

［37］Supporting Quality Teaching in Higher Education—Phase 1-"Istitutional illustrations"［EB/OL］.（2021—1—26）［2005—12—30］. https：//www. oecd. org/education/imhe/supportingqualityteachinginhighereducation-phase1-istitutionalillustrations. htm.

［38］The Assessment of Higher Education Learning Outcomes［EB/OL］.（2020—10—9）［2016—5—30］. http：//www. oecd. org/education/imhe/theassessmentofhighereducationlearningoutcomes. htm.

［39］Value-added modeling［EB/OL］（2020—10—9）［2020—6—5］. https：//en. wikipedia. org/wiki/Value-added _ modeling.

［40］Managing Internationalisation［EB/OL］.（2020—10—7）［2012—9—30］. https：//www. oecd. org/education/imhe/managinginternationalisation. htm♯Conference.

［41］IMHE General Conference 2012：Attaining and Sustaining Mass Higher Education［EB/OL］.（2020—10—7）［2011—12—30］. https：//www. oecd. org/site/eduimhe12/.

［42］"What Works" Conference on Internationalisation for Job Creation and Economic Growth，New York，12—13 April 2012［EB/OL］.（2020—10—7）［2012—4—13］. https：//www. oecd. org/education/imhe/whatworksconferenceoninternationalisationforjobcreationandeconomicgrowthnewyork12—13 april2012. htm.

［43］Frascati Manual ［EB/OL］. （2020－9－12）［2019－3－22］. https：//en. wikipedia. org/wiki/Frascati _ Manual.

［44］Frascati Manual ［EB/OL］. （2020－9－10）［2015－12－31］. http：//www. oecd. org/fr/sti/inno/frascati-manual. htm.

［45］Harvey，L. Analytic Quality Glossary，Quality Research International ［EB/OL］. （2020－9－5）［2007－9－02］. http：//www. qualityresearchinternational. com/glossary/.

［46］El Khawas，E. ，R. de Pietro-Jurand，L. Holm-Nielsen. Quality Assurance in Higher Education：Recent Progress；Challenges Ahead，World Bank ［EB/OL］. （2020－9－6）［2007－9－5］. http：//www1. worldbank. org/education/tertiary/documents/ElainEng3. pdf.

［47］Lisbon European Council. Presidency Conclusion—Lisbon European Council ［EB/OL］. （2020－9－6）［2008－3－5］. http：//ue. eu. int/ueDocs/cms _ Data/docs/pressData/en/ec/00100－r1. en0. htm.

［48］50 Years of Reconciling the Economy，Nature and Society ［EB/OL］. （2017－11－3）［2020－12－20］. http：//oecdobserver. org/news/fullstory. php/aid/3419/50 _ years _ of _ reconciling _ the _ economy，_ nature _ and _ society. html.

［49］Convention ［EB/OL］. （2020－8－16）［2017－8－27］. http：//www. oecd. org/general/conventionontheorganisationforeconomicco-operationanddevelopment. htm.